최순실 게이트

최순실 게이트

— 기자들, 대통령을 끌어내리다

한겨레 특별취재반 지음

2017년 4월 21일 초판 1쇄 발행
2017년 7월 24일 초판 2쇄 발행

펴낸이 한철희 | 펴낸곳 돌베개 | 등록 1979년 8월 25일 제406-2003-000018호
주소 (10881) 경기도 파주시 회동길 77-20 (문발동)
전화 (031) 955-5020 | 팩스 (031) 955-5050
홈페이지 www.dolbegae.co.kr | 전자우편 book@dolbegae.co.kr
블로그 imdol79.blog.me | 트위터 @Dolbegae79

주간 김수한
편집 김진구 · 오효순
표지디자인 김동신 | 본문디자인 이은정 · 이연경
마케팅 심찬식 · 고운성 · 조원형 | 제작 · 관리 윤국중 · 이수민
인쇄 · 제본 영신사

ISBN 978-89-7199-810-6 (03300)

이 도서의 국립중앙도서관 출판시도서목록(CIP)은 서지정보유통지원시스템(http://seoji.nl.go.kr)과
국가자료공동목록시스템(http://www.nl.go.kr/kolisent)에서 이용하실 수 있습니다.
(CIP제어번호: CIP2017008319)

책값은 뒤표지에 있습니다.

최순실 게이트

기자들, 대통령을 끌어내리다

한겨레 특별취재반 지음

취재한 지 두 달이 채 안 됐을 때다. 김의겸이 말했다.

“어디까지 번져나갈지 겁이 난다……”

일러두기

1. 본문 이외의 부속 글 가운데 「책머리에」는 김의겸이, 「취재 후기」는 나머지 필자들이 썼다.
2. 한겨레의 실제 신문 기사 제목과 그 제목을 인용한 이 책의 기사 제목 간에는 띄어쓰기가 동일하지 않다. 책 전체의 띄어쓰기 원칙을 일관되게 적용하려 했기 때문이다.
3. 책에 실린 사진 도판은 저작권자에게 허가를 구해 이용하려 했지만, 저작권자가 불분명한 경우 피치 못하게 허가를 구하지 못했다. 추후라도 저작권자가 확인이 되면 허가 절차를 밟을 것이다.

책머리에

어느 고참 기자의 '마지막' 특종

'박근혜·최순실 게이트' 보도 뒤 분에 넘치는 칭찬을 받았다. 2월 말 숙명여대에서 열린 언론학자들의 세미나에 토론자로 참가했다가 몸둘 바를 몰랐던 적이 있다. 어느 교수님이 "역사의 물줄기를 바꾸는 데 언론이 이렇게 주도적인 역할을 한 적이 없다"며 "1896년 독립신문이 창간된 이후 120년 만에 언론이 이뤄낸 쾌거"라는 평가를 해주셨기 때문이다.

닉슨 미국 대통령의 하야를 불러온 워싱턴포스트의 밥 우드워드, 칼 번스타인 기자와 비교하며 "워터게이트 사건 때보다 더 큰일을 했다"고 격려해주신 교수님도 계셨다. 물론 한겨레만을 말하는 건 아니고 JTBC, TV조선 등을 함께 아울러서 해주신 말이다.

워터게이트 사건이라면 언론계에서는 전설이지만 막상 알고 있는 건 귀동냥으로 들은 게 전부였다. 뒤늦게 우드워드와 번스타인이 쓴 책 『워터게이트— 모두가 대통령의 사람들』

을 사 보았다. 대단한 사건이었고, 훌륭한 기자들이었다. 무엇보다도 두 기자의 나이가 스물아홉 살, 스물여덟 살이었다. 그 젊음이 너무 부러웠다. "나는 이게 마지막 특종인데, 그들은 첫 특종이었구나." 나이 든 기자로서 절로 탄식이 나왔다.

하지만 한겨레를 비롯해 최순실 게이트를 취재했던 다른 언론들의 성과를 따져보니 워터게이트에 견줘 크게 꿀릴 게 없겠다는 생각도 든다.

우선 워터게이트 특종은 닉슨 대통령의 불법적이고 비열한 대통령 선거운동을 밝혀냈다. 이에 비해 최순실 게이트는 대통령과 재벌의 은밀한 뒷거래부터 시작해서 정유라의 이화여대 특혜 입학, 특정 문화계 예술인을 배제하기 위한 '블랙리스트' 작성, '대통령의 세월호 7시간', '주사 아줌마' 등에 이르기까지 권력의 어두운 그림자 전모를 파헤쳤다. 워터게이트 사건은 닉슨 대통령 한 개인의 사퇴로 끝났다. 같은 공화당 소속의 포드 부통령이 대통령직을 승계했으니 정권 교체와는 거리가 멀었다. 하지만 박근혜·최순실 게이트는 새로운 정권의 탄생을 예고하는 사건이 되었다. 아니 그보다도 더 넓게 보면 박정희 시대에서부터 유래한 '앙시앵 레짐'이 무너져내리는 계기가 되었다.

나에게는 그런 '거창한 의미'에 앞서 기자 초년 시절부터 체질화된 '무력감'을 떨쳐버릴 수 있어서 소중한 경험이었다.

'강기훈 유서 대필 조작 사건.' 1991년 봄 나는 이 사건을 취재하며 몸살을 앓았더랬다. 갓 수습을 뗀 햇병아리 기자로

몸이 고달팠기 때문만은 아니다. 나는, 아니 많은 동료 기자들은 처음부터 강기훈의 억울함을 확신했다. 발품을 팔아가며 여기저기서 죽은 이의 필체를 모으고 강기훈의 것과 비교해 내보였다. 검찰이 빼돌려서 꽁꽁 숨겨놓은 증인을 찾아내기도 했다. 그러면 강기훈은 누명을 벗을 거라고 생각했다. 순진한 생각이었다. 검찰과 법원은, 아니 권력은 눈썹 하나 까딱하지 않았다. 그대로 밀어붙였고 그들의 말이 '진실'이 되었다. 권력의 압도적인 힘의 우위 속에서 진실을 좇는 기자들의 노력은 너무나도 초라했다. 그때 내 나이 스물여덟 살이었다. 밥 우드워드, 칼 번스타인이 승리를 맛보던 나이에 나는, 아니 우리 젊은 기자들은 처음부터 패배에 익숙해져갔다. 강기훈은 2015년 결국 대법원의 재심을 통해 무죄를 확정받았다. 24년 만이다. 뒤늦은 승리는 씁쓸함만 배가시켰다. 긴 세월은 청년 강기훈의 몸과 마음을 이미 망가뜨려놓았다.

하지만 이번은 달랐다. 기자들이 찾아낸 진실이 받아들여졌다. 사람들을 움직였다. 촛불이 타올랐다. 그리고 끝내 대통령은 파면됐다.

역시 승리의 열매는 달다. 내 오래된 상처는 이미 아물어가고 있다. 이겨본 적이 별로 없던 한국 언론에도 가슴 벅찬 감동으로 남았다. 앞날은 더 밝을지 모른다. 용감하고 영민한 젊은이들이 기자직에 뛰어들고, 시민들은 더 이상 싸늘한 냉소가 아닌 따스한 눈길로 기자들을 바라본다. 그런 세상이면 권력이 부패하며 피워내는 곰팡내는 사라질 것이다.

그러기 위해서는 '승리의 과정'을 꼼꼼하게 기록해두어야 한다. 오랫동안 기억해야 한다. 그래야 계속 이길 수 있는 지혜와 용기가 솟아날 것이다. 그래서 이 책을 쓰기로 했다.

한 사람 더 만나보려는 노력, 한마디 더 들으려는 자세, 전화 한 통 더 돌리려는 성실함이 얼마나 큰 결실을 맺는지 보여주고 싶었다. 한겨레의 취재 능력과 성과를 뽐내고자 함이 아니다. 우리의 경험에서 의미를 뽑아내 한국 언론의 전통을 세우는 데 작은 기여라도 하고자 함이다. 이를 위해 취재의 결과물을 설명하기보다는 취재의 과정을 최대한 소상하게 밝히는 데 주력했다. 아직도 이름 밝히기를 꺼리는 취재원이 있고, 다 얘기할 수 없는 사연들이 있다. 그래서 설명이 부실한 부분은 혹시라도 있을지 모를 다음 기회를 기약해보려 한다.

이 책은 14개 장으로 구성되었다. 되도록 각 장이 그 자체로 완결된 이야기 구조를 갖도록 신경 썼다.

물론 이 책만으로 '박근혜·최순실 게이트'라는 대하드라마가 완성되지는 않는다. 한겨레에 앞서 미르재단·K스포츠재단을 보도한 TV조선의 선행 보도가 있었고, 결정적으로 태블릿피시를 보도한 JTBC가 있었다. 보도하는 데 우여곡절을 겪은 TV조선의 내밀한 이야기가 듣고 싶고, JTBC의 황홀한 취재기를 읽고 싶다. 3부로 구성된 대하드라마를 기대해보며, 우선 한겨레 기자들이 2부에 해당하는 이야기를 썼다.

이 책을 쓰는 데 도움을 준 분들에게 감사의 마음을 전하고 싶다. 한겨레 백기철 편집국장과 임석규 에디터는 특별취재반을 만들어주고 우리가 쓰는 모든 기사를 지면에 최대한 반영해주었다. 김영희, 박현, 박용현 에디터는 우리들이 지원 요청을 할 때마다 조금도 주저하지 않았다. 어수선한 원고를 단정하게 엮어준 김수한 주간과 편집자 김진구 씨 등 돌베개 출판사 가족들에게도 고개 숙여 고마움을 표한다.

끝으로 멀리 전라남도 장흥의 깊은 산골에서 요양하고 있는 강기훈에게도 어서 평안이 찾아오기를 빈다.

2017년 3월 21일

박근혜 전 대통령의 검찰 출두를 바라보며

김의겸 씀

차 례

주요 인물

※ 직함은 최종 공식 직함을 기준으로 한다.

청와대 및 정부

박근혜 대통령. 헌법재판소는 2017년 3월 10일 "피청구인을 파면함으로써 얻는 헌법 수호의 이익이 대통령 파면에 따르는 국가적 손실을 압도할 정도로 크다"며 대통령 박근혜를 파면했다.

안종범 청와대 정책조정수석. 청와대 경제수석을 역임했다. 미르재단·K스포츠재단의 운영과 인사 전반에 깊숙이 개입했다.

정호성 청와대 부속비서관으로 박근혜 대통령을 가장 가까이서 보필했다. 약 2년간 최순실과 2천 건 넘게 연락을 주고받은 사실이 드러나는 등 박근혜, 최순실 두 사람 사이에서 연락망 역할을 했다.

안봉근 청와대 국정홍보비서관. 경찰 등 권력기관의 인사에 개입했다는 의혹을 받고 있다.

이재만 청와대 총무비서관. 정호성·안봉근과 함께 문고리 3인방으로 불린다.

김기춘 청와대 비서실장. 문화 예술계 블랙리스트 작성을 주도한 혐의로 구속 기소됐다.

조윤선 문화체육관광부 장관. 김기춘과 함께 블랙리스트 작성을 주도한 혐의로 구속 기소됐다.

우병우 청와대 민정수석. 정윤회 문건 파동을 수습하며 청와대 실세로 급부상했다.

조원동 청와대 경제수석. CJ 이미경 부회장 퇴진 요구와 연관돼 있다.

이영선 유도선수 출신의 청와대 제2부속실 행정관. 의상실 동영상에서 최순실에게 휴대전화 액정을 닦아 건네는 모습으로 깊은 인상을 남겼다.

윤전추	청와대 제2부속실 행정관. 서울 강남 인터컨티넨탈 호텔 피트니스클럽에서 개인 트레이너로 일하다 깜짝 발탁됐다.
김상률	청와대 교육문화수석. 차은택의 외삼촌으로 차은택으로부터 수석직을 제안받았다.
김종덕	문화체육관광부 장관. 제자 차은택의 추천으로 장관이 됐다.
김종	문화체육관광부 제2차관. 최순실의 이권 개입에 관여한 혐의로 구속 기소됐다.
노태강	문화체육관광부 체육국장. 박근혜 대통령에게 '나쁜 사람'으로 불려 좌천당한 뒤 강제로 옷을 벗었다.
진재수	문화체육관광부 체육정책과장. 노태강과 함께 좌천당하고 결국 옷을 벗었다.
이석수	특별감찰관. 미르재단 설립과 관련해 안종범 수석을 내사했다가 청와대로부터 "국기를 흔들었다"는 공격을 받고 사퇴했다.

최순실 및 그 주변

최순실 최태민의 다섯째 딸. 박근혜 대통령보다 네 살 어리다. 박근혜 대통령과의 관계는 1979년 최태민이 설립한 '새마음갖기운동본부'에서부터 시작됐다.

정윤회 최순실의 전 남편. 박근혜가 국회의원이던 시절 비서실장으로서 의원실 활동을 총괄했다.

정유라 최순실의 딸. 이화여대 부정 입학과 학점 특혜의 중심에 있다.

장시호 최순실의 조카. 애초 최순실의 지시를 받아 이권에 개입했으나 특검 조사를 받으며 최순실 게이트 수사에 협조했다.

고영태 펜싱선수 출신. 최순실과 인연을 맺으며 더블루케이, 비덱스포츠의 경영에 참여했지만 최순실과 사이가 틀어지며 내부 고발의 주역이 됐다.

차은택 CF감독 출신. 최순실의 최측근으로 각종 문화계 관련 사업에서 영향력을 행사했다.

정동춘 K스포츠재단 이사장. 운동기능회복센터 원장으로 최순실과 인연을 맺은 뒤 최순실의 추천으로 재단 이사장을 맡았다.

정현식 K스포츠재단 사무총장. 최순실과 안종범이 주도해 기업체로부터 돈을 받아내는 과정을 상세하게 알려주는 등 한겨레의 취재에 절대적인 도움을 줬다.

이성한 미르재단 사무총장. 박근혜 대통령과 최순실의 관계, 최순실의 역할이 어떠했는지 등을 한겨레에 구체적으로 알려줬다.

노승일 K스포츠재단 부장. 독일에서 정유라의 승마 훈련을 지원했다.

박헌영 K스포츠재단 과장. 최순실의 신임을 받고 각종 사업 기획안 등을 작성했다.

이승철 전국경제인연합회 상근부회장. 청와대의 지시를 받고 미르재단·K스포츠재단 설립을 주도했다.

최경희 이화여대 총장. 이화여대의 미래라이프 대학 설립 계획으로 학생들과 교직원들로부터 큰 반발을 산 데 이어, 정유라 특혜를 지시한 혐의로 구속 기소됐다.

최순실을 찾는 사람들

국기國紀를 흔드는 일

"어이쿠, 또 늦었네."

2016년 8월 19일 아침, 김의겸 기자는 허겁지겁 이부자리를 빠져나와 세면대로 달려갔다. 얼굴에 물만 찍어 바르고는 서둘러 현관문을 빠져나간다. 요즘 매일 되풀이되는 일상이다. '나이 탓이려니' 하고 애써 자위해보기도 하지만 그 탓만은 아니라는 걸 제일 잘 아는 이가 자신이다. 축 처진 뱃살만큼이나 헐렁해져버린 게 '궁금증과 호기심의 끈'이다.

김의겸은 술 한잔이 들어가면 후배 기자들 앞에서 가끔씩 이런 개똥철학을 늘어놓곤 했다. "우리 직업의 이름을 바꿔야 해. 기록할 기, 놈 자의 기자記者가 아니라 물을 문, 놈 자의 문자問者로 말이야. '김의겸 기자!'가 아니라 '김의겸 문자!'라고 부르는 거지. 남들이 하는 말을 잘 받아 적는 걸로는 안 돼.

제대로 된 질문을 할 줄 알아야 진짜배기라고. 그러려면 궁금증과 호기심으로 두 눈이 항상 반짝여야 해. 그게 우리 같은 놈들의 생명이자 무기야."

그렇게 흰소리를 해대던 김의겸이건만 요즘 들어서는 모든 게 심드렁하다. 편집국의 부장, 부국장을 거쳐 논설위원까지 하다가 현장으로 다시 돌아왔다. '기자로는 환갑 진갑 다 지난 나이'이니 몸도 마음도 예전 같지 않다. 그러니 아침에 눈을 뜨면 방바닥을 지고 일어나기가 지구를 들어올리는 것만큼이나 힘이 드는 것이다.

그날도 출입처인 여의도 국회의사당으로 향하는 지하철 5호선에 느지감치 몸을 실었다. 주섬주섬 스마트폰을 꺼내 뒤늦게 뉴스를 검색한다. 게으른 눈길이 건성건성 제목을 훑어가다가 이제 막 뜬 뉴스에 갑자기 멈췄다.

김성우 청와대 홍보수석이 춘추관에 들러서 '이석수 특별감찰관(특감)의 수사 의뢰에 대한 청와대의 입장'이라는 걸 발표한 것이다. 김성우는 "특별감찰관이 감찰을 진행하는 과정에서 감찰 내용을 특정 언론에 유출하고 특정 언론과 서로 의견을 교환한 것은 특별감찰관의 본분을 저버린 중대한 위법 행위이자 묵과할 수 없는 사안"이라고 말했다. 그는 여기서 멈추지 않고 "국기를 흔드는 이런 일이 반복돼서는 안 되기 때문에 어떤 감찰 내용이 특정 언론에 왜 어떻게 유출됐는지 밝혀져야 한다"고까지 말했다.

우병우 청와대 민정수석의 비리 의혹을 감찰 중이던 이석수 특감이 조선일보 기자와 통화한 내용을 문제 삼은 것이다.

하지만 김의겸이 보기에 이석수와 조선일보 기자 사이에 나눴다는 대화 내용은 평범하기 그지없었다. 검사와 기자들이 나누는 통상적인 수준을 결코 넘어서는 게 아니었다. 그게 문제라면 대한민국의 검사와 그들을 취재하는 기자들은 모두 범죄자가 된다. 그런데도 그걸 '국기를 흔드는 일'이라며 어마어마한 딱지를 붙였다.

그러고는 박근혜 대통령 자신이 뽑은 이석수의 목을 치려는 것이다. 이석수야 날릴 수도 있다고 치자. 문제는 조선일보다. 박근혜 대통령과 조선일보가 어떤 사이인가. 불과 3년 전 정권 초반 최대 위기였던 부정선거 논란을 채동욱 검찰총장의 '혼외자' 보도로 잠재워준 은인이 조선일보 아니었던가. 그런데 달랑 청와대 민정수석 하나 살리려고 조선일보를 향해 전면전을 선포한다? 뭔가 이상했다.

"미르재단이 뭐죠?"

의문의 중심에는 우병우가 있다. 김의겸은 우병우와 일면식도 없는 사이지만 그를 향한 관심이 남달라 몇 차례 칼럼 소재로 다룬 적이 있다. 2015년 2월 12일에는 「우병우 민정수석은 '리틀 김기춘'?」이라는 글을 통해 우병우의 별명을 처음으로 불러줬고, 그 이름이 나중에는 제법 널리 퍼지게 됐다. 그러니 리틀 김기춘이라는 우병우의 별명은 사실상 김의겸이 붙여준 것이나 다름없다.

우병우 민정수석은 '리틀 김기춘'?

편집국에서

김의겸
디지털부문 기자

"우병우의, 우병우에 의한, 우병우를 위한 인사지 뭐~."

6일 발표된 검찰 인사를 두고 새나오는 검사들의 볼멘소리다. 청와대 민정수석에 '젊디젊은' 우병우(48·사법연수원 19기)가 앉다 보니 그 여파가 검찰 인사 전체를 뒤흔들었다는 얘기다. 민정수석은 검찰 간부들에게 은밀하게 협조를 부탁해야 할 일이 많은 자리다. 나이가 어리면 아무래도 말발이 서지 않는다. 우 민정수석이 편하게 일을 하려면 검찰도 젊어져야 하는 것이다. 꼬리가 개를 흔드는 격이지만 그만큼 우병우 민정수석이 중요하다는 증거다.

우선 선배인 16기와 17기의 검사장 7명이 옷을 벗었다. '용퇴'는 검찰의 전통이지만 검찰총장이 바뀌는 격변기에서나 볼 수 있는 조직 문화다. 평시에는 그저 자리를 돌려막는 게 보통이다. 채동욱 총장 사태로 큰 폭의 물갈이가 단행된 게 1년 남짓이고 올 연말이면 김진태 총장 임기가 다해 다시 대폭 인사가 불가피하다. 민정수석 말고는 설명할 길이 없는 대폭 개편이다. 전례가 없는 일이다 보니 용퇴는 강압적이었다. 신경식 수원지검장의 경우 황교안 법무부 장관이 직접 전화를 걸어 "신 검사장이 먼저 모범을 보여달라"고 채근했다고 한다. 신 지검장은 17기 선두그룹에 속해 있으니 그가 무너지면 다른 동기들이 버티지 못하는 상황이었다. 이를 두고 한 검사는 "생이빨 7개를 억지로 뺀 셈"이라고 표현했다. 우 수석의 바로 위인 18기는 대부분 물을 먹었다. 다들 서울에서 먼 남쪽으로 남쪽으로 발령이 나 투덜거리며 이삿짐들을 쌌다.

대신 19기와 20기가 전진배치됐다. 특히 우 수석이 맘 편히 대할 수 있는 사람들이 요직을 차지했다. 대검찰청 중앙수사부의 후신인 반부패부장에 발탁된 윤갑근이 대표적이다. 둘은 예전에 중수부 수사기획관과 서울중앙지검 3차장으로 함께 일한 적이 있는데 호흡이 잘 맞았다고 한다.

검찰총장 다음 자리라 할 만한 서울중앙지검장과 대검 차장에 모두 고향 선배인 대구·경북(티케이) 출신이 기용된 것도 우 수석으로서는 맘 편히 일할 환경이 마련된 셈이다. 박성재 서울중앙지검장은 박근혜 정부 들어 세 번 연속, 이명박 정부까지 치면 네번 연속 티케이 지검장이다. 김수남 차장의 경우 서울중앙지검장 시절 산케이신문 서울지국장 명예훼손 수사 등을 하면서 종종 청와대와 직거래를 해 대검과 미묘한 기류가 형성되고는 했다고 한다. 이 때문에 티케이와는 결이 다른 부산·경남 출신인 김진태 총장을 견제하는 게 아니냐는 해석까지 나오고 있다.

청와대 민정특보에 이명재 전 검찰총장을 앉힌 것도 우 수석에 대한 깊고도 먼 배려로 보인다. 이 특보는 우 수석의 고향(경북 영주) 직계 선배인데다 김진태 총장이 평소 가장 존경하는 선배로 꼽는 인물이다. 총장과 거래해야 하는 우 수석에게 이 특보는 찬란한 후광 역할을 하게 될 것이다.

이런 이중 삼중의 안전장치는 모두 김기춘 비서실장이 고안하고 장착한 것으로 알려지고 있다. 이토록 자상하고 세심하게 정지작업을 하는 걸 보니 김 실장이 물러나기는 물러나는 모양이다. 어린 세자에게 보위를 물려주기 전 미리 정적을 제거하고 원로대신들에게 간곡한 부탁을 남기는 왕의 심정이 느껴진다. 별 인연이 없던 두 사람은 청와대에서 만난 짧은 기간에 두터운 사이가 됐다고 한다. 일을 밀어붙이는 저돌성에 사태를 완전 장악하는 꼼꼼함까지 성격도 비슷해 우 수석을 '리틀 김기춘'이라 부르는 사람마저 있다. 덩달아 박근혜 대통령의 신뢰도 깊어졌다. 하지만 그러는 사이에 검찰은 완전히 뼛속까지 멍이 들고 말았다. 한 검찰 간부는 "검사들도 공무원인지라 승진에 목을 매는데, 이번 인사로 다들 권력의 풍향계만 바라보게 됐다"고 한탄했다.

kyummy@hani.co.kr

김의겸은 「우병우 민정수석은 '리틀 김기춘'?」이라는 칼럼을 통해 우병우의 별명을 붙여주었다. 2015년 2월 12일 31면.

국회 기자실에 들어서자마자 김의겸은 전화를 돌리기 시작했다. 첫 통화 대상은 옷을 벗은 지 얼마 되지 않은 한 장관급 인사였다. 그가 김의겸에게 토로한 내용은 이랬다.

"나도 뉴스를 보다가 흥분했소. '아! 우병우 하나 살리려다 나라가 결딴나겠구나' 하는 위기감이 몰려옵디다. 김 기자도 잘 아는 청와대 고위 관계자에게 내가 조금 전 장문의 문자를 보냈소. '우병우 민정수석 문제는 한 개인의 억울함 차원을 떠났습니다. 국민 전체의 자존심이 걸린 문제가 됐습니다.

우리 선조들은 왕에게 직언을 올리기 위해 도끼 상소를 했습니다. 상소가 받아들여지지 않는다면 도끼로 내 목을 치라는 의미입니다. 당신께서 목을 내놓고 우병우 민정수석의 문제를 해결해주십시오.' 대충 이런 내용이오. 그런데 돌아온 답이 간단합디다. '본인이 현명하게 처신하지 않겠습니까. 기다려보시죠.' 지금 대한민국 국민의 99퍼센트가 이 상황을 이해하지 못하고 있는 것 아니겠어요. 아주 절망스럽습니다."

박근혜 대통령으로부터 직접 임명장을 받은 사람조차 절망하게 만드는 우병우. 도대체 왜 박근혜 대통령은 우병우를 이토록 감싸고 도는 것일까? 궁금증이 빳빳하게 고개를 들었다. 말라비틀어진 줄 알았던 호기심이 스멀스멀 기어오르기 시작했다.

김의겸은 청와대 속사정을 알 만한 사람들에게 무차별적인 전화 공세를 퍼부었다. "대통령은 왜 우병우를 이토록 끔찍이도 아낄까요? 왜 조선일보한테는 그토록 가혹할까요?" 똑같은 질문이 전화기 건너편 사람만 바뀔 뿐 몇 번이고 되풀이됐다. 그러나 돌아온 답은 다들 신통찮았다. "그만큼 청와대 안에서 우병우의 역할이 중요하다는 것 아닐까요?" 뻔한 답변만 돌아왔다. 그냥 멈출까 싶었다. 그러다 문득 사정당국의 한 관계자 얼굴이 떠올랐다. 잊힐 만하면 한 번씩 연락을 주고받는 정도의 사이지만 몇 차례의 취재 경험을 통해 김의겸이 전적으로 믿게 된 사람이다. 무엇보다도 대인관계가 폭넓어 온갖 고급 정보가 저수지처럼 모이는 인물이다. 그래서 자신의 공식 업무가 아닌데도 어떤 사안은 내부자처럼 훤히 꿰뚫고 있는 경우가 있었다. 전화가 연결되자 같은 질문을 던졌다. 그런데 돌아오는 답이 엉뚱했다.

"김 기자, 괜히 헛다리 긁지 말아요. 우병우 정도가 뭐 별거라고, 쓸데없는 곳에 정력을 낭비합니까?"

"아니, 지금 세상이 우병우 때문에 난리가 났는데 별거 아니라뇨?"

"우병우가 본질이 아니에요. 이 모든 게 미르재단 때문에 생긴 일입니다." 김의겸으로서는 처음 듣는 이름이었다. "미르재단이 뭐죠?" "허허, 기자 맞아요?"

"맞습니다. 미세스 최가 있습니다"

김의겸은 그 소식통으로부터 긴 얘기를 들었다. 요지는 이랬다. "TV조선이 미르재단을 취재하니까 박근혜 대통령이 바짝 긴장했다. 자신의 정치적 생명과 관련된 사안이기 때문이다. 하지만 정면대응을 할 수는 없다. 그만큼 미르재단에 약점이 많기 때문이다. 그런데 반격의 기회가 왔다. 엉뚱하게도 조선일보가 우병우 민정수석의 처가 땅 문제를 보도한 것이다. 박 대통령으로서는 울고 싶던 차에 뺨 때려준 꼴이다. 미르재단은 모른 체하고 우병우 보도만을 문제 삼아 조선일보에 융단폭격을 퍼붓고 있는 것이다."

전화를 끊고 인터넷을 뒤져보니 TV조선이 미르재단에 대해 자세하게 보도해놓은 상태였다. 김의겸은 얼굴이 화끈거렸다. '여당 성향의 조선도 이토록 치열하게 파고들었는데 난 뭐 하고 있었나. 선임기자랍시고 뒷짐 진 채 거들먹거리기나 했구나' 하는 자괴감이 들었다. 그러나 거기서 멈출 수는 없었다. 한번 불붙은 궁금증과 호기심의 불길은 소리 없이 타올랐다.

경쟁자의 처지로서는 다행스럽게도 TV조선의 보도는 중간에 뚝 끊겨 있었다. 미르재단 설립 과정에 당시 청와대 안종범 경제수석이 개입했다고 운만 뗐지 증거를 대지는 못하고 있었다. TV조선이 청와대로부터 압력을 받고 중간에 멈춘 게 분명했다. 그렇다면 한겨레가 뒤를 이어서 미르재단의 몸통을 찾아내면 될 것 아닌가. 그런 오기가 아랫배로부터 부글거리기 시작했다.

'우병우 하나 살리려다 나라가 결딴나겠다'라고 토로하던 장관급 인사와 '미르재단이 본질'이라고 알려준 사정당국의 관계자 얘기를 듣고 나니 세 번째로 접촉할 취재원이 뚜렷해졌다. 미리 문자를 보냈다. "미르재단과 관련해 물어볼 게 있습니다. 사무실로 찾아가겠습니다." 일방적 통보였다.

자신의 사무실에서 김의겸을 맞은 세 번째 취재원은 바짝 긴장하고 있었다. 찾아온 목적이 너무나 분명했기 때문이다. 그는 무척이나 조심스러워했다. "지금 제 처지에서 많은 얘기를 할 수는 없습니다. 저를 만났다는 것 자체를 비밀로 해주셔야 합니다." 그러면서도 그는 결정적인 얘기를 해줬다. "맞습니다. 미세스 최가 있습니다. 미르재단과 K스포츠재단의 실질적인 주인이 미세스 최인 게 확실해 보입니다."

미세스 최, 그는 최순실을 그렇게 부르고 있었다. 김의겸은 설마설마하다가 세 번째 취재원의 입에서 '미세스 죄'가 나오는 순간 온몸이 부르르 떨렸다. 한때 부부였던 최순실, 정윤회 두 사람을 대한민국에서 누구보다도 잘 아는 사람의 입에서 나온 말이니 믿지 않을 수 없었다. 김의겸은 오랫동안 풀려 있던 긴장의 끈이 팽팽하게 조여드는 느낌에 묘한 흥분마저 느꼈다.

김의겸은 그렇게 몇 사람으로부터 취재한 내용을 간략하게 적어서 회사에 정보 보고를 띄웠다. 회사의 인트라넷에 올라온 시간은 8월 23일 오후 12시 18분이고, 제목은 '박근혜의 역린'이다. 그날 김의겸이 보낸 정보 보고 원문은 아래와 같다.

- 박근혜 대통령은 조선일보가 '우병우 죽이기'에 나선 것이 아니라 '박근혜 죽이기'를 하려는 것으로 받아들이고 있다. 그리고 그렇게 생각하는 게 전적으로 망상만은 아니다. 미르재단 때문이다. 안종범 경제수석이 재벌들의 손목을 비틀어서 미르재단에 돈을 넣도록 했는데, 이게 대통령 퇴임 뒤 정치력을 발휘하려는 공간이다. 전두환의 일해재단과 같은 거다. 더 큰 문제는 이 재단을 최태민의 딸 최순실이 주도하고 있다는 점이다. 미르재단 일 가운데 한류문화 확산이 있는데 한복, 음식, 태권도 등을 최순실이 주도하고 있을 뿐만 아니라 재단 돈을 최순실이 전적으로 맡고 있다.
- 조선이 이걸 슬쩍슬쩍 보도하면서 대통령의 역린을 건드렸다. 청와대로서는 이게 터지면 바로 식물정부가 된다. 청와대는 어떻게든 막으려 하고, 조선은 보도 뒤 속도 조절을 하는 것 같다.
- 이 내용을 아는 게 우병우다. 박근혜 대통령으로서는 조선일보의

공격으로부터 민감한 문제를 소리 없이 막아줄 사람이 우병우밖에 없다. 내칠 수가 없는 거다.

- 청와대는 조선일보를 '부패 기득권 세력'이라고 했다. 조선이 단지 "친박으로는 정권 재창출이 안 돼"라고 판단한 것뿐만 아니라, 방씨 일가의 부패 문제를 덮으려는 목적이 있어 자신을 공격한다고 박근혜 대통령은 보고 있다. 조선에 대해 우병우가 공격적으로 수사를 지시하고 있다. 대우조선해양 수사 과정에서 조선일보 송희영 주필과 관련한 진술이 나왔다. 대우조선해양이 고가의 명품시계를 구입해서 유력 인사에게 돌렸는데 그 명단에 송희영이 있다는 진술이다. 검찰이 이걸 그냥 덮으려고 했는데 청와대 민정수석실에서 수사 독촉이 내려왔다고 한다.
- 이석수 특감을 저렇게 강경하게 자른 이유도 단순히 우병우 감찰 내용 누설에 있지 않다. 청와대가 이석수의 성향을 알아버린 거다. 미르재단 건은 전형적인 특별감찰관 사건인데 이석수가 원칙대로 파고드니 더는 이석수에게 맡겨놓을 수 없는 상황이 된 거다.

특별취재반

김의겸의 이날 정보 보고에는 약간의 정치적 상상력이 끼어들어 있기는 하나 앞으로 전개될 '최순실 게이트'의 기본적인 골격이 다 들어 있었다. 나중에 한겨레 특별취재반의 나침반 역할을 해주기도 한 문건이다.

김의겸은 정보 보고 끄트머리에 다음과 같은 의견을 조심스레 덧붙였다. "#미르재단 특별취재반 가동해야 하지 않을지……." 김의겸으로서는 겁이 났던 거다. 한편으로는 심장을 쿵쾅거리게 하는 취재거리이기도 하지만 50대 중반의 나이에 감당할 수 있을지 자신이 없었다. 권력의 뒷골목에서 이뤄진 일들이라서 취재를 하려면 찰거머리처럼 달라붙어야 하는데 과연 그런 투지가 나올까? 과거 알고 지내던 정치권과 법조계의 취재원들에게 스스럼없이 달라붙어서 취재할 수 있을까? 언제 들어올지 알 수 없는 취재원을 만나려고 마냥 집 앞에서 기다리는 '뻗치기'를 할 수 있을까? 이런 의문들이 고개를 들었다. 그래서 책임을 편집국의 국장이나 부장들에게 떠넘긴 것이다. 이렇게 정보 보고를 올려놓으면 누군가 관심을 갖고 알아서 처리해주겠지 하는 기대였다.

그런데 예상치 못한 일이 끼어들었다. 최종 결정을 내려주어야 할 백기철 편집국장이 정보 보고를 띄운 8월 23일에 부친상을 당한 것이다. 물론 정보 보고도 보지 못한 채 빈소를 지켜야 했다. 김의겸은 초조해졌다. TV조선의 보도가 있었고 점점 많은 사람들이 비밀을 알아가기 시작하는데 자칫 잘못하다가는 크게 물을 먹을 수도 있겠다는 걱정 때문이었다. 물 먹는다는 건 '낙종'을 뜻하는 언론계 은어로 기자가 가장 싫어하는 일이다.

상가로 문상을 가서 백기철 국장을 마주 대했지만 차마 입이 떨어지지 않았다. 아무리 급해도 상중에 업무 얘기를 꺼내는 건 예의가 아니다. 백기철 국장이 상을 마치고 돌아온 30일 오후에야 김의겸은 국장 방을 조용히 두드렸다. 김의겸에게 백기철 국장은 1년 선배다. "백 선배, 혹시 제가 올려놓은 정보 보고 보셨어요?" "아직 못 봤는데 누군가 상가에 와서 그 정보 보고 이야기를 합디다." 백기철 국장은 김의겸으로부터 간략한 구두보고를 듣더니 대뜸 "그럼 김의겸 씨가 직접 맡아서 취재를 해보는 게 어때요?"라고 제안했다. 김의겸으로서는 사실 방문을 두드릴 때부터 이미 각오한 일이었다. "그럼, 후배 몇 명 좀 붙여주세요. 특별히 염두에 둔 후배는 없습니다. 정치 영역은 제가 맡는다 치더라도 경제와 사회에서 한 사람씩 보내주셨으면 합니다." 백기철 국장은 경제부장, 사회부장과 상의해서 사람을 보내주겠노라고 흔쾌히 동의했다.

미르팀 또는 최찾사의 탄생

9월 1일. 류이근 기자는 1년여 만에 마포구 공덕동 한겨레신문사 사옥으로 출근을 했다. 그는 지난 1년 동안 워싱턴 존스홉킨스 대학의 한 연구소에 머물다 귀국한 지 얼마 되지 않았다. 백기철 국장은 7층 편집국장실로 그를 불렀다. "가을 정기 인사는 다음 주에나 날 텐데……." 사실 류이근은 인사 전까지 빈둥빈둥 지낼 수 있을지 모른다는 생각에 느긋한 마음이었다. "기사 안 쓰는 기자가 최고다"라는 기자들의 농담처럼, 기사 안 쓰면서 며칠 보낼 수도 있다고 기대했다. 게다가 1년 동안 공백이 있어 기자로서의 감을 되살리는 데는 예열 시간이 필요한 처지였다.

하지만 백기철 국장은 그의 기대를 여지없이 깼다. "경제부에 갈지 모르겠지만 확정된 건 아니야. 일단 김의겸 씨와 함께 특별취재반에 가서 일을 해. 언제까지 있게 될지 모르지만……."

국장은 '미르재단'이 뭔지 잘 모르는 류이근에게 간단한 설명도 곁들였다. 류이근은 2004년 열린우리당을 출입할 때 몇 달 동안 짧게 '반장' 김의겸과 함께 일을 해본 게 전부다. 게다가 미르재단이라는 이름은 너무나 생소하게 들렸다.

류이근은 국장실을 나서면서 김의겸에게 전화를 걸었다. 김의겸은 다음 날 당장 모여서 회의를 할 테니, TV조선에 난 미르재단 기사를 읽어보고 오라는 주문을 내렸다.

류이근은 그날 저녁 집에서 인터넷으로 검색을 해보았다. 기사 검색을 하면서 큰 의문이 들었다. 아니 우리나라를 대표하는 이른바 10대 일간지, 방송 3사 어디에서도 단 한 줄의 기사가 나지 않은 것이다. 겨우 TV조선이라는 종편에서 보도한 게 다 아닌가? 하찮은 문제이거나 보도의 신뢰성이 떨어지거나, 둘 중 하나일 거라는 생각이 류이근의 머릿속을 스쳤다. 그의 의문은 계속 이어졌다. TV조선에서도 더는 보도가 나오지 않고 있었던 것이다. 왜일까? 종편의 모회사 격인 조선일보조차 이 기사를 다루지 않은 건 수상해 보이기까지 했다. 이 때문이었을까? 류이근은 TV조선의 미르재단 보도에 도통 믿음이 가지 않은 채 다음 날 김의겸을 만나게 된다.

미르재단이라는 이름이 생소하기는 방준호 기자도 마찬가

지였다. 8월의 마지막 날인 31일 저녁. 방준호는 서울 서촌의 작은 술집에서 사회부 동료 기자들과 맥주를 마시고 있었다. 일과는 끝나지 않았다. 술 한 모금을 마시고 잠깐씩 옆 테이블로 옮겨가 노트북을 펼친 채, 판갈이(초판 마감을 한 뒤에 새 기사를 넣거나 기존 기사를 고쳐 써서 판을 바꾸는 일) 시간을 재가며 기사를 수정하고 있었다. 일상적인 풍경이다. 그러다 미르재단이라는 낯선 이름이 이날 저녁 풍경 속에 불쑥 끼어들었다.

“미르재단 특별취재반이 꾸려지는데 파견을 다녀와야 할 것 같아.” 김영희 사회부장의 전화였다. 방준호는 되물었다. “미르요?” 사회부장은 청와대와 연결돼 있다는 어떤 문화재단에 대해 간단하게 설명하고는 “김의겸 선배가 곧 연락할 거야”라고 말했다.

방준호의 표정은 어두워졌다. 특별취재반이 어떤 ‘기회’인 것은 알고 있었다. 한겨레에 꾸려졌던 대부분의 특별취재반은 일정한 성과를 냈다. 기회를 주고 싶은 사회부장의 마음은 알겠지만 방준호는 파견이 썩 내키지 않았다.

방준호는 기자생활 3년여 이력 중 2년 가까이를 사건기자로 지냈다. 사건기자의 일터는 중요 인물의 동선, 새로운 트렌드, 사고, 집회 등 모든 종류의 사건이 벌어지는 ‘현장’이다. 그런 현장에 대통령, 권력, 스캔들 같은 어마어마한 말의 자리는 없었다. 눈에 보이는 현장 속 사람들을 위해 조금이라도 도움이 되는 기사를 쓰고 싶다고 생각했다. 권력층의 비위를 폭로해 흐트러진 대원칙을 바로잡는 ‘게이트’ 취재는 자신의 영역으로 생각해본 적이 없다.

9월의 첫날, 서울은 평소처럼 혼란스러웠다. 사드 배치 반대를 외치는 경상북도 성주군 주민들이 서울로 올라왔다. 성주 주민들은 "왜 갑자기, 도대체 무엇을 위해, 수십 년 동안 평화롭게 살아온 땅을 등져야 하는지 이해할 수 없다"고 했다. 구호와 함성 속에서 김영희 사회부장이 보낸 문자를 받았다. "준호 씨가 먼저 문자라도 드려. 김의겸 선배도 숫기가 없으셔서 ㅎㅎ." 방준호는 힘겹게 한 글자 한 글자 휴대전화 문자판을 눌렀다. "안녕하세요 선배. 24시팀 방준호입니다. 저희 부장으로부터 제가 미르재단 특별취재반에 가게 된다는 말을 들었는데요. 어떻게 하면 될까 해서 문자 드립니다." 김의겸이 전화했다. "일단 내일 회사에서 모이는 걸로 하지. 미르재단 관련 기사들 찾아서 미리 좀 읽어보고 와." "네." 짧게 대답했다. 갑작스러웠다. 마음의 준비를 할 시간은 없었다.

김의겸은 류이근, 방준호와 전화 통화를 하고 나서 '특별취재반 이름을 하나 지어야 할 텐데……' 하는 생각이 들었다. 특별취재반이 꾸려지면서 '미르팀'이라는 이름이 자연스럽게 붙기는 했다. 누가 붙였는지도 불분명하지만 백기철 국장을 비롯해 편집국 간부들은 다들 그렇게 부르기 시작했다. 그리고 그 이름은 곧 회사 안에서는 공식적으로 통용되는 이름이 됐다.

하지만 김의겸은 좀 더 목표가 분명한 이름을 원했다. 9월 1일 퇴근길에 떠오른 이름이 '최찾사'였다. '최순실을 찾는 사람들'의 약칭이고, 당연히 '노찾사'를 패러디한 것이다. 노찾사

최찾사 사무실은 2016년 9월 5일 한겨레신문사 4층, 창문 하나 없는 방에 만들어졌다. 종료일 '10월 9일'을 보고 방준호는 "우리 10월 9일까지 해야 하는 거예요?"라며 기겁했다.

는 '노래를 찾는 사람들'을 줄여 부른 것으로, 1980년대에서 1990년대에 걸쳐 활동한 민중가요 노래패다. 다음 날인 9월 2일 김의겸은 류이근, 방준호를 만나 "우리 팀 이름은 최찾사야, 최찾사"라고 몇 번이고 말해주었다. 하지만 그 이름이 어색했는지, 아니면 스스로를 부를 일이 없어서였는지 최찾사라는 이름은 거의 불릴 기회가 없었다. 그렇게 최찾사는 소리 없이, 존재감 없이 탄생했다.

며칠 뒤인 9월 5일에는 최찾사의 사무실도 마련됐다. 한겨레신문사 4층 누군가가 쓰다 떠나버리고 비어 있는 공간이었다. 창이 없는 방은 공기가 나빴다. 늦여름의 기운이 꺾이지 않은 9월 초의 사무실은 8월 중순만큼이나 더웠다. 김의겸은 탁한 공기와 열기를 빼내기 위해 하루 종일 선풍기를 돌렸다.

류이근은 그게 더 불편했다. 안 그래도 탁한 공기가 선풍기 바람에 더 많은 먼지를 일으킬까 봐 찜찜했다. 어느 순간 그도 쾌적한 환경을 포기했다. 회의실 출입문엔 문패도 붙었다. '편집국 TF'라고 적힌 A4 용지가 나붙은 것이다. 최찻사도 미르팀도 아니다. 아마도 회사 총무팀에서 붙였을 것이다. 그런데 활동 기간이 9월 5일~10월 9일이라고 적혀 있었다. 왜 활동 기간이 한 달 조금 넘게 정해졌는지 누구도 묻지 않았고 설명하지도 않았다. 하지만 그 사무실은 그 기간을 훌쩍 넘겨 2017년 1월 초까지 쓰이게 된다. 그토록 오랜 기간 사무실이 쓰일지는 누구도 알지 못했다. 그리고 그 짧은 기간에 역사가 새로 쓰일 줄은 더더욱 몰랐다.

2

최순실 게이트

꼬리를 밟다

최악의 조합

2016년 9월 2일 아침 한겨레신문사 6층의 빈 회의실에 김의겸, 류이근, 방준호 세 사람이 모였다. 서로들 가볍게 인사를 나누고는 김의겸이 두 사람 앞에서 그동안 자신이 취재한 내용을 자세하게 설명했다. A4 용지에 그림을 그리기도 했다. 박근혜 대통령이 정점에 있고, 그 밑에 최순실이 있으며 안종범은 최순실의 옆 쪽에 위치했다. 미르재단과 K스포츠재단을 직접 운영하는 주체는 물론 최순실로 그려졌다.

"최순실이 스포츠에 관심도 많고 인맥도 있어 K스포츠재단은 직접 관장하는 것 같다. 그러나 미르재단이 다루는 문화영역은 생소해서 직접 나서지 못하고 차은택을 대리인으로 내세워 관장하는 듯하다"라는 설명을 붙이며, 차은택도 그림에 집어넣었다.

김의겸은 며칠 동안의 취재를 통해 확신이 서 있었다. 그의 머릿속에는 나름 거대한 그림이 완성돼 있었다. 그러기에 두 사람 앞에서 "이번 취재는 통상적인 취재가 아니다. 평생 기자를 해도 일생에 한번 올까 말까 한 사건이다"라고 큰소리를 쳤다.

그러나 두 사람의 반응은 기대와 달랐다. 류이근은 10년 선배인 김의겸의 자존심을 건드리고 싶지는 않았다. 하지만 김의겸의 설명이 30분 가까이 길어지자 조심스럽게 말을 꺼냈다. "선배, 그런데 팩트는 없는 거군요?"

류이근은 답을 빤히 알면서 기어코 물었다. 혹시나 뭐라도 하나 쥐고서 시작하는 줄 알았던 류이근은 실망한 기색이었다. "응, 없어. 아직은 머릿속 그림에 불과한 거야." 잠시 머뭇거리던 김의겸은 선선하게 인정했다. 셋 가운데 막내인 방준호는 '맨땅에 헤딩해야 하는 상황이구나' 하는 걱정이 앞섰지만 그런 두려움을 표현하지는 않았다. 그는 원래 말수가 적은 성격이다.

그래도 김의겸은 말을 이어갔다. 이번에는 자신이 세운 취재 전략이었다.

"미르재단은 이미 TV조선이 많이 보도를 했다. TV조선 기자들이 알곡 하나 남기지 않고 모조리 훑고 지나갔다. 미르재단이라는 범죄 현장은 TV조선 기자들의 발자국과 지문들로 어지러워졌다. 오염되지 않고 남아 있는 증거가 거의 없을 것이다. 그러니 미르재단은 건너뛰자.

K스포츠재단은 아직 TV조선의 손때가 덜 탔다. 여기서는

우리가 건질 게 있을 거다. 여기서 최순실의 머리카락 한 올, 지문 하나라도 찾아낼 수 있다면 성공이다."

그러면서 김의겸은 첫 번째 취재 지시를 내린다. K스포츠재단 정동춘 이사장을 지목한다. "정동춘이 냄새가 많이 난다. 인터넷을 통해 정동춘을 검색해보면 수백억 원짜리 재단의 이사장을 맡기에는 경력이 달린다는 걸 알 수 있다. 정동춘이 CRC운동기능회복센터란 곳의 대표를 하다가 K스포츠재단 이사장으로 옮겨갔는데, 운동기능회복센터가 주로 스포츠 마사지를 하는 곳이다. 분명 최순실과 잘 아는 사이일 것이다. 최순실 혼자서 이곳을 다녔을 수도 있고, 아니면 딸 정유라랑 같이 다녔을 수도 있다. 정유라가 말을 타다 보면 아무래도 타박상을 입을 수도 있고, 또는 뭉친 근육을 풀기 위해서도 이곳을 이용했을 수 있다. 우선 이곳에 취재를 집중해보자. 준호! 우선 현장에 가봐라. 이 마사지센터에서 마사지도 받아보면서 직원들도 사귀고 다른 손님들 이야기도 들어봐라."

당시 김의겸은 운동기능회복센터의 상황을 전혀 모른 채 그런 지시를 내린 것이었다. 그러나 결과적으로 성공을 거둔다. 한겨레 9월 20일 「대기업 돈 288억 걷은 K스포츠재단 이사장은 최순실 단골 마사지센터장」이라는 기사를 통해 처음으로 최순실을 세상에 드러낼 수 있었기 때문이다.

김의겸은 자신을 포함한 세 사람의 역할을 나눴다. 김의겸은 청와대, 국회, 검찰 등 '고공 취재'를 맡았다. 류이근은 미르재단을 중심으로 재단에 돈을 낸 재벌 그리고 차은택을 맡았다. 방준호는 K스포츠재단을 중심으로 등장하는 인물들을

취재 초기 류이근이 방문했던 차은택의 광고회사 아프리카픽처스.

취재하기로 했다.

회의를 마치며 딱딱하고 무거워진 분위기를 깨려는 듯 류이근이 너스레를 떨었다. “그런데 선배, 저희 말이죠. 최악의 조합인 것 같아요. 아니 특별취재반을 꾸리면서 어떻게 이리도 나이 차가 나는 사람들을 모았어요.” 하긴 그랬다. 김의겸이 기자생활 27년차, 류이근은 17년차, 방준호는 4년차였다. 대부분의 특별취재반은 비슷한 연배끼리 모인다. 나이 차가 나도 10년을 넘기는 경우는 드물다. 그런데 김의겸과 방준호는 23년 차이다. 거의 아버지와 아들 뻘이다.

“이렇게 세대 차가 나면 소통이 안 돼요, 소통이…….” 방준호도 마침 그런 생각을 하고 있었다. 선배들과 연차가 너무 많이 나서 기가 질리는 느낌을 받았다. 류이근은 주눅 든 방준호의 어깨에 손을 올렸다. “시킬 일 있으면 나를 부려. 선배 이런 거 생각하지 말고. 똑같이 일하는 거야.” 김의겸은 그런 류이근이 고마웠다.

CRC운동기능회복센터

최찾사가 첫 회의를 한 9월 2일은 금요일이었다. 토요일과 일요일이 이어져서 본격적인 취재는 어려웠다. 최찾사는 우선 기초 자료를 모으기 시작했다. 두 재단에 어떤 기업이 얼마의 돈을 냈는지, 두 재단의 임원 구성은 어떻게 되는지, 설립 과정은 어떠했는지 등등 기초적인 사실관계부터 확인해야 했다. 류이근은 국세청에서 운영하는 재단법인 공시사이트를 활용했다. 방준호는 더불어민주당 오영훈 의원실로 전화를 걸었다.

오영훈 의원은 정치권에서 가장 먼저 미르재단과 K스포츠재단에 의심을 품고 문제를 제기한 사람이다. 물론 TV조선 보도가 계기였다. 그러나 그의 문제 제기는 어느 언론으로부터도 관심을 끌지 못한 상태였다. 그래도 한겨레보다는 한 발 앞선 8월부터 미르재단과 K스포츠재단 관련 자료를 문화체육관광부(이하 문체부) 등에 요청해 차곡차곡 모아놓은 상태였다. 기자가 발로 뛰어 모을 수 있는 자료가 아니었다. 방준호가 협조 요청을 부탁하자 오영훈 의원실의 박성오 비서관은

창립 총회 회의록

1. 회의일시 : 2015 년 10 월 25 일 (12:00-15:00)
2. 회의장소 : 전국경제인연합회 컨퍼런스 센터
3. 회의안건 : ①임시의장 선출 ⑥임원선임 및 임기결정
   ②설립취지 채택 ⑦사업계획 및 예산심의
   ③정관심의 ⑧사무소 설치
   ④출연내용 ⑨법인조직 및 상근임직원 정수 책정
   ⑤이사장 선임

4. 회원총수 : 20명
5. 출석회원(설립발기인 포함) : 20명
6. 결석회원(설립발기인 포함) : 0명
7. 회의내용

임시 사회자 신■■■■■은 설립발기인 전원의 찬성으로 임시 사회를 맡기로 하고, "재단법인 미르" 설립을 위한 발기인 총회가 적법하게 성립되었음을 성원 보고한 후 "임시의장 선출" 안건을 상정하다.

[제1의안 상정] 임시의장 선출

사회자 : -"임시의장 선출(안)"을 상정하겠습니다.
- 추천하여 주시기 바랍니다.
김■■■■■ : - 김형수님을 임시의장으로 선출할 것을 제안합니다.
사회자 : - 다른 분 추천 있습니까? (더 이상의 추천이 없다.)
사회자 : - 김■■■■■에서 추천한 김형수님을 임시의장으로 선출하겠습니다. 이의 있으시면 말씀해 주시고, 찬성하시면 박수로 의결하여 주시기 바랍니다.
(만장일치로 전원 박수)
사회자 : - 임시의장에 김형수님이 선출되었음을 선포합니다.
(의사봉 3타)
(이후의 의사진행은 임시의장 김형수님에게 인계하고 사회자는 물러나다.)

창립 총회 회의록

1. 회의일시 : 2016 년 1 월 5 일 (12:00-15:00)
2. 회의장소 : 전국경제인연합회 컨퍼런스센터
3. 회의안건 : ①임시의장 선출 ⑥임원선임 및 임기결정
   ②설립취지 채택 ⑦사업계획 및 예산심의
   ③정관심의 ⑧사무소 설치
   ④출연내용 ⑨법인조직 및 상근임직원 정수 책정
   ⑤이사장 선임

4. 회원총수 : 20명
5. 출석회원(설립발기인 포함) : 20명
6. 결석회원(설립발기인 포함) : 0명
7. 회의내용

임시 사회자 이석환 상무(롯데)는 설립발기인 전원의 찬성으로 임시 사회를 맡기로 하고, "재단법인 케이스포츠" 설립을 위한 발기인 총회가 적법하게 성립되었음을 성원 보고한 후 "임시의장 선출" 안건을 상정하다.

[제1의안 상정] 임시의장 선출

사회자 : - "임시의장 선출(안)" 을 상정하겠습니다.
- 추천하여 주시기 바랍니다.
김완표 전무(삼성) : - 정동구님을 임시의장으로 선출할 것을 제안합니다.
사회자 : - 다른 분 추천 있습니까? (더 이상의 추천이 없다.)
사회자 : - 김완표 전무(삼성)께서 추천한 정동구님을 임시의장으로 선출하겠습니다. 이의 있으시면 말씀해 주시고, 찬성하시면 박수로 의결하여 주시기 바랍니다.
(만장일치로 전원 박수)
사회자 : - 임시의장에 정동구님이 선출되었음을 선포합니다.
(의사봉 3타)
(이후의 의사진행은 임시의장 정동구님에게 인계하고 사회자는 물러나다.)

미르재단과 K스포츠재단의 창립 총회 회의록. 문장 말미 토씨까지 꼭 닮아 있다. 오영훈 의원실이 제공한 자료들은 한겨레가 최순실을 찾아 떠나는 머나먼 여정의 두둑한 노잣돈이 돼주었다..

흔쾌히 수락하며 어렵게 받아낸 자료들을 한겨레에 몽땅 넘겨줬다.

삼성, LG, SK, 롯데……. 한국을 대표하는 기업 대표들의 서명이 담긴 약정서, 공시와 이들 약정서를 토대로 한 출연금은 미르재단 486억 원, K스포츠재단 288억 원, 총 774억 원이었다. 문장 말미 토씨까지 꼭 닮은 두 재단의 창립 총회 회의록도 건네받았다. 그 자료들은 한겨레가 최순실을 찾아 떠나는 머나먼 여정의 두둑한 노잣돈이 돼주었다. 그리고 그 산더미 같은 자료 안에는 가끔씩 보물도 들어 있었다.

시사인이나 TV조선이 최순실의 다른 사진(영상 캡처)을 내놓기 전까지 한국 언론에서 유일하게 포착했던 최순실의 모습. 박종식 기자의 사진 특종. 2013년 7월 서울 승마경기장.

박성오 비서관이 건넨 자료 가운데 가장 귀한 것은 두 재단의 임원 명단이었다. 앞으로 최찾사가 찾아가 만나야 할 인물들이었다. 당연히 K스포츠재단 설립 당시 임원진의 명단과 그들의 이력 그리고 주소도 기재돼 있었다. K스포츠재단의 정동춘 이사장이 CRC운동기능회복센터 원장이라고 기재돼 있었고, 그의 집 주소도 적혀 있었다. 주말 동안 최찾사는 이들 대부분의 연락처를 파악하고 이력을 탐색했다. 업체를 운영했다면 업체의 법인·부동산등기부를 떼었다. 대학교수라면 어떤 논문과 책을 썼는지 살폈다. 마사지센터 원장, 실내골프장 사장, 대학교수 등등 다양한 사람들이었다. "어떻게 재단에 들어가게 됐을까? 최순실과는 어떤 관계일까?" 최찾사의 세 사람은 그런 질문들을 서로 던져가며 공개돼 있는 정보를 모았다. 이들 가운데 한 사람만이라도 진실을 열어젖혀주길 기대했다.

드디어 출격의 날이 왔다. 9월 6일, 방준호는 서울 압구정동에 있는 CRC운동기능회복센터를 찾았다. 준비랄 건 없었다. 그저 마음의 준비만 했다. 방준호의 행색은 평소처럼 초라했다. 백팩을 메고 며칠째 돌려입은 체크무늬 셔츠를 입었다. 운동화는 때가 탔다. "구두라도 신고 올걸……." 방준호는 세련된 압구정 거리에 미안했다. 어깨를 움츠리며 몸피를 줄여봐도 민망함은 가시지 않았다. 이런 차림으로 가면 취재를 망칠 게 뻔했다.

CRC운동기능회복센터는 정동춘 K스포츠재단 이사장이 지난 5년여 동안 운영한 곳이다. 대기업이 순위대로 줄을 서서 288억 원을 댄, 정부의 '특별한' 관심을 받으며 등장한 거대 체육재단의 이사장이 스포츠마사지센터 원장이라는 사실은 부자연스러웠다. "정동춘이라는 이름은 처음 듣는다"는 게 체육계 인사들의 공통된 반응이었다. 알려지지 않은 인물이었다.

그 때문이었다. 김의겸은 최순실이 이곳을 드나들며 정동춘을 알게 됐고 그를 재단 이사장에 앉혔을 것이라고 의심했다. 김의겸의 추론은 충분히 합리적이었다. 그럼에도 방준호는 쉽사리 확신하지 못했다. 박근혜 정부 4년 동안 단 한 번도 공개적으로 드러난 바 없는 최순실이 고작 스포츠마사지센터에 흔적을 남겼겠는가. 설령 최순실을 아는 누군가가 있다고 해도 이미 입단속이 시작되지 않았을까. '1퍼센트의 가능성이라도 일단은 확인하라.' 이는 한겨레에서 배운 가르침이었다. 의심을 품고, 일단 압구정동으로 향했다.

이날 방준호의 목표는 하나였다. 운동기능회복센터의 이물감 없는 고객이 되는 것이다. 자연스럽게 상담을 받고 자연스럽게 고객이 된 뒤 자연스럽게 손님들과 친해진다. 그리고 한마디를 건져낸다. "최순실 씨요? 여기 자주 왔었죠." 여기까지만 마인드컨트롤을 했던 게 문제였다. 옷 생각을 미처 하지 못했다.

방준호가 허름한 옷차림으로 운동기능회복센터 건물 앞에 도착한 것은 9월 6일 아침 9시께였다. 그대로 들어갈 엄두가 나지 않아 건물 주변을 몇 바퀴 돌며 탐색했다. 외벽의 간판은 떼어졌지만 건물 안내판에 운동기능회복센터 이름이 적혀 있었다. "일단 카페로 가자. 아직 센터 문 열 시간도 안 됐으니까. 자료 조사도 해야 하고." 합리화는 빨랐다. 근처 스타벅스에 들어갔다.

카페에 들어가서 정작 방준호가 한 일은 몸의 아픈 구석을 찾는 것이었다. 왜 서른 살 젊은 나이에 고급 마사지센터인 운동기능회복센터를 찾았는가? 연기가 서툰 스스로를 먼저 설득해야 했다. 방준호는 팔목과 손목을 돌려봤다. 하나도 아프지 않았다. 목을 돌리다 생각했다. "키 낮은 노트북을 많이 쓰느라 거북목이 되었어요. 아직 아프진 않은데 교정을 해야 할 거 같아요. 보기도 안 좋고." 이거라면 될 것 같았다. 일단은 과장도, 거짓도 아니니까.

신분을 '위장한' 취재는 정제되지 않은 날것의 팩트를 건져낼 가능성이 높지만 윤리적인 위험성이 상존한다. 특수한 경우를 제외하곤 거의 쓰지 않는 방법이다. 팩트를 건져낸다 하더라도, 기사를 쓰기 전 기자 신분은 어떻게든 밝힐 수밖에 없다. 당혹한 취재원이 느끼는 배신감과 항의의 정도는 때에 따라 다르지만, 그런 반발에 앞서 기자 개인에게 윤리적인 고통을 안긴다.

마음을 굳히고, 누가 봐도 가난한 기자처럼 보일 노트북 든 백팩은 카페에 그대로 두고 운동기능회복센터로 향했다. 백팩을 누가 훔쳐갈지도 모른다는 생각까지는 못했다. 교정 받을 곳을 발견한 데다 가방을 부려두고 나니 센터의 문턱이 한결 낮게 느껴졌다. 자연스럽게 행동하자. 나중 일은 나중에 생각하자. 다시 한번 다짐했다. 엘리베이터를 잡아타고 센터가 있는 3층으로 올라갔다.

계단을 올라 마침내 도착한 3층의 운동기능회복센터 문은 닫혀 있었다. 유리문 틈새로 비친 센터 안은 텅 비어 있었다. 센터는 이미 폐업한 상태였다.

방준호는 굳이 무리한 손님 연기를 할 필요가 없다는 안도감과 함께 허탈함이 몰려왔다. 한 시간 넘게 '거북목 증상이 있는 강남 회사원'이라는 가면을 준비했던 시간이 부끄러웠다. 건물 경비가 말했다. "문 닫은 지 좀 됐는데. 올해 4월인가 5월 정도였던 것 같아요." 정동춘 원장이 K스포츠재단 이사장이 된 시점이다. 이사장 되려고 사업까지 접은 셈이다. 소

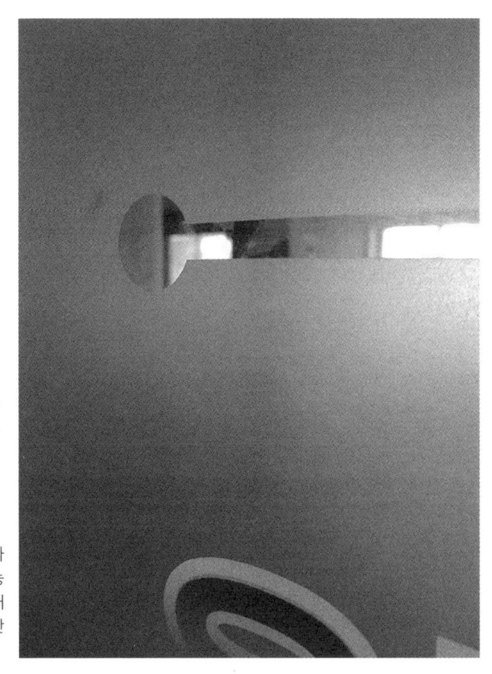

2016년 9월 6일 방준호 기자가 찾아갔지만 CRC운동기능회복센터는 이미 폐업한 상태였다. 유리문 틈새로 센터 안의 텅 빈 모습이 보인다.

득은 그게 전부였다. 카페에 들러 백팩을 찾은 후 회사로 발걸음을 돌렸다.

방준호는 "센터가 문을 닫았어요. 올해 4~5월께라고 해요"라고 김의겸에게 보고했다. 김의겸은 크게 실망했다. 최순실의 실체를 밝히기 위한 입구가 분명 정동춘 이사장일 거라고 믿고 있었는데 그 문이 닫혀버린 느낌이었다. 게다가 방준호가 현장을 돌아본 뒤 하는 말은 김의겸의 마음을 더욱 아프게 했다. "최순실의 집과 운동기능회복센터가 골목 하나 사이예요. 한 50미터나 되려나." 그렇다면 최순실과 정동춘의 관계는 더욱 분명한 거다. 그런데 문을 닫았다니, 놓쳐버린 물고기처럼 느껴졌다. 그래도 후배들 앞에서 내색하지는 않았다. "또 다른 길이 있겠지. 찾아보자." 최순실의 흔적을 가장 쉽게 발견할 수 있을 것으로 예상했던 운동기능회복센터는 이제 없다. 또다시 먼길을 돌아야 했다. 방준호는 센터를 알아봐야 할 목록에서 지웠다. 너무 이른 포기라는 생각은 하지 못했다.

최순실 이름이 세상에 나오다

이후 이틀 동안 방준호는 원래 하던 대로 다른 K스포츠재단의 내부자들(이사와 감사)을 접촉하는 데 공을 들였다. 모두가 모르쇠로 일관했다. 김기천 전 K스포츠재단 감사는 "TV조선에서도 전화가 왔었지만, 나는 외부 사람이었고 사실 재단 사정을 잘 몰랐다"고 했다. 운동기능회복센터를 찾기 전부터 연락하고 만나왔던 정동구 전 K스포츠재단 이사장도 "너무 미안하지만, 내가 지금 해줄 수 있는 얘기가 없다"며 "김필승 이사를 찾아가보라"는 말만 했다. 전화를 받지 않아 연세대학교 연구실을 찾아가 만난 이철원 전 이사(연세대 교수)는 "재단을 이미 그만두었고 아는 것이 없다. 김필승 이사가 알 것"이라며 "수업 준비를 해야 한다"고 난감한 표정을 짓고는 더 말을 잇지 않았다. 누구도 입을 열지 않았다.

모두가 지목한 김필승 이사를 접촉하는 것은 가장 나중으로 미뤘다. "김필승 이사는 확실한 단서를 쥐고 그것을 확인받을 마지막 대상"이라는 류이근의 판단 때문이었다. 결과적으로 그 판단은 옳았다. 김필승 이사는 그 시점에 '진실을 숨기

두 번째로 정동구 전 K스포츠재단 이사장을 만나기 위해 자택을 찾은 날, 기다려도 기다려도 그는 오지 않았다. 문 앞에 음료수와 편지를 놓고 나가려다 그를 만나 차를 마시며 2시간 정도 대화를 했지만 끝내 결정적인 이야기는 듣지 못했다.

는 편'에 서 있었다. 섣불리 접근해서 그의 이야기를 듣고 곧이곧대로 믿었다면 취재는 산으로 갔을 터였다.

한 조각 단서조차 찾지 못하는 실패가 거듭될수록 최찾사 구성원들의 마음은 초조해졌다. 김의겸은 "정 안 되면 그동안 취재한 내용을 바탕으로 상자 기사라도 하나 쓰자. 그동안 들은 이야기를 잘 정리해두라"고 말했다. 김의겸은 후배들을 의식한 탓인지, 큰 동요를 비치지 않고 담담하게 말했다. 그러나 류이근과 방준호는 김의겸의 마음속에 담긴 답답함을 짐작하고도 남았다.

실패담을 담은 기사 몇 줄을 쓰고, 최찾사가 막을 내릴 위기에 처했다. 자신이 원래 속해 있던 사회부의 회식자리에 간 방준호는 새로 꾸려진 최찾사에 관심을 보이는 사회부 동료들에게 할 말이 없었다. 그래도 호기롭게 말했다. "전 사회부가 너무 좋고 얼른 다시 돌아오고 싶긴 한데요. 대통령 날리고 오겠습니다." 집으로 돌아가는 길에 자신이 던져놓은 말을 되새기며 몸서리를 쳤다. 부끄러웠다.

9월 7일 밤 류이근이 방준호에게 목록에서 지워버린 운동기능회복센터를 다시 한번 상기시켰다. "센터를 더 알아볼 방법은 없을까?" 방준호는 '없을 것 같다'고 생각했다. 이미 사라져버린 센터 사람들을 어디에 가서 찾겠는가. 찾는다고 해도 그들이 선뜻 입을 열까. 그냥 직원일 뿐인 사람들이 최순실의 존재를 알고 있을까. 센터 취재와 최순실의 거리는 너무도 멀어 보였다. 그러나 일단은 "알아보겠다"고 했다.

다음 날인 8일 방준호는 인터넷 검색을 시작했다. 운동기능회복센터에 관한 정보는 원장이 정동춘이라는 것 외에는 거의 없었다. 그러나 단 하나, 대한운동사협회 게시판에 올라온 글이 있었다. 5년여 전인 2011년 3월에 올라온 '운동사 모집 공고'였다. 직원으로 보이는 이○○의 이메일 주소와 휴대전화 번호가 있었다. 결번이었다. 011로 시작하는 옛 번호였으니 당연했다. 현재 연락처를 찾아야 했다.

휴대전화 번호와 이름을 넣어 검색하니 테니스와 관련한 내용이 나왔다. '테니스를 좋아하는 모양이군.' 방준호는 생각했다. 테니스라는 검색어와 이름을 넣어 다시 검색했다. 한 테니스 대회에 출전한 이력이 있는 이○○의 이름이 떴고 번호 하나가 나왔다. 방준호는 전화를 걸었다. "운동기능회복센터에서 일한 적 있으시죠?" "네? 뭐라고요? 저 지금 장 보는데요." 황당하다는 음성만 돌아왔다. 테니스를 즐기는 동명이인이었다.

서너 시간을 허비하다 무심결에 방준호는 '010 번호 찾기'라는 검색어를 입력했다. 그냥, 왠지, 그런 서비스가 하나쯤 있을 것 같았다. 단순한 연상이었다. 방준호는 사회부에서 '010통합반대운동본부'를 취재했던 적이 있다. 010 번호로 강제통합되는 것을 반대하며 예전 01× 번호를 고수하는 사람들의 모임이었다. "내 번호가 바뀌면 나를 문득 찾고 싶은 사람이, 영영 찾지 못할 수도 있잖아요." 그래, 세상에는 '그런 아쉬움'도 있을 수 있겠구나 했던 생각이 문득 떠올랐다. 그 아쉬움을 메우기 위해 옛 번호를 찾아주는 서비스가 있을지도 모른다는 생각이 미친 것이다.

있었다. 놀라운 누리집 하나가 떴다.

"옛 애인은 어떻게 지내고 있을까요? 혹시 아직 나를 그리워하고 있지는 않은지? 비 오는 어느 밤 문득 어떻게 지내는지 궁금하네요." 감성적인 문구 밑에 누리집의 역할이 적혀 있었다. "01× 번호에서 010 번호로 바뀐 휴대전화 번호를 바로 알려드립니다." 이 씨의 번호를 넣어봤다. 010으로 시작하는 새 번호가 나왔다. '축하한다'는 메시지와 함께.

그렇게 얻은 번호로 전화를 걸어봤다. "운동기능회복센터에서 일하셨던 이○○ 선생님이시죠?" "네, 그런데요. 무슨 일이시죠?" 바로 그였다. 여기서부터가 중요했다. 사무실을 나와 회사 테라스 쪽으로 나갔다. 이○○은 방준호가 알고 있는 유일한 센터 직원이다. 이 기회를 놓치면 최순실은 영영 찾지 못할 것이라는 절박감에 목소리가 떨렸다. 말이 엉켰다. "혹시 승마선수인 정유라 선수가 센터를 다니셨나요?" 운동선수가 운동기능회복센터를 다니는 것은 이상한 일이 아니다. 좀 더 문턱 낮은 질문부터 던졌다. "네네." 숨이 가빠졌다.

이제 최순실 차례다. "최순실 선생님이랑 같이요?" 두 번째 질문에 그가 답했다.

"네. 최순실 선생님이. 댁이 바로 그 근처니까." 최순실, 그 이름이 드디어 세상에 나왔다. 후에 그는 정유라 선수는 거의 센터에 오지 않고 주로 왔던 사람은 '최순실 님'이라고 말을 정정했다.

이○○은 단순한 직원이 아니었다. 정동춘과 운동기능회복센터를 함께 차린 동업자였다. 이○○은 "최순실을 정동춘 이사장보다 먼저 알았다"고 했다. 딸 정유라 선수가 다니던 유아스포츠센터를 운영하며 최순실과 처음 인연을 맺었다. 이후 2010년께 이○○은 대학 선배인 정동춘과 함께 운동기능회복센터를 차렸다. 최순실은 이○○과의 인연으로 센터 초창기부터 이곳을 찾았다. 이○○은 정동춘과 최순실을 연결해준 인물이었던 셈이다.

이○○도 경계심을 보였다. 계속해서 "내 번호를 어떻게 알고 전화했느냐"고 물었다. 다만 "이상한 기사가 나가지 않도록 사실을 있는 그대로 말하고 싶다"고 했다. 듣고 싶은 이야기를 말하는 취재원보다 더 귀한 취재원은 '사실을 있는 그대로 가려주는' 취재원이다. 방준호는 "바로 그걸 원한다. 정말 고맙다"고 말했다.

하지만 이○○은 최순실이 고객이었다는 사실 자체가 가지는 폭발력은 모르고 있었다. 이런저런 설명을 하던 그가 말했다. "근데 그게 무슨 문제가 되나요? 최순실 님이 나이가 들면서 몸 기능이 예전 같지 않으니까, 오셔서 상담하신 건데."

20분 정도 통화를 마치고 방준호가 다시 최찾사 사무실로 돌아왔다.

"꼭지가…… 따인 것 같아요." 방준호는 머뭇머뭇 그에게 들은 이야기를 보고했다. "아이고 됐다!" 김의겸과 류이근은 안도의 한숨을 내쉬었다. 엄청난 일을 해내고도 별거 아니라는 투로 말하는 방준호를 보며 김의겸은 더 믿음이 갔다. 세 사람의 얼굴 표정은 밝아졌고, 사무실 공기도 오랜만에 가벼워졌다.

'최순실', 일간지 1면에 처음으로 싣다

통화는 다음 날인 9일에도 이어졌다. 방준호는 이○○에게 이날부터 본격적으로 K스포츠재단 이야기를 물었다. 이○○은 "올해 봄쯤 K스포츠재단에서 함께 일할 생각이 없느냐는 제안을 최순실에게서 받았다"고 했다. "정동춘 이사장도 비슷한 제안을 최순실에게 받았을 것으로 추정한다"고 했다.

"저에게 K스포츠재단의 한 파트를 맡아달라는 제안을 정동춘에 앞서 먼저 하신 것 같아요. 저는 개인적인 일이 있어 응하지 못했어요. 정동춘 원장님 정도면 스펙도 훌륭하고 인품도 훌륭한 분이니까 제안을 하셨겠지요. 정동춘 원장님 입장에서는 취지가 좋으니까 안 할 이유가 없었을 거고요." 그리고 다시 한번 덧붙였다. "이게 문제가 될 일은 아니지요."

'센터는 최순실이 자주 드나들던 곳이었다.' '정 이사장은 센터가 만들어진 5년여 전부터 최순실의 건강을 상담했다.' '최순실은 K스포츠재단에서 일할 사람을 직접 물색하고 다녔다.' 세 문장을 얻었다. 미르재단·K스포츠재단 게이트에 최순실의 이름이 끼어들었다.

마지막 확인이 필요했다. 최순실은 아예 행방을 찾을 수 없으니 어쩔 수 없다 치더라도, 정동춘 이사장에게는 직접 이야기를 들을 필요가 있었다. 김의겸은 스포츠부의 김창금 기자에게 전화를 걸었다. 김창금은 최찻사가 꾸려지기 전 이미 K스포츠재단에 관심을 가지고 정동구 초대 이사장과 후임인 정동춘 이사장과 접촉을 하고 있었다. 김의겸은 정동춘을 만나 최종 확인을 받기에는 일면식도 없는 방준호보다는 오랫동안 스포츠부에서 일하며 체육인들과 교감의 폭이 넓은 김창금 기자가 적격이라고 판단했다.

김창금이 김의겸의 요청을 받고 정동춘 이사장을 만나기 위해 K스포츠재단을 여러 차례 찾아갔으나 헛걸음만 하다가 마침내 전화가 연결됐다. 김창금의 질문에 정동춘 이사장은 말을 돌리며 구체적인 답변을 피했다. 그는 지속적으로 "전경런의 아는 사람 추천으로 이사장이 됐다"고 주장했다. 하지만 최순실이 고객이었다는 사실은 부정하지 못했다. "최순실은 2000명에 이르는 고객 가운데 한 사람일 뿐"이라고 표현했다. 김의겸은 그 정도면 기사를 쓰는 데 아무런 문제가 없다고 판단했다. 문제는 이 기사를 언제 내보내느냐였다.

김의겸은 열흘이 지난 9월 18일 방준호에게 기사를 작성하라고 지시했다. 기사가 나가는 날은 9월 20일로 정해졌다. 방준호는 이○○의 증언을 바탕으로 그동안 취재한 내용을 모두 모아서 기사를 작성해나갔다. 기사를 쓰면서 한 가지 사실이 마음에 걸렸다. 이○○은 "내가 한 얘기를 기사에 쓰면 안 된다"고 몇 차례나 당부한 상태였다. 방준호는 "안 쓰겠다"고 약속하지는 않았지만 그렇다고 "쓰겠다"고 말하지도 않았다.

기사를 쓰기 직전까지 고민은 계속됐다. 이○○의 말을 드러내지 않고는 기사를 쓸 수도, 최순실을 드러낼 수도 없었다. 하지만 인간적인 신의를 저버리는 일이라는 것 또한 부정할 수 없었다.

그러다 어느 날 늦은 퇴근길에 류이근이 해준 말이 떠올랐다. "세상의 모든 일이 그렇지만, 일에는 좋은 부분도 있고 힘든 부분도 있어. 기자로서 우리는 월급을 받고 진실을 드러내는 일을 하고 있어. 그렇기 때문에 불편한 마음, 힘든 상황을 감수하는 일이 따르기도 해. 다만 절대 그 불편한 마음을 잊어선 안 돼. 그러는 순간 괴물이 되는 거야." 방준호는 마음이 한결 가벼워졌다. 기사를 써내려가는 데도 속도가 붙었다.

기사를 완성하고 김의겸에게 넘긴 9월 19일 오후, 류이근은 방준호에게 "이○○을 다시 한번 만나보면 더 좋지 않을까. 몇 가지 확실하게 확인해두어야 할 팩트들도 있는 것 같다"고 제안했다. 청천벽력 같은 얘기였다. 평소처럼 류이근은 "스스로 판단해서 결정해보라"는 단서를 달았지만, 그 말을 듣고 방준호는 다시 생각했다. "불편함을 견디는 것도 내가 감당해야 할 몫이다. 더군다나 얼굴을 보고 사과하는 것이 괴물이 되지 않는 도리다." 방준호는 이○○에게 전화를 걸었다. "만나서 드리고 싶은 말이 있다"고 했다. "밤 10시는 너무 늦겠죠?" 이○○이 말했다. 상관없었다. 약속시간보다 1시간 일찍 그의 집 앞에 도착한 방준호는 미안한 마음에 그에게 줄 마카롱 한 상자를 샀다. 최대한 솔직한 심정을 담아 편지를 쓰다가 이내 구겨서 가방에 넣었다. 말로 전하고 비난을 오롯이 감수하기로 마음먹었다.

생각보다 마른 몸, 등산복 차림의 이○○이 약속 장소에 나왔다. 눈빛은 선했고 굳게 다문 입술은 생각보다 더 진중해 보였다. 통화는 수차례 했지만 얼굴을 본 것은 이날이 처음이었다. "인상이 좋으시네요. 어려 보이시는데, 입사한 지는 얼마나 됐나요?" "2013년에 입사했으니까 햇수로는 4년이 됐습니다." 짧게 인사를 하고, 그의 집 주변 편의점 앞 간이탁자에 맥주와 소주를 펼치고 마주 앉았다. 이런저런 이야기를 주고받다가 힘들게 말을 꺼냈다.

"선생님 말씀을 기사로 썼습니다. 지금 신문 윤전기에서 찍혀 나오고 있습니다." 일순간 그의 표정이 굳어졌다. 사정을 설명했다. "선생님의 말씀은 너무도 중요한 진실을 담고 있었습니다. 기사를 쓰지 않는다면 한순간 제 마음이 편하겠지만 저는 기자입니다. 편하고 싶어서 이 중요한 진실을 눈감아버려선 안 된다고 생각했습니다. 정말 죄송합니다." 더듬더듬 천천히, 그의 눈을 볼 용기가 나지 않아 고개를 떨구고 말했다.

이○○은 큰 소리를 내지는 않았지만 조용히 읊조렸다. "당신 참 나쁜 사람이구나. 그렇게 착한 얼굴을 하고서." 방준호는 그의 조용한 분노를 그대로 맞았다. "당신들 대의가 그렇게 중요하다면서 내 개인적인 관계들을 이렇게 짓밟을 수가 있소. 나는 조용히 여생을 보내려고 했던 사람이오. 왜 내 삶을 망쳐놓는 겁니까."

방준호는 고개를 숙이고 그의 말을 들었다. 그가 화를 내는 것은 마땅하다, 그럼에도 진실은 드러나야 한다. 속으로 되뇌었다. 이○○의 분노가 이어졌다. "나는 최순실 님이나 정원장님이나 잘되기를 바라는 사람이란 말입니다. 마치 내가 그들에게 불만이 있어 제보를 한 것처럼 돼버렸잖소."

이○○은 소주와 맥주를 섞어 벌컥벌컥 들이켰다. "이딴 건 안 받겠소." 그는 방준호가 가져간 마카롱을 두고 벌떡 일어나서 집으로 향했다. 방준호는 그를 붙잡을 용기가 나지 않았다.

한동안 그 동네를 걷다가 방준호는 류이근에게 전화를 걸었다. 새벽 1시였다. 류이근의 목소리를 듣는 순간 왈칵 눈물이 맺혔다. "선배, 지금 헤어졌어요. 화를 많이 내셨어요. 어쩔 수 없었다는 건 아는데, 너무 힘이 들어서요." 류이근은 늦은 시간에도 바로 전화를 받았다. "어떤 마음으로 전화했는지 알

대기업돈 288억 걷은 K스포츠 재단 이사장은 최순실 단골 마사지 센터장

(차례면 목차 쪽)

박대통령 비선 측근 지목 받는
최씨 재단설립 깊게 개입한 정황
정동춘 이사장 "전경련서 제안"

여기 '의문의 재단' 두 곳이 있다. 재단법인 미르와 재단법인 케이(K)스포츠다. 두 재단은 지난해 10월과 올해 1월 재벌들이 800억원 가까운 거금을 내 만든 것이다. 그런데 두 재단은 설립 이후 별 성과가 없다. '개점 휴업' 상태다. 그래도 재벌들은 재단이 뭘 하는지 보채고 알려고조차 하지 않는다. 재단 설립은 신청한 지 하루 만에 허가가 떨어졌다. 대놓고 가짜 서류를 제출하고 그나마도 서로 베낀 것인데 문화체육관광부는 재깍 도장을 찍어줬다. 도대체 두 재단의 배후에는 누가 있는 것일까?

19일 〈한겨레〉 취재 결과, 박근혜 대통령의 비선 실세인 최순실(60·사진·최서원으로 개명)씨가 재단 설립과 운영에 깊숙이 개입한 정황이 드러났다. 케이스포츠재단 이사장 자리에 자신이 단골로 드나들던 스포츠마사지센터 원장을 앉힌 것이다.

▶관련기사 4·5면

지난 5월13일 새로 취임한 정동춘(55) 케이스포츠 재단 이사장은 그 직전까지 서울 강남구 신사동에서 '운동기능회복센터(CRC)'라는 이름으로 스포츠마사지 센터를 운영했다. 정 이사장은 서울대학교 사범대 체육교육과 출신으로 〈머리 마사지〉 〈발을 자극하라, 허리가 좋아진다〉 등 외국인이 쓴 스포츠마사지 책자를 번역한 이 분야 전문가다. 이 센터는 최순실씨가 지난해까지 살았던 신사동 자택과는 골목 하나를 사이에 두고 50m 남짓 떨어져 있다. 이 센터 관계자들은 "최순실씨는 5년이 넘는 단골손님인데다 집도 가까워 자주 찾아오는 편이었다"고 말했다. 최씨의 치료와 상담은 정동춘 원장이 직접 맡았다고 이 센터 관계자들은 전했다.

최순실씨는 올해 초부터 자신이 잘 아는 주변의 체육인들에게 케이스포츠재단의 취지를 설명하며 재단 이사장 등의 자리를 제안한 것으로 확인됐다. 정동춘 이사장과 함께 운동기능회복센터를 공동 운영한 적이 있는 이아무개씨도 그 가운데 한 사람이다. 이씨는 〈한겨레〉와 한 통화에서 "저도 최순실님으로부터 (케이스포츠재단 참여) 제의를 받았다. 취지가 참 좋다고 생각했지만 저는 따로 하고 있는 일이 있어서 참여하지 못했다"며 "정 박사님(정동춘 이사장)은 인품도 훌륭하고 스펙도 준비가 된 분이니 최순실님이 제안을 하셨을 것"이라고 말했다. 시점으로 봐서 지난 2월 케이스포츠재단의 정동구(74) 초대 이사장이 "할 수 있는 일이 없다"며 물러난 직후부터 최순실씨가 직접 이사장 후보를 찾아 나선 것으로 보인다.

이에 대해 정동춘 이사장은 "최순실씨는 우리 고객의 한 사람"이라고 인정하면서도 "재단 이사장 제안은 전경련에서 어떤 사람하고 연결이 되어가지고 연락이 왔다"고 말했다. 그러나 '전경련의 어떤 사람'이 누구인지는 밝히지 않았다. 오영훈 더불어민주당 의원은 "경제계가 뜻을 모아 설립했다는 설명과 달리 대통령의 최측근이 이사장 선임에까지 개입한 정황이 드러난 만큼, 재단의 실제 기획자와 배후가 누구인지 분명히 밝혀야 할 것"이라고 말했다.

김의겸 강희철 방준호 기자 kyummy@hani.co.kr

19일 설립과 운영에 의문이 제기되고 있는 서울 강남구 논현동 케이(K)스포츠 재단 출입구에 [illegible]

1주일만에 또…경주서 4.5 강한 여진

12일 지진 진앙지서 3km 거리
안전처 재난문자 12분뒤 늑장 발송

경북 경주에서 또 규모 4.5의 지진이 발생했다. ▶관련기사 2면

기상청은 19일 "오후 8시33분 58초에 경북 경주시 남남서쪽 11km 지역에서 규모 4.5의 지진이 발생했다"고 밝혔다. 기상청은 이날 지진이 지난 12일 경주 인근에서 발생한 규모 5.8 지진의 여진으로 보고 있다. 진앙지는 12일 지진 발생 지점에서 3km 떨어진 곳으로 진원은 땅속 깊이 14km인 것으로 기상청은 파악했다. 오후 9시께도 같은 지점에서 규모 2.1의 지진이 발생하는 등 여진은 9시30분 현재까지 모두 380차례 일어난 것으로 기상청은 집계했다.

이 지진 여파로 경주는 물론 부산, 울산, 대구 등 영남 지역에서 약 10초 동안 진동이 감지됐다. 대전, 경기, 전남 지역에서도 진동이 느껴졌다는 신고 전화가 119소방본부에 이어졌다. 진앙지 근처 경주시 일부 시민들은 아파트에서 나와 대피하기도 했다. 한국수력원자력은 지진 직후 "인근의 신월성 원전을 비롯해 모든 원전이 정상 운전 중"이라고 밝혔다.

지난 12일 경주 지진 사태 직후 접속이 안 돼 여론의 질타를 받은 국민안전처 누리집이 일주일 만에 일어난 여진에 다시 다운됐다. 안전처는 지진 긴급재난문자를 이날도 지진 발생 12분이 지난 오후 8시45분에 발송했다.

[illegible] 기자

"북 핵동결 동의하면 대화 테이블 앉겠다"

케리 미 국무, 한·미·일 장관회의서

존 케리 미국 국무장관은 "우리는 북한이 핵무기 및 핵프로그램 문제에 대해 책임있는 접근법을 두고 국제사회와 대화할 준비가 돼 있다면, 불가침과 한반도 평화, (북한의) 국제사회 결합, (인도적) 지원 및 경제 발전 등의 안건을 다룰 대화 테이블에 앉을 용의가 있다"고 말했다. ▶관련기사 6면

케리 장관은 18일(현지시각) 오후 뉴욕에서 제71차 유엔총회 계기에 윤병세 외교부 장관, 기시다 후미오 일본 외무상과 한·미·일 외교장관회의를 한 뒤 공동기자회견에서 이렇게 북한과의 대화 의지를 밝혔다. 케리 장관은 "북한은 비핵화 논의에 참여해야 한다"며 "지금 당장 필요한 것은 북한이 (핵시설) 동결과 [illegible] 발사 중단 등 추가 도발을 하지 않겠다는 [illegible]"이라고 강조했다.

케리 장관이 한·일 외교장관과 함께 북한의 5차 핵실험에 대응해 대북 압박·제재 강화 의지를 밝히는 한편으로 북한과의 대화 의지를 [illegible] 한·미·일 공동성명에서도 "북한의 완전하고 검증 가능한 비핵화를 목표로 한 신뢰할 수 있고 진정성 있는 대화에 열려 있다는 입장과 9·19 공동성명의 공약들을 존중하겠다는 의사를 재확인한다"고 밝혔다. ▶6면으로 이어짐

이제훈 기자 [illegible]@hani.co.kr

대한민국 청년은 몇 살일까요?

서울에 사는 30살 취업준비생입니다. 저는 청년실업 통계에서 배제되고, 공공기관의 청년의무고용 대상에서도 배제됐습니다. 서울시 청년수당은 나이가 많아서 받지 못하는데, 고용부가 주는 청년구직수당은 받을 수 있습니다. 중소기업 취업 때 소득세 감면 대상은 아니며, 청년 창업자금은 지원해줄 수 있다네요. 아~ 헷갈려. 저는 과연 청년인가요, 아닌가요? ▶10~11

암환자 울리는 요양병원들

인구 고령화에 따라 요양병원이 지난 10여년 새 급증한 가운데, 최근 들어 '암 환자 치료'를 적극적으로 내건 요양병원들이 늘고 있다. 이들이 권하는 방법은 고주파열치료기, 면역치료제, 흙나무 추출물 등 의학적인 검증이 부족한 고가의 치료가 많다. 지푸라기라도 잡고 싶은 심정인 암 환자들을 두번 울리는 경우다. ▶8

한수원 '탈핵세력' 분석 용역 파문

원자력발전소의 찾은 고장과 비리로 '지탄'과 '관심'의 대상이 돼온 한국수력원자력이 안전 문제에 집중하기보다 탈핵의 정치 쟁점화에는 것을 막기에 급급했던 사실이 드러났다. 탈핵을 지지하는 언론·시민단체·정치인들의 움직임을 집중 분석하고 이들의 주장을 '원자력 포퓰리즘'이라고 비난하는 한 수원의 용역 보고서가 공개됐다. ▶13

'로이터 사진전' 막판 인기몰이

'세상의 드라마를 담은 로이터 사진전'의 막바지 인기몰이가 뜨겁다. 지난 7일 온라인에서 새로 시작된 '로이터 포토일 사진전'엔 2주도 채 안 돼 200만 관람객이 몰렸다. 토마일을 통해 사진전 대표 걸작 49점을 즐길 수 있다. 오프라인 전시장인 서울 예술의전당 한가람미술관을 찾은 관람객도 10만명을 넘어섰다. 사진전은 25일까지다. ▶23

오피니언 ▶26~27

김종구 칼럼·고경일의 풍경내비

별지섹션 | 함께하는 교육

2학기 중간고사 대비법

2016년 9월 20일 한겨레 기사를 통해 최순실은 주요 일간지 1면에 처음 모습을 드러냈다.

겠어. 상처 입고 딱지 앉고 그렇게 해나갈 수밖에 없는 거겠지. 고생했어."

다음 날 9월 20일 한겨레 1면에는 「대기업 돈 288억 걷은 K스포츠재단 이사장은 최순실 단골 마사지센터장」이라는 기사가 실렸다. 최순실의 이름이 주요 일간지 1면에 처음으로 실린 날이었다. 이후 최순실이라는 이름은 모든 언론의 입길에 오르내렸지만 그의 존재를 드러낸 이○○은 다시는 등장하지 않았다.

이날 한겨레 보도에 대해 정연국 청와대 대변인은 "일방적

인 추측성 기사에 전혀 제가 언급할 가치가 없다. 언급할 가치를 전혀 느끼지 못한다"며 관련 의혹을 전면 부인했다. 다른 언론들도 모두 한겨레 기사를 외면했다. 하지만 김의겸은 류이근, 방준호에게 말했다. "이제 시작이야. 조금 있으면 모든 언론들이 우리 한겨레 보도를 따라올 거야. 걱정 마."

3개월 뒤 국회 국정조사 특별위원회 청문회에 나온 정동춘 이사장은 "2010년 정도부터 최순실을 고객으로 알아왔다"고 밝혔다. 단순히 재단 이사장을 소개한 정도가 아니라 K스포츠재단을 운영한 사람이 최순실이었다는 사실이 온 세상에 알려진 뒤였다. 때늦은 고백이었다.

3

최순실 게이트

우연 혹은 필연

특별감찰관 이석수, 역린을 건드리다

진화론은 찰스 다윈만 발견한 것이 아니었다. 앨프리드 월리스라는 동시대의 젊은이도 똑같은 진리를 찾아냈다. 두 사람의 도착지는 같았지만 출발점은 달랐다. 다윈은 진화론의 토대를 남미의 갈라파고스 제도에서 쌓았다. 반면 월리스는 진화론에 대한 통찰을 말레이 제도에서 얻었다. 태평양이 갈라놓고 있는 거리인데도 둘은 한곳에서 만났다. 우연의 일치였을까? 아니면 인간 공통의 지성이 발전하는 단계에서 필연적으로 나올 수밖에 없는 결과였을까?

김의겸이 최순실의 존재에 주목하기 시작한 2016년 8월 19일은 참 공교로운 날이다. 그날 문화부의 강희철 기자도 김의겸이 들은 얘기와 흡사한 정보를 들었다. 김의겸이 주로 여의도에서 세 명의 취재원으로부터 소식을 들은 데 비해 강희철은 마포구 공덕동에서 현직 검사로부터 정보를 얻었다. 여의도와 공덕동은 갈라파고스와 말레이만큼은 아니지만 그래도 한강이 갈라놓고 있다. 게다가 김의겸은 정치부 소속이고, 강희철은 문화부 소속이다. 우연의 일치였을까? 아니면 부패한 권력이 그 썩은 냄새를 풍기면서 필연적으로 불러들일 수밖에 없는 결과였을까?

문제의 8월 19일 저녁, 강희철은 공덕동에 있는 회사 건물을 빠져나와 공덕역 방향으로 천천히 걸었다. 저녁 약속에 가는 길이었다. 낮 동안 한껏 달궈진 대기는 여전히 후텁지근했지만 마음은 가뿐했다. 매주 한 차례 북 섹션 '책과 지성' 면이 발행되는 금요일은 마감이 끝난 뒤라 저녁 약속을 잡기에 좋았다.

"여름휴가마저 끝났으니 이제 무슨 낙으로 사냐. 오랜만에 밥이나 먹자." 만나기로 한 사람은 현직 검사. 그의 이름은 '일지매' 정도로 해두자. 아직도 인사에 살고 보직에 죽는 공무원이니 이름을 밝히기는 이르다. 강희철은 한 20년 전쯤 사회부 법조 기자로 서초동을 드나들 때 그를 알게 됐다. 어느 사건 취재를 하다 마침 그 사건을 수사하던 일지매와 상면을 하게 된 것이다. 처음엔 서로 깍듯이 존대했으나 알고 보니 비슷한 또래였다. 생각도 통하는 면이 많았다. 머지않아 너나들이를 하고, 그 뒤론 시간이 맞으면 한잔 하는 사이가 됐다.

강희철에겐 법조 쪽 취재원이 제일 많고, 또 편했다. 서초동 '현장'에서 햇수로 8년, 30대의 대부분을 보낸 그에게 남은 것이라면 그런 사람들일 것이다. 정치부 기자생활도 여러 해

경험했지만, 법조 사람들은 특별한 데가 있었다. 팩트를 다루기에 허튼소리를 하는 경우가 드물고, 이해관계로 만난 사이가 아니어서 마음이 통하면 오래간다. 책, 논문 읽기라는 문화부 업무의 막간에 강희철은 법조에서 알게 된 이들과 통화도 하고 가끔은 만나기도 하면서 취재 현장에서 멀어진다는 두려움 같은 것을 떨쳐내려 애쓰고 있었다.

저녁 자리에서 단연 주요 화제는 역시 우병우 민정수석이었다. 마침 이석수 특감이 하루 전에 우병우를 직권남용과 횡령 혐의로 검찰에 수사를 의뢰했으니 더욱이 그럴 만했다. 검찰이 '현직' 민정수석을 제대로 수사할 수 있을까. 게다가 우병우와 절친한 '연수원 동기' 윤갑근(대구고검장)에게 수사팀장을 맡긴다는 얘기가 있는데, 그럼 그 수사는 하는 척 시늉만 하다 말 거다. 김수남 검찰총장이 나름 강단이 있긴 해도 우병우의 장악력을 어떻게 할 수는 없을 거다. 이런 얘기들이 식탁 위를 오갔다.

그러다 얘기는 자연스럽게 이석수에게로 옮겨갔다. 이석수가 조선일보 기자와 통화하면서 우병우 감찰 내용을 언급했다고 해서 청와대가 그를 '국기 문란 사범'으로 매도한 게 그날 아침이었다. 김의겸이 출근길에 그 뉴스를 보고 흥분했듯이, 두 사람도 어처구니없는 일이 벌어지고 있다며 쓴웃음을 지었다. 문득 일지매 검사가 이런 말을 꺼냈다.

"이석수 특감 쪽이 저렇게 당하지만 말고 '맞불'을 놓으면 될 텐데."

"맞불? 뭘로?"

우병우 청와대 민정수석을 감찰한 이석수 특감이 2016년 8월 18일 저녁 서울 종로구 청진동 특별감찰관 사무실을 나서다 기자들의 질문을 받으며 승용차로 향하고 있다. 사진 이정우 선임기자.

"안종범 건 있잖아. 미르재단 말이야. 그거 특감이 감찰해야 할 사안 아닌가?"

강희철은 그 무렵 TV조선이 여러 차례 재단 설립을 위한 강제모금 의혹 기사를 쓰고 있다는 건 알고 있었지만, 내용을 자세히 살펴보지는 않았다. 무엇보다 TV조선의 본사 격인 조선일보가 그 기사를 철저히 '무시'하고 있던 터라 어쩌면 종편스러운, 다소 막연한 의혹 제기가 아닐까 짐작만 하고 있었다.

"그렇지 않아. 문화부 가더니 감이 많이 무뎌졌구먼. 한겨레 큰일나겠어. 그거 잘 살펴봐. 딱 일해재단이야."

그러면서 그는 놀라운 얘기를 아무렇지 않게 이어갔다. "안종범이 개인적으로 치부하려고 재단을 만들었겠어? 그것도 두 개씩이나? 안종범은 교수 출신이야. 고기도 먹어본 놈

미르재단 현판.

이 잘 먹는다고, 서생은 간이 작아서 그런 짓 못해. 뒤엔 대통령이 있어, 100퍼센트." 그러면서 안종범은 최소한 '제3자 뇌물죄'가 될 수 있다고 했다. 아니면 대통령의 포괄적 뇌물죄에 공범이 되거나. 그럼 대통령이 모금을 강제하도록 지시했다는 건데, 선뜻 믿기지 않았다. 머릿속에서는 일해재단을 다룬 5공 청문회 장면과 "피고인 전두환은 금원을 모금하도록 지시하고……"로 시작하는 전두환, 노태우 판결문의 특정 구절 따위가 빠른 속도로 흘러가고 있었다.

머리가 쭈뼛했다. 어디서부터 알아볼 수 있을지 그림이 잘 그려지지 않는 막막함으로 머릿속이 엉클어졌다. 저녁 자리의 맥주가 쓰디썼다.

강희철은 주말 동안 기존에 나온 기사들을 꼼꼼히 살펴보면서 '이건 무조건 취재에 나서야 할 사안'이라고 판단했다. 하지만 '직접 뛰어들 것인가 아니면 조직에 넘길 것인가' 하는 고민으로 며칠을 흘려보냈다.

"그래. 일단 박문수(가명)한테 전화나 한번 해보자." 강희철은 8월 25일 목요일 오전 면 마감을 마치고 한숨 돌리자마자 박문수의 얼굴을 떠올렸다. 그는 특별감찰관실의 내부 사정을 잘 알 수밖에 없는 위치에 있었다. 여러모로 부담을 느낄 이석수보다는 박문수에게 묻는 쪽이 더 나아 보였다.

그를 처음 만난 것은 1990년대 후반 박문수가 서울중앙지검에 근무할 때였다. 당시 그는 어느 부서의 말석으로 온갖 '잡무'를 도맡고 있었다. 검사들은 보통 한겨레 기자를 처음 만날 때 경계하거나 회피하기 일쑤인데, 그는 달랐다. 몸은 보수 정권을 지탱하는 '수도 검찰청' 소속이었지만 생각도 말도 쿨했고, 사안을 보는 시야가 넓으면서도 균형 잡혀 있었다. 한마디로 '대화가 되는' 검사였다.

딱 한 달 전 이석수 특감이 우병우에 대한 감찰을 개시했다는 사실이 알려진 뒤 박문수와 몇 차례 통화를 했지만, 이번엔 정색하고 전혀 다른 사안을 물어봐야 했다. 인사를 건네기 바쁘게 질문을 던졌다. "안종범, 미르·K스포츠재단 모금, 아시죠? 그거 특감이 들여다봐야 할 사안 아녜요?"

시원하게 답할 가능성과 그러지 않을 가능성을 강희철은 반반이라고 봤다. 이건 대통령이 관련된 사안이다. 어쩌면 대통령이 '몸통'일 수도 있다. 그런데 대통령 직속인 특별감찰관이 엄두라도 낼 수 있을까. 이런 생각을 하고 있는데, 박문수

안종범 청와대 정책조정수석이 2016년 10월 21일 오후 국회에서 열린 운영위원회의 대통령 비서실, 안보실, 경호실 국정감사에서 미르재단 인사 개입 여부를 따져 묻는 야당 의원의 질의에 답하고 있다. 사진 이정우 선임기자.

에게서 명쾌한 답이 날아왔다.

"그거? 벌써 내사했다고 하던데?"

아 그랬구나, 이건 무조건 기삿감이네. 일단은 최대한 촘촘하게 팩트를 챙겨야지. 강희철은 내친 김에 질문을 이어갔다.

"언제 했다는 거죠? 우병우 감찰보다 앞?"

"그렇지. 그거보다 앞에 했다는 것 같아. 박근령을 조사하기도 전인 것 같은데? 5월쯤? 하여튼 그 무렵에 첩보 보고가 있었다는 거지. 그래서 특감이 직원들한테 '돈 냈다는 기업들에 사실관계가 맞는지 파악해보라'고 시켰다고 해."

박문수가 들려준 얘기는 대략 이러했다.

"이석수 특감의 지시를 받은 직원들이 두 재단에 돈을 냈다는 기업을 몇 군데 찾아가서 경위를 물어본 거야. 그랬더니 해당 임원이 답은 못하고 창밖 먼산만 바라보더라는 거지. 기업들이 지금 뭐라고 말할 수 있겠나. 내가 그 입장이라도 갑갑하지. 답이 궁할 수밖에 없지. 이 정권이 아직도 1년 반이나 남았는데 어느 바보가 지금 속시원히 털어놓겠냐. 그러나 가만 보면 저건 딱 육영재단, 일해재단의 판박이란 말이지. 교수 출신인 안종범이 자기 먹자고 저렇게 큰돈을 모았겠느냐. 저건 불문가지다." 그는 그러면서 이런 말도 했다.

"저건 기수既遂된 거라고 봐야지."

돈이 이미 재단에 들어갔기 때문에 범죄 구성요건이 성립한다는 뜻이다. 박문수는 두 재단의 실질적 지배자이자 최종 수혜자가 대통령이라고 생각하고 있었다.

그는 청와대가 이석수를 국기 문란범으로 몰아 갖은 압박을 가하는 것도 우병우를 감찰해서가 아니라 실은 이 내사 사건 때문이라고 말했다.

"단순히 우병우 감찰했다고 저러는 게 아니야. 이건 뒤집어서 봐야 똑바로 보여. 미르·K스포츠재단은 대통령 입장에서 자기 목을 겨누는 거니까. 어? 이석수 이놈 봐라, 싶겠지. 그러니 저렇게 '오버'를 하는 거고. 대통령이 우병우에 과잉 집착을 하는 것도, 걔가 떠나고 나면 대신 들어와서 총대 메고 그만큼 해줄 대타가 없기 때문인 거야."

그런 사정이라면 더더욱 이석수 특감이 안종범을 정식으로 감찰하는 게 맞지 않겠느냐고 강희철은 다시 물었다.

"아냐. 저건 숙성된 과일이 아냐. 사건도 다 시운이라는 게 있지 않겠어? 지금 이 특감이 정식으로 감찰하겠다고 대통령한테 보고하고 사람 불러봐. 기업들이 뭐라고 하겠어? 나라를 위해서 했다고 하지, 사면받으려고 그 돈 냈다고 하겠어? 전두환 때도 그렇게 돈 끌어모으는 거 몰랐나? 검찰도 언론도 다 알면서 모른 척하다가 때가 되니까 한 거 아닌가? 뭣보다 특감의 감찰은 개시 후 30일 안에 결론을 내라고 법에 돼 있는데, 이게 30일 안에 조사를 끝낼 수 있는 사안이 아니잖아. 제대로 하지도 못할 거, 괜히 건드리느니 놔두는 게 나아. 이 특감도 그렇게 생각하는 것 같아."

박문수의 말은 설득력이 있었다. 특별감찰관법은 뜯어보면 뜯어볼수록 특별감찰을 하지 말라는 법이나 마찬가지였다. 감찰을 개시하면 대통령에게 즉시 보고해야 하고, 그로부터 한 달 이내에 감찰을 마쳐야 한다. 몇 명 안 되는 감찰관실 인력으로는 어림없는 일이다. 게다가 특별감찰관은 강제조사 권한도 없다. 자료 제출도, 출석도 강제할 수 있는 방법이 전무했다. 자료 제출 안 하고 출석 안 하고 버티면 속수무책일 수밖에 없다. 강희철은 박문수의 말에 주억거렸다.

이제 본인에게 확인할 차례였다. 다행히도 이석수는 어렵지 않게 통화가 됐다. 내사 사실을 묻는 질문에 그는 부인하지 않았다.

몰랐다면 모를까, 알고 나니 '갈증'은 더 심해졌다. 목이 마른데 물 한두 방울 입술에 적시고 만 듯한 느낌이 들었다. 특감이 내사를 했다고 쓸 수도 있지만, 그래 봐야 일회성 기사에 불과할 터였다. 청와대가 인정할 리도 만무했다. 늘 그래왔

듯 근거 없는 유언비어 운운하고 말 것이었다. 그러면 다른 언론사들은 무시할 테고.

이젠 정말 누군가가 본격적으로 취재에 나서야만 했다. 강희철은 자신이 직접 나서기는 여러모로 쉽지 않다고 판단했다. 그럼 이 사안을 제대로 이해하고 정확히 취재할 만한 역량을 가진 회사 동료를 찾아야 했다. 재단 설립을 위한 모금 행위가 왜, 어떤 범죄가 되는지를 굳이 설명하지 않아도 알 수 있고, 국정감사를 앞둔 정치권과 가능하면 청와대 쪽으로도 취재 범위를 넓힐 수 있는 고참 기자, 법조와 정치를 두루 경험해본 기자면 좋겠다 싶었다. 강희철의 머리에 딱 한 사람의 얼굴이 떠올랐다. 두 기수 위의 선배, 공채 4기 김의겸이었다.

강희철은 김의겸과 신문사 입사 전부터 알았고, 기자생활을 하면서는 법조와 정당팀에서 선후배로 일한 경험이 있었다. 2011년에는 사회부에서 부장과 사건(법조)데스크로 호흡을 맞추기도 했다. 강희철은 김의겸에게 연락해서 만나자고 했다.

"김 선배가 직접 해보시지요"

8월 30일 오전 김의겸은 모처럼 회사로 들어가면서도 강희철과의 약속은 사실 염두에 두지 않았다. 그저 오랜만에 얼굴이나 보며 차 한잔 하자는 것이겠거니 했다. 신경이 쓰이는 건 백기철 국장이었다. 이날은 백 국장이 부친상을 마치고 일주일 만에 출근하는 날이다. 더 늦어지기 전에 최순실 취재를 어떻게 해야 할지 백 국장과 상의를 해야겠다고 마음먹던 참이었다.

오전 회의로 바쁜 백 국장은 오후에 보기로 하고 김의겸은 우선 강희철 자리로 가서 가볍게 어깨를 툭 쳤다. "차 한잔 해." 그런데 강희철이 쏟아내는 말은 놀랍기만 했다. 김의겸이 열흘 넘게 고민하고 있던 미르·K스포츠재단과 최순실 문제를 줄줄이 이야기하고 있는 게 아닌가. "도대체 누구한테 들은 거야?" 김의겸은 이렇게 묻고 싶은 충동이 목구멍까지 차올랐으나 입 밖에 내지는 않았다. 아무리 한솥밥을 먹는 신문사 선후배라도 서로 취재원을 캐는 건 예의가 아닌 듯싶었다. 대신 그는 강희철이 하는 말을 한마디도 빠뜨리지 않으려고 탁자 위에 아무렇게나 던져져 있던 종이를 끌어다 빠르게 받아 적어갔다. 특히 이석수 특감의 안종범 내사는 귀가 솔깃해졌다. 그 자체로 파괴력 있는 기사라고 판단했다.

메모를 마친 김의겸은 천천히 고개를 들어 강희철에게 물었다. "어떻게 하는 게 좋겠어?" 이 말은 사실 '강희철 당신이 직접 해보는 게 어때?'라는 권유가 포함돼 있었다. 김의겸으로서는 '괜히 직접 나섰다가 아무런 소출도 건지지 못하면 무슨 창피란 말인가' 하는 걱정이 앞서던 차에 이미 사전 취재를 한 강희철을 만나니 그 책임을 떠넘겨버리고 싶은 생각이 든 것이다. 하지만 돌아온 강희철의 대답은 단호했다. "제가 왜 뵙자고 했겠어요? 김 선배가 적임자예요. 다른 선택지도 찾아봤지만, 제 눈엔 안 보입니다. 김 선배가 직접 해보시지요."

강희철은 한번 더 쐐기를 박았다. “김 선배, 솔직히 좁은 국회 기자실에서 매일 아침 뭐 쓰나 걱정하느니 이거 책임지고 하는 게 낫지 않겠습니까? 우리 이러고 있다가 어디서든 딴 데서 기사로 치고 나가면 그땐 속수무책으로 당합니다. 방어적으로라도 취재는 해놔야만 합니다. 국장 찾아가서 말씀하세요. 특별취재반 만들어주면 하겠다고요.”

강희철의 이 말은 김의겸에게 압박이자 격려였다. 아니 자극이었는지도 모른다. 마치 다윈이 이미 자연선택 이론에 대한 논문 초고를 완성해놓고도 발표 이후 몰아칠 후폭풍을 걱정해 미적대던 차에 윌리스로부터 한 통의 편지를 받고 깜짝 놀라 밤낮으로 『종의 기원』에 매달린 것처럼 말이다.

그런 의미에서 김의겸이 이날 오후 백기철 국장의 방문을 두드릴 수 있었던 건 강희철의 힘이 절대적이었다. 강희철은 특별취재반 최찾사에 정식으로 합류하지는 않았지만 음지에서 큰 도움을 주었다. 그리고 머지않아 그가 본격적으로 활약할 시간이 다가온다.

권력을 정조준하다

추석 연휴 마지막 날인 9월 18일 일요일. 김의겸, 류이근, 방준호 세 사람은 모두 회사로 출근했다. 최순실의 꼬리를 밟은 이상 휴일이라고 쉴 수는 없었다. 김의겸은 방준호에게 그동안 취재한 내용과 자료를 모두 긁어모아 기사를 쓰도록 지시하고는 강희철에게 전화를 걸었다. 강희철이 이미 취재를 해놓은 이석수 특감 기사를 2탄으로 내보내기 위해서였다.

전화를 걸었을 때 강희철은 집에서 마지막 연휴를 즐기고 있었다. 손목 긴 작업 장갑을 끼고 집 베란다에서 장미 가지치기를 하고 있다가 전화를 받았다.

"어~! 강희철 씨. 그 기사 말이야, 안종범 내사 기사, 그거 바로 쓸 수 있는 거지?"

"그럼요. 근데 그것부터 먼저 쓰시게요?"

"아냐, 그건 아니고. 자세한 건 내일 출근해서 얘기해."

다음 날인 9월 19일 월요일 두 사람은 머리를 마주대고 역할을 분담했다. 상대적으로 분량이 짧은 1면 스트레이트 기사(정보·사실 전달을 목적으로 하는 기사)를 강희철이, 안쪽 면에 들어갈 기다란 상자 기사는 김의겸이 쓰기로 했다.

기사는 9월 22일 한겨레 1면 머리에 「이석수 특감, '재단 강제모금' 안종범 수석 내사했다」라는 제목을 달고 나갔다. 기사 맨 뒤에는 "출연 과정에 범죄 혐의가 짙은 만큼 결국에는 수사가 불가피할 것"이라는, 이 사건의 '미래'를 암시하는 듯한 코멘트까지 붙였는데, 이건 박문수의 말이 아니라 20일, 21일 한겨레의 최순실 보도를 읽은 전직 검찰총장이 강희철에게 전화를 걸어 한 말이었다.

그가 원래 한 말은 이랬다. "저거, 결국은 그냥 못 넘어갈 거요. 나도 일부 보도는 보고 있었는데, 예상했던 것보다 상태가 훨씬 심각하네. 경우에 따라 대통령도 연루됐을 수 있다는

이석수 특감, '재단 강제모금' 안종범 수석 내사했다

미르·K스포츠 재단 의혹 확산

"전경련 창구로 거액 출연 종용" 비위 첩보에 내사 착수
기업 찾아가 묻자 "임원들 대답 않고 먼산 보며 한숨만"
청, 우병우 특감 뒤 "국기문란" 몰아…이석수 사표로 중단

대통령 직속인 이석수 특별감찰관이 지난 7월 미르재단과 케이(K)스포츠재단의 모금 과정을 알아보기 위해 안종범 청와대 정책조정수석에 대해 내사를 벌인 사실이 확인됐다. 그러나 이 특감은 우병우 민정수석 감찰과 관련해 〈조선일보〉 기자와 통화한 내용이 보도되면서 수사기밀 누설 논란에 휩싸여 사표를 제출했고 내사는 중단됐다. ▶관련기사 3·4·6면

특감 관계자는 최근 〈한겨레〉 기자와 만나 "'미르'와 '케이스포츠' 설립을 위한 자금 마련을 위해 청와대 안종범 수석이 전경련과 기업체들에 출연을 하도록 압력을 넣었다는 비위 첩보가 입수돼 지난 7월 내사를 진행한 사실이 있다"고 밝혔다. 당시 내사 지시는 이 특감이 했고, 지시를 받은 감찰반원들이 실제 출연한 몇몇 기업들에 찾아가 출연 이유와 과정 등을 조사했다고 한다. 이는 특별감찰관법에 '대통령비서실의 수석비서관 이상 공무원'(제5조)의 '비위행위'(제2조)를 조사할 수 있도록 한 규정에 따른 것이다.

이 관계자는 "조사를 나간 감찰반원들이 한 기업체 임원에게 '왜 그 재단에 출연을 했느냐'고 물었더니 대답은 못 하고 먼 산만 바라보며 한숨만 쉬더라는 보고가 있었다. 대부분 기업의 반응이 마찬가지였다"고 했다. 그는 "내사는 지난 7월께 했고, 청와대 직속인 특감 구조상 민정수석실이 거의 실시간으로 내사 상황을 파악했을 것"이라고 말했다. 이 내사는 나중에 고발로 이어진 박근혜 대통령 친동생 박근령씨의 사기 의혹이나 우병우 민정수석 의혹 관련 감찰에 앞서 이뤄진 것이다.

이 관계자는 "교수 출신인 안 수석이 치부를 목적으로 기업에 거액 출연을 종용했을 리 없는 만큼 과연 배후가 누구인지, 기업체들은 왜 거액을 순순히 내놓게 됐는지 등을 정확히 알아보고자 했던 것"이라며 "그러나 이 특감이 수사기밀 유출 의혹 등에 휘말려

이석수 특별감찰관 안종범 청와대 수석

사표를 제출하면서 더 이상의 내사는 진행하지 못했다"고 했다.

그는 청와대가 지난달 19일 이 특감의 기자 통화 내용을 거론하며 '국기 문란'이라고 한 데 대해 "그것은 단순히 통화한 사실 자체나 우병우 수석을 감찰한 데 대한 불만의 표출이 아니라고 본다. 특감이 건드려서는 안 될 것, 건드리지 않을 것이라고 생각했던

'대통령의 역린' 두 재단 들추자 이석수 특감 내몰았나

미르재단·안종범 수석 내사 상황 재구성

시작은 〈조선일보〉와 그 계열사인 〈티브이(TV)조선〉의 보도였다. 조선일보는 7월18일 우병우 민정수석의 처가 땅을 넥슨코리아가 매입한 사실을 보도했다. 9일 뒤인 7월27일 티브이조선은 미르재단이 삼성, 현대 등 16개 그룹으로부터 두 달 만에 486억원을 모았다고 방송했다. 이석수 특별감찰관이 우병우 수석과 별도로 미르재단과 연관된 안종범 수석에 대한 감찰에 들어간 것은 그 보도 직후였다. 여러 가지 정치적 해석을 낳을 수 있는 사안이지만 특별감찰관으로서는 본연의 업무이다. 특감법 6조(감찰 개시)는 "비위행위에 관한 정보가 신빙성이 있고 구체적으로 특정되는 경우 감찰에 착수한다"고 못박고 있다. 그러나 보도에만 의존한 건 아니다. 특히 안종범 수석의 경우는 별도의 첩보도 있었던 것으로 보인다. 검찰 관계자는 "당시 대기업들의 모금 과정에서 여기저기서 불만이 터져나와 경제계와 법조계에서는 어느 정도 이야기가 돌고 있었다"고 말했다. 800억원이나 되는 거금을 강제로 거두는 데 '범죄 정보' 하나 생산되지 않는다면 그게 더 이상하다고 할 수 있다.

게다가 당시 이석수 특감은 '존재의 근거'가 흔들리고 있었다. 3년 임기의 반이 다 지나가도록 아무런 성과가 없었기 때문이다. 7월초 국회 법제사법위원회에 불려나가서는 야당 의원들로부터 "국민의 세금을 쓰면서 허송세월만 보내고 있다"는 말까지 들었다. 뭐라도 일거리를 찾아나서야 할 판인데 마

이석수 특별감찰관 관련 일지	
7월18일	〈조선일보〉, 우병우 민정수석의 처가 땅 넥슨 매입 보도
7월27일	〈TV조선〉, 미르재단 486억원 모금 보도
7월 말	이석수 특별감찰관, 우병우 안종범 수석에 대한 감찰 착수
8월16일	〈문화방송〉, 이석수 특별감찰관과 〈조선일보〉 기자 대화 내용 보도
8월19일	청와대, 이석수 특별감찰관의 통화를 두고 '국기문란 행위'로 규정
8월29일	이석수 특별감찰관, 청와대에 사표 제출

우병우 처가땅 의혹 '조선 보도' 이어
TV조선, 미르 486억 모금 방송 '단초'
이 특감, 첩보 입수 안종범 내사 착수
특감활동 민정실 통해 대통령에 보고

'우병우 수사' 대화내용 보도 계기
청 "이석수 기밀 누설" 국기문란 몰아
미르재단 내사 중단 여론관심 돌려
우병우는 방패이자 창 노릇 동시에

한 손가락은 우병우가 아니라 안종범 수석이었다. 우 수석은 개인 문제로 치부할 수 있지만 안 수석은 혼자만의 문제가 아니었다. 대통령의 역린을 건드리는 중대 사안이다.

속으로 끙끙 앓기만 하던 청와대에 반격

감찰 내용을 유출한 혐의로 검찰 수사를 받고 있는 이석수 특별감찰관이 지난 8월29일 오후 서울 종로구 청진동 특별감찰관실을 나서고 있다.

했다. 이석수 특감은 사표를 제출했고 미르재단에 대한 내사는 중단됐다. 청와대로서는 미르나 케이스포츠에 대해 한마디 하지 않고도 소기의 목적을 이루는 데 성공한 셈이다. 이를 두고 한 검찰 관계자는 "청와대로서는 우병우 수석의 비위 보도가 고마웠을 수 있다. 미르재단에 쏟아질 수 있는 여론의 관심이 우병우 수석 쪽으로 몰려갔기 때문"

이라고 말했다. 그만큼 청와대로서는 미르, 케이스포츠 재단에 대해 감추고 싶은 게 많다는 얘기다. 또 박근혜 대통령에게 우병우 민정수석은 미르재단을 덮어주는 방패이자, 역공을 가해주는 창의 역할을 동시에 하고 있는 셈이다. 우병우 수석을 감싸고도는 이유가 짐작된다.

청와대의 이런 전략은 한동안 성공한 것

이석수 특감이 국기 문란을 초래했다는 청와대의 비난은 전후 맥락상 조선일보 기자와의 통화를 문제 삼은 것이기보다는, 미르재단·K스포츠재단과 관련하여 특감의 안종범 수석 내사를 겨냥한 것이었다. 2016년 9월 22일 1면과 3면.

건데……. 딱 일해재단 판박이더구먼. 직권남용이 될지 뇌물이 될지는 수사를 해봐야 알겠지만, 검찰이 이미 주시하고 있을 거요. 언제 수사에 착수할지는 검찰총장이 결단을 내려야겠지. 김수남 검찰총장이 잠이 안 올 거야." 많이 누그러뜨리고 축약해서 한 줄로 처리하고 말았지만, 오랜 경험에서 우러나온 그의 직관은 이 사건의 경로 또는 운명을 정확히 예견한 것이었다.

기사가 나간 뒤 강희철은 이석수의 처지가 걱정됐다. 기사가 나가기 전에 '예고' 정도는 하는 것이 예의라는 생각에 9월 20일 저녁에 전화를 걸었다. 그는 자신이 고발된 사건을 수사하는 검찰이 특감 사무실을 압수수색하고 자신의 휴대전화와 업무일지, 컴퓨터 하드디스크 등을 가져갔다며 검찰도 이미 안종범 내사 사실을 파악하고 있을 거라고 했다. 그러면서도 그 시점에 기사를 쓰는 것은 말렸다. 모금한 액수가 크고, 재단에 이미 들어간 돈을 도로 뺄 수도 없을 테니 "그냥 둬도 언젠가 눈 밝은 검사가 수사를 하지 않겠느냐"고 했다. 검찰 출석이 예정된 상황에서 그가 느낄 부담감을 강희철도 모르지 않았다. 하지만 기사를 보류한다는 것은 이미 가능하지 않은 일이었다.

강희철은 기사를 쓰는 편이 오히려 이석수에게 도움이 될 거라는 생각도 들었다. 특별감찰관이 국기 문란을 초래했다는 청와대의 비난은 전후 맥락상 조선일보 기자와의 통화를 문제 삼은 것이기보다는 이 사건 내사를 겨냥한 것임이 분명했다. 그건 직제상 대통령의 사람이 대통령의 '역린'을 건드린 중대한 사안이었던 것이다. 편히 지내기로 마음먹었다면 눈을 감아버릴 수도 있었지만, 이석수 특감은 정반대의 길을 선택했다.

기사가 나가자 반응이 나타났다. 9월 22일 박근혜 대통령은 그간의 무대응 원칙을 깨고 정면 돌파에 나섰다. 청와대 수석비서관 회의 기조연설에서다.

"이런 비상 시기에 난무하는 비방과 확인되지 않은 폭로성 발언들은 우리 사회를 뒤흔들고 혼란을 가중시키는 결과를 초래하게 될 것이다. 국민들의 단결과 정치권의 합심으로 이 위기를 극복해나가지 않으면 복합적인 현재의 위기를 극복해 나가기 어려울 것이다." 미르재단·K스포츠재단의 이름을 거론하지는 않았지만, 두 재단 논란과 최순실의 비선실세 의혹을 두고 '비방'이라는 입장을 확실히 밝힌 것이다. 청와대 관계자는 "최근 논란에 대해 대통령이 청와대를 흔들려는 공세로 보고 있고 분노가 상당하다"고 전하기도 했다.

김의겸은 대통령의 비난이 기분 나쁘지 않았다. "대통령이 저렇게 언급을 했으니, 다른 언론들도 이제는 관심을 기울일 테고, 기사에 탄력이 붙겠다"는 생각이 든 것이다.

3일 연속 한겨레가 1면 톱으로 최순실을 치고 나가자 관심을 가지던 사람들이 전화를 걸어오기 시작했다.

김의겸이 최순실 뒤를 쫓으면서 연락을 취했던 한 검사가 기사를 보고 전화를 걸어왔다.

"기어코 해냈군요. 그런데 앞으로가 더 중요합니다. 권력이란 게 절대로 물렁하지 않습니다. 미끼를 던지고 함정을 파놓을 수가 있어요. 우리 검사들이 가끔씩 변호사들한테 당하는 게 있습니다. 범죄를 캐다가 입맛에 딱 맞는 혐의가 나오는 겁니다. 그동안의 수사가 힘들수록 반가움이 더 크죠. 조심성 없이 그걸 콱 무는 경우가 있습니다. 그런데 막상 법정에 가면 그 혐의를 완전히 뒤집는 증거를 변호사가 제출하는 겁니다. 일부러 물라고 던져놓은 미끼죠. 그럼 그 재판은 백전백패죠." 청와대나 최순실 쪽에서 거짓 정보를 흘리고 한겨레가 이

걸 기사로 썼다가 되치기를 당할 수 있다는 경고였다. 김의겸은 안 그래도 틈을 보이지 말자고 다짐하고 있었는데, 그의 전화를 받고는 '확인하고 또 확인하자'고 마음속으로 다짐했다.

국정감사의 쟁점으로 떠오르다

최찻사 초기 취재 과정에서 김의겸의 큰 고민 가운데 하나는 기사를 언제 내보내느냐였다. 최순실을 등장시키는 기사는 이미 9월 8일에 방준호가 꼭지를 따놓은 상태였다. 「이석수 특감, '재단 강제모금' 안종범 수석 내사했다」는 최찻사가 꾸려지기 이전에 이미 강희철이 준비를 해놓고 있었다. 그리고 하나 더 류이근이 준비하고 있던 「K스포츠, 총회 회의록도 정관도 위조했다」(2016년 9월 21일 1면)도 있었다. 이 기사는 앞의 두 기사보다 폭발력이 떨어지지만 K스포츠재단의 정동구 초대 이사장 등 관련자들의 구체적인 동선과 역할을 정확히 파악해서 작성한 기사였기에 생동감이 돋보였다.

그렇게 세 건의 기사가 비축돼 있었지만 김의겸은 그것만으로는 모자라다고 생각했다. 통상적으로 이런 권력형 스캔들을 다루는 탐사보도는 취재를 마무리 짓고 기사의 가치를 판단해서 그 크기와 분량을 정하고 며칠이나 연재할지 등을 정하는 게 순서다. 취재가 덜 마무리됐다고 하더라도 대략 일주일 정도는 끌고 갈 수 있는 기사를 확보한 채 시작하는 게 통례다. 그러나 이런 속도로 나가서는 일주일치 분량을 언제

K스포츠, 총회 회의록도 정관도 위조했다

최순실이 개입한 재단 '요지경'

초대 이사장 선출된 정동구씨
해외출장중인데 의사진행 꾸며
대표로 회의록에 도장도 쾅

이사장직 제안받기 전 작성된
정관에도 직인 찍혀 문서 위조
"불법 재단 설립…허가 취소 사유"

올 1월5일 낮 12시 서울 전국경제인연합회 콘퍼런스센터. 임시 사회자로 나선 이아무개 롯데 상무는 '임시의장 선출안'을 상정했다. 곧바로 김아무개 삼성 전무는 임시의장으로 정동구(74)씨를 제안했다. 사회자가 동의하냐고 묻자 전원이 만장일치의 뜻으로 박수를 쳤다. 사회자는 의사봉을 세번 두드린 뒤 정동구씨에게 의사진행을 맡기고 물러났다. 이어 설립 취지가 채택되고 정관이 가결된다. 삼성생명, 러났다. 회의에 참석한 것으로 나와 있는 정동구씨는 바로 그 시각 회의장이 아닌 동남아행 비행기에 몸을 싣고 있었다. 정씨는 봉사단을 이끌고 이날부터 15일까지 인도네시아·네팔·타이 등지로 해외출장을 떠났다. 대기업 대표들도 마찬가지다. 회의는 아예 열리지도 않았던 것이다. ▶관련기사 3·4면

그런데도 재단은 이 회의록과 정관, 사업계획서, 예산서를 1주일 뒤 문화체육관광부에 제출했다. 문체부도 기다렸다는 듯이 바로 다음날 재단법인 설립 허가증을 내줬다. 재단법인 설립 허가증이 나오기까지는 평균 21.6일 걸리는 것으로 문체부 통계는 나와 있다.

문체부는 이와 관련해 "회의록을 허위로 작성했다 하더라도 허가 취소나 과태료 처분을 내릴 수 없다"는 입장을 조승래 더불어민주당 의원실에 전했다. 하지만 문제는 창립총회 회의록의 거짓 작성에서 멈추지 않는다. 나라의 최상위 법이 헌법이라면 재단의 헌법은 정관이다. 그 정관조차 거짓으로 작성된 것이다.

내용이 같은 미르와 케이스포츠의 창립총회 회의록

재단법인 미르

창립 총회 회의록

서로 다른 재단인데도 날짜와 이름만 다를 뿐 시간, 장소, 안건, 회원 수, 발언 내용 등이 동일해

이 기사는 폭발력이 다소 떨어질지 몰라도 K스포츠재단의 정동구 초대 이사장 등 관련자들의 구체적인 동선과 역할을 정확히 파악해서 작성한 기사였기에 생동감이 돋보였다. 2016년 9월 21일 1면.

확보할 수 있을지 의문이었다. 게다가 구중궁궐 깊숙한 곳에서 이뤄진 일을 적은 인력으로 한도 끝도 없이 취재한다고 답이 나오리라는 보장은 없었다. 우선 일을 저질러놓고 그 흐름에 맡기는 것도 한 방법이라고 판단했다.

김의겸은 그 돌파구를 국회에서 찾기로 했다. 9월 말이면 국회에서는 국정감사가 시작된다. 국회의원들은 국정감사에서 자신의 정치적 존재감을 극대화하려고 노력하기 마련인데 '최순실'이라는 소재는 그들의 입맛에 딱 맞을 것이다. 한겨레가 국정감사 직전에 최순실을 몇 차례 보도하면 이게 국정감사에서 쟁점으로 떠오를 것이다. 국회의원들이 관련자를 증인으로 부르고 자료를 받아내면 한겨레가 다시 이를 기사화할 수 있다. 이것이 김의겸의 생각이었다.

김의겸은 추석 연휴가 시작되기 전인 9월 12일과 13일 이

틀에 걸쳐 국회 의원회관을 돌며 국회의원과 보좌관들을 만나보았다. 미르재단과 K스포츠재단은 국회 교육문화체육관광위원회(이하 교문위)가 담당이다. 이 상임위원회의 야당 의원들은 TV조선의 보도로 이 문제에 관심은 있었으나 내용을 깊이 들여다보지 못한 상태였다. 김의겸은 한 의원에게 넌지시 물어보았다. "두 재단의 배후에 최순실이 있습니다. 저희들이 취재해서 기사를 쓸 수 있는 단계입니다. 저희가 기사를 내보내면 이 문제를 중점적으로 다뤄줄 수 있겠습니까?" 그 의원은 믿기지 않는다는 눈치였다. "정말입니까? 뭐 증거가 있습니까?" "구체적인 내용은 아직 말씀드리기 어렵습니다." "최순실이 배후라는 증거만 보여준다면 저라도 당장 그 문제를 집중적으로 다뤄야죠. 보도를 하실 거라면 빨리 하십시오. 곧 국정감사가 시작됩니다."

이렇게 해서 9월 20일 최순실의 존재를 드러낸 「대기업 돈 288억 걷은 K스포츠재단 이사장은 최순실 단골 마사지센터장」, 21일 「K스포츠, 총회 회의록도 정관도 위조했다」, 22일 「이석수 특감, '재단 강제모금' 안종범 수석 내사했다」를 차례로 내보낸다는 시간표가 만들어졌다.

결과적으로 이 작전은 주효했다. 국정감사가 온통 최순실 문제로 덮일 것 같자 새누리당은 국정감사가 시작된 9월 26일에 유례없는 '국감 거부'를 선언했다. 국정감사에 두 재단 관련 증인이 출석하는 것을 막는 한편, 국민들의 관심을 비선실세가 아닌 '여야 정쟁'으로 돌리려는 의도였다. 심지어 이정현 새누리당 대표는 느닷없이 단식에 들어가며 카메라를 끌어모았

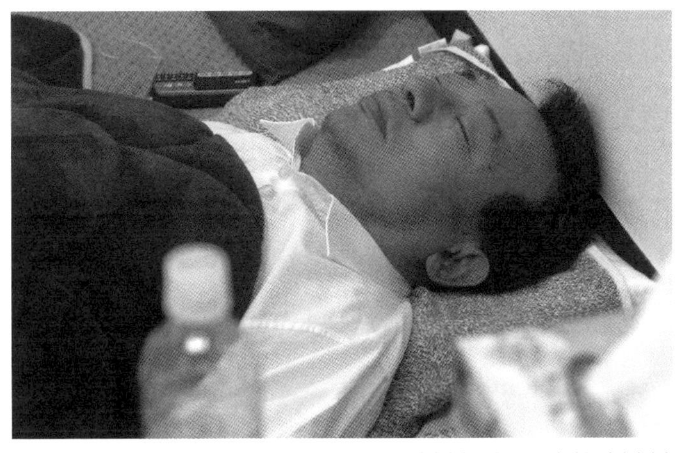

새누리당 이정현 대표의 단식은 농림축산식품부 김재수 장관 해임건의안 통과를 꼬투리 삼은 것이었지만, 최순실 문제로부터 국민들의 시선을 돌리려는 것이라는 비판이 나왔다.

다. 농림축산식품부 김재수 장관 해임건의안 통과를 꼬투리 삼았지만, "대통령의 심기를 언짢게 하는 최순실 문제로부터 국민들의 시선을 돌리려는 것"이라는 비판이 나왔다. 하지만 그럴수록 '최순실 게이트'의 구린 냄새는 더 짙게 퍼져나갔다.

4

최순실 게이트

2015년 10월 26일 팔레스호텔에서 있었던 일 — 전경련, 재벌 그리고 청와대

가짜 서류에 도장 찍기

한겨레가 2016년 9월 20일 1면에 내보낸 「대기업 돈 288억 걷은 K스포츠재단 이사장은 최순실 단골 마사지센터장」은 '제보'의 물꼬를 트는 효과를 가져왔다. 미르와 K스포츠 두 재단의 은밀한 설립 과정을 아는 사람들이 기사에 관심을 가지고 입을 열기 시작한 것이다.

첫 제보는 기사가 나간 9월 20일 오후 늦게 류이근의 이메일로 날아왔다.

> 미르재단 설립과 관련해서 좀 아는 사람입니다. 청와대 주도로 미르재단 설립이 결정되고, 작년(2015년) 10월 26일 아침 16개 그룹의 실무자와 임원 50여 명이 서울 반포동 팔레스호텔에 모였습니다. 주말 사이에 긴급하게 연락을 받고서, 그날 아침 미르재단 설립

출연 약정서, 설립 서류, 법인 인감 등을 들고서 팔레스호텔 한 방에 모였습니다.

왜일까요? 그건 청와대와 전경련 주도로 만든 가짜 서류인 회의록, 정관, 출연증서에 법인 인감을 찍기 위해서입니다. 그 자리에 모인 모든 기업 관계자들은 그 자리가 가짜 서류에 인감을 찍으러 오는 자리인 줄 다 알고 있었습니다. 두꺼운 각종 서류 곳곳에 법인 인감으로 간인을 찍다 보니, 정말 시간이 많이 흘렀습니다. 삼성, 현대차 등 그룹 순서대로 법인 인감을 찍으니 후순위 그룹 임원들은 서너 시간이 지나서야 가짜 서류에 인감을 찍을 수 있었습니다.

그렇게 10월 26일 월요일 아침 팔레스호텔에서 벌어진 가짜 서류에 도장 찍기 대회를 오전 10시부터 오후 2시 정도까지 진행했습니다. 그 자리에 나온 전경련 여성 변호사는 각 그룹에서 받은 인감을 부지런히 기계처럼 찍어댔습니다. 가짜 서류에 말입니다.

정말 웃기는 일 아닌가요?

이렇게 16대 그룹 임직원들을 휴일에 동원령을 내려, 월요일 아침 한 장소에 모이게 해서 가짜 서류에 법인 인감을 찍게 할 정도의 파워를 누가 가질 수 있을까요? 청와대 외에 누가 있단 말입니까?

류이근은 이메일을 받은 즉시 김의겸에게 보고했다. 발신인의 연락처도 이름도 없었다. 다만 이메일 계정은 '홍길동'이었다. 익명을 상징하는 홍길동은 불의에 맞서는 정의를 상징하기도 한다. 두 사람은 이메일 내용을 함께 읽고 또 읽었다. 제보 내용은 너무나 구체적이고 생생했다. 현장에 있었던 사람이 아니라면 표현할 수 없는 내용이라고 판단했다. 제보자를 만나거나 통화하는 게 우선이었다. 제보자가 만나준다면야 제보 내용을 기자가 곧바로 검증해 실명이나 익명으로 보도할 수 있다. 류이근은 제보자에게 답장을 보냈다.

> 소중한 제보에 정말 감사드립니다. 혹시 더 자세한 내용을 알 수 있을지요? 전화나 만나서 얘기를 듣고 싶습니다. '청와대 주도로 미르재단 설립이 결정되고'라고 말씀하신 대목이 가장 궁금합니다. 행여 신원이 드러나는 걸 원치 않으신다면…… 출처를 드러내지 않는 조건으로 만나고 싶습니다. 그 또한 원치 않으신다면 공중전화나, 다른 익명의 방식으로 대화를 나누고 싶습니다.

류이근이 전화 연락처를 남겼지만 홍길동한테서 전화는 오지 않았다. 대신 홍길동은 9월 23일 늦은 밤에 이메일을 보내왔다. 두 번째 이메일은 첫 번째 이메일보다 훨씬 구체적이었다. 첫 번째 없던 그림의 커다란 윤곽마저 그려져 있었다.

> 류 기자님, 오늘 국회 발언을 들어보니…… 16대 그룹이 법인 인감을 싸들고, 가짜 서류에 열심히 도장을 찍던 2015년 10월 26일 오전 10시~오후 2시경 상황이 끝나고서, 오후에는 세종시에 근무하던 문체부 직원이 서울에 올라와 스탠바이 하고 있다가 설립 허가 절차를 신속하게 들어갔더군요.
>
> 오전에는 팔레스호텔에 대기업 임직원들이 법인 인감을 들고 와서 가짜 서류에 찍게 하고, 오후에는 그 가짜 서류를 기반으로 정부 인허가를 받게 하는 힘이 과연 누구겠느냐는 거죠.

이 재단 설립의 첫 지시는 7월인가 대통령이 창조경제혁신센터에 협조한 주요 대기업 회장, 부회장과의 간담회 자리에서 나왔습니다. 그런데 왜 이렇게 10월에 급물살을 탔을까요? 바로 중국 리커창 총리 방한을 앞두고 대통령이 한류문화재단 확인에 들어갔기 때문입니다. 그래서 10월 23일 금요일 오후 청와대 경제수석의 지시로 4대 그룹 임원들이 모여 신속 추진을 결정했고, 10월 26일에 그 북새통을 벌인 겁니다.

"오늘 국회 발언을 들어보니……"라고 표현한 문장을 읽으면서, 류이근은 의아하게 생각했다. 그날 2016년 9월 23일에 국회에서 이런 발언은 나오지 않았다. 사실 그가 말한 내용은 나흘 뒤인 27일 국회에서 열린 교문위 국정감사에서 더불어민주당 신동근 의원이 처음으로 꺼낸 내용이다. 그만큼 홍길동은 이 사건과 관련해 돌아가는 상황을 한참 앞서서 알고 있었던 것이다. 그리고 자신이 그만큼 잘 알고 있다는 걸 감추고 싶었던 게 아닐까, 류이근은 막연하게 그렇게 생각했다.

여하튼 류이근은 홍길동에게 다시 이메일을 보냈다. 제보를 받은 이후 취재를 전혀 진척시키지 못한 그는 조금 부끄러운 심정으로 이메일을 썼다. "우둔자가 아니라면 더 이상 힌트를 여쭙는 건 큰 결례라고 생각합니다. 고맙습니다, 선생님." 류이근은 한껏 몸을 낮추면서도 다시 한번 제보자와 직접 접촉하고 싶다는 뜻을 전했다. 하지만 그는 한동안 모습을 드러내지 않는다.

이제 더 이상 제보자에게 얻어낼 건 없었다. 제보해준 내

미르재단 현판식. 전경련 누리집 갈무리.

용을 직접 발로 뛰면서 확인해야 했다. 사실 미르재단의 수상한 설립은 더 이상 뉴스가 아니었다. 그 무렵이면 누구나 아는 사실이 돼 있었다. 하지만 어느 언론사도 당시 상황을 구체적으로 재현한 곳은 없었다. 여전히 그 내막은 안갯속이었다.

2015년 10월 26일 팔레스호텔에서 있었던 일

당연히 첫 취재는 팔레스호텔에 직접 가보는 것이었다. 김의겸은 사회부 김원철 24시팀장에게 긴급 인력지원을 요청했다. 당시 류이근, 방준호 둘뿐이던 인력 상황으로는 현장에 보낼 사람이 절대적으로 모자랐던 것이다. 김원철은 자신이 이끄는 24시팀도 인력이 부족한 상황인데도 김의겸의 요청에 아무런 이의를 제기하지 않고 박수지 기자를 보내줬다. 박수지는 최 찻사의 방준호와 입사 동기로 기자생활 4년차였다.

9월 26일, 박수지는 강남 고속버스터미널 근처에 있는 팔레스호텔을 찾아갔다. 전화를 걸어 확인받을 수 있는 내용은 아니었다. 자신은 없었지만 부딪칠 수밖에 없었다. 박수지는 아침에 50여 명이 한꺼번에 몰려와 서류에 도장을 찍을 수 있는 장소는 연회실밖에 없다고 추측했다. 박수지는 정공법보다 우회로를 택했다.

호텔 직원을 찾아가서 마치 연회실을 빌릴 것처럼 이것저것 물어봤다. 아마도 최대 고객 가운데 하나일 게 분명한 전국경제인연합회(이하 전경련)에 대해 한겨레가 취재를 한다면 호텔 쪽에서도 경계심을 발동할 수 있기 때문이다. 그렇게 연회실을 예약할 것처럼 이야기를 끌어가다가 슬쩍 지난해 10월 26일 전경련 이름으로 예약을 했는지 물었다. 큰 기대를 하지 않았지만, 호텔 직원은 의외로 친절했다. 그는 과거의 기록까지 들춰가며 바로 그날 전경련이 조찬 모임용으로 연회실을 빌린 사실을 확인해줬다.

"네, 맞네요. 그날 빌렸습니다. 전경련 이름으로 그날 조찬 모임용으로 예약을 했고요, 예약은 딱 그 한 건이군요."

어느 연회실을 빌렸는지, 모임은 몇 시에 끝났는지는 확인

전경련은 2015년 10월 26일 팔래스호텔 연회실을 예약하여, 재벌 기업들로 하여금 재단 설립 출연에 관한 가짜 서류에 날인하도록 했다.

할 수 없었다. 하지만 홍길동의 제보가 사실로 밝혀졌고, 기사를 쓸 수 있는 초석이 깔렸다. "박수지, 정말 너무너무 훌륭하다!" 김의겸은 박수지의 보고를 받고는 기쁨을 감추지 못했다.

박수지를 현장에 보내놓고 최찾사가 손가락만 빨고 있었던 것은 아니다. 김의겸, 류이근은 2015년 10월 26일 팔래스호텔에서 무슨 일이 벌어졌는지 알아내기 위해 전경련 쪽을 두드렸다.

전경련 이승철 상근부회장은 이미 언론을 상대로 "두 재단은 기업들이 자발적으로 설립한 것"이라고 밝힌 상태였다. 그러나 이용우 전경련 사회본부장은 취재에 응하지 않았다. 그는 류이근과 처음 통화한 날 류이근의 신분을 확인하자마자 서둘러 전화를 끊었다. 이후 류이근은 그에게 수십 번이나 전화와 문자를 날렸으나, 꿈쩍도 하지 않았다. 김의겸도 그에게 여러 번 문자를 보내 때로는 애원조로 부탁하기도 하고, 때로는 "당신도 책임을 질 수 있다"고 협박조로 이야기를 하기도 했으나 아무런 답장을 받지 못했다. 아는 게 많은 만큼 숨기고 싶은 게 많은 듯했다.

전경련이 입을 닫으니 다음은 재단에 돈을 낸 기업체 쪽이다. 김의겸은 처음부터 재단에 돈을 건넨 기업 쪽이 많은 걸 알고 있다고 확신했다. 그가 9월 2일 최찻사의 첫 회의를 할 때 한 얘기이기도 했다. "100억, 200억 원 낸 기업들은 자신들이 왜 돈을 내야 하는지 알아봤겠지. 처음에는 모르고 돈을 냈더라도 나중에라도 내막을 알게 됐을 거야. 오너나 오너의 최측근들도 그걸 알 거야. 기업의 재무 라인도 왜 미르와 K스포츠에 돈을 냈는지 알겠지." 하지만 기업은 검은 거래의 한 당사자였다. 재벌 취재가 쉽지 않은 데다가 이런 이유까지 보태져 접근하기가 더욱 어려웠다.

류이근은 재계 순위 1, 2위 기업의 주요 부서에 있거나 중요한 자리에 있는 사람들에게 확인을 구했으나, 소득이 없었다. 부인할 수 없는 출연금액 정도는 확인해줬으나, 상세한 모금 과정이나 그 배경은 "모른다"거나 "나와는 상관없는 일"이라는 답변만 돌아올 뿐이었다. 그는 머릿속에 출연 기업들 가운데 상대적으로 작은 기업을 확인하는 게 쉽다는 걸 알았지만, 그 또한 다른 취재 현안에 밀려 진척을 보지 못했다.

그가 겨우 확인한 거라곤, 홍길동의 제보 중 한 가지 오류였다. "그날 여자 법무사가 참석해서 법적 절차를 밟았다고 합니다. 여자 법무사는 전경련 직원은 아닙니다." 류이근이 전경련에 사실 확인을 요청해 받은 짧은 문자였다. 홍길동의 제보와 달리 전경련의 직원도, 여자 변호사도 아닌 '여자 법무사'였던 것이다.

취재의 벽에 부닥친 김의겸은 경제부에 도움을 청하기로 했다. 9월 27일 김의겸은 7층 편집국으로 박현 부장을 찾아갔다. "지난해 10월 26일 팔레스호텔에 갔을 법한 기업 임원들과 접촉해주면 좋겠어. 하루이틀 바짝 취재해서 기업 임원이 단 한 명이라도 인정하면 폭발력 있는 기사가 될 것 같아. 부탁해." 박현 부장은 "알겠습니다"라고 단 한마디만 했지만, 만사 제쳐놓고 이 일에 매달렸다. 기업을 담당하는 경제부 기자들이 이 사안을 확인하는 데 우선순위를 두도록 한 것이다.

민주적으로 선출되는 정치권력은 비교적 취재하기 용이하지만, 경제권력의 정점에 있는 재벌은 어느 출입처보다 취재가 어려운 게 현실이다. 더구나 우리나라 기업들은 지배구조와 의사결정 과정이 투명하지 않은 탓에 취재의 어려움이 가중되기 마련이다. 어쩌면 이러한 재벌의 불투명성은 정치권력과 야합하기 좋은 토양을 만드는지 모른다. 정치권력은 그 약점을 거래의 지렛대로 삼아 돈을 뜯고, 경제권력은 자신들의 약점을 보완할 보험증서를 정치권력으로부터 받는 '검은 거래'가 이뤄지는 것이다.

반가운 소식이 경제부의 이정훈 기자한테서 날아왔다. 평소에 취재원과 깊고 두터운 관계를 유지하는 이정훈이 한 기업체 임원으로부터 인정을 받아낸 것이다. "그날 팔레스호텔에서 오전에 만났지. 기업체가 16개인지 18개인지는 모르겠어. 서류를 들고 모인 사람은 대부분 임원이 아니라 실무자들이야. 필요한 서류를 준비해 갔어." 이정훈은 물었다. "어떤 서류를 준비해 갔죠?" "통상 계약할 때 쓰는 날인용 도장, 법인 등기부등본, 법인 인감 증명……. 아, 난 더는 몰라. 더 이상 묻지 마. 그리고 절대로 내가 말했다고 하지 마."

홍길동의 제보가 움직일 수 없는 사실로 굳어졌다. 이대로 기사를 써도 크게 부족하지 않았다. 하지만 김의겸은 이걸로는 성이 차지 않았다. 2015년 10월 26일 팔레스호텔에서 벌어진 일을 조금 더 생생하게 보여주고 싶었다. "미르재단 설립과 관련한 서류를 다시 한번 찾아보자. 우리가 놓쳤지만 10월 26일과 관련된 자료가, 기사를 풍부하게 해줄 자료가 어딘가에 있을 거야." 최찾사 기자들은 한겨레 4층 사무실 책상 위에 수북이 쌓여 있는 서류를 다시 들춰보기 시작했다. 안 그래도 어지러운 사무실은 서류 더미가 헤쳐지면서 더 어수선해졌다.

김의겸이 요구하던 걸 마침내 하어영 기자가 찾아냈다. 미르재단에 돈을 낸 기업들은 형식 요건은 다 갖췄다. 가짜로 재단법인의 총회 회의록을 작성하고 약관을 만들었다. 그런데 기업들이 재단에 넘긴 출연증서엔 중요한 단서가 담겨 있었다. 바로 증서를 출력한 시간이었다. 증서에 깨알만 한 글씨로 희미하게 남아 있는 시간 표시를 눈밝은 하어영이 찾아낸 것이다. 그리고 한겨레 최찾사 기자들이 2015년 10월 26일의 상황을 직접 본 것마냥 구체적으로 묘사할 수 있었다. 기사의 한 대목은 다음과 같다.

> 호텔에서 30분가량 떨어져 있는 한화의 재경커뮤니케이션팀 강아무개 씨는 이날 오전 8시 9분에 증서를 출력해 호텔로 이동했다. 삼성물산과 삼성화재는 9시 5분과 9시 11분에 문서를 출력했다. 호텔까지 약 30분 거리에 있는 두산은 9시 13분 관리본부에서 증서를 출력했다. 지각한 기업들도 있었다. SK하이닉스는 아예 약속시간이 한참 지난 10시 27분에 문서를 뽑아 이동했다. 현장에 있었던 기업체 한 임원은 "재산출연증서 등을 작성해 이를 출력한 뒤 가느라고 시간에 쫓겼다"고 말했다.

이 대목을 포함한 기사는 9월 30일 3면 전체에 「18개 그룹 50여 명, 허겁지겁 '집합'… 가짜 서류에 도장 찍기 4시간」이라는 제목으로 실렸다. 제보자 홍길동의 결정적인 역할에 더해 최찻사의 기자들과 경제부, 사회부 기자들이 협업한 결과물이었다.

그리고 이 기사의 완성도를 한껏 높일 수 있었던 데는 홍길동의 제보에 더해, 아직도 이름을 밝힐 수 없는 어느 대기업 임원이 김의겸에게 건넨 내부 문건의 역할이 컸다.

김의겸은 9월 29일 아침 여느 때처럼 지하철 5호선을 타고 출근하는 길에 '오늘이나 내일쯤은 '2015년 10월 26일 팔레스호텔' 기사를 완성해서 출고해야 하지 않을까' 하고 이리저리 기사를 궁리하고 있었다. 그러다 전화 한 통을 받고는 어느 곳엔가 들러, 조금 늦은 시간에 문건을 들고 최찻사 사무실에 나타났다.

김의겸이 들고 온 문건은 2015년 10월 25일 한 대기업 본부가 각 계열사의 계약 담당 임원들에게 내려보낸 것으로, 다음날인 26일 오전 10시까지 서울 강남의 팔레스호텔로 가서 미르재단 설립에 필요한 서류 작업에 참여하라는 지시를 담고 있었다. 마침 쓰려고 했던 기사와 완벽하게 부합하는 내용이었다.

게다가 그 문건은 미르재단의 성격과 관련해 "대한민국 국가브랜드 제고를 위해 정부(청와대)와 재계(전경련)가 주관하는 법인 설립 추진"이라고 청와대를 분명히 거론하고 있었다. 김의겸으로서는 듣고 싶었으나 아무도 확인해주지 않는 내용을 이 문건을 통해 얻을 수 있게 된 것이다. 이는 "미르재단과 K스포츠재단은 청와대와 무관하게 기업들이 자발적으로 세운 것"이라던 청와대·전경련의 해명과는 배치되는 내용이기도 했다. 이 문건은 또 "대표 상위 18개 그룹이 참여하고 매출액 기준으로 출연금(500억 원) 배정"이라고 적고 있었다. 홍길동의 제보에는 16개 그룹이라고 했고, 경제부 이정훈 기자가 만난 임원은 "기업체가 16개인지 18개인지는 모르겠어"라고 했는데, 문건을 통해 2015년 10월 26일 미르재단에 참여한 기업을 18개로 확정지을 수 있었다.

이 문서는 그날 팔레스호텔로 가지고 갈 서류로 "재산출연증서와 법인 등기부등본 1부, 대표이사 법인 인감 증명 2통, 사용 인감"을 적시하고 있었다. 모든 게 홍길동의 제보, 이정훈 기자가 만난 임원의 말과 정확히 맞아떨어졌다.

이 문건을 김의겸에게 건넨 사람은 "그룹 관계자가 2015년 10월 25일 오전 계열사 임원들에게 전화를 한 뒤 그 내용

대기업 문건에 "미르재단 청와대가 주관"

출연 대기업 내부문건 단독 입수
18대그룹 500억 강제 배당 적시
기업쪽 "청와대가 하는 줄 알았다"

'미르 재단'을 주도적으로 설립한 주체는 전국경제인연합회(전경련) 말고 청와대도 포함돼 있음을 보여주는 문건이 나왔다. 이는 "미르와 케이스포츠 재단은 청와대와 무관하게 기업들이 자발적으로 세운 것"이라던 청와대·전경련의 해명과는 배치되는 것이다.

▶관련기사 3면

〈한겨레〉가 29일 단독으로 입수한 어느 대기업의 내부 문건을 보면, 미르 재단의 성격과 관련해 "대한민국 국가브랜드 제고를 위한 정부(청와대)와 재계(전경련)가 주관하는 법인 설립 추진"이라고 청와대를 분명히 거론하고 있다. 이 문건은 또 "대표 상위 18개 그룹이 참여하고 매출액 기준으로 출연금(500억원) 배정"이라고 적고 있다. 이는 기업들이 자발적으로 각자 형편에 맞게 돈을 낸 게 아니라, 위에서 하향식으로 출연금 액수가 배정된 것임을 보여주는 대목이어서 '권력 개입' 가능성이 더 짙어졌다. 대기업의 한 관계자는 "재단 출연금을 모금한 통로는 전경련이어도 우리는 처음부터 청와대가 추진하는 것으로 받아들였다"고 말했다.

이 문서는 지난해 10월25일 한 재벌그룹 본부가 각 계열사의 계약담당 임원들에게 내려보낸 것으로 다음날인 26일 오전 10시까지 서울 강남의 팔래스 호텔로 가서 미르 재단 설립에 필요한 서류작업에 참여할 것을 지시하고 있다. 가지고 갈 서류로는 재산출연증서와 법인등기부등본 1부, 대표이사 법인인감증명 2통, 사용인감을 적시하고 있다. 이 문서를 〈한겨레〉에 건넨 이는 "그룹 관계자가 25일 오전 계열사 임원들에게 전화를 한 뒤 그 내용을 좀 더 분명히 하기 위해 오후에 다시 보낸 문서"라고 설명했다.

〈한겨레〉는 이 문건의 진위를 확인하는 과정에서 26일 팔래스 호텔 모임에 참석한 기업 관계자와 접촉했다. 그는 "10월25일은 일요일이라 다들 쉬는데 그룹에서 갑자기 전화가 왔고 필요한 인감과 서류들은 회사에 있어 26일 아침 일찍 회사에 들러 서류를 작성하고 출력해 팔래스 호텔로 가느라 무척 시간에 쫓겼다"고 말했다. 팔래스 호텔 관계자도 "10월26일 아침 7시 전경련이 연회장을 예약했고 예정 시간을 넘겨 점심시간이 지나서까지 사용했다"고 말했다. 문건은 또 "출연금을 내는 일정과 그 범위는 추후에 논의하자"고 적고 있다. 한 대기업 관계자는 "일반적으로 출연금이나 기부금을 내겠다고 하고 일정을 뒤에 정하는 것은 수해나 재해 등 긴급한 상황일 때"라며 "출연금 일정과 범위를 나중에 정한다는 것은 그만큼 다급한 상황이었음을 보여주는 것"이라고 말했다. 〈한겨레〉는 이 문건을 공개할 경우 문서양식이나 서체 등으로 제보자의 신분이 드러날 수 있다는 점을 고려해 문서의 사진은 싣지 않고 내용만 전달하기로 했다.

김의겸 선임기자 kyummy@hani.co.kr

'미르 탄생' 급박했던 3일

- 2015년 10월25일(일요일): 미르 참여기업에 필요서류 챙겨 팰리스 호텔 집합 공지
- 26일(월) 오전 10시: 기업관계자들 아침부터 인감, 재산출연증서 등 준비해 팰리스 호텔 집합
- 오전 10시~오후 2시: 전경련 관계자, 미리 작성된 창립총회회의록·정관 등에 기업이 가져온 인감 날인
- 12시57분: 문체부 김아무개 주무관 충북 오송역에서 서울행 KTX 탑승
- 오후 5시께: 전경련, 김 주무관에게 설립신청서 전달
- 오후 8시7분: 김 주무관 미르재단 신청서류 접수
- 오후 8시10분: 김아무개 사무관 결재
- 오후 8시27분: 하아무개 과장 결재, 세종 청사 야근하며 결재
- 27일(화) 오전 9시36분: 윤아무개 문화콘텐츠산업실장 전결, 미르 등록 완료
- 오후 2시: 재단법인 미르 현판식, 삼성, 현대차 등 출연기업 관계자 참여

18개그룹 50여명, 허겁지겁 '집합'…가짜서류에 도장찍기 4시간

작년 10월26일, 강남 팔래스호텔서 무슨일이…

역사는 단 3일 만에 이뤄졌다. 〈한겨레〉가 29일 입수한 대기업 내부 문건의 시나리오대로 한 치의 오차도 없이 진행됐다. 〈한겨레〉는 모금 및 설립 과정에 숱한 의문점을 남고 있는 미르재단이 실제 어떻게 설립됐는지 재점검해봤다. 이를 위해 대기업의 내부 문건, 전국경제인연합회(전경련)가 기업들에 보낸 이메일, 설립 과정에 참여한 기업쪽 인사 등을 다각도로 취재했다. 취재 결과 재단 등기 완료 및 현판식이 설립 신청서를 내기 이미 사흘 전에 정확히 예고돼 있었다는 사실이다. 이 시간표에 무리하게 맞춰 추진된 미르재단의 설립 절차는 상상을 초월하는 편법으로 얼룩질 수밖에 없었던 것으로 보인다. 당시 사흘 동안 군사작전을 수행하듯 긴박하게 진행된 재단 설립 과정을 재구성했다.

18개 그룹의 임직원 50여명은 시차를 두고서 팔래스 호텔에 모여들었다. 전경련은 자신들의 이름으로 오전 7시 연회장 하나를 예약해뒀다. 호텔 관계자는 "보통 조찬 모임은 10시에 끝나지만, 이날은 뒤이어 미팅도 이어졌다"고 말했다. 전경련이 소집한 시각에 맞춰 기업들이 속속 도착했다. 미르재단이 설립 신청서류와 함께 문화체육관광부에 제출한 재산출연증서에 참석 시간을 가늠할 수 있는 단서들이 숨겨져 있었다.

호텔에서 30분가량 떨어져 있는 한화의 재경커뮤니케이션팀 김아무개씨는 이날 오전 8시9분에 증서를 출력해 호텔로 이동했다. 삼성물산과 삼성화재는 9시5분과 9시11분에 문서를 출력했다. 호텔까지 약 30분 거리에 있는 두산은 9시13분 관리본부에서 ... 은 인사말을 했고, 박근희 부회장은 축사를 건냈다.

이 모든 일정은 전경련이 기업들에 미리 알린 대로 오차 없이 착착 진행됐다. 전경련은 미르재단 설립 신청서를 제출하기도 전에 이미 기업들한테 "27일 법인설립 등기 완료 및 창립 현판식이 열린다"고 알렸다. 실제 그대로 이뤄졌다. 사전에 잘 짜인 각본대로 기업과 정부 부처가 움직여준 것이다. 이 과정을 지켜본 대기업 관계자는 "이렇게 18개 그룹의 임직원 50여명을 휴일에 동원령을 내려 월요일 아침 한 장소에 모이게 해서 가짜 서류에 법인 인감을 찍게 할 정도의 힘을 누가 가질 수 있을까"라고 물음을 던졌다.

29일 〈한겨레〉는 전경련에 여러 차례 전화를 걸어 이와 관련된 사실 확인을 요청했으나 끝내 답변이 없었다.

류이근 하어영 방준호 박수지 기자 ryuyigeun@hani.co.kr

미르재단 의혹 추궁

2016년 9월 30일 한겨레 1면과 3면에 실린 두 기사는 2015년 10월 25일부터 27일까지 미르재단 설립에 관한 진행 상황을 상세하게 재현해내고 있다.

을 좀 더 분명히 하기 위해 오후에 다시 보낸 문서"라고 설명했다.

김의겸은 문건을 원본 그대로 신문에 내보내고 싶었다. 미르재단의 설립자가 청와대임을, 박근혜 대통령임을 보여주는 결정적 증거였기 때문이다. 하지만 제보자는 신분이 드러나지 않게 해달라고 신신당부했다. 김의겸은 욕심을 접기로 했다. 문건을 원본 그대로 내보낼 경우에 문서 양식이나 서체 등으로 제보자의 신분이 드러날 수 있음을 누구보다도 잘 알았기

때문이다.

그래서 문서 사진은 싣지 않고 그 내용만 기사로 전달했다. 그게 9월 30일 1면 머리기사로 실린 「대기업 문건에 "미르재단 청와대가 주관"」이다. 1면에 실린 이 스트레이트 기사와 더불어 3면에 실린 「18개 그룹 50여 명, 허겁지겁 '집합'… 가짜 서류에 도장 찍기 4시간」은 2015년 10월 25일부터 27일까지 3일 동안의 상황을 마치 톱니바퀴가 맞물리듯이 완벽하게 재현해냈다.

재단 해체와 증거 인멸

이 기사는 전경련에는 치명적인 기사였다. 재단 설립을 청와대가 주관했다는 사실이 돈을 낸 대기업의 내부로부터, 그것도 빼도 박도 못할 문건의 형태로 세상에 처음 드러났기 때문이다.

기사가 나간 9월 30일 경제부 곽정수 기자가 아침 8시쯤 여의도에 있는 전경련 기자실로 출근했더니, 전경련 홍보실 간부가 이미 출근해서 곽정수를 기다리고 있었다. "아침부터 어쩐 일이세요?" "임원들은 벌써부터 나와서 회의 중이에요. 연이은 한겨레 단독 보도 때문에 정신이 없습니다. 오늘도 한겨레가 단독 기사를 내보냈던데 추가 폭로가 계속 나올까요?" 전경련 간부는 전전긍긍했다. 곽정수는 이렇게 말했다. "이승철 전경련 상근부회장이 지금처럼 계속 손바닥으로 하늘 가리기를 할 게 아니라 국민들에게 솔직히 털어놓을 생각은 왜 안 하세요?"

곽정수가 그렇게 말을 하고 1시간이나 지났을까. 전경련 임원들은 새벽부터 모여서 회의를 한 끝에 미르재단과 K스포츠재단을 해체하고 새로운 통합 재단을 만들기로 했다고 발표했다. "최근 미르와 K스포츠재단의 운영 상황을 자체 진단한 결과, 문화·체육사업 간에 공통 부분이 많고 조직 구조, 경상비용 측면에서 분리 운영에 따른 비효율이 나타나고 있다고 판단했다"며 "10월 중에 두 재단을 해산하고 문화와 체육을 아우르는 750억 원 규모의 새로운 통합 재단을 설립하는 법적 절차를 추진하겠다"고 했다.

하지만 이는 곽정수가 말했듯이 '손바닥으로 하늘 가리기'인 듯했다. 전경련의 발표는 해체보다는 재단의 성격을 세탁하려는 의도가 다분해 보였다. 이런 심증은 사회부 24시팀 김원철 기자의 예민한 후각에 의해 현실화됐다. 김원철은 30일 전경련의 두 재단 해체 소식을 듣자마자 서둘러서 후배 이재욱 기자를 강남구 논현동의 미르재단 사무실로 보냈다. 이재욱이 현장에 가보니 문서 파쇄기로 잘게 잘린 종이 뭉치가 담긴 흰색 반투명 비닐봉투가 빌딩 2층 주차장 한 켠에 놓여 있는 것을 발견했다. 비닐봉투는 흔히 볼 수 있는 대형 쓰레기봉투였다. 건물 관리인은 "미르재단 직원이 아침에 버린 것"이라고 말해줬다. 이재욱은 이 봉투를 몰래 가져오려고 했으나 건물 관리인이 막아서 그저 사진을 찍는 정도로 만족해야 했다.

이 증거 인멸 상황은 김의겸이 전날 아껴두었던 취재 내용

"미르·K 문건 없애라" "재단 해체" 잇단 증거인멸

기업 임원 "지난 28일 하루새 문서 파쇄·이메일 삭제"
미르재단 건물선 파쇄된 문서 담긴 대용량 봉투 발견
전경련 "미르·K스포츠 새로 통합"…위법 은폐 논란

파쇄된 '진실' 미르 재단 직원들이 파쇄한 문서가 담긴 대형 비닐 봉투가 30일 낮 서울 강남구 논현동의 재단 건물 주차장 한편에 놓여 있다. 김태형 기자 xogud555@hani.co.kr

미르, 케이(K)스포츠 재단에 거액을 출연한 한 재벌기업에서 지난 28일 하루 만에 두 재단 관련 서류를 일제히 파기했다는 증언이 나왔다. 미르 재단에서는 임직원들이 대량으로 파기한 서류 더미가 목격되기도 했다. 청와대 개입 의혹이 불거지고 있는 두 재단의 모금과 운영 과정에서 드러난 위법 행위를 은폐하기 위한 것으로 보인다. 이런 가운데 전국경제인연합회(회장 허창수)는 미르, 케이스포츠 재단을 해체하겠다고 선언했다. ▶관련기사 5·6면

한 재벌기업 계열사의 임원은 30일 〈한겨레〉와 한 통화에서 "지난 28일 그룹 차원에서 미르, 케이스포츠 재단 출연이나 재단 설립과 관련한 자료는 모두 없애라는 요청이 왔다"며 "이에 따라 나를 포함한 임직원들이 인쇄 형태로 보관하던 자료는 문서 파쇄기에 집어넣었고 과거 주고받았던 이메일 등은 컴퓨터에서 모두 삭제했다"고 밝혔다. 그는 "이런 작업은 지시가 내려온 28일 하루 동안에 모두 이뤄졌다"며 "우리는 그룹 차원에서 지시를 받았으나, 이런 작업이 다른 출연 기업들에서도 이뤄졌는지는 알 수 없다"고 덧붙였다.

30일 오전 〈한겨레〉 취재진이 미르 재단이 입주한 서울 논현동 빌딩을 찾아가 주변을 둘러보다 2층 주차장에서 미르 재단이 문서를 파기한 뒤 이를 담아 버린 대용량의 쓰레기봉투를 목격했다. 이 빌딩 관계자는 "미르 재단에서 오늘 아침에 내다 놓았다"고 말했다. 문서 파쇄는 최근 전경련에서 파견한 신임 경영지원본부장 중심으로 이뤄진 것으로 알려졌다. 검찰 관계자는 "재단에서 직원들을 동원해 문서 파쇄를 지시하며 수사에 대비하는 것이라는 사실을 알게 했다면 증거인멸 교사에 해당될 수 있다"고 말했다. 형법에선 타인의 형사사건에 관한 증거를 인멸하거나 은닉한 자는 5년 이하의 징역 또는 700만원 이하의 벌금에 처하도록 하고 있다.

전경련은 30일 "최근 미르와 케이스포츠 재단의 운영 상황을 자체 진단한 결과, 문화·체육 사업 간에 공통 부분이 많고 조직 구조, 경상비용 측면에서 분리운영에 따른 비효율이 나타나고 있다고 판단했다"며 "10월 중에 두 재단을 해산하고 문화와 체육을 아우르는 750억원 규모의 새로운 통합재단을 설립하는 법적 절차를 추진하겠다"고 발표했다. 전경련은 새 통합 재단을 경영 효율성 제고, 책임성 확보, 사업 역량 제고, 투명성 강화라는 4가지 기본 취지로 운영하겠다고 밝혔다. 그러나 두 재단을 해체할 경우 재단의 위법 행위가 상당 부분 은폐될 수밖에 없어 또 다른 형태의 증거인멸이 아니냐는 논란을 일으킬 것으로 보인다.

김영주 더불어민주당 최고위원은 이날 최고위 회의에서 "이런 움직임이 '재단 세탁' 수순이라는 얘기가 나오는데, 재단 명칭 등을 바꿀 때는 법인의 수입·지출 계좌도 바뀔 가능성이 있다"며 "재단을 세탁할 게 아니라 지금까지 기금을 어디에 썼는지 반드시 국회에 제출해야 한다"고 말했다. 김의겸 곽정수 선임기자 이재욱 기자 kyummy@hani.co.kr

한겨레 단독 보도의 여파로, 2016년 9월 30일 전경련은 미르재단과 K스포츠재단 해체 및 새 통합 재단 설립을 발표했다. 미르재단과 해당 대기업들은 증거 인멸을 위해 관련 자료를 폐기하기도 했다. 2016년 10월 1일 1면.

과 잘 맞아떨어졌다. 사실 김의겸은 전날인 9월 29일 아침에 대기업의 내부 문건만 받은 게 아니었다. 문건을 전달해준 사람은 이렇게 말했다. "어제(9월 28일) 그룹 차원에서 미르·K스포츠재단 출연이나 재단 설립과 관련한 자료를 모두 없애라는 요청이 내려왔다. 이에 따라 나를 포함한 임직원들이 인쇄 형태로 보관하던 자료는 문서 파쇄기에 집어넣었고 과거 주고받았던 이메일 등은 모두 삭제했다. 나도 지시에 따랐는데 그래도 이것만은 남겨두어야 할 것 같아 이렇게 가져왔다." 회사의 지시에 따라 증거를 없애면서도, 진실이 영원히 파묻힐 것을 우려한 그가 한 조각 증거를 남겨 전달한 것이다.

김의겸은 29일 그 제보자로부터 받은 문건은 9월 30일치로 보도하고, 증거 인멸 부분은 아껴두었다가 다음 날인 10월

1일치로 나눠서 보도해야겠다고 마음먹고 있는 찰나에 이재욱이 미르재단 사무실에서 꼼짝하지 못할 증거까지 잡아낸 것이다.

그 결과 10월 1일 한겨레 1면은 단순히 전경련의 '재단 해체' 소식을 전달하는 데 그치지 않고 「"미르·K 문건 없애라" "재단 해체" 잇단 증거 인멸」을 내보낼 수 있었다.

그들이 재단 설립을 서둘렀던 이유

전경련이 미르재단과 K스포츠재단을 모두 해체하겠다고 발표했을 때 김의겸을 비롯한 최찾사 기자들은 처음으로 승리감을 느꼈다. 9월 20일 최순실의 이름을 내보낸 첫 보도 이후 계속해서 단독 기사를 1면으로 내보냈으나 그저 허공을 향해 짖는 것에 불과했다. 그런데 이제 열흘 만에 '성과'가 나타난 것이다.

다른 언론사들도 조금씩 움직이기 시작했다. 그동안 한겨레 보도를 애써 무시해왔으나 이제는 사태가 심상치 않음을 깨달은 것이다. 점점 보도의 비중이 늘기 시작했다. 나중에야 알게 된 사실이지만 JTBC가 특별취재팀을 꾸린 날이 10월 3일이라고 한다. 전경련의 두 재단 해체 결정이 영향을 미쳤을 가능성이 높다.

많은 부분이 최초의 제보자 홍길동에서 비롯된 것이다. 홍길동의 역할은 여기서 그치지 않았다. '리커창'이 남아 있었다. 홍길동이 류이근에게 보낸 이메일에는 "그런데 왜 이렇게 10월에 급물살을 탔을까요? 바로 중국 리커창 총리 방한을 앞두고 대통령이 한류문화재단 확인에 들어갔기 때문입니다"라는 문구가 있다. 김의겸은 이 대목이 계속 마음을 끌었다. 이게 사실이라면 박근혜 대통령은 미르재단과 K스포츠재단을 단순히 국내용으로만 생각하지 않고 국제적으로 키워서, 대통령 퇴임 뒤 자신의 활동반경을 해외로까지 확대하려 한 것으로 볼 수 있기 때문이다. '한복 입고 해외 순방하는 걸 좋아하는 대통령이니…….' 김의겸의 짐작은 그렇게 커져갔다.

김의겸은 과거 청와대에 출입할 때 알게 된 어느 중국통에게 도움을 청했다. 그는 외교관은 아니지만 중국공산당 간부들하고도 잘 알고 한국의 중국통 외교관들과도 돈독한 관계를 유지하는 사람이었다. "미르재단 아시죠? 이게 갑자기 뚝딱 만들어졌는데 중국 쪽과 관련이 있다는 겁니다. 좀 알아봐 주실 수 있겠어요?"

며칠 뒤 대답이 돌아왔다. "박근혜 대통령과 리커창 사이에 함께 돈을 모아 무슨 문화재단을 만들기로 한 약속이 있었고, 외교부에서 후속작업이 좀 있긴 했던 모양인데……. 리커창 방한하고 미르재단 설립이 무슨 관련성이 있는지는 잘 안 잡히네." 그는 그 밖에도 몇 가지 사실관계를 말해주었으나 그 정도로는 기사를 쓸 수 없었다. 한동안 수첩에 기록으로만 남아 있었다.

그런데 뜻밖의 장소에서 리커창이라는 이름이 튀어나온다. 한겨레 정치부 이정애 기자가 더불어민주당 도종환 의원으로부터 단독 입수해서 쓴 기사였다. 이정애 기자는 10월 10일 1면 기사를 통해 "박병원 한국경영자총협회(경총) 회장이 지난해 한국문화예술위원회(문예위) 회의에 참석해 정부가 전경련을 동원해 대기업에 미르재단 설립 기금을 강제모금하고 있다는 사실을 전하며 '기가 막힌 일'이라고 강하게 비판한 것으로 드러났다"고 보도했다.

김의겸은 이정애로부터 문예위의 회의록을 받아 보았다. 그 회의록에 박병원 경총 회장의 말이 있었다. "리커창 중국 총리가 한·중·일 정상회담 때문에 한국을 방문했을 때 한·중 간에 문화예술 교류를 활성화시키자는 얘기가 오갔고, 이를 서포트(뒷받침)하는 수단으로 이것(미르재단)을 만들었다……." 제보자 홍길동, 중국통 취재원에 이어 경총 박병원 회장까지 이야기했으니 리커창 운운은 사실일 가능성이 한층 커졌다.

「미르 '벼락 설립', 리커창 방한 앞둔 박의 한마디 때문이었나」(2016년 10월 11일)는 이렇게 산출이 된 기사다. 한 번에 하나씩 차곡차곡 쌓인 사실관계가 어느 시점에 완성된 형태를 갖추는 때가 오는 것이다.

실제로 이 기사는 몇 달 뒤 사실로 드러난다. 안종범 전 청와대 정책조정수석이 2017년 2월 22일 박근혜 대통령 탄핵 심판 16차 변론 기일에 출석해서 "문화재단(미르·K스포츠재단)은 중국 리커창 총리의 방한으로 서둘러 설립한 것이다. 중국의 (문화)재단과 한국의 문화재단이 MOU(업무협약체결)를 맺기로 했는데 아무런 준비가 돼 있지 않아 리커창 총리 방한

미르 '벼락 설립', 리커창 방한 앞둔 박의 한마디 때문이었나

문예위 회의록으로 풀린 실타래

'미르재단'의 숱한 의혹 가운데 하나는 왜 그리 '숨넘어가듯이' 재단 설립을 서둘렀는가이다. 미르는 늦어도 지난해 7월부터는 말이 나오기 시작했는데 별 진척이 없다가 그해 10월24~27일 딱 나흘 사이에 뚝딱 만들어졌다. 전경련이 긴급 사발통문을 돌렸고, 기업 임직원 50여명이 팔레스호텔에 모여 가짜서류에 도장을 찍느라 분주했으며, 문체부는 '출장 서비스'까지 제공했다. 의문의 실타래는 박병원 한국경영자총협회(경총) 회장의 발언(<한겨레> 10일치 1면)으로 풀리기 시작한다. 박 회장이 미르재단 설립 배경으로 "리커창이 한-중 간에 문화예술 교류를 활성화시키자는 얘기를 하면서 뭔가가 됐겠죠"라고 말한 것이다.

경총 회장의 재단설립 배경 발언
"리커창이 한·중간 문화예술교류 활성화시키자는 얘기를 하면서…"

지난해 9월 박대통령-리커창 면담
양국간 2천억 문화펀드 조성키로
다음날 박대통령 천안문 성루 올라

리커창 10월31일 방한 전후
박대통령, 재단 진행되고 있나 점검
손놓고 있던 참모진, 나흘새 '뚝딱'
정작 리커창은 립서비스만 하고 가

재계와 여권 관계자들의 말을 들어보면 미르재단 설립과 관련한 청와대의 의중이 기업 쪽에 최초로 전달된 건 지난해 7월24일 대기업 총수 17명이 청와대에서 점심을 먹은 날이다. 박근혜 대통령이 직접 언급했는지는 확인되지 않고 있으나 이날 오찬 직후부터 대기업의 재무 쪽 임원들은 돈을 낼 준비에 들어간다. 대통령의 구상이 더욱 원대해진 건 두달 뒤인 9월2일 베이징에서 리커창 중국 총리와 만나면서다. 두 사람은 "한·중을 하나의 문화공동시장으로 만들고 세계시장에 함께 진출하자"는 데 뜻을 같이한다. 그리고는 이를 위해 2000억원짜리 문화 관련 벤처펀드를 조성하기로 약속했다. 박 대통령의 뜻이 구체적으로 무엇이었는지는 알기 어려우나, 재계에서는 이 벤처펀드와 미르를 같은 것으로 보고 있다. 이번 성격의 펀드로는 역대 최대 규모이고 미르재단의 486억원보다는 4배 이상 되는 큰 돈이다. 그리고 다음날 박 대통령은 천안문 성루에 올라 열병식을 참관한다. 미국의 따가운 눈총을 뚫고 감행한 것인 만큼 전날의 약조는 반드시 지킬 것으로 믿었을 법하다. 두 정상의 약속을 성사시키기 위해 한·중 외교 실무진은 여러차례 만나 협의를 진행하기도 했다.

그런 리커창이 10월31일 한국에 들어온다니 박 대통령으로서는 진행 상황을 점검하는 게 지극히 당연한 일이다. "지난번 지시사항은 차질없이 진행되고 있죠?"라고 물은 게 10월20일 무렵인 것으로 전해졌다. 하지만 청와대 참모진은 그동안 손을 놓고 있었다. 하기 싫어서인지, 잊고 있어서인지는 분명치 않다. 다만 대통령의 말로 인해 발등에 불이 떨어졌다는 건 그 이후의 상황이 증명한다.

이와 관련해 재계의 한 관계자는 "금요일인 23일 청와대가 갑자기 대기업 주요 임원 몇 명을 불러서 재단 설립 논의를 시작한 것으로 안다"고 말했다. 이 관계자가 지목한 대기업 주요 임원을 <한겨레>가 접촉해 보았으나 "그런 적이 없다"는 반응만 보였다. 23일 모임이 실제로 있었는지는 알 수 없으나 24~27일 군사작전 치르듯 재단이 설립된 데는 뭔가가 분명 있었다고 보는 게 상식적이다.

이런 북새통을 떨었지만 막상 서울을 찾은 리커창 총리는 '빈손'이었다. 2000억원짜리 펀드와 관련한 언급은 한마디도 없었다. 그저 "문화산업 분야에서의 양국간 협력 확대의 중요성을 공감했다"는 '입에 발린 말'이 다였다. 여권의 한 관계자는 "미르라는 그릇을 만들어놓으면 중국이 다 채워줄 것으로 청와대는 생각한 것 같다"고 말했다.

김의겸 류이근 하어영 기자 kyummy@hani.co.kr

박근혜 대통령과 중국 리커창 총리가 지난해 10월31일 오후 청와대에서 정상회담에 앞서 기념촬영을 한 뒤 악수하고 있다. 청와대사진기자단

미르재단과 리커창 관련 일지(2015년)

7월24일	박근혜 대통령, 총수 17명과 오찬
9월2일	박 대통령-리커창 중국 총리 면담
10월24일	차은택 감독 주재, 미르 사무실 계약
25일	전경련, 18개 그룹에 긴급 사발통문
26일	기업 임원 50여명 팔레스호텔에 모임 문체부 '출장 서비스' 제공
27일	미르재단 현판식
10월31일~11월2일	리커창 중국 총리 방한

이 기사는 제보자와 취재원의 말, 기관 문건을 교차 확인하여 쓰여졌다. 2016년 10월 11일 5면.

직전에 재단 설립을 서둘렀다"고 진술했다.

2017년 1월 12일 한동안 잊고 지낸 홍길동이 다시 연락해왔다. 거의 넉 달 만이었다. 류이근은 무척 반가웠다. 그가 없었다면 한겨레 최찾사는 팔레스호텔 기사를 아예 꿈도 꾸지 못했을 것이다. 전경련의 두 재단 해체 결정도 없었을 것이고, 리커창 관련 기사도 쓰지 못했을 것이다.

그는 다시 보낸 이메일에서 자신의 실체를 살짝 드러냈다. 그는 자신이 "공직 연관 조직"에서 일한다고 밝혔다. 류이근은 처음엔 그가 대기업에서 정부부처나 국회를 상대하는 분야에서 일하는 사람인 줄 알았다. 그가 다시 보낸 이메일의 내용으로 봐서 그건 아닌 듯했다.

> 그동안 잘 지내셨죠? 제가 공직 연관 조직에 있는 처지라, 이런 식으로 간헐적으로 연락드리는 거 양해해주시기 바랍니다. 오늘 아

침 기사를 보니, 최태원 회장의 사면 대가를 둘러싼 상황이 드디어 기사로 나왔더군요. 이 부분도 당시 정황을 좀 알고 있는데, SK나 청와대 해명이 손바닥으로 해 가리기입니다.

최 회장의 사면을 위해 청와대와 SK가 긴밀하게 소통하고, 관련한 투자 프로젝트를 추진한 건 당시 관련 정책 당국자들은 다 아는 얘기입니다. 대표적인 게 최 회장이 석방된 지 열흘 만에 연 하이닉스 공장 준공식 때 대통령을 불러 46조 원의 투자를 발표한 겁니다.

홍길동의 이 제보는 아직까지 기사로 빛을 보지 못했다. 그리고 홍길동은 더 이상 류이근에게 연락하지 않았다. 류이근과 김의겸은 언젠가 그와 다시 연락이 닿아 저녁에 소주 한 잔 기울일 수 있기를 기대하고 있다.

5

최순실 게이트

불면증

불면증이 낳은 우연

2016년 10월 초, 최찾사의 취재 영역은 기하급수적으로 넓어졌다. 김의겸이 느끼는 압박감도 나날이 커져갔다. 무거운 책임감이 그를 짓눌렀다. 김의겸과 최찾사를 향한 회사 안팎의 응원과 기대가 커질수록 부담 또한 그에 비례했다. 당시 네 명(김의겸, 류이근, 하어영, 방준호)으로 이뤄진 소규모 취재반이었지만 각각의 기자들이 취재 중인 사안의 세밀한 부분까지 파악하고 있어야 했기에 수고로움은 더해갔다. 소규모 단위 취재반의 효율성을 높이기 위해서는 어쩔 수 없는 방식이었다.

손에 쥔 것은 없는데 다음 날 신문 1면 톱을 무엇으로 이어갈지 김의겸은 머리를 쥐어짜내야 했다. 김의겸은 이런 고민으로 점점 성격이 변해갔다. 마음이 급해지고 짜증이 늘었다.

후배들은 입을 모아 "선배 이상해졌어요. 왜 이렇게 말이 빨라졌어요? 말이 2배속 3배속으로 빨라졌어요"라며 놀려댔다.

게다가 밤에 잠을 잘 이루지 못했다. 잠이 들어도 한두 시간 만에 깨고는 했다. 김의겸의 불면 증세는 류이근에게도 전염됐다. 초조해하는 김의겸을 보며 류이근도 걱정이 커지고 잠이 줄었다. 그리고 두 사람의 불면증은 기막힌 우연을 낳기도 했다.

누가 재단 사무실을 계약했을까

9월 20일 최순실을 처음으로 보도한 직후 김의겸의 고민은 "어떻게 하면 전경련의 주장을 반박할 수 있을까"에 모아졌다. 전경련은 미르와 K스포츠 두 재단을 해체하겠다고 했지만 여전히 자기들이 주도적으로 설립한 것이지 청와대나 최순실, 차은택과는 무관하다고 주장하고 있었다. 전경련 이승철 상근부회장은 "미르와 K스포츠는 기업들이 지난해(2015년) 여름부터 논의하기 시작해 자발적으로 설립한 재단이다. 재단은 기업 의견을 모아서 내가 낸 아이디어로 설립된 것"이라고 우겼다. 하지만 두 재단 사무실은 박근혜 대통령의 삼성동 자택, 최순실의 신사동 자택에서 1~2킬로미터 반경 안에 있었다. 최순실이 주도적으로 사무실을 얻었을 가능성이 높았다.

전경련의 주장을 깨기 위해서는 확인할 게 있었다. 미르재단이나 K스포츠재단의 사무실을 누가 계약했느냐는 것이

전경련 이승철 상근부회장은 미르재단과 K스포츠재단은 기업들이 자발적으로 설립한 것이라고 주장했다. 한겨레 최찾사는 그의 논리를 반박하는 데 취재력을 집중했다. 사진 김태형 기자.

다. 전경련의 주장이 맞다면 전경련 직원이 했을 것이다. 그렇지 않다면? 이걸 확인하기 위해 김의겸은 당시 파견 나와 있던 사회부 박수지 기자에게 임무를 주었다. "재단 사무실 근처의 부동산 중개업체를 한번 뒤져봐. 어느 부동산에서인가는 사무실 계약을 주선했을 거 아냐. 그 부동산 업자에게 누가 와서 계약을 했는지 한번 알아봐."

박수지는 김의겸의 말을 듣고는 아침 출근길에 평소 신던 구두 대신 운동화를 신었다. 얼마나 걸어야 할지 알 수 없는 임무였다. 두 재단이 위치한 논현동 일대를 이 잡듯이 다 뒤졌다. 재단 사무실에서 가까운 부동산 중개업체로부터 점차 반경을 넓혀가는 방식이었다. 몸도 마음도 다 지쳐갈 무렵 드디어 미르재단 사무실 계약을 중개했다는 부동산 중개업체를 물어물어 찾아냈다. 하지만 문이 잠겨 있었다. 남겨놓은 전화번호를 보고 주인에게 전화를 걸어보았으나 외국에 나가 있는지 로밍신호만 들려왔다. 문자를 남겼으나 답은 없었다. 실패였다.

김의겸은 두 번째 과제를 주었다. "그럼 미르재단 사무실의 등기부등본을 떼서 누가 주인인지 확인해봐. 거기에 집주인 주소가 나오잖아. 직접 찾아가서 한번 물어봐." 김의겸은 말로 하는 것이지만 박수지는 전철을 타고 버스를 타고 걸어야 하는 고단한 일이었다.

미르재단 사무실의 등기부등본을 열어보니 집주인 박 씨 형제가 절반씩 지분을 가지고 있었다. 우선 잠실에 살고 있는 동생 집을 찾아갔다. 한눈에 봐도 장기간 집을 비운 상태였다. 우편물이 수북이 쌓여 있었는데 날짜를 확인해보니 적어도 일주일 이상 집주인이 들어온 흔적이 없었다. 9월 24일 형의 집이 있는 일산으로 향했다. 다행히 형은 만날 수 있었다. 그러나 형은 소극적이었다. "우리 건물이 사진에 찍혀서 신문에 나고 그러면 세가 안 나간다. 계약은 동생이 해서 내가 정확한 내용을 모른다." 그나마 들은 몇 마디도 정확하지가 않았다.

그래도 박수지는 9월 25일 밤에 다시 찾아갔다. 아파트 창문을 보니 분명히 사람이 있는데, 아무리 초인종을 눌러도 대답이 없다. 일부러 피하는 거였다. 몇 시간을 밖에서 기다렸다. 밤 12시가 가까웠다. 박수지는 폐를 끼치는 게 미안해서 형 집을 찾아갈 때 제과점에 들러 빵을 샀는데 그것도 전달할 수가 없었다. 박수지는 쪼그리고 앉아 편지를 썼다. "무엇을 걱정하시는지 잘 압니다. 하지만 대단히 중요한 일입니다. 생각이 바뀌면 연락 주시기 바랍니다." 빵에 편지지와 명함을 끼워놓고 돌아섰다. 뭔가 설명할 길이 없는 서러움이 몰려왔다. 눈물이 흘렀다.

김의겸은 박수지의 눈물 값을 자신이라도 받아내야겠다고 생각했다. "무슨 다른 방법이 없을까?" 물에 젖은 솜 같은 그의 머릿속에는 '사무실 계약' 건이 늘 얹혀 있었다.

임차인 '김성현'이라는 이름

10월 5일 새벽 3시 무렵 김의겸과 류이근은 자다 깼다. 김의겸은 서울 양천구 목동의 자기 집에서, 류이근은 중랑구 묵동의 자기 집에서였다. 서울의 남서쪽 끝과 북동쪽 끝이다. 같은 시각 둘 다 비슷한 고민으로 자다 깬 걸 그때는 둘 다 알 길이 없었다.

새벽 잠이 깼을 때도 사무실 계약 건에 관한 생각이 끼어들었다. 그러니 한번 깬 잠을 다시 청하기는 어려웠다. 김의겸은 이부자리에서 일어나 화장실로 가면서 언뜻 '혹시?' 하는 생각이 들었다. 류이근도 마찬가지였다. 최찾사는 취재 초기부터 국회 등으로부터 받은 자료를 차곡차곡 구글 드라이브에 쌓았다. 구글 드라이브 관리는 류이근과 방준호가 맡았다. 대부분의 문서는 최찾사 기자들이 모두 내용을 살펴봤다. 그러나 어느 시점부터 취재에 속도가 붙고, 취재 영역이 넓어지면서 제대로 살펴보지 못한 문서 파일이 구글 드라이브에 처박혔다. 김의겸도 류이근도 그게 마음에 걸렸다. 자신들이 다 검토하지 못한 자료가 문서 공유함에 널브러져 있다는 건 먹던 음식물이 식도에 걸린 것 같은 느낌을 주었다. 두 사람은 한밤중에 멀리 떨어져 있는데도 거의 동시에 같은 생각을 하고 있었던 것이다. 쌓아놓은 서류 뭉치에서 뭐라도 건질 게 있을지 모른다는 기대감이 일었다.

두 사람 모두 새벽에 각자의 노트북을 켜고 자료를 뒤져보기 시작했다. 기존에 살펴보지 않은 문서는 죄다 열어서 살펴봤다. 이미 본 자료라도 놓친 게 없나 다시 들여다봤다. 그러던 중 두 사람 모두 미르재단의 서울 논현동 사무실 임대차 계약서를 발견했다. 그렇게 애타게 찾던 계약서였다. 그걸 한 번이라도 보기 위해 박수지 기자가 얼마나 발품을 팔았던가. 그런데 그게 이미 최찾사의 수중에 있었던 것이다. '등에 업은 아기 3년 찾는다'더니 딱 그 꼴이었다. 창고에 처박혀 어지러이 널려 있었기에 모르고 있었을 뿐이다. 김의겸은 계약서 내용을 살펴봤다. 익히 알고 있는 건물주 박 씨 형제의 이름이 임대인 항목에 있었다. 그런데 임차인의 이름이 낯익었다. 김성현.

류이근이 9월 하순 미르재단 전 사무총장 이성한을 만났을 때 건져온 이름이었다. 그가 지나가듯 뱉은 이름을 류이근은 기억했다가 메모해서 김의겸에게 보고했다. '문화계 황태자' 차은택의 광고업계 후배이자 그의 오른팔이라고 했다. 최순실과도 각별한 사이라고 했다. 김의겸은 머릿속에 이 이름을 기

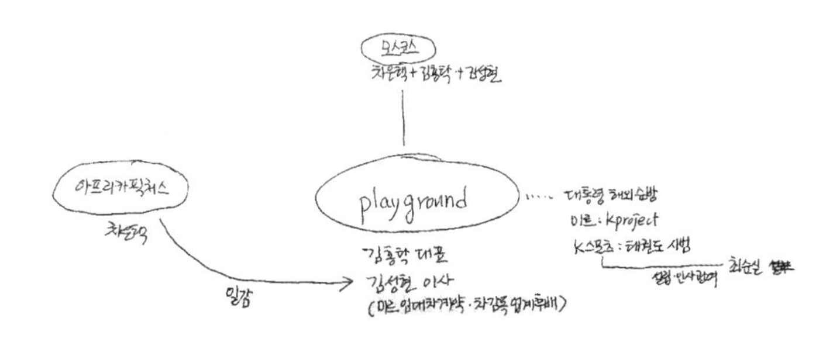

하어영이 손으로 그려본 '플레이그라운드' 관계도. 차은택의 후배인 김성현이 미르재단 사무실을 계약했다는 사실을 적어놓았다.

억해두고 있었다. 그런데 그 이름을 서류 더미에서 찾아낸 것이다. 김성현이 미르재단 사무실을 계약했다는 사실은 많은 걸 뜻했다. 전경련이 아니라 최순실과 차은택이 재단의 주인이라는 거였다. 김의겸과 류이근은 각자의 집에서 새벽에 동시에 보물을 찾아낸 것이다.

류이근은 아침 일찍 집을 나서서 회사로 가는 길에 김의겸에게 문자를 날렸다. "선배, 오늘 몇 꼭지 써야 할 것 같습니다. 준비해놓겠습니다." 김의겸은 문자를 받는 순간 묘한 기분이 들었다. 이른 아침인데도 전화를 걸었다. "그런데 쓰겠다는 게 뭐지?" "미르재단 사무실 임대차 계약서를 김성현 이름으로 했네요." 김의겸은 무릎을 쳤다. "어떻게 알아냈어?" "구글 드라이브에 계약서가 있더라고요." "맙소사, 나도 새벽에 잠이 안 와서 보다가 발견했는데……." 그렇게 해서 나온 10월 6일 1면 머리기사가 「'문화계 황태자' 차은택 후배가 미르 사무실 계약」이다.

'문화계 황태자' 차은택 후배가 미르 사무실 계약

한겨레, 임대차계약서 입수

차 감독 행사마다 박 대통령 참석
'실세' 최순실씨와도 각별한 사이
차씨, '가까운 동생' 임차인 내세워
재단 설립 직전 계약 이틀간 공사
사흘째 부랴부랴 입주 현판식 마쳐

'미르 재단'의 사무실을 빌리며 계약을 맺은 이는 차은택(47) 광고감독의 가까운 후배인 것으로 드러났다. 차 감독은 하는 행사마다 박근혜 대통령이 참석해 '문화계의 황태자'로 불리고 있으며, 박 대통령의 비선실세로 꼽히는 최순실(60)씨와도 각별한 사이로 알려져 있다. 최순실씨가 케이(K)스포츠 재단 이사장에 자신이 다니던 스포츠마사지센터 원장을 앉힌 데 이어, 차 감독이 미르 재단에 개입한 게 분명해짐에 따라 청와대의 해명을 요구하는 목소리가 더욱 높아질 것으로 보인다. ▶관련기사 4·5면

〈한겨레〉가 5일 단독 입수한 미르 재단의 서울 논현동 사무실 임대차 계약서(사진)를 보면, 계약시점은 2015년 10월24일이고 임차인은 김아무개(43)씨로 기재돼 있다. 김씨는 광고업계의 그래픽디자이너로 차 감독과 오랫동안 광고 제작을 함께 해왔으며 평소 '형 동생' 할 정도로 가까운 관계라고 주변 사람들이 전했다. 김씨는 미르 재단과 아무런 관계가 없는 만큼 차 감독의 부탁을 받고 사무실을 구한 것으로 보인다.

임대차 계약기간은 2017년 10월까지 2년이며, 보증금 1억5천만원에 월 임대료가 600만원이다. 계약금 3천만원은 계약을 맺은 10월24일 현장에서 지급한 것으로 돼 있다. 차 감독은 그동안 "미르 재단에 관여한 적이 없다"고 밝혀온 만큼 3천만원은 어디에서 나왔는지 해명이 필요한 대목이다.

계약서를 뜯어보면 미르 재단 설립 과정이 얼마나 다급하게 진행됐는지 나타난다. 계약서의 특약사항 12항에는 사무실 인테리어

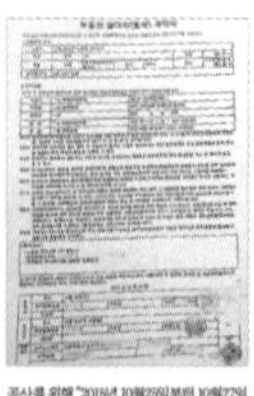

공사를 위해 "2015년 10월25일부터 10월27일까지 임대차 무상 유보기간을 제공한다"고 나와 있다. 임차인이 이틀 만에 인테리어 공사를 마치겠다고 약정한 것이다. 실제로 임대차 계약 다음날인 25일은 일요일인데도 전국경제인연합회가 18개 그룹에 긴급 연락을 돌렸고 다음날인 26일 기업 임직원 50여명은 팔래스 호텔로 허겁지겁 모여 4시간 동안 가짜 서류에 도장을 찍느라 분주했다. 26일 같은 시각 문화체육관광부의 담당공무원은 세종시에서 케이티엑스(KTX)를 타고 서울로 올라와 재단 서류를 접수하는 '출장 서비스'를 제공했다. 미르 재단은 27일 재단 등록을 마친 뒤 오후에는 현판식까지 치렀다. 그 사이에 사무실 인테리어 공사가 완료됐다. 전경련과 문체부가 총동원돼 군사작전처럼 치러진 재단 설립 과정이 '자연인' 차은택씨의 사무실 임대 계약서대로 진행된 것이다.

〈한겨레〉는 차 감독에게 여러차례 전화를 걸었으나 해외에 나가 있다는 브랜드 발신음만 들려올 뿐 전화를 받지 않았다. 전경련의 해명을 듣기 위해 담당인 이용우 사회본부장에게 수차례 전화와 문자를 보냈으나 응답하지 않았다.

김의겸 류이근 박수지 기자 kyummy@hani.co.kr

역대급 10월 태풍에 속수무책 물바다

'차바' 남부 강타 7명 사망·실종

태풍 '차바' 진로도

이 오후 2시50분까지 중단됐다. 특히 전남 등 수확기를 앞둔 농경지 피해는 아직 집계조

2016년 10월 6일 한겨레 1면 머리기사(위). 미르재단 사무실이 있는 건물(아래). 최찾사는 취재 초기 재단 사무실을 계약한 사람이 누구인지 밝히는 데 주력했다. 미르재단 사무실 임대차 계약서에서 발견한 '김성현'이라는 이름을 통해 재단의 주인이 전경련이 아니라 최순실과 차은택임을 밝혀냈다.

기막힌 우연의 일치였다. 문제의 임대차 계약서는 정색을 하고 구하려고 하면 구하기가 거의 불가능한 자료였다. 재단법인 미르의 등록을 내주는 문체부를 피감기관으로 두고 있는 국회 교문위 의원실을 통해 자료를 요청해놓았지만 소득을 기대하긴 어려운 상황이었다. 재단이 설령 임대차 계약서를 교문위에 제출했다고 하더라도, 계약서의 임대인·임차인 이름을 다 공개한 채 계약서 사본을 국회에 넘길 가능성은 적다. 계약서를 국회에 넘겨주더라도 이름을 알아볼 수 없게 지우는

게 관례다. 그런데 파일 더미 속에서 이름이 살아 있는 임대차 계약서가 있었던 게 아닌가?

아마도 국정감사가 시작되기 전 한겨레가 최순실 보도를 내보내기 전이라 문체부 공무원들이 아직 경계심이 높지 않았을 때 무더기로 넘어온 자료에 있었던 것으로 추정된다. 류이근, 하어영, 방준호 셋 가운데 한 사람이 필경 국회로부터 자료를 받아 구글 드라이브로 공유했던 것이리라. 그런데 도대체 어느 의원실을 통해 얻은 자료인지도 알 길이 없다. 사건이 모두 마무리된 지금도 모른다.

6

최순실 게이트

이화여대,
최순실 게이트의 변곡점

게이트에 기름을 붓다

최순실 게이트에서 이화여대 문제는 중요한 변곡점을 그었다. 우리 사회의 가장 예민한 대학 입시 문제와 금수저 흙수저 갈등의 생생한 현장을 보여줬기 때문이다. 광화문에서 촛불을 든 젊은이들은 정유라와 이화여대에 대한 분노를 거침없이 불태웠다.

하지만 최찻사의 기자들은 이화여대 문제를 처음으로 기사화했으면서도 그 의미를 잘 알지 못했다. 특히 김의겸에게 이화여대 문제는 후순위였다. 9월 20일 최순실을 처음으로 끄집어낸 이후 미르재단과 K스포츠재단을 중심으로 최순실 이야기를 끌어나가고 싶어했다. 김의겸은 후배들에게 이렇게 말하곤 했다. “미르재단과 K스포츠재단이 이 사건의 본질이야. 이 두 재단을 통해 박근혜·최순실이 한 역할을 더 깊이 파야

해. 나머지는 다 곁가지야."

김의겸은 처음에 이화여대 문제를 취재하면서 그 크기를 작게 봤다. 그저 극성스러운 엄마가 자기 딸을 위해 치맛바람을 휘두른 정도로 생각했다. 그리고 그건 권력형 부정부패가 아니라 강남 아줌마들이 흔히 벌이는 엽기 행각 정도로 판단했다.

하지만 김의겸이 하고자 하는 두 재단에 대한 본질적인 취재는 마음먹은 만큼 진척되지 않았다. 앞으로 더 나아가지 못하고 자주 길이 막히곤 했다. 최순실 보도를 이어가기 위한 우회로가 필요했다. 이화여대 문제는 그런 의미에서 곁가지이자 우회로였다. 김의겸은 이런 말로 스스로를 위로하곤 했다. "그래 어쩔 수 없지. 이화여대 문제도 넓게 보면 최순실 문제야. 길이 막히면 좀 돌아서라도 가야지."

하지만 그건 오판이었다. 이화여대의 정유라 특혜 문제가 터지자 최순실 보도에 지극히 소극적이던 다른 언론사들도 관심을 보이기 시작했다. 무관심했던 일반 국민들도 '이게 뭐지?' 하고 들여다보기 시작했다. 어찌 보면 최순실 게이트에 기름을 부은 건 이화여대의 정유라 특혜였다.

이화여대 정유라 특혜 의혹

한겨레의 이화여대 관련 첫 기사는 9월 27일 1면에 「딸 지도교수까지 갈아치운 '최순실의 힘'」이라는 제목을 달고 나왔다. 이

기사를 만든 숨은 주역은 더불어민주당 안민석 의원이다. 그가 최초 제보자였다. 다만 그는 한동안 자신의 이름이 최순실과 엮여서 드러나는 걸 원치 않았다. 김의겸과 처음으로 교신을 하면서도 조심스러워했다. 직접 전화를 하기보다는 문자로 정보를 주고받았다. 김의겸은 문자를 주고받는 것만으로는 갈증을 느꼈다. 안민석 의원을 잡으면 여러 가지 정보를 얻고 취재를 해나가는 데 든든한 지원군이 돼주리라는 걸 알고 있었다. 마음이 급해진 김의겸은 안민석 의원에게 "우리 기자 보낼게요. 류이근 기자입니다. 한번 만나주세요"라고 청했다. 그리고 류이근에게는 "지금 바로 안민석 의원에게 전화해서 약속 잡아"라고 말했다.

안민석 의원은 류이근을 만나서도 자신의 존재를 숨겨달라고 했다. "제 이름은 노출되지 않도록 부탁합니다." 부고 기사만 빼고 지면에 이름 석 자 실리는 게 결국 득이 된다는 국회의원의 마케팅 전략을 안민석 의원은 이때만 해도 포기했다. 류이근은 그 이유를 묻지 않았으나, 어느 날 그는 류이근에게 전화해서 이런 말을 했다. "2014년 최순실 딸의 승마 특혜 의혹을 뒷조사하면서 얼마나 힘들었는 줄 아느냐?" 그는 당시 겪은 고충을 다시 반복하고 싶지 않았다.

2014년엔 두 가지 일이 있었다. 하나는 정윤회 문건 사건, 다른 하나는 최순실 딸의 승마 특혜 의혹이었다. 안민석 의원은 정유라의 승마 특혜 의혹을 조사했었다. 빛을 보지 못한 채 묻혔던 당시 조사가 2016년 최순실 게이트를 취재하는 데 커다란 밑돌이었다. 그가 류이근에게 제보할 때 이미 최순실이 이화여대를 찾아가 함정혜 교수를 만나 벌어진 일의 얼개를 알고 있었다. 그가 어떻게 알게 됐는지 자세한 경로를 밝힐 순 없다. 다만 안민석 의원이 어느 날 서울교대 앞 아이스크림 가게에서 여러 학부모들을 만났을 때 깜짝 놀랄 만한 얘기를 들었다. 그는 영리한 기자처럼 굴었다. 그 자리에서 전혀 내색하지 않은 채 태연하게 지나쳤다. 그는 모임이 끝난 뒤 그 말을 해준 참석자한테 자세한 내용을 취재했다. 요란하지 않게 침착하게 행동했다. 그때 흘려들었다면, 정유라의 이화여대 특혜 의혹의 진실은 빛을 보지 못한 채 묻혔을지 모를 일이다.

그는 제보 내용을 류이근 기자한테 그냥 전달만 한 게 아니었다. 함정혜 교수를 아는 다른 지인을 통해 실제 자신이 들은 내용을 확인하고, 함정혜 교수를 직접 만나려고 시도까지 했다. 사실 초벌 취재를 마친 제보였다. 함정혜 교수의 전화번호를 확인하는 게 기자인 류이근에겐 어려운 일은 아니었지만, 그는 류이근에게 전화번호까지 건네줬다. 류이근이 바로 다음 날 기민하게 함정혜 교수에게 연락을 취할 수 있었던 것도 안민석 의원 덕분이었다.

2016년 9월 24일 토요일이었다. 모처럼 하루 쉴 수 있는 날이었지만, 류이근은 아침 일찍 장모님과 처이모, 처이모부를 모시고 화성 추모공원으로 향했다. 토요일이지만 내부순환도로를 지나 경인고속도로로 들어서는 길은 평일처럼 정체가 심했다. 내비게이션에 찍힌 시간보다 2시간은 더 걸린 듯했다. 한낮에 도착한 추모공원에는 류이근 아내의 친척들이 기다리고 있었다. 1년 전에 돌아가신 장인과 처조부모의 묘를 옮기는 날이었다. 바람도 구름도 없는 맑은 가을 날씨였다. 류이근은 날을 잘 잡았다는 생각이 들었다.

가족들과 함께 주차장에서 새 묘지 터로 이동하려던 참에 전화기가 울렸다. 그는 아내에게 먼저 올라가 이장 의례를 시작하라고 손짓과 눈짓으로 일렀다. 기다렸던 중요한 전화여서 안 받을 수가 없었다. 수화기 너머 상대는 좀체 마음을 열지 않았다. 통화는 계속 겉돌면서 시간이 길어졌다. 저 멀리 묘지에선 아내의 친인척들이 모여 이장 의식을 시작하고 있었다. 류이근은 빨리 매듭을 짓고 올라가야겠다고 생각했지만, 상대는 태도를 바꾸지 않았다. 취재원보다 기자의 말이 길어지기 시작했다. 상대는 뭘 숨기는 성격이 아니었다. 다만 자신이 겪은 사건이 기사화되는 걸 원치 않았다. "나는 옳은 건 옳아야 한다고 생각한다."

그의 조부는 상공부 차관을 지냈고, 할아버지 형제 중 한 분은 한국 현대사에 굵직한 자취를 남긴 함석헌 선생이다. 그의 기질에도 그런 가문의 기풍이 느껴졌다. 하지만 그는 "이건 이화여대가 털리는 문제다. 이화여대가 미래라이프 대학 설립 문제도 해결이 안 됐는데 또 이 문제가 터질까 봐 굉장히 속이 상한다. 이화여대는 굉장히 올바른 학교다. 이화여대를 비난하는 식으로 해선 안 된다고 본다."

류이근은 상대가 뭘 걱정하는지 정확히 알아챘다. 기자생활을 하다 보면, 비슷한 고충을 토로하는 취재원을 가끔 만나곤 한다. 이들은 대개 조직에 대한 애정이 강하다는 공통점이 있다. 류이근은 그에게 이런 말을 했다. "최순실 씨가 당신을 찾아와서 벌어진 일은 단순한 에피소드가 아니다. 그는 박근혜 비선실세다. 그의 권력이 대학에까지 미친 한 사례다."

결국 그는 설득됐다. 아니 여전히 갈등하면서도 이미 말할 준비가 되었던 건지 모른다. 실제 그는 기자와 30분 넘게 통화하면서, 날짜와 시간 등을 특정하지 않았을 뿐 거의 대부분의 사실관계를 들려줬다. 이화여대를 비난하지 말아달라는 당부와 함께 마음속 얘기까지 살짝 털어놨다. 그는 기자의 만나자는 요청을 수락했다. 류이근은 당장 다음 날에라도 시간을 내주면 찾아가겠다고 했지만, 그는 일요일에 교회에 나가고 돌봐야 할 가족이 있다고 했다. 이틀 뒤인 월요일에 보기를 원했다. "10시쯤 봅시다." 류이근은 조용한 곳이 편하지 않겠느냐고 걱정해주는 말을 던졌지만, 그의 생각은 달랐다. "사무실이 불편하지 않다. 공은 공이고, 사는 사라고 생각한다." 그는 공적인 이 문제를 얘기하는 데 굳이 남의 눈치를 보고 싶지 않다는 투였다.

전화를 끊고 류이근은 마음이 한결 편해졌다. 그가 묘지로 갔을 즈음엔 이장 의식이 거의 끝난 상태였다. 이장을 전문으로 하는 인부 서넛이 마무리를 하고 있었다. 아내의 친인척들은 인부들의 마음을 사려고 애썼다. 인부들이 조금이라도 더 신경을 써줘야 묘에 떼가 잘 입혀 잔디가 예쁘게 자랄 거란 기대 때문이었다. 죽은 자에 대한 예우도 결국 산 자의 욕심을 드러내는 방식이다. 장인과 처조부모의 묘 아래에 수맥이 흘러 묘지로서 적당하지 않은 탓에 1년 만에 이장을 하게 된 것이다. 추모공원은 오래 머물 곳은 못 된다. 뒷정리를 인부들에게 맡긴 일행은 서둘러 자리를 뜰 준비를 했다. 류이근은 하필 이런 날 일 때문에 전화를 받는 게 아내와 장모한테 미안했지만, 집안 어른들은 시간을 내서 와준 사위한테 고마워했다. 일주일 중 하루 쉬는 날이었지만, 류이근은 아내의 집안 일을 거들어준 듯한 기분이 들어 몸이 무겁지 않았다. 집으로 올라오는 길은 내려갈 때보다 짧았다. 그래도 2시간을 운전했다.

함정혜 교수를 만나다

이화여대 정문을 지나 오른쪽으로 난 길을 따라 올라가다 보면 왼편으로 처음 마주하는 건물이 체육관이다. 류이근은 약속한 시간에 맞춰 체육관 C동 101호 문을 노크했다. 지난봄 최순실이 노크도 없이 덜컥 열었을 그 문이다. 함정혜 이화여대 체육과학부 교수가 기다리고 있었다. 문 앞 왼쪽 책상엔 조교로 보이는 그의 제자가 앉아 있었다. 그를 내보낼 거라는 류이근의 짐작과 달리 함 교수는 전혀 의식하지 않는 기색이었다. 교수는 약간 까칠하면서도 원칙적인 사람이라는 느낌을 줬다. 말을 에두르지도 않았다. 이틀 전 꽤 긴 통화로 맥락을 충분히 이해하고 있던 류이근은 이제 날짜와 시간, 등장인물 등을 좀 더 구체적으로 확인하면 그만이었다. 명함을 건넨 뒤 자리에 앉자마자 곧바로 수첩을 꺼냈다.

함 교수는 뜸을 들이지 않았다. "인터뷰를 할 수 없게 됐다." 류이근은 잠시 멍했다. 왜 갑자기 마음을 바꾼 거지? 예상이 빗나가자 류이근은 순간 당황했다. 함 교수는 기자를 이해시키려고 말을 이어갔다. "사실 최순실 씨와 제가 만나 생긴 문제는 공식적으로 체육과학부 학부장이 지도교수가 되는 걸로 정리됐습니다. 이제 저는 빠지는 게 좋겠다고 학부장한테 얘기했습니다." 100퍼센트 스스로 결정한 건 아니라는 배경도 설명했다. "류 기자와 통화한 뒤 학장과 통화해서 내린 결정입니다."

함 교수가 조언을 구한 사람은 김경숙 이화여대 신산업융합대학 학장이었다. 그가 함 교수에게 나서지 말라고 한 배경은 이후 사건의 흐름을 보면서 이해할 수 있게 된다. 당시만 해도 류이근은 체육과학부 차원에서 이 문제로 괜히 학교가 말썽을 빚는 걸 원치 않는다는 정도로 생각했지만, 김 교수는 이 이슈가 나중에 얼마나 큰 눈덩이로 뭉쳐져 자신에게 굴러 떨어질 줄 직감했을지 모른다. 그런 그에게 최선은 함 교수와 기자를 떼어놓는 것이었다.

그렇다고 류이근은 어렵게 마음을 연 함 교수의 연구실을 그대로 뜰 순 없었다. 기자들은 어렵게 주어진 짧은 기회에 한 마디라도 더 끄집어내는 데 거의 필사적일 때가 많다. 어렵사리 얻은 단 한마디, 심지어 감탄사조차도 신문의 헤드라인을 장식할 수 있기 때문이다. 류이근은 함 교수의 말에 고개를 끄덕이면서도 모르는 척 애초 준비한 질문을 계속 던졌다. 10여 분도 안 되는 짧은 만남에서 류이근은 처음 통화할 때 듣지 못한 구체적인 팩트를 몇 가지 챙길 수 있었다.

최순실과 딸 정유라가 언제 학교를 찾아왔는지, 어느 교수들을 만났는지, 최순실이 자신의 연구실로 찾아오는 과정과 당시 있었던 일은 한 편의 짧은 스토리로 구성될 수 있을 정도였다. 통화할 때와 마찬가지로 함 교수는 인터뷰에 응할 수 없다면서도, 자신은 빠지겠다면서도 중요한 얘기를 기자에게 거의 다 들려줬다. 원래 그의 말버릇인지 아니면 어떤 계산에서 그런 방식으로 기자에게 전달했는지는 불확실하나, 류이근은 당초 기대했던 얘기의 70~80퍼센트를 들을 수 있었다. 등을 돌린 채 옆 테이블에 앉아 컴퓨터로 일을 하고 있던 함 교수의 제자는 이를 증언할 수도 있을 것이다.

함 교수의 얘기는 9월 27일 한겨레 1면에 실렸다. 「딸 지도교수까지 갈아치운 '최순실의 힘'」. 류이근은 이 기사를 스트레이트로 쓰지 않았다. 해설을 하는 듯한 '상자'와 힘을 실어 팩트를 우선순위에 따라 쭉 나열하는 '스트레이트'를 혼합하는 방식이었다. 기사 형식에 대한 고민은 사실 취재 내용의 한계에서 나온 선택이었다.

류이근은 함 교수를 만나, 그가 겪은 일의 사실관계와 비판적 코멘트를 곁들여 들을 수 있을 것으로 기대했다. 하지만 사실관계는 조금 불완전했고, 정제된 비판적 코멘트는 받지 못했다. 그걸 최대한 보완하는 식으로 기사를 쓸 수밖에 없었다. 류이근은 기사 발제를 할 때부터 이런 고민을 팀장인 김의겸 기자한테 전했다. 김의겸도 일주일 전 최순실을 세상에 처음 드러낼 때의 그 극적 긴장감을 느끼지 못했다. 적극적으로 발제하지 않은 채 차분하게 써내려간 기사는 1면 톱(상단)이

딸 지도교수까지 갈아치운 '최순실의 힘'

이대 1학기 학사경고·2학기 휴학
3학기땐 담당교수 제적 경고하자
최씨 모녀 찾아와 그날 교수 교체
체육과 학생 "아무도 본 적 없죠"

이화여대 교정을 가득 덮은 벚꽃이 지고 학교를 상징하는 배꽃이 질 무렵인 지난 4~5월. 학생들은 한창 중간고사를 치르느라 분주한 철이었다. 승마 특기생으로 입학한 정유라(20·개명 전 정유연)씨도 입학한 지 1년이 넘어 처음으로 학교에 모습을 드러냈다. 녹색 테두리로 된 선글라스를 낀 엄마 최순실(60·최서원으로 개명)씨와 함께였다. 이들은 체육관 시(C)동에서 이아무개 체육과학부장과 김아무개 건강과학대학장 그리고 또 다른 체육과 교수를 만난 뒤 1층으로 내려갔다. 김 학장은 유라씨

최순실씨의 딸 정유라씨가 2013년 7월 경기 과천시 주암동 서울경마공원에서 열린 마장마술 경기에 참가하고 있다. 과천/박종식 기자 anaki@hani.co.kr

의 지도교수에게 전화로 먼저 알렸다. "정윤회(61)씨의 부인이 내려가니, 잘 다독거려서 보내라." 정씨와 최씨는 2년 전 이혼한 사이지만, 아직도 교수들은 최씨를 '정씨의 부인', 유라씨를 '정씨의 딸'로 부른다. 최씨는 혼자서 딸의 지도교수 방에 그것도 노크 없이 들어갔다. 학부모와 지도교수 사이의 대화는 곧바로 고성이 오가고 말았다. ▶관련기사 5면

박근혜 정부의 최대 '비선 실세'로 알려진 최순실씨가 딸이 적을 둔 이화여대에 왜 모습을 드러낸 것일까? 그는 최근 재단법인 미르와 케이(K)스포츠의 설립 및 인사에 개입했다는 의혹을 사고 있는 핵심 인물이기도 하다. 〈한겨레〉가 3년 전 서울 경마공원에서 찍은 사진이 그의 공개된 거의 유일한 사진일 만큼 좀체 실체를 드러내지 않던 그가 노출될 위험을 무릅쓰고서 이대에 나타난 배경은 순전히 딸 때문이었다. 엄마의 출현은 딸이 '비정상적'으로 학교생활을 하면서도 탈 없이 학생 신분을 유지할 수 있는 배경이 아니냐는 의혹을 키우고 있다. ▶5면으로 이어짐

류이근 방준호 박수진 기자 ryuyigeun@hani.co.kr

최순실 도넘은 개입…'승마하는 딸' 고비마다 특혜논란

최순실(오른쪽)씨가 2013년 7월 경기 과천시 주암동 서울경마공원에서 열린 승마경기 중 딸에게 음료를 건네고 있다. 과천/박종식 기자 anaki@hani.co.kr

최씨부부 국내대회 1위 못하자 '입김'
경찰조사 이어 문체부까지 나서
박대통령 "나쁜사람이더라"에
문체부 담당 국·과장 경질 논란

이대 특기생 입학과정 도마에
26년만에 승마특기생으로 입학
입학 뒤에는 훈련장에 안 나타나

2020 도쿄올림픽 출전 준비
독일로 가 훈련…각종대회 출전
삼성이 그랑프리 우승마 후원의혹

박근혜 대통령의 최측근으로 알려진 최순실씨의 딸 정유라(20·개명 전 유연)씨는 논란의 한가운데 있어왔다. 그는 승마종목 국가대표 선발부터 2015년 체육 특기생으로 이화여대 입학, 2020년 도쿄올림픽 대비 독일 훈련 등을 둘러싼 각종 의혹의 주인공이다.

정유라씨 위반 의혹 관련 이화여대 학칙

- 수업시간의 6분의 1 이상을 결석한 때에는 그 교과목의 성적을 F로 한다.
- 결석 사유 발생 2주 이내에 증빙서류 제출하면 교과목 담당교수는 출석으로 인정할 수 있다.
- 학기말의 평균 성적이 1.60 미만인 학생에게는 학사경고를 하고, 학사경고를 연속 3회 받은 학생은 제적한다.

학적 변동사항

2015학년도 이화여대 입학 ▶ 2015학년도 2학기 휴학 ▶ 2016학년도 1학기 복학

조사가 이어졌다. 결국 문체부의 담당 국·과장 경질로 논란은 일파만파로 번졌다. 박근혜 대통령이 수첩을 보면서 "문체부 국·과장 나쁜 사람이라더라"고 말한 걸 〈한겨레〉가 보도하기도 했다. 박 대통령이 문체부 인사에 직접 나선 이유가 비선실세로 알려졌던 정윤회씨와 당시 부인 최씨 때문이라는 얘기가 당시 문체부나 승마협회 쪽에서 흘러나왔다.

하지만 논란 속에서도 정씨는 2014년 아시아게임 마장마술 단체전에 출전해 금메달

년까지 8~9개 종목만 특기제도를 유지하다가 2014년 규정을 바꿔 23개 종목으로 확대하면서다.

이대에 입학한 정씨는 학업에 크게 뜻을 두지 않았던 것으로 보인다. 2015년 초에는 훈련하던 승마장에도 나타나지 않았다. 1학기에 학사경고를 받은 정씨는 2학기에 휴학을 했다. 2015년 당시 정씨에게는 승마를 접고 휴학을 할 수밖에 없는 불가피한 개인사가 있었던 것으로 알려져 있다. 그 이후 행적이 한때 묘연했다.

그러던 정씨가 독일로 건너가 승마 훈련과 함께 2020년 도쿄올림픽 출전을 위한 준비에 들어간 것으로 최근 확인됐다. 정씨가 독일에서 훈련하는 것을 두고 승마계는 다시 한번 논란에 휩싸였다. 삼성이 정씨를 위해 그랑프리 우승마를 구입하는 등 정씨를 후원하고 있다는 의혹이 제기되면서다. 국제승마협회의 자료를 보면, 정씨는 지난 5월부터 '비타나 V'라는 말을 타고 각종 대회에 출전하기 시작했다. 이 말을 삼성이 구입해줬다는 게 의혹의 핵심이다. 현재 최순실씨는 한국과 독일을 오가고 있는 것으로 전해졌다. 왜 갑자기 올림픽이었을까. 한 승마계 인사는 "마장마술에서 아시아게임은 입상 선

최순실의 딸 정유라의 이화여대 특혜 논란이 지닌 폭발력은 기사가 쓰일 당시에는 아직 예상할 수 없는 것이었다. 2016년 9월 27일 1면과 5면.

아닌 하단에 실렸다. 그때만 해도 다들 이화여대 문제가 안고 있는 폭발력을 눈치채지 못하고 있었던 것이다.

연막작전

류이근은 기사를 쓰면서 함 교수의 존재를 가급적 드러내지 않기로 결정했다. 교수는 기자와 공식 인터뷰를 한 것도 아니었지만 그렇다고 보도 자제나 비보도를 주문하지도 않았다. 그가 전면에 드러나면 곤란할지 모른다는 생각이 들었다. 류이근은 취재원을 최대한 드러내지 않으려 할 때 쓰는 수법이 있었다. 그 가운데 하나가 사건 관련자 다수를 거의 비슷한 시기에 접촉하는 방식이다. 모두가 기자와 대화하거나 만나게 되는 순간, 어느 누구도 기자와 만나거나 통화했다는 사실만으로 책임을 추궁받는 경우는 없기 때문이다.

류이근은 방준호, 박수진과 함께 이화여대 체육과학부 교수 거의 전부와 통화하거나 만나기로 했다. 당시 처음으로 류이근은 김경숙 교수와 통화했다. "걔라고 해서 특별히 특혜를 줬다거나 한 건 없다. 내 수업도 한 번 들은 적이 없다. 엄마가 올 때 한 번 선생님들한테 인사를 했다. 그 엄마도 들어올 때 시끄럽게 민폐를 끼친 것 같다고 얘기한 것은 내가 기억한다." 김 교수가 류이근에게 말한 내용의 일부다. 그가 거짓말을 한다는, 진실을 숨긴다는 느낌을 받은 건 그때부터였다.

류이근은 학부장을 맡고 있는 또 다른 교수와도 통화했다. 말을 쉽없이 쏟아내는 학부장은 특혜 의혹을 전면 부인했다. 그는 통화 내내 불쾌하다는 투였다. 그가 류이근에게 이런 말을 던졌다. "우리가 그 친구를 위해 해준 건 아무것도 없다. 그랬다면 그 친구가 왜 2학년 1학기 때 2점대의 학점을 받았겠냐? 또 1학년 2학기 때에도 휴학을 했겠냐?" 김 교수와 학부장이 기자에게 한 말은 거짓이었다. 당시 그들은 그렇게 말할 수밖에 없었는지 모른다.

그래도 세 기자의 소득은 많았다. 여러 사람과 통화한 결과 함 교수의 말은 모두 팩트로 확인됐다. 소소하지만 새로운 팩트도 얻게 됐다. 거기서 취재를 멈췄다. 사실 함 교수의 말이 맞는지 검증하기 위해서 체육과학부 교수들을 취재한 게 아니라, 일부 사실을 보강하면서도 취재원을 드러내지 않으려는 일종의 연막작전에 가까웠기 때문이다. 확증할 수 있는 팩트를 중심으로 기사를 정제해서 썼다. 기사는 차분하게 썼지만 그 파장은 컸다. 최초의 기사가 나간 이후 제보가 잇따르기 시작한 것이다.

이화여대의 제보자

10월 4일 류이근한테 이메일 한 통이 날아왔다. "안녕하세요. 이화여대 ○○과에 재학 중인 학생입니다. 최근 미래라이프 사업과 최순실 딸 특혜와 관련해서 제보할 게 있어 메일 드립니다." 류이근의 눈은 최순실이란 이름에 꽂혔다. 그가 9월 27일에 쓴 기사 덕에 들어온 제보란 걸 직감했다. 제보 내용은 아주 구체적이었다.

졸업 패션쇼를 위해 만든 졸업 작품을 갖고 중국의 학교와 문화 교류를 한다는 취지로 지난 8월 이인성 교수와 그 밑에 강사들, 참여 학생들이 중국 구이저우貴州를 방문하는 프로그램이 있었는데 거기에 아무 명분도 없이 최순실 딸로 알려진 정유라가 동행했다고 합니다. 프로그램에 참가했던 학생에 따르면 호텔만 같이 쓰고 다른 일정은 하나도 같이하지 않았고, 경호원 둘과 함께 비행기도 비즈니스로 따로 타고 이동했다고 합니다. 정유라는 참여 학생들 단체 카톡방에도 들어가 있고 명단에도 이름이 올라가 있지만 혼자만 여권 정보가 없는 등 다른 학생들과는 다른 이상한 부분이 많습니다. 졸업 작품을 만든 사람들만 참여하는 프로그램이었고 더군다나 의류산업학과 프로그램인데 어떻게 체대생인 데다가 저학년인 사람이 아무 명분 없이 함께한 것인지 이상합니다.

호텔, 여권 정보, 비즈니스석, '단체 카톡방' 등 열거된 단어들은 내부자 아니면 알 수 없는 내용이었다. 제보는 최순실 딸의 수상한 중국행에서 시작해 그에 대한 특혜 의혹으로 이어졌다.

교수가 학생들에게 직접 '타과생인 정유라라는 학생이 있는데 잘 챙겨주라'고 지시하기도 했으며 이인성 교수 밑에 있는 교수들은 정유라가 누군지도 모르면서 챙기는 눈치였다고 합니다. 프로그램에 참가했던 학생들 대부분은 정유라를 거의 보지도 못하고 그게 누군지도 잘 몰랐다고 하고 뉴스 기사에 정유라라는 이름이 뜨고 나서야 누군지 알아챘다고 합니다.

류이근은 이메일을 읽어 내려가면서 기삿거리가 된다고 생각했다. 하지만 특혜보다는 그저 흥미로운 에피소드에 가깝게 여겼다. "회신이 늦었습니다. 죄송합니다. 당연히 관심이 있고 취재할 의향이 있습니다. 직접 뵙고 얘기 듣고 싶습니다."

제보자는 기자보다 더 적극적이었다. 그는 기자한테 회신을 받자마자 곧바로 자료를 보냈다. 파일이 제대로 열리지 않았지만, 만나서 건네주기로 했다. 다음 날 바로 약속을 잡았다. 류이근은 애초 사회부 박수진 기자랑 함께 나갈 참이었다. 제보자한테도 그렇게 얘기해뒀다. 박수진은 이화여대를 출입하면서 미래라이프 대학 사태를 취재해, 한겨레에서는 누구보다 이화여대 취재원이 많았다. 류이근은 최순실의 딸에게 특혜가 주어졌다면 이화여대의 권력 작동 메커니즘과 결합돼 있을 거라고 생각했다. 그는 제보 내용이 미래라이프 대학 사태 취재원과 중첩될 수밖에 없을 거라고 생각했다.

류이근은 곧바로 박수진이 소속된 사회부 24시팀 김원철 팀장한테 연락했다. 김 팀장은 곤란해했다. "선배, 수진이요……, 토요일에도 근무라 내일까지 일하면 주 7일 근무인데……. 대신 고한솔 씨가 도울 수 있을 겁니다."

24시팀은 무서운 이름이다. 119나 112처럼 24시간 비상 대기한다는 의미를 담고 있다. 잠들지 않는 언론사 이미지를 대표한다. 뉴스가 부르면 항상 달려갈 준비가 되어 있다는 각오이기도 하다. 이 이름은 약간의 거짓과 중노동을 내포하고 있다. 입사 10년차 미만으로 주로 꾸려진 24시팀 기자들은 큰 사건이 터지면 휴일을 잊은 채 일하는 게 다반사다. 소비자인 독자의 입장에선 믿음직할지 모르지만, 기자로선 항상 취재하고 있거나 그럴 준비가 되어 있다는 의미에서 끔찍하다. 박수진은 하루라도 쉬어야 했다. 류이근은 미련 없이 그를 포기했다.

류이근과 고한솔이 제보자인 이화여대 ㄱ씨를 처음 만난 건 바로 다음 날이었다. ㄱ씨는 4학년인데도 앳된 얼굴이었다. ㄱ씨가 고등학생이라고 말했어도 류이근은 믿었을지 모른다. 어쩌면 자신이 나이를 먹어서 상대를 더 어리게 본 건지 모른다. 취재는 쉬웠다. 우선 내용 자체가 어렵지 않았다. 제보자는 최대한 도와줄 태세였다. 류이근은 제보 내용을 바탕으로 하나씩 물어가며 팩트를 확인했다. 입사 2년차인 고한솔은 빠른 손놀림으로 두 사람의 대화를 기록했다. ㄱ씨는 고한솔에게 3기가바이트가 넘는 자료를 넘겨줬다. 파일 용량이 너무 커서 다운로드에 어려움을 겪었다. 구글 드라이브로 공유하는 데도 몇 번이나 실패했다. ㄱ씨한테 자료를 받는 데 애를 먹던 고한솔은 류이근에게 이를 이메일로 전달하는 데도 실패를 거듭했다. 가족 행사가 있는데도 고한솔은 증언을 해줄 만한 이화여대 의류산업학과 학생들을 '구글링'하는 데 주말을 허비했다.

고한솔은 어렵게 데이터를 열었지만 최순실의 딸 정유라는 '단체 카톡방'과 여권 정보 기재란에 겨우 이름만 보였다. 대부분은 사진이었다. 이화여대 의류산업학과 학생들이 중국에서 한 패션쇼 사진 등이 데이터 용량을 크게 차지했다. 수십 장의 관련 사진 속에서도 정유라의 얼굴은 찾을 수 없었다. 정유라가 쓴 글을 찾을 수도 없었다. 어디에도 흔적을 남기지 않

이화여대 학생 제보자가 건네준 3기가바이트가 넘는 자료에는 의류산업학과 학생들이 중국에서 한 패션쇼 사진이 용량을 크게 차지하고 있었다. 정유라의 흔적은 보이지 않았다.

았다. 자신의 어머니한테 배운 솜씨였는지 모른다.

류이근은 고한솔이 전해준 말을 떠올렸다. "정유라는 사람들 눈에 띄지 않게 행동했어요. 수시로 엄마와 통화하면서 어떻게 해야 하는지 지시를 받는 듯했어요." 고한솔이 이름을 밝힐 수 없는 한 교수한테서 들은 애기였다.

제보자는 친구들한테 받은 자료와 들은 얘기를 있는 그대로 다 전해줬다. 처음 보는 기자들인데도 숨기는 게 없었다. 대화가 깊어질수록 류이근은 정유라와 동행한, 그를 직접 봤다는 학생을 만나고 싶었다. ㄱ씨도 기자들을 만나기 전에 자료와 얘기를 전해준 친구를 설득했다. 하지만 친구는 기자를 직접 만나고 싶어하지는 않았다. 정유라와 계절학기 수업을 같이 들었던 학생들 중 내용을 잘 아는 학생 누구도 공개적으로 나서서 말하길 꺼려했다. 자신들이 발설자로 몰리면 받게 될 불이익을 두려워했다. 21세기에도 가장 전근대적인 방식으로 권력이 작동하는 대학 캠퍼스의 한 이면이었다. 졸업 여탈권을 쥔 교수와 학생의 수직적 관계는 학생들의 입을 막는 자물쇠였다.

거짓말하는 교수

제보자의 역할은 여기까지였다. 나머지는 기자의 몫이다. 두 기자는 ㄱ씨의 말을 확인하기로 했다. 류이근은 서두르지 않았다. ㄱ씨를 직접 만난 뒤에도 처음 제보받았을 때처럼 느낌이 확 오지 않았다. 기사가 되긴 하는데 '야마'(일종의 헤드라인)가 딱 잡히지 않았다. 류이근은 그 상태에서 힘 있는 스트레이트 기사를 써낼 자신이 없었다. 그는 토요일 하루 쉬고서 평소처럼 일요일에도 나왔지만 다른 취재에 매달렸다. 그가 고한솔과 함께 다시 임무를 나눠 움직이기 시작한 건 월요일부터였다.

주말에도 기초 취재를 한 고한솔은 이날부터 정유라가 의류산업학과 계절학기 과목인 '글로벌 융합 문화 체험 및 디자인 연구' 수업 때 실제로 중국에 갔는지, 학점 이수에 필수적인 과제를 수행했는지를 확인하기 시작했다. 고한솔은 의류산업학과 학생들과 교수를 수소문했다. 주요한 증언자가 되어줄 걸로 기대한 한 학생의 연락처를 수소문해 접촉을 시도했다.

하지만 자신의 신분이 드러날 수 있다는 걱정에 극도로 겁을 먹은 학생은 쉽게 입을 열지 않았다. 고한솔은 이 학생에게 장문의 편지를 써서 '카톡'으로 보냈다. "신분이 드러날 일은 없을 겁니다. 부당한 일을 알리는 데 함께 해주시길 부탁드립니다." 전화도 수차례 했다. 고한솔의 노력 끝에 학생은 겨우 입을 열었다. 자신이 지난여름 중국에서 '정유라를 본 적이 있다'는 취지의 증언이었다. 학생은 끝내 속시원하게 얘기하지 않았지만, 집요하게 매달린 고한솔은 중요한 팩트를 하나 확인할 수 있었다.

고한솔은 취재망을 더 넓혔다. 의류산업학과 내부에 비민주적 학사행정에 분노해오던 학생들 몇몇과 연락이 닿았다. 학생들은 용기를 내서 "중국에서 정유라를 목격한 적이 있다", "정유라가 미팅 및 사전 교육 등 수업 일정에 참여한 적이 없다"고 확인해줬다. 학생들은 보도 전에 이미 분노하고 있었다. "누구는 밤새워가며 옷 지었는데 누구는 놀러 다니며 학점 딴다."

용기를 내어 말해준 교수도 있었다. 고한솔은 10월 10~11일 10여 명의 교수 연락처를 수소문해서 전화를 돌렸다. 교수들을 상대로 한 그의 취재 포인트 중 하나는 이인성 교수가 왜 정유라에게 학점 특혜를 줬는지였다. 대부분의 교수가 '나는 모른다'고 전화를 끊던 와중에 우연히 한 교수와 말이 통했다. 이 교수는 고한솔이 품었던 의문을 풀어줬다. 그림은 애초 고한솔이 생각했던 것보다 어느새 더 크게 그려졌다. "이인성 교수가 정부 정책과 관련된 프로젝트를 수주하는 과정에 문제가 있어 보인다. 최경희 총장도 학사 특혜에 무관하지 않은 것으로 보인다."

고한솔은 보도 전 당사자의 얘기를 듣는 취재 절차를 밟았다. 이인성 교수가 '사실은 이런데……'라면서 입을 열 가능성은 거의 없다. 검찰이나 경찰에 나가서도 거짓말을 하는 판국에 잘못을 저지른 사람이 언론에 대고 '솔직화법'으로 말하는 경우는 드물다. 이 교수도 그랬다. 고한솔은 평생교육원 원장실 앞에서 반나절가량 뻗쳤다. 점심은 잠시 짬을 내 이화여대 공학관에서 뻗치기를 하던 류이근과 만나 돈가스를 먹었다. 무인 주문기가 인상적인 식당이었다. 학생들이 식사를 마치고 공부를 할 수 있는 복합 공간이었다. 새내기 기자인 고한솔은 만족했지만, 류이근에겐 음식이 별로였다.

다시 학교로 기어들어간 고한솔은 모습을 숨긴 채 이인성 교수를 기다렸다. 잠복 경찰이 범인을 기다리는 기분과는 완전히 다르다. 경찰은 체포할 권한이 있지만, 기자는 상대가 피하면 그만이다. 말대꾸할 의무조차 없다. 하지만 다가가서 물어볼 수 있는 '권한'은 엄청난 특권이자, 커다란 힘이다. 기자는 상대가 묵묵부답이면, '묵묵부답이었다'고 쓰면 제 역할을 다하는 것이다. 그 짧은 문장이 기사가 되어 형사적 절차보다 더 큰 힘을 발휘할 때가 얼마나 많던가? 고한솔이 반나절 가까이 기다렸을 무렵 드디어 이인성 교수가 나타났다. 고한솔이 준비한 첫 질문은 무척 날카로웠다. 고한솔은 간단히 자신을 소개하고서는 바로 이 교수에게 "최순실 씨랑은 몇 번이나 통화하셨나요?" 하고 물었다. 이 교수는 당황한 기색이 역력했다. 그는 불쾌한 감정을 가라앉히면서 답했다. "예의가 아닌 것 같네요. 홍보처를 통해서 연락하세요."

고한솔의 첫 질문은 오랜 궁리 끝에 나왔다. 최순실이 이 교수와 직접 연락하는 사이였을 가능성에 무게를 두고서 준비한 질문이었다. 질문이 이어지자, 이 교수는 마지못해 몇 마디 더 건넸다. "저는 정치에 관심 없는 사람이라서 최순실 씨가 누군지도 몰랐어요. (언론 보도를 통해) 사실이 전해지지 않는 것을 너무 많이 봐서……. 기자는 사실을 전하지 않고 독자가 원하는 걸 전하더군요." 강단에 서서 학생들을 가르치는 이 교수는 자신의 잘못을 덮는 거짓말을 하면서, '너희들이 거짓말쟁이야'라며 언론을 향해 삿대질을 했다. 이화여대 홍보팀도 "특정 학생에게 특혜를 준 사실은 전혀 없다"며, 고한솔의 확인 요청에 특혜 사실을 부인했다. 이 교수는 자신만 거짓말을 하는 데서 멈추지 않고, 학교마저 거짓말을 하게 만들었다. 그렇게 기자 앞에서 얼굴색 하나 변하지 않고 잡아떼던 교수는 몇 달 뒤 하얗게 질린 얼굴로 특검에 출석하더니 수의를 입는 신세가 됐다.

허겁지겁 정유라 계절학기 학점 특혜 의혹 기사를 쓰다

그나마 고한솔은 이인성 교수를 만나기라도 했지만, 류이근은 별 소득이 없었다. 류이근은 정유라와 같은 비행기를 타고서 중국에 갔다는 박아무개 교수와 만나려고 했지만 그는 전화도, 문자도, 대면도 허락하지 않았다. 그의 연구실 앞에서 몇 시간 뻗치기를 하면서 류이근의 확신은 커져만 갔다. 취재원이 기자를 피할수록 뭔가 비밀이 많다는 것은 오랜 경험에서 체득한 사실이다. 류이근은 박 교수가 열쇠를 쥐고 있을지 모른다고 믿었다. 하지만 박 교수의 이름은 이후 교육부 감사, 검찰 특별수사본부와 특검 수사에서도 거의 거론되지 않았다. 박 교수가 당당하지 못하게 왜 피해 다녔는지는 류이근에게 여전히 미스터리다.

대학 캠퍼스에서 여러 교수와 학생이 목격한 비교적 간단한 사건이었지만 취재는 의외로 쉽지 않았다. 입을 닫은 학생들과 입이 무거운 교수들 사이에서 두 기자의 취재는 진척되지 않았다. 취재 이틀째 류이근은 이화여대와 중국 구이저우를 이어준 한중문화우호협회를 찾아갔다. 김외현 베이징 특파원이 소개시켜준 이 단체의 취환曲歡 회장을 만날 작정이었다. 그는 자리에 없었다. 이 단체가 주선한 여행사에서 학생들이 단체로 항공권을 예약했고, 구이저우 당 서기가 이화여대에 방문하는 등 수상쩍은 대목이 몇 군데 있었다. 한 직원은 협회가 최순실 모녀와 얽혀 취재의 대상이 되는 걸 불쾌하게 여겼다. 그의 말을 듣다가 류이근은 다른 매체도 이 사안을 취재 중이란 걸 알게 됐다. 그 매체는 바로 탐사보도 전문매체인 뉴스타파였다. 제보자 ㄱ씨는 자기가 알고 있는 뉴스타파 기자에게도 같은 사안을 제보했다고 확인해줬다. 취재 현장에서 그 얘기를 먼저 듣고 류이근은 순간 깜짝 놀랐다. 이미 뉴스타파에서 다 훑고 간 걸까?

류이근은 머리를 굴렸다. 뉴스타파가 통상 목요일에 보도를 내보내니, 며칠 시간이 있다고 계산했다. 그는 목요일 조간을 목표로 취재했다. 취재 중인 내용의 완성도가 아닌 타사와의 경쟁 우위에 보도 스케줄을 맞추는 어리석은 선택은 17년 기자생활을 해온 류이근에게 자연스러웠다. 이는 우리나라 언론에 뿌리 깊이 박힌 관행이었다. 누가 먼저 보도했느냐를 누가 잘 보도했느냐보다 훨씬 더 높게 쳐주는 게 한국 언론의 풍토다.

10월 11일 화요일 저녁 5시 30분께, 고한솔은 뉴스가 하나 떴다며 류이근에게 긴급히 소식을 전했다. 뉴스타파가 방송이 아닌 인터넷 활자로 보도를 먼저 내보낸 것이다. 취재는 탄탄했다. '야마'도 명확했다. 「최순실 딸, 이화여대서 귀빈 대우… 학점도 특혜 의혹」. 류이근의 예상이 빗나갔다. 류이근은 속으로 중얼거렸다. "뉴스타파 쪽도 우리가 취재하고 있는 걸 알았구나." 아니면 굳이 방송을 내보내기 전에 인터넷으로 서둘러 기사를 내보낼 이유가 없다고 생각했다. 그와 고한솔은 허겁지겁 기사를 작성해 한겨레 인터넷에 뿌렸다. 류이근은 그렇다고 뉴스타파 기사를 베껴 쓰긴 싫었다. 실컷 취재해놓고서 남의 기사를 갖다 쓰는 건 자존심이 허락하지 않았다. 그래서 뉴스타파가 쓰지 않은 취재 내용을 바탕으로 다르게 썼다. 물론 제목은 피해갈 수 없었다. 다음 날 10월 12일 한겨레에는 「최순실 딸, 이번엔 이대 의류학과서 '학점 특혜' 의혹」으로 나갔다. 그가 당초 고민했던 주제는 정유라의 계절학기 학점 특혜 의혹으로 정리됐다. 다만 기사는 크게 대접받지 못했다. 신

최순실 딸, 이번엔 이대 의류학과서 '학점 특혜' 의혹

지난 8월 계절학기 과목 수강
중국 방문해 패션쇼 하는 수업

최순실 딸, 중국엔 갔지만
준비과정·현지일정 참석 않고
보고서도 안 냈는데 2학점 취득
혼자만 비즈니스석 타고 이동도
담당 교수 "최순실 딸인줄 몰랐다"

지난 6월22일 이화여대 의류산업학과 학생 25명은 단체 카카오톡방을 하나 만들었다. 초대된 학생들은 모두 계절학기 수업에 참여하는 학생들이었다. 8월3일부터 8일까지 중국 구이저우(귀주)에 가는 일정도 이날 확정돼 공지됐다. 학생들은 여권에 나와 있는 영문명과 여권번호를 하나 둘씩 학과에 알렸다. 이틀 뒤 이 카톡방엔 의류학과를 전공으로 삼거나 복수전공으로 하는 학생들에겐 낯선 이름이 하나 초대된다. 정유라(개명 전 정유연). 카톡에서 유일하게 체육과학부 전미팅에서도 모습을 드러내지 않았다. 학교 쪽에선 참가 학생들에게 경비 보전을 위한 장학금 명목으로 A4용지 7~9장의 사전평가서를 요구했지만, 정유라씨는 내지 않았다.

중국 현지 4박5일 일정을 마친 학생들은 8월15일 조별로 '중국 계절학기 보고서'를 발표했지만 역시 여기에서도 정유라란 이름은 보이지 않았다. 그런데도 정씨는 결국 2학점을 따냈다.

최순실씨의 딸인 정씨의 승마 특기생 입학, 체육과학부 지도교수 교체, '맞춤형 학칙 개정' 의혹에 이어 이번엔 '학점 특혜' 의혹까지 불거졌다. 11일 〈한겨레〉가 이화여대 의류산업학과 교수와 학생 등을 취재한 결과, 정씨가 중국 현지 일정 전후 교육에 전혀 참석하지 않고 보고서도 제출하지 않았는데도 학점을 취득한 것으로 확인됐다. 이 과정에 최씨의 영향력이 행사된 게 아니냐는 의문이 나오고 있다. 프로그램을 담당한 이인성 의류산업학과 교수는 학점 특혜 의혹을 부인했다. 이 교수는 〈한겨레〉와 만나 "정씨가 최순실씨의 딸인 줄 몰랐다"며 "보고서를 제출하지 않았더라도 학점을 받은 다른 학

보도 외압 질문에…KBS 사장 "답변하지 마" 고대영 한국방송 사장(앞줄 오른쪽)이 11일 오전 국회에서 열린 미래창조과학방
호 참사 당시 이정현 청와대 홍보수석의 보도 외압에 대한 의원들의 질의를 받고 있다. 유승희 더불어민주당 의원이 김인영 보도본부
제기자는 이에 대한 뉴스를 작성했는데 방송을 못하게 한 이유가 무엇이냐"고 묻자 고 사장은 김 본부장에게 "답변하지 마"라고 말했

뉴스타파와의 취재 경쟁 속에서 뉴스타파가 쓰지 않은 계절학기 학점 특혜 의혹 쪽으로 기사를 정리했다. 2016년 10월 12일 5면.

문은 중요도에 따라 앞에서부터 1, 2, 3, 4 순서대로 나가는데, 5면에 집어넣은 것이다. 개운치 않은 느낌이었지만, 그렇다고 '물먹은'(낙종) 느낌도 아니었다. 이화여대의 정유라 특혜는 한겨레의 최찾사가 가장 먼저 포문을 열었기 때문이다.

이름 없는 '벗'들의 민주주의

보도 다음 날 정유라 학점 특혜 의혹은 교육부를 대상으로 한 교문위 국정감사의 최대 쟁점으로 떠올랐다. 안민석 의원한테서 전화가 왔다. "학칙도 정유라를 위해 개정한 것 같다." "어, 이상하다. 나도 봤는데 별문제가 없는 것 같았는데……." 안민석 의원의 말을 듣고 류이근은 자신이 뭔가 놓쳤다는 걸 직감했다. 류이근은 첫 기사를 쓸 때 이미 학칙까지 살펴봤다.

이화여대 학생들이 2016년 8월 10일 저녁 이화여대 교정에서 총장 사퇴를 요구하는 대규모 집회를 열고 행진하는 모습. 사진 김성광 기자.

그는 원래 꼼꼼한 성격이 아니다. 어릴 적 어머니한테 덜렁댄다는 소리를 매일 듣다시피 할 만큼 설렁설렁 하는 편이었다. 하지만 지금은 일을 대충하는 건 질색하는 체질로 바뀌었다. 성격대로 일하는 게 아닐 수도 있고, 스스로도 알지 못하는 사이에 성격이 바뀌었는지 모른다. 그는 학칙 개정 건을 방준호한테 맡겼다. 방준호가 찾은 학칙을 관련 부분만 살펴보면서, 전후 맥락을 놓친 것이다.

안민석 의원은 류이근에게 자신의 사무실로 연락해서 학칙 개정 자료를 받아보라고 했다. 류이근은 안민석 의원실의 양승신 보좌관한테 전화해 자료를 요청했다. 사실 굳이 요청할 것도 없는 자료였다. 이화여대 홈페이지에서 충분히 확인할 수 있는 내용이었으니. 양승신 보좌관은 왜 자료를 달라는 건지 이해할 수 없다는 반응이었다. "아니, 다 알고 있는 내용 아닌가요?" 하지만 그 구멍은 다음 날 10월 13일의 후속 기사로 메워진다.

ㄱ씨의 제보 내용을 바탕으로 갑작스럽게 기사를 쓰고 있던 10월 11일 밤, 사회부 박수진 기자에게 이화여대 학생이 사진 한 장을 갈무리해 보냈다. 이화여대 교수협의회 게시판에 올라온 글이었다. '최순실 딸 체대 입시 당시'라는 제목이었다.

그해 여름 이화여대 학생들의 본관 점거 농성을 취재했던 박수진에게는 종종 학생들의 제보가 들어왔다. 서로를 '벗'으로 부르고, 개인의 얼굴과 이름을 드러내지 않고, 그런 채로도 적극적으로 행동하는 이화여대 학생들의 '느린 민주주의'는, 최순실 사태와 정반대 지점에서 한국 사회에 깊은 생각거리를 남겼다. 박수진에게 이날 밤 누리집 사진을 갈무리해 보낸 학생도 특정 이름을 가진 '제보자'라기보다 그저 '익명의 벗'이었다.

교수협의회 게시판에 글을 올린 교수는 첫머리에서 "당시 체대 입시 평가에 참석했던 일원"이라고 스스로를 소개했다. 그의 정체 역시 드러나지 않았다. 교수의 글은 앞서 한겨레가 보도했던 정유라에 대한 학점·학사 관리 특혜보다 더 근본적인 문제를 지적하고 있었다. 바로 '입시 부정'이었다.

> 국민으로서의 양심이냐, 소속 학교의 명예냐 매우 갈등하였으나, 체대 평가장 입실 전 평가자들에게 안내할 때 입학처장 왈, 금메달을 가져온 학생을 뽑으라고 한 것이 사실임. 입학처장 발언에 일부

Home > 자유게시판

자유게시판

글쓴이	교수	작성일	2016.10.11 / 22:19

[답변] 최순실 딸 체대입시 당시.

대회 성적 우수한 학생 뽑으라고 했을 가능성은 충분하네요.

> 당시 체대 입시 평가에 참여했던 일원으로서
> 국민으로서의 양심이냐, 소속학교의 명예냐 매우 갈등하였으나
> 체대 평가장 입실 전 평가자들에게 안내할 때
> 입학처장 왈, 금메달을 가져온 학생을 뽑으라고 한 것이 사실임.
> 입학처장 발언에 일부 관리위원 항의가 있었고 해당 지침과 무관하게 평가 진행하도록 재안내가 되었음.
> 수많은 입시생 중 최순실 딸 정 모양이 특이하게 금메달과 선수복을 지참했음.
> 이후 정상적 입시절차로 모든 것이 진행되었으나 처장의 발언이 영향 없었다고는 말 못함.
> 총장이 관여했는지는 모름.
> 진실이 우리를 자유롭게 하기를!

이화여대 교수협의회 게시판에 올라온 어느 교수의 글. 정유라의 대학 입시 부정이라는 중요한 내용을 담고 있다.

관리위원 항의가 있었고 해당 지침과 무관하게 평가 진행하도록 재안내가 되었음. 수많은 입시생 중 최순실 딸 정모 양이 특이하게 금메달과 선수복을 지참했음. 이후 정상적 입시 절차로 모든 것이 진행되었으나 처장의 발언이 영향 없었다고는 말 못함. 총장이 관여했는지는 모름. 진실이 우리를 자유롭게 하기를! (본 게시물은 곧 삭제 예정임)

정유라의 대학 입시 부정이라는 중요한 내용을 담고 있었지만, 글이 캡처된 사진을 건네받은 방준호에게는 첫 문장과 마지막 문장이 눈에 띄었다. '학교의 명예를 위해서'는 박수진

을 도와 이화여대 사태를 취재하며 자주 듣던 말이었다. 무엇이 진짜 명예인가에 대해서는 학교 쪽과 학생 쪽의 생각이 물론 달랐다. 학생들은 명예를 위해 '벗'이라는 불특정 다수를 가리키는 이름으로 뭉쳤고, 학교 쪽은 이런 움직임을 명예훼손이라고 봤다.

'본 게시물은 곧 삭제 예정임'은 학생들이 자주 쓰는 '곧 펑'의 '교수님 버전'처럼 보였다. 신상 털림, 외부 유출 등을 우려하며 학생들은 게시판에 글을 쓰며 제목 뒤에 '곧 펑'이라는 말을 달곤 했다. 금방 지운다는 의미다. 다시금 이화여대에서 발명된 새로운 민주주의를 방준호는 잠시 생각했다.

정유라의 '특별했던' 입학 과정

방준호는 당사자로 지목된 남궁곤 입학처장에게 전화를 걸었다. "한겨레는 왜 기사를 그렇게 써요?" 남궁 처장은 대뜸 항의부터 했다. 학사 특혜를 다룬 한겨레 기사들에 대한 불만이었다. "저희는 확인된 사실만을 씁니다. 그러니 진실을 가려주시지요." 짧게 말하고 본론으로 들어갔다. "교수협의회 게시판에 올라온 글 보셨지요?" 초반의 경계심과 달리 남궁 처장은 의외로 술술 말을 이어갔다. 남궁 교수는 "억울함을 풀고 싶다"고 했다.

남궁 교수는 청담고등학교에 다니는 정유연(정유라의 개명 전 이름)이 이화여대 체육특기자 전형에 지원한 사실을 알게 됐다. 어떻게 알게 됐을까. 이 지점에서 남궁 교수의 설명은 당시 불확실했다. "직원들이 알려줘서 검색해봤다"고 했지만 "그것이 일상적인 업무 범주냐"는 물음에는 다른 선수들의 이야기를 들며 답변을 피하는 느낌이었다. 이후 남궁 교수는 국회 국정조사 특별위원회 청문회장에서 "김경숙 교수에게 전해들었다"고 증언했다. 이화여대 체육과학부 김 교수는 나중에 최순실과 함께 K스포츠재단의 사업과 인사 등을 논의했던 지인이다.

정유라의 지원 사실을 알고, 남궁 교수는 "최경희 이화여대 총장에게 찾아갔다"고 했다. "정윤회도, 최순실도 잘 알지 못하는" 최경희 총장에게 남궁 교수는 정치외교학과 교수인 자신의 현실 정치 지식을 십분 활용해 박정희, 박근혜, 최태민, 정윤회, 최순실 이름을 적고 '그림을 그려가며' 설명했다. 이어 "학교가 시끄러워질 수도 있는데 괜찮겠느냐"고 물었고, 최 총장은 "특혜도 없어야 하겠지만 차별도 없어야 한다"며 절차대로 진행하라는 뜻을 내비쳤다고 한다.

그의 얘기는 면접 당일로 넘어간다. '금메달 가져온 학생' 발언이 있던 그날이다. 독자의 판단에 맡기기 위해 그의 말을 의미가 훼손되지 않는 선에서 다듬어 되도록 그대로 전한다.

> 2년 전이라 확실히 기억나진 않지만 기억나는 것만 말씀드리면 일단 정윤회 씨 따님(정유라)이 언론에 많이 보도돼서 사회적 이슈가 됐던 것은 분명하고, 학교에서도 인식을 하고 있었습니다. 그래서 더 조심스럽고 더 원칙 같은 걸 지키도록 하는 게 입학처의 입장이

었어요.

3.5배수였으니, 21명가량의 학생이 그날 오후 체육특기자 면접에 왔습니다. 정유라 씨를 비롯해서 아시안게임에 참가했던 아이들이 전부 다 국가대표 단복을 입고 왔어요. 네 명인가 세 명 정도로 기억합니다. 그들이 다 메달을 가지고 왔습니다.

저도 정유라 씨가 개인적으로 궁금해서 면접 대기장을 한바퀴 쭉 둘러봤습니다. 복장에 대한 제한은 없잖아요. 그 아이들 입장에서 생각해보면 서류 평가에 아시안게임 성적이 반영 안 됐으니까. 국가엘리트 체육인인 걸 면접 때 어필하고 싶었겠죠. 조금 고민했지만 단복 입고 오는 것은 제재 사항이 아니니까 두기로 했습니다.

그리고 면접위원 다섯 명 앞에서 제가 오리엔테이션을 했습니다. 입학본부가 그때 이화여대 포스코관 153호인가 그랬거든요. 그때 제 기억에 워딩은 정확하지 않지만, 체육과학부 특기자 전형의 취지를 이야기했습니다.

이 전형은 국가대표급 선수들을 뽑는 거고 선수급 애들이 우리 학교 들어와서…… 쉽게 말해서 김연아 선수 정도를 원한 겁니다. 김연아, 손연재 정도 선수가 와서 우리 학교 빛내고 광고 효과도 좀 얻고 그럴 목적으로 입학 설계를 한 전형이에요. 물론 제가 그 자리에서 김연아, 손연재 선수 이름을 말한 건 아니지만.

이렇게 설명하고, 거기에 따라서 점수를 주면 되는 거라고 했더니 그때 한두 분이 질문을 했습니다. 그러면 아시안게임에서 메달 딴 건 어떻게 반영하느냐. 저는 '애들이 단복 입고 왔고 메달을 들고 왔는데, 이 전형의 취지로 봐서는 아시안게임 입상자를 평가하시는 건 너무나 당연한 거 아니냐. 원래 그런 애들을 뽑으려고 한 거 아

정유라 특혜와 입시 부정 사건 이후 이화여대에 나붙은 유인물. 사진 신소영 기자.

니냐'라고 이야기했습니다. 면접위원들 사이에서는 그것에 대한 입장이 다를 수 있잖아요. 성적이 반영 안 되는 것을 이제 와서 반영하라는 거냐는 식으로. 그래서 뒷말이 나오게 된 것 같습니다.

여기까지가 당시 남궁 처장의 설명이다. 이 내용을 바탕으로 방준호는 정유라의 '특별했던' 입학 과정을 기사로 썼다. 기사는 다음 날인 10월 13일 1면 하단에 실렸다(「"금메달 가져온 학생 뽑으라" 최순실 딸 콕 집어 뽑은 이대」). 전날 실렸던 정유라의 여름 계절학기 학점 특혜 의혹보다 비중 있게 배치된 것이다.

이후 특검 수사 과정에서 새로운 사실이 몇 가지 드러났다. 특검은 공소장에서 남궁곤이 2014년 9월 최경희 총장과 김경숙 교수의 지시를 받아 입학 특혜 과정을 수행했다고 적

"금메달 가져온 학생 뽑으라" 최순실 딸 콕집어 뽑은 이대

'요강'과 달리 원서마감 뒤 수상 반영
정씨, 면접때 아시안게임 '금' 가져와

11일 밤 이화여대 교수협의회 누리집에는 '최순실 딸 체대 입시 당시'라는 제목의 글이 하나 올라왔다.

'당시 체대 입시 평가에 참여했던 일원으로서'라는 문장으로 시작하는 이 글은 '평가자들에게 안내할 때 입학처장 왈 '금메달을 가져온 학생을 뽑으라'고 한 것이 사실임. 이후 정상적 입시 절차로 모든 것이 진행됐으나 처장의 발언이 영향 없었다고는 말 못함'이라고 적고 있다. 이 글 뒤로 '해명을 요구한다'는 동료 교수들의 댓글들이 줄을 이었다.

▶관련기사 4면

12일 〈한겨레〉 취재 결과, 2년 전 최순실씨 딸 정유라(20)씨의 입학 과정은 상당 부분 누리집에 올라온 글 내용과 흡사했다. 2014년 10월21일 체육과학부 특기자 전형 면접고사에 응시한 21명 가운데 은·동메달을 가져온 학생은 더러 있었지만 금메달을 쥐고

최순실 딸 이대 입시 면접관이 올린 글

들어온 학생은 정유라씨가 유일했다.
아시안게임 선수단복도 입고 있었다.
을 딴 사람이니 합격이 당연해 보이지
제가 하나 있었다. 학교 입시요강은 '서

이화여대 남궁곤 입학처장 취재를 바탕으로 정유라의 '특별했던' 입학 과정을 기사로 썼다. 2016년 10월 13일 1면.

었다. 특검 조사에 따르면 정유라에게 특혜를 주기 위한 남궁 처장의 '아시안게임 금메달 강조'도 단순히 질문에 대한 답변 수준을 넘었다. 입학고사장으로 향하는 면접위원들에게 두 손으로 손나팔을 만들어 "금메달입니다. 금메달" 하고 소리까지 쳤다.

서류심사에서 반영되지 않았고, 학교의 공식적인 전형 설명에 비춰봐도 반영되지 않아야 했던 '정유라 선수의 아시안게임 금메달'은 이렇게 입시에 반영됐다. 정유라는 수험생 95명을 제치고 단 여섯 명뿐인 체육특기생 합격자 명단에 이름을 올렸다.

국민적 공분을 불러일으키다

한겨레 최찾사가 열어젖힌 '정유라와 이화여대' 문제는 마른 들판에 불길 번지듯 번져나갔다. 10월 13일에는 더불어민주당 김병욱 의원이 정유라의 '엉터리 리포트'를 공개했다. "해도 해도 안 되는 망할 새끼들에게 쓰는 수법" 같은 비속어를 비롯해, 오자와 비문투성이인 수준 미달의 리포트로 B학점 이상을 받았다. 교수들은 엉터리 리포트에 맞춤법까지 첨삭을 해주었고, 심지어 첨부 파일을 보내지 않았는데도 "잘하셨습니다" 하고 답장했다.

거기에 더해 그 무렵 정유라의 2년 전 SNS 메시지가 다시 돌며 대중의 분노에 기름을 부었다. "능력 없으면 니네 부모를 원망해. 있는 부모 가지고 감놔라 배놔라 하지 말고. 돈도 실력이야." '돈도 실력이니 부모를 원망하라'는 정유라의 금수저론은, 취업난·경제난에 신음하는 2030세대는 물론 그들의 부모 세대에게까지 상처를 주는 발언이었다.

10월 18일 류이근은 집 근처에서 친구를 만났다. 회계 법인에서 일하는 대학 친구다. 친구는 미국에서 1년 동안 머물다가 여름에 돌아온 류이근에게 미국 생활에 대한 조언을 구했다. 한참 미국 얘기를 하던 두 사람은 당시 세상을 떠들썩하게 하고 있던 최순실 국정농단 사건에 대한 얘기로 화제를 옮겼다. 족발집 손님들은 온통 최순실을 화제로 술잔을 채우고 다시 비웠다. 술기운이 오른 친구가 뱉은 말에 류이근은 잠시 멈칫했다. "이화여대 특혜 의혹이 아니었으면, 이 사건이 이렇게 사람들의 공분을 불러일으키지 못했을 거야." "그래? 난 아직도 잘 모르겠는걸……." 친구와 헤어진 지 얼마 지나지 않아 류이근도 친구의 말에 동의했다. 최순실이 대통령을 조종해 이권을 따내거나 인사권을 행사한 것보다 대학을 조종해 말을 타는 자신의 딸을 입학시키고 학점을 주도록 힘을 쓴 사실에 사람들은 더욱 크게, 그리고 더욱 쉽게 분노한 것이다.

재회

2016년 10월 26일 밤 서울 서대문구 충정로에 위치한 '벙커1' 2층에서 류이근은 이화여대 학생 ㄱ씨를 다시 만났다. 「최순실 딸, 이번엔 이대 의류학과서 '학점 특혜' 의혹」 기사의 제보자다. 김어준 총수가 진행하는 파파이스 최순실 특집 1탄 녹화를 하는 중에 류이근에게 문자가 왔다.

"기자님 말씀 잘 들었어요. ㅋㅋㅋ 저도 벙커예요." 어색하게만 느껴지는 무대에서 내려온 류이근은 문자를 확인하고선 살짝 놀랐다. "아니, 학생이 이런 곳까지 시간을 내서 오다니?" 대단한 열정이라는 생각이 들기도 하고, 파파이스의 인기를 실감하기도 했다. 류이근은 출연자로, 이화여대 학생 ㄱ씨는 방청객으로, 두 사람은 20일 만에 다시 만났다.

ㄱ씨의 표정은 무척 밝아 보였다. 옆에는 멋진 남자친구도 있었다. 류이근은 ㄱ씨에게 물었다. "뒷감당하느라 힘들지 않았어요?" 그는 1초의 망설임도 없이 답했다. "아니요." 다행이

었다. 사실 류이근은 그가 제보자로 지목돼 이런저런 맘고생을 하지 않을까 걱정하던 터였다. 다행히 기우였다. 그는 자신의 행동을 감당할 수 있을 만큼 자신감이 넘쳤다. 류이근은 그에게 김어준을 소개해줬다. "이 학생이 바로 정유라의 이화여대 특혜 의혹을 제보한 학생입니다." 류이근은 아차 싶었다. 김어준은 이 학생을 무대에 세우려고 안달이었다.

아니나 다를까, 헤어지고 나서 학생한테서 1시간쯤 지나 문자가 왔다. 류이근은 집으로 돌아가는 길이었다. "기자님, 그냥 다 까고 파파이스 나가는 것도 생각해봤는데 문제 될까요? 이제 이화여대 이슈도 어느 정도 사그라졌고 음성 변조해도 알 사람은 다 알 텐데 의미가 있나 싶어서요. 제가 생각지 못한 변수, 불이익이 뭐가 있을까요?" 류이근은 말렸다. "음, ㄱ씨 스스로 결정할 문제입니다. 파파이스도 언론입니다. 자극적이고 선정적인 날것을 원하죠. ㄱ씨가 나서서 이미 많은 일을 했어요. 무대에 세워 더 날것의 생생한 얘기를 꺼내놓게 하는 게 감독의 욕심입니다. 무대 뒤, 장막 뒤에 서 있는 게 더 멋있을 때가 많답니다."

실제 그가 어떻게 매듭을 지었는지 류이근은 모른다. 다만 ㄱ씨가 더는 그 문제를 상의하지 않아, 류이근은 ㄱ씨가 파파이스에 출연하지 않은 걸로 생각하고 있을 뿐이다.

7

최순실 게이트

프랑크푸르트로 달려가 최순실을 쫓다

독일로 떠난 최순실

최순실 딸 정유라의 이화여대 부정 입학 가능성과 이상한 학점 취득 문제로 최순실이라는 이름은 한겨레 지면에 계속 등장하고 있었다. 하지만 김의겸은 뭔가 중요한 것을 놓치고 있다는 느낌을 지울 수가 없었다. 영화 찍는 것에 비유하자면, 최순실이 주인공인데 영화 시작할 때만 잠깐 등장시켰을 뿐 자꾸만 조연으로 이야기를 끌고 간다는 생각이었다. 대중적 흥행과는 별다른 문제였다.

10월 초에는 차은택을 '문화계 황태자'로 소개하며 집중적으로 등장시켰는데 생각보다 흥행이 되지 않았다. 편집국의 온라인 담당자들은 김의겸에게 "차은택이 제목으로 달린 기사는 최순실에 비해 인터넷 페이지뷰가 확 떨어져요"라고 말했다.

흥행이 중요해서가 아니었다. 미르재단·K스포츠재단의 배후로서 최순실의 역할을 어떻게든 더 찾아내고 싶었다.

우선 사람이 더 필요했다. 김의겸, 류이근, 방준호 세 사람만으로는 한계에 이르렀다. 김의겸은 백기철 국장에게 인력 충원을 부탁했다. 김의겸이 지목한 기자는 하어영 기자였다. 김의겸이 하어영을 선택한 이유는 그가 '승마 전문가'라는 데 있었다. 스포츠부 기자 출신이라는 뜻이 아니다. 그는 정치부 소속이었다. 하지만 하어영은 2년 전인 2014년 겨울에 정윤회-최순실-정유라 가족을 추적한 경험이 있었다. 당시는 이른바 정윤회 문건 파동이 일어나서 이들 가족이 초미의 관심을 끌 때였다. 하어영은 특히 정유라의 승마와 관련한 취재를 몇 달 동안 파고든 경험이 있었다. 복마전 같은 승마업계의 구조와 생리를 잘 알고 있었고, 그쪽 사람들에게 다가갈 통로가 있었다.

하어영은 특별취재반 최찾사에 배치되자마자 정유라와 말을 연구하기 시작했다. 2년 전 기록을 다시 찾아보고 옛 취재원에게 다시 전화를 돌리기 시작했다. 하지만 최순실, 정유라는 이미 독일로 떠나고 없었다. 국내에서는 승마와 관련해 할 수 있는 일이 별로 없었다. 삼성이 정유라를 조직적으로 지원하고 있는 냄새는 많이 났지만 삼성이 적극적으로 부인하는 데다가 구체적으로 드러난 정황이 없어서 기삿거리를 찾기 힘들었다.

10월 초 최찾사 네 명이서 여느 때와 마찬가지로 회사 옆 중국집에서 자장면과 짬뽕으로 점심을 먹던 도중에 하어영이 툭 말을 던졌다. "송호진 선배를 프랑크푸르트에 보내보는 게 어떨까요?" 그 순간 김의겸은 "맞다. 왜 그 생각을 못했을까?" 하고 무릎을 쳤다. "당장 송호진하고 연락해보고 프랑크푸르트에 갈 수 있는지 확인해봐."

사실 하어영은 자신이 직접 프랑크푸르트로 가볼까 하는 생각을 했었다. 하지만 출장도 어려울 뿐만 아니라 간다고 해도 독일어 통역을 써야 하는 문제가 있었다. 그때 불현듯 송호진 기자가 떠올랐다. 송호진은 2016년 8월 말부터 취재 활동을 잠시 쉬고 독일 베를린자유대학에서 1년간 연구연수를 진행하고 있었다.

하어영은 카톡으로 조심스레 송호진에게 상황이 어떤지 물었다. 송호진은 하어영의 연락을 받았을 때 막 독일 정착 한 달째가 돼가고 있었다. 물설고 낯선 독일 땅이라 해결해야 할 게 많았다. 아직 아이 유치원 입학이 해결되지 않은 상태였다. 본인의 비자 문제도 남아 있었다. 게다가 가족 가운데 독일어를 할 줄 아는 사람은 송호진 혼자여서 장기간 집을 떠나는 것은 가족을 낯선 이국 땅에 유배시키는 것이나 다름없었다. 송호진은 부담감이 확 밀려왔다. 그가 "힘들다"고 한마디만 했으면 그는 프랑크푸르트로 가지 않아도 됐을 것이다. 하지만 그 말이 입 밖에 떨어지지 않았다. 대신 그가 한 말은 "내가 뭘 해야 할지 알려줘"였다.

김의겸은 하어영으로부터 "송호진 선배가 가겠다고 합니다"라는 이야기를 듣고, 송호진의 카톡 창을 두드렸다. 송호진의 카톡 창에는 '20년 만에 기타를 사다'란 짤막한 소개 글이 적혀 있었다. 기자라는 직업에 시달리다 어렵게 연수 기회를 얻어서 외국에 나간 김에 잊고 있던 기타를 다시 쳐보겠다는 작은 소망이 실려 있었다. 김의겸은 미안한 마음에 짧은 메시지를 남겼다. "20년 만에 기타를 샀다는데 어쩌지. 무거운 짐을 맡겨서. 숙제를 맡겨서 미안."

프랑크푸르트 외곽의 승마장에서 얻은 정보

10월 12일 송호진은 베를린에서 550킬로미터 정도 떨어진 헤센주 프랑크푸르트로 향했다. 다른 언론의 독일 취재가 시작되기 한참 전이었다. 송호진의 독일 취재를 위한 정보 지원은 한국에서 하어영이 도맡았다. 당시만 해도 최순실 모녀가 프랑크푸르트 일대에 거주한다는 확신이 없을 때였다. 그럼에도 프랑크푸르트로 간 이유가 있었다.

정유라가 대한승마협회에 낸 '국외 훈련 승인 요청서'에 독일 거주를 추정할 만한 흔적이 있었다. 한겨레가 입수한 이 요청서는 정유라가 2020년 도쿄올림픽 출전권 획득을 위해 독일에서 훈련하고 있다며 2015년 10~12월의 훈련수당을 협회에 요구한 서류다. 정유라는 여기에 2015년 10~11월의 독일 거주지와 훈련장을 프랑크푸르트 외곽 비블리스에 있는 예거호프 승마장이라고 적었다. 이곳에서 숙박과 훈련을 동시에 했다는 얘기다. 그러다가 그해 12월부터 훈련장만 프랑크푸르트의 다른 인근 마을 리더바흐에 있는 호프구트 승마장으로 옮겼다고 협회에 보고했다. 2015년 12월부터는 예거호프 승마장 숙소에

한겨레가 최순실을 처음으로 보도한 직후인 2016년 9월까지 정유라가 훈련하던 프랑크푸르트 외곽 마을 리더바흐의 호프구트 승마장.

살면서 훈련할 때만 호프구트 승마장으로 이동했다는 뜻이다.

이제 정유라가 남긴 흔적 하나하나를 밟아가야 했다. 그러다 보면 정유라의 엄마 최순실이라는 목표점에 다다를 수도 있다고 송호진은 생각했다. 최순실은 국내에서도 딸의 훈련장과 경기장에 모습을 드러내곤 했다.

정유라가 적어도 2015년 12월에 훈련했다고 협회에 알린 호프구트 승마장에 도착했다. 정유라는 보이지 않았다. 그런데 뜻밖에도 승마장에서 최순실 모녀의 존재를 확인할 수 있었다. 이곳에서 훈련 중인 선수들과 승마장 직원들은 "한국에서 온 정유라"를 정확히 알고 있었다. 한 젊은 남자 선수는 "정유라가 이곳에서 얼마 전까지 훈련했고, 엄마도 이곳에 종

호프구트 승마장 가운데 정유라가 훈련했던 곳.

종 왔다"고 말했다. 이 승마장의 훈련 총책임자는 "정유라를 2016년 9월까지는 봤는데 그 이후엔 보지 못했다"고 얘기했다. 한겨레가 2016년 9월 20일 '최순실'이란 이름을 세상에 끌어올리며 최순실 게이트를 본격적으로 보도한 직후부터 정유라는 이곳 승마장에 발길을 끊은 듯했다.

송호진은 도심 외곽 들판에 자리 잡은 이 승마장에서 사흘 동안 정유라를 기다렸다. 언제 올지, 오기는 하는 건지 막막한 상황에서 하염없이 기다릴 뿐이었다. 둘째 날에 승마장 직원들이 승마장 내부 주차장에서 정유라를 기다리던 송호진을 바깥으로 내보냈다. 승마장으로 향하는 길목에서 지나치는 차량을 모두 살폈지만 정유라는 보이지 않았다. 그래도 최순실 모녀가 프랑크푸르트 일대에 거처를 두고 독일 생활을 하고 있다는 중요한 조각 하나가 처음 수면 위로 올라왔다. 이 승마장은 나중에 한국의 기자들이 계속 찾아오자 한국 취재진의 승마장 출입을 막았다.

최순실 모녀의 근거지가 프랑크푸르트 일대로 확인되자 송호진은 이들 모녀와의 거리가 금방 좁혀질 수 있다는 기대마저 품게 됐다. 그 거리를 좁히는 징검다리를 또 하나 놓기를 바라며 정유라가 훈련과 숙박을 동시에 했다는 예거호프 승마장으로 발걸음을 옮겼다.

여긴 더 외진 곳에 있는 고급 승마장이었다. 울타리가 승마장 전체를 에워싸고 있었다. 울타리 바깥에 훈련장이 여러 개였다. 울타리 안쪽에도 말을 관리하는 마방과 훈련장이 추가로 있었다. 잔디 정원이 있는 거주 시설과 고급 레스토랑도 갖춘 곳이었다. 마차를 타고 결혼하는 이벤트도 열리는 승마장이었다.

울타리 출입문이 잠시 열렸다. 관리 직원을 만나려고 들어가자 안에서 누군가 나와 출입을 막았다. 보안이 철저한 곳이었다. 울타리를 따라 걷던 기자는 울타리 안쪽에서 잔디 관리 등 허드렛일을 거드는 두 젊은 남성을 보게 됐다. 독일에서 일하는 이주노동자들처럼 보였다. 그들에게 몇 마디라도 물어야 했다. 울타리를 사이에 두고 그들과 가깝게 마주 섰다. 서툰 독일어가 오갔다. 다행히 그들은 승마장에서 벌어지는 온갖 일에 관심이 많았다.

정유라에 대해 묻자, "갓난아기와 함께 지내던 열아홉, 스

예거호프 승마장은 울타리를 쳐놓아 보안이 철저하다. 그 안에 정원이 딸린 주택도 있다. 정유라가 호텔을 구입해 이동하기 전까지 살았던 예거호프 승마장 안의 주택. 여기에서 아기와 보모, 여러 마리의 개들과 함께 살았다.

무 살 정도의 젊은 여성을 말하느냐?"고 되물었다. 사실 한겨레는 정유라가 아이를 낳았다는 정보를 일찌감치 알고 있었다. 송호진은 "내가 찾고 있는 사람이 맞다"고 대답했다. 그들은 "정유라의 말이 네 마리였다. 같이 지내는 개가 아홉, 열 마리 정도였다. 아기를 돌보는 보모가 있었다"고 얘기했다.

"지금 저기 서 있는 5인승 자동차보다 큰 폴크스바겐을 타고 다녔다. 그리고 (2016년) 5월 정도에 여기를 떠났다. 큰 호텔을 사서 프랑크푸르트 쪽으로 갔다고 들었다."

그들은 정유라가 프랑크푸르트 쪽으로 갔다고 얘기하면서 입으로 '부웅' 소리까지 내며 손으로 궤적을 그렸다. 그런 자신들의 행동이 재미있다는 듯 웃음을 터뜨렸다. 최순실 모녀의 독일 행적 퍼즐을 맞춰가는 데 아주 중요한 조각들을 울타리 너머로 던져주고 있다는 것을 그들은 알지 못했을 것이다.

폴크스바겐은 송호진이 프랑크푸르트 일대에서 최순실 모녀의 행방을 수소문할 때 중요한 정보가 됐을 뿐 아니라, 이후 정유라가 덴마크에서 발견될 때도 결정적 단서가 됐다. 그리고 "호텔을 샀다"는 대목은 더 간과할 수 없는 정보였다.

울타리 안쪽 청년들은 "호텔을 샀다는 얘기는 이곳 승마장 마방에서 일하는 여직원이 그 젊은 한국 여성(정유라)한테 듣고 우리에게 들려줬다"고 말했다. 정유라가 자랑하듯 말했을지 모를 이야기가 승마장 내부를 돌아 이제 울타리 바깥에서 있는 기자에게까지 흘러온 것이다. 나중에 최순실의 독일 페이퍼컴퍼니들의 주소가 프랑크푸르트 북쪽 마을 슈미텐의 '비덱타우누스 호텔'로 밝혀졌으니 울타리 안쪽 청년들이 건넨 정보의 무게감이 꽤 묵직했던 셈이다. 그들은 정유라가 한때 살았던 이 승마장 안의 집을 손가락으로 가리켰다. 잔디 정원을 품은 집이었다.

독일에서 K스포츠재단의 움직임을 포착하다

최순실 모녀의 독일 행적이 조금씩 손에 잡히고 있지만 두 모녀에게 다가가는 길은 쉽게 열리지 않았다. K스포츠재단 노승일 부장은 그 시점에서 최찾사의 눈에 처음 포착된 인물이다. 그가 이후 최순실 국정농단 사건에 관한 국회 국정조사 특별위원회 청문회에 증인으로 나오면서 대중에게 낯설지 않은 이름이 됐지만, 최찾사의 독일 취재 당시엔 베일에 가려 있었다. 그의 이름은 정유라가 승마협회에 제출한 '국외 훈련 승인 요청서'에 등장한다. 정유라는 이 요청서에 노승일을 자신에게 승마훈련장을 제공한 사람이라고 밝힌 뒤 노승일의 독일 현지 주소와 서명이 들어간 '훈련장 사용 확인서'를 첨부했다. 이 서류엔 'Noh-soongil'이란 영문 이름만 있을 뿐 직함이나 소속 회사가 적혀 있지 않았다.

이 영문 이름 앞에서 송호진은 세 가지 가능성을 떠올렸다. 그가 K스포츠재단 직원이란 사실을 확인한다면 최순실 일가를 위해 이 재단의 돈과 인력이 독일에 투입된 사실이 처음 드러날 것이다. 그가 K스포츠재단 직원이 아니더라도 정유라의 훈련장 제공에 깊숙이 관여했으니 적어도 그는 최순실 모녀의 독일 행적을 소상히 아는 인물임이 틀림없다. 희박하지만 어쩌면 정유라는 노승일의 주소라고 밝힌 곳에 있을지도 모른다.

노승일의 주소지로 다가서던 자동차 내비게이션의 안내가 인적이 드문 2차선 도로 위에서 멈췄다. 목적지 앞에 정확히 도착하는 그간의 안내와 달랐던 탓에 송호진은 잠시 고개를 갸우뚱했다. 낮은 구릉을 지나서 차를 앞으로 더 뺀 순간 송호진은 정유라가 이곳에 거주할지 모른다고 착각할 정도의 풍경과 맞닥뜨렸다. 2차선 도로를 가운데 두고 오른쪽엔 골프장, 왼쪽엔 정유라의 승마 종목인 마장마술 등을 훈련할 수 있는 승마장이 여러 개 딸린 단독주택 세 채가 펼쳐졌다. 이곳이 정유라가 노승일의 주소지로 밝힌 곳이었다.

하지만 이곳에는 노승일도 최순실 모녀도 없었다. 단독주택 세 채 인근의 레스토랑에 가서 물어보니, 직원들은 "세 채 중 한 채는 러시아인이, 다른 두 채에는 독일인들이 살고 있다. 한국 사람은 보지 못했다"고 알려줬다. 세 채를 모두 방문하니 그 말이 사실이었다. 이상한 노릇이었다. 승마장이 딸린 주택이란 점은 더욱 이곳에 대한 미련을 끊지 못하게 했다.

다음 날 단독주택 세 채 전체의 실소유주 아들을 만나 "우리는 한 번도 다른 사람에게 집을 판 적이 없다"는 말을 듣고 나서야 정유라가 기록한 노승일의 주소가 허위란 걸 알았다. 노승일의 독일 현지 휴대전화로 수차례 통화를 시도했지만 받지 않았다.

노승일의 거주지를 허위로 작성해 숨긴 이유는 뭘까. 노승일의 신분이 드러나면 최순실 모녀에게 불리한 이유가 있어서일 것이다. 노승일이 K스포츠재단의 직원으로서 정유라의 승마훈련장뿐 아니라 최순실 모녀의 독일 생활을 밀착해 챙긴 인물일 수 있다는 강한 심증 하나가 보태졌다.

문제는 노승일과의 접촉이 막히면서 최순실 모녀에게 향하는 길이 또 끊어진 점이었다. 송호진은 지금까지 건진 조각들을 재배열해 한 문장으로 만들어보았다. '최근까지 프랑크푸르트 일대에 있었으며, 한겨레의 최순실 게이트 보도 시점 이후부터 정유라가 승마장에 나타나지 않았고, 노승일 등 최씨 모녀를 독일에서 돕는 직원 또는 조력자들이 있으며, 이곳

에서 호텔을 샀다.'

'호텔'이란 단어가 다시 또렷하게 눈에 띄었다. 취재의 재출발은 호텔이란 단어에서 시작할 필요가 있었다. 최순실이 호텔을 샀다면 현지 부동산 중개업체를 거쳤을 것이다. 물론 최순실은 직접 호텔 구입에 나서지 않았을 것이다. 호텔 문의와 자금 조달을 누군가 지원했을 것이다. 여기에 K스포츠재단이 끼어 있다면 '최순실과 K스포츠재단'이 사실은 한 몸이라는 구체적 증거가 확인될 것이다. 송호진은 독일 교민의 도움으로 교민신문에 광고를 내는 대표적인 프랑크푸르트 일대 부동산 중개업체들의 전화번호를 얻어 통화를 시도했다. 이 통화는 한국에 있던 하어영과 분담해서 이뤄졌다.

"네? 박헌영 과장이 왔었다고요?" 한국에서도 동시에 독일의 한인 부동산 중개업체에 전화를 걸던 하어영의 목소리가 묘한 흥분에 휩싸였다. 야근을 하던 김의겸, 류이근, 방준호는 하어영의 목소리가 커지자 "아! 드디어 걸렸구나" 하고 직감했다. 김의겸은 눈짓으로 류이근, 방준호를 밖으로 불러냈다. 하어영이 마음 편하게 통화할 수 있도록 자리를 비워준 것이다.

한겨레가 독일 취재를 시작하면서 주목한 또 한 명의 인물이 박헌영 K스포츠재단 과장이었다. 박헌영도 국회 국정조사 특별위원회 청문회에 증인으로 출석하면서 얼굴이 공개됐지만 한겨레의 독일 취재 시점에선 알려지지 않은 이름이었다. 한겨레가 입수한 K스포츠재단 이사회의 2016년 5월 회의록을 보면, 박헌영은 그해 4월 3일부터 4월 14일 사이에 독일 현지조사를 다녀온 것으로 이사회에 보고했다. 한겨레는 박헌영이, 정확히 말해 한국의 K스포츠재단 직원이 2016년 4월을 포함해 여러 차례 독일에서 최순실 모녀와 관련한 일을 진행했을 것이란 가설을 세웠다.

그 가설은 사실로 입증되고 있었다. 하어영이 통화한 한 한인 부동산 중개업체의 대표가 "회장님(최순실)이 호텔을 구할 때 박헌영이란 사람이 찾아왔다"고 얘기한 것이다. 부동산 중개업체 대표는 'K스포츠재단'이란 박헌영의 소속 회사명도 기억하고 있었다. 그의 입에서 또 하나의 낯익은 이름이 튀어나왔다. 노승일이었다. 최순실이 호텔을 구하는 초반부터 노승일이 다른 직원들과 함께 찾아와서 호텔 문의를 했다는 것이다. 최순실 모녀가 노승일의 주소를 허위로 기록해 신분을 가려준 이유도 명확해졌다. 노승일이 최순실 모녀의 독일 생활을 폭넓고 깊숙이 돌보는 핵심 인물이기 때문이었다.

2016년 10월 15일 토요일 늦은 오후, 프랑크푸르트 인근의 한 외곽 도시 전철역 앞에서 송호진이 그 부동산 중개업체 대표를 다시 만났다. 보통 낯선 기자를 만나면 조심스러운 반응을 보이는데 그는 그러지 않았다. 그는 기자가 사겠다는 커피 한잔도 마다했다. 오히려 그는 진실의 큰 그림을 맞출 수 있도록 자신이 가진 몇 개의 조각을 기꺼이 끄집어냈다.

그는 최순실을 '회장님'이라 불렀다. 최순실 수행원들이 최순실을 그렇게 불렀기 때문이다. 최순실은 박헌영, 노승일 등에게 먼저 호텔을 점검하게 한 뒤 해당 호텔이 괜찮은지 직접 가서 보기도 했다. 최순실이 직원들을 앞세워 호텔을 알아본 시기는 2015년 12월부터 2016년 1월 사이였다고 부동산 중개업체 대표는 기억했다. 최순실이 부동산 중개업체 대표에게 직접 전화를 걸어 "좋은 물건(부동산)이 있느냐"고 물은 적도 있었다. 하지만 다시 그 번호로 전화를 걸면 통화가 되지 않았다고 했다. 전화가 여러 대이거나 번호를 수시로 바꾸는 것 같다고 그는 짐작했다.

하지만 그가 주선한 호텔은 계약이 성사되지 못했다. 최순실은 프랑크푸르트 외곽 도시에 있는 20억 원가량의 3층짜리 호텔(약 300평 규모)을 직접 봤으나 가격이 안 맞아 구매를 접었다. 1층에 상가가 있는 호텔이었다. 현지 부동산 중개업체 사이에선 "가격 문제라기보다 외부로부터 더 차단된 거처를 원했던 게 아닌가 싶다"는 얘기도 나왔다.

이제 한겨레가 독일 취재를 시작할 때 가졌던 목표 중 하나가 완성됐다. "프랑크푸르트 쪽에 호텔을 샀다고 들었다"는 승마장 직원의 말은 "호텔을 알아볼 때 K스포츠재단 직원이 회장님(최순실)과 동행했다"는 부동산 중개업체 대표의 말과 하나로 연결됐다. '회장님'으로 불린 최순실이 K스포츠재단의 실질적 소유자였고, 재단은 최순실 모녀를 위해 복무한 사실이 확인된 것이다.

한겨레가 2016년 10월 17일 1면에 쓴 기사 「K스포츠, 최순실 딸 독일 숙소 구해주러 동행했다」는 이렇게 나왔다. 청와대의 압력으로 대기업들이 돈을 내서 만든 재단이 독일에서 최순실·정유라 모녀를 위해 구체적으로 움직인 증거가 처음 세상에 드러났다. 또 같은 날 다른 기사(「최순실 딸 '그림자 보좌' 노승일」)들은 노승일과 박헌영 등 K스포츠재단의 직원들

K스포츠, 최순실 딸 독일숙소 구해주러 동행했다

최순실, 재단 과장과 현지직원 10명쯤 대동
재단 설립된 지난 1월 전지훈련용 숙소 물색

케이(K)스포츠 재단이 최순실(60)씨의 딸 정유라(20)씨의 독일 전지훈련 숙소를 구해주기 위해 최소한 두 차례 재단 직원을 독일 현지에 파견한 것으로 확인됐다. 이에 앞서 최씨는 자신이 다니던 스포츠마사지센터의 원장을 재단 이사장에 앉힌 것으로 드러난 바 있다. 이에 따라 '남북 체육교류' 등을 내걸고 대기업으로부터 288억원을 거두어 설립된 재단이 사실은 최씨 딸의 승마 훈련을 지원하기 위해 만들어진 것 아니냐는 의혹이 제기되고 있다. ▶관련기사 2·3면

16일 <한겨레>의 취재를 종합하면, 최순실씨는 지난 1월 독일에서 딸 정씨가 살 집을 구입하기 위해 직접 나섰으며 당시 케이스포츠 재단 직원인 박아무개 과장과 현지 직원 여러명이 최씨를 수행했던 것으로 나타났다.

이들의 부동산 거래내역을 잘 아는 프랑크푸르트 현지인은 <한겨레>와 만나 "최순실씨와 그를 '회장님'으로 부르는 직원 10명가량이 승마선수 전지훈련 숙소용 호텔을 구한다고 돌아다녔다. 직원들 중에는 한국에서 나온 사람들도 있었고 독일어를 잘하는 현지 동포도 있었다"며 "미리 직원들이 알아보고 다니고 그 뒤에 최 회장이 직접 호텔을 보러 갔다"고 말했다.

이 현지인은 당시 동행한 인물 가운데 노승일씨와 박 과장의 이름과 인상착의를 정확히 기억하고 있었다. 노씨는 정씨가 제출한 '국가대표 훈련 촌외(국외) 훈련 승인요청서'에서 독일에서 마장을 운영하는 인물로 등장한다. 박 과장은 케이스포츠 재단의 인재양성본부에 소속된 직원인 것으로 확인됐다. 이들이 호텔을 구하던 1월은 케이스포츠 재단이 설립(1월13일)되던 때로 재단 설립과 최씨 딸에 대한 지원이 거의 동시에 이뤄졌음을 보여준다.

호텔을 물색한 1월뿐만 아니라 호텔을 구해 이사하는 과정에서도 케이스포츠 재단의 지원이 있었던 것으로 보인다. 김병욱 더불어민주당 의원실에 제공한 지난 5월13일치 '재단법인 케이스포츠 이사회 회의록'을 보면, 1월 프랑크푸르트에 나타났던 박 과장이 4월3~14일 '해외전지훈련장에 대한 협의'를 위해 다시 독일에 출장을 다녀온 것으로 기록돼 있다.

박 과장의 독일 출장 직후인 5월 최씨의 딸 정유라씨는 자신을 지원·관리하는 10명가량의 직원과 함께 애초 거처인 프랑크푸르트 인근의 에거호프 승마장을 떠났다. 정씨는 프랑크푸르트 북쪽에 위치한 방 20개 안팎의 호텔을 구해 이사했다. 이 호텔은 손님을 받지 않은 채 정씨와 지원인력이 거주하고 있는 상태로 알려져 있으며, 정확한 위치는 확인되지 않고 있다.

이와 관련해 박 과장은 <한겨레>와의 통화에서 "(독일 출장은) 환경이 어려운 선수들을 지원할 수 있는 사업을 알아보기 위해 다녀온 것"이라고 답했다. 정씨가 살고 있는 호텔 구입비용이 재단에서 나온 것인지에 대해서도 재단 쪽은 답변을 거부했다. 최순실씨와 가까운 체육계 인사들은 "최씨가 오래전부터 딸이 2020년 도쿄올림픽에서 금메달을 딸 수 있도록 지원하는 재단을 만들겠다고 말해왔다"고 전했다.

프랑크푸르트/송호진 기자, 하어영 기자 haha@hani.co.kr

최순실 딸 훈련했던 독일 승마장 최순실씨 딸 정유라씨가 9월까지 승마훈련을 했던 호프구트 승마장의 지난 11일 모습. 정씨는 10월 들어 훈련을 중단한 상태다. 이 승마장은 독일 프랑크푸르트 외곽 리더바흐시에 있다. 프랑크푸르트/송호진 기자 dmsong@hani.co.kr

미르·K로 수세몰린 여, '송민순 회고록' 대공세

새누리, TF꾸려 장기전 태세
더민주 "권력 비리 덮으려해"

'송민순 회고록' 논란이 정국의 암초로 떠올랐다. '미르·케이(K)스포츠재단 의혹' 수세 국면에서 벗어나려는 새누리당의 공격과, '색깔론'에 말려들지 않겠다는 야권의 역공이 정면으로 충돌하고 있다. ▶관련기사 6·8면

이정현 새누리당 대표는 16일 서울 목동운동장에서 열린 이북도민 체육대회 축사에서 더불어민주당의 유력 대선주자인 문재인 전 대표를 겨냥해 "다시는 정부에서 일할 수 없도록 하겠다"고 날을 세웠다. '노무현 정부가 2007년 유엔의 북한인권결의안 표결에 기권하기 전 북한의 의견을 물었다'는 송민순 전 외교통상부 장관의 회고록을 근거로 당시 대통령 비서실장이었던 문 전 대표를 공격한 것이다. 이 대표는 전날에도 "적을 하고 내통했다"고 비난했다. 새누리당은 이날 의원 15명 규모의 '유엔 북한인권결의안 대북 결재사건 태스크포스(TF)'를 꾸리는 등 장기전 태세를 갖췄다.

이에 문 전 대표는 페이스북에 "(이 대표의 주장은) 대단한 모욕"이라고 비판하고, 과거 북풍·총풍 사건 등을 언급하며 "내통이라면 새누리당이 전문 아닌가"라고 맞받았다. 박경미 더민주 대변인도 "새누리당이 연일 터져 나오는 권력형 비리를 덮으려고 지푸라기를 잡은 것"이라며 "(박정희 정권 시절인) 1972년 7·4 남북공동성명을 탄생시키기 위해 이뤄졌던 비밀접촉들을 우리 당은 결코 내통이라고 폄하하지 않는다"고 꼬집었다.

문 전 대표의 대변인 격인 김경수 더민주 의원은 기자회견을 열어 "당시 남북정상회담 직후 다양한 대화가 이뤄지던 시점이어서, '기권' 입장을 (정한 뒤 사후에) 북에 통보하기로 했던 것"이라며 "북에 물어볼 필요도, 이유도 없었다"고 밝혔다. 석진환 기자 soulfat@hani.co.kr

청와대의 압력으로 대기업들이 돈을 내서 만든 재단이 독일에서 최순실·정유라 모녀를 위해 구체적으로 움직인 증거가 처음 세상에 드러났다. 2016년 10월 17일 1면.

이 독일에서 최순실 모녀를 위해 어떻게 움직였는지를 처음 수면 위로 끌어올렸다. 이들 기사는 최순실 게이트의 무대와 다른 언론사의 관심을 한국에서 독일로 확장하는 중대한 계기가 됐다. SBS가 가장 먼저 파리 특파원을 급히 프랑크푸르트로 보낸 것을 시작으로 거의 모든 언론사들이 독일 현지 취재를 위해 앞서거니 뒤서거니 기자를 보내기 시작했다.

최순실의 호텔

최순실로 향하는 길에 드리운 안개는 여전히 걷히지 않고 있었다. 최순실과 접촉한 부동산 중개업체를 찾았으나 이 업체

가 실제 계약을 성사시키지 못했기 때문이다. 별수 없었다. 송호진은 프랑크푸르트 북쪽 마을 오버우어젤, 쾨니히슈타인 등에 산재한 호텔들을 일일이 찾아나섰다. 최순실 일행이 있는지, 주인이 한국 사람으로 바뀌었는지, 최순실 모녀를 본 적이 있는지 등등을 확인하는 작업을 진행했다. 최순실 모녀는 비밀의 성에 숨은 듯 쉽게 모습을 드러내지 않았다. 일반 교민들 사이에서도 그들의 거처를 알 만한 뚜렷한 정보가 흘러다니지 않고 있었다. 나중에 안 사실이지만 최순실은 독일에서 독일 주재 한국법인장들, 독일 현지 페이퍼컴퍼니 회사의 직원들과 숨은 조력자들, 삼성 등 대기업 인사들을 중심으로 사람을 만났기 때문에 그의 행적은 교민 사회에 거의 드러나지 않았다.

프랑크푸르트 일대 호텔을 수소문하며 최순실 모녀를 찾던 중 최순실의 호텔일 법한 곳에서 일했다는 조선족 여성이 있다는 사실을 우연히 알게 됐다. 이 조선족 여성과 사귀는 40대 조선족 남성을 잠시 고용했던 호텔에서 얻은 뜻밖의 정보였다. 그 조선족 여성은 극소수의 다른 조선족 사람들에게 "방 20개가 안 되는 호텔인데 이상하게 손님을 받지 않는다. 이 호텔 주인의 딸(정유라)이 스무 살가량 되는데 승마를 하고, 개와 고양이를 엄청 많이 기른다"고 얘기했다고 한다. 이 조선족 여성한테 직접 들었다는 다른 조선족 사람은 기자에게 "한국에서 데려온 보모가 그 딸(정유라)의 아기를 키우고 있다"고 말했다. 최순실의 호텔이 분명했다. 그 조선족 여성은 이 호텔을 숙소 겸 사무실로 쓰는 최순실 모녀의 독일 지원단(8~10명가량)의 식사와 청소를 거들고 있었다.

하지만 이 조선족 여성은 주변 사람들에게 호텔이 프랑크푸르트 북쪽 오버우어젤 근처에 있다고 말할 뿐 위치를 정확하게 말하진 못했다고 한다. 가끔 자신의 집에 다녀갈 때 최순실의 직원들이 차로 데려다주고 데려오곤 했기 때문이다.

그래도 이 여성과 접촉한다면 최순실·정유라 모녀의 독일 내 주요 근거지인 호텔과 독일 생활의 일면을 드러낼 수 있을 듯 보였다. 이 조선족 여성의 전화번호를 구해 통화를 시도했지만 그는 한국말을 할 줄 알면서도 중국어로 기자를 응대하며 전화를 끊었다. 이 여성의 남자친구가 일하는 프랑크푸르트 시내 한식당에도 이틀에 걸쳐 찾아가 설득했지만 소용없었다. 그 남성은 "자신은 아무것도 모른다"며 입을 닫았다.

아쉬운 순간이었지만 소득이 없는 것도 아니었다. 최순실·정유라 모녀의 독일 현지 지원단의 규모(8~10명가량)가 골격을 드러낸 것이다. 이들이 손님을 받지 않은 채 호텔을 숙소 겸 사무실로 사용하며 최순실·정유라 모녀를 위해 일한다는 것도 알려지지 않은 사실이었다.

한겨레는 2016년 10월 18일 1면과 4면에 최순실·정유라 모녀가 프랑크푸르트 외곽 북쪽에 호텔을 마련해 다른 직원들과 함께 지내왔다는 내용을 처음 공개한 송호진 기자의 「최순실·정유라 추적기」 1탄을 내놓았다. 최순실·정유라 모녀의 거처에 거의 접근했다가 멈춘 기사였지만 감춰져 있던 모녀의 독일 행적을 처음 드러냈다는 점에서 의미 있는 르포 기사였다. 이 기사는 다른 언론의 독일 취재를 촉발하는 결과로 이어졌다.

독일 '비밀의 성'에 꼭꼭 숨은 최순실 모녀

독일 프랑크푸르트에서 최순실(60), 정유라(20) 모녀를 찾아 나선 4박5일 여정은 쉽지 않았다. 물어 물어 찾아가 보아도 이미 홀연히 사라져버렸거나, 다시 막막한 길과 맞닥뜨렸다. 분명히 그들을 본 사람들은 있는데 어디에서 사는지는 아예 모르거나 입을 굳게 다물었다. 엄마와 딸이 자신들의 흔적이 새어나가지 않도록 겹겹이 성벽을 쌓고 있기 때문이다. 그래도 알아낸 건 있다. 정유라씨는 20개 안팎의 방이 딸린 호화로운 저택에 사는데 외부인의 출입을 철저하게 차단하고 있다. 이 큰 집엔 정씨 외에도 한국에서 데려온 그의 보모, 정씨를 지원하는 8명 안팎의 사람들, 이들 정씨 지원단의 식사와 청소를 거드는 여성이 함께 지내는 것으로 <한겨레>의 독일 현지 취재 결과 확인됐다.

정씨를 돕는 8~10명가량의 지원단은 통역, 운전 등 여러가지 일을 하고 있으며 독일 현지에서 고용된 사람도 있고 서울에서 온 사람도 있는 것으로 알려졌다. 정씨가 사용하는 말과 그가 아끼는 10마리 정도 개를 보살피는 것도 정씨 지원단의 주요 일이라고 '최씨 모녀'의 거처 사정을 아는 이가 전했다. 최순실씨가 이 집에 지금도 상주하는지는 정확히 알려지지 않았다.

▶4면으로 이어짐

dmzsong@hani.co.kr

정유라씨가 대한승마협회에 제출한 독일 훈련 사진.

올 5월 '호텔 샀다'며 이사…"9월까지 승마장 나왔다"

(미르–K 재단 의혹 보도 사례)

최순실·정유라 추적기

프랑크푸르트 / 송호진 기자

▶1면에서 이어짐

예거호프 승마장 사택서 거주하다
프랑크푸르트 북쪽 지역으로 옮겨
최씨 전화 받았던 부동산 업자
"나중에 전화했더니 연결 안돼"
한 교민 "새 거처 알려 하지 말라"

9월까지 호프구트 승마장 훈련
승마장 직원 "엄마도 종종 왔다"
보도 나간 뒤부터 종적 감춘듯

지난해 10~12월 최순실씨의 딸 정유라 선수가 독일 예거호프·호프구트 승마장에서 훈련받는 모습. 정 선수 측은 대한체육회에 이 사진을 증명용으로 제출했다.

'최씨 모녀'는 거처가 누설되지 않도록 보안유지에 철저했다. 이 집에서 허드렛일을 하는 직원이 가끔 바깥출입을 해야 할 경우 정씨의 지원단 일행이 차에 태워 데려다주고 데려오곤 했다. 동양인이 많지 않은 이 지역에서 대중교통을 이용할 경우 여러 사람의 눈에 띌 것을 우려한 것으로 보인다. 입단속도 시킨 것으로 보인다. 이 집의 사정을 잘 아는 프랑크푸르트의 한 40대 남성에게 위치를 물었지만 "알려고 하지 말라. 모르는 게 더 좋을 거다"라며 입을 닫았다. '최씨 모녀'의 거처는 독일 헤센주에서 가장 큰 도시인 프랑크푸르트의 북쪽 외곽에 있으며 기자가 상당히 거리를 좁혀보기도 했으나 끝내 찾지는 못했다. 거처를 꽁꽁 숨긴 이들을 두고 독일의 한 교민은 고개를 저으며 짧게 말했다. "꼭 비밀의 성 같다."

<한겨레>는 지난 12일부터 16일까지 독일 …

최순실·정유라 모녀의 거처에 거의 접근했다가 멈춘 기사였지만 감춰져 있던 모녀의 독일 행적을 처음 드러냈다는 점에서 의미 있는 르포 기사였다. 이 기사는 다른 언론의 독일 취재를 촉발하는 결과로 이어졌다. 2016년 10월 18일 1면과 4면.

송호진이 문턱까지 갔던 그 호텔은 며칠 뒤에야 모습을 드러냈다. SBS가 최순실의 독일 현지 페이퍼컴퍼니인 '비덱스포츠'와 '더블루케이'의 존재를 한국에서 찾아내고, 이 회사들의 주소가 모두 프랑크푸르트 북쪽의 작은 마을 슈미텐의 '비덱 타우누스 호텔'로 등록된 사실을 발견한 것이다. 프랑크푸르

마을을 내려다보는 곳에 자리 잡은 비덱타우누스 호텔. 호텔 문은 굳게 잠겨 있었다. 호텔에서 발견한, 한국에서 온 직원들이 먹고 버린 식품 포장지 쓰레기들. 취재진을 피해 황급히 떠난 흔적이 역력하다.

트 일대를 감싸는 타우누스 산줄기를 넘으면 나오는 작은 마을에 그 호텔이 있었다. 그동안 송호진이 호텔을 찾기 위해 접근한 지역에서 겨우 10킬로미터 정도 더 들어간 곳에 있는 마을이었다.

비탈길에 자리 잡은 이 호텔의 객실은 마을의 아래 풍경을 전망으로 삼고 있었다. 그러나 최순실 관련자들은 종적을 감

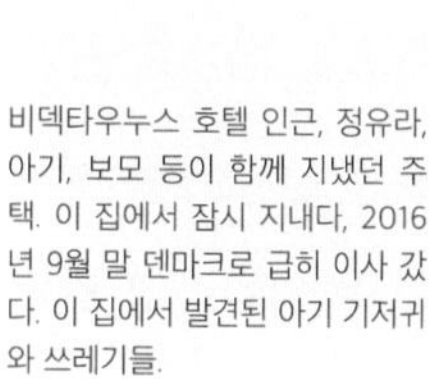

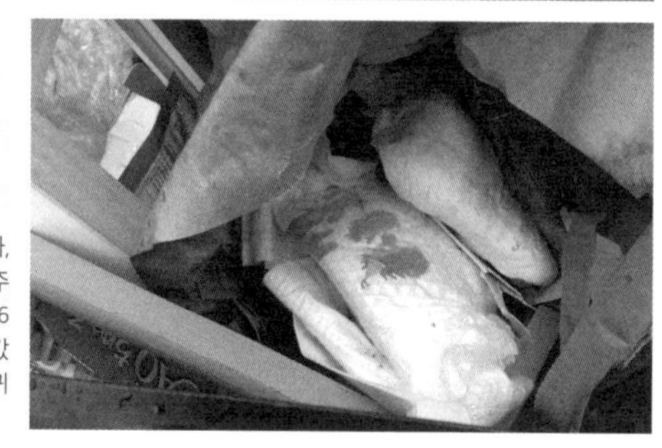

비덱타우누스 호텔 인근, 정유라, 아기, 보모 등이 함께 지냈던 주택. 이 집에서 잠시 지내다, 2016년 9월 말 덴마크로 급히 이사 갔다. 이 집에서 발견된 아기 기저귀와 쓰레기들.

춘 뒤였다. 호텔 간판도 보이지 않았다. 창문 너머 불 꺼진 호텔 식당에는 한국에서 많이 쓰는 전기밥솥이 놓여 있었다. 유일하게 문이 열려 있는 지하 창고에 남겨진 쓰레기봉투에는 사골만둣국 2인분을 끓일 수 있는 사골곰탕 봉투 두 개, 김, 커피믹스 등 한국 식품 포장지들이 들어 있었다. 최순실·정유라 모녀를 돕던 직원들이 최근까지 남아 뒷정리를 하다가 급히 떠난 듯 보였다.

이 호텔에서 멀지 않은 곳에 정유라와 그의 아기, 보모가 잠시 살았던 또 다른 집도 발견됐다. 정유라는 이 집의 쓰레기통에 이화여대 학사 관련 자료 등을 버리고 떠난 뒤였다. 자신의 이화여대 입학과 학점을 둘러싼 특혜가 크게 불거진 직후여서 이화여대와 관련해선 조심할 법도 한데 정유라는 개의치 않은 듯했다. 한국 취재진이 쉽게 발견할 수 있는 마당 쓰레기통에 이화여대 학사 자료를 보란 듯이 버리고 사라진 것이다. 집 안쪽에는 미처 챙기지 못한 아기 신발 등이 쌓여 있었다.

삼성, 최순실 독일 법인에 매달 80만 유로를 송금하다

정유라는 사라졌지만 최순실은 거꾸로 2016년 10월 27일 세계일보 인터뷰를 통해 모습을 드러냈다. 언론 가운데 가장 먼저 독일에서 최순실의 행방을 찾던 한겨레로선 '놓친 인터뷰'가 아쉬울 수밖에 없었다. 하지만 인터뷰는 최순실의 해명에 무게가 실린 내용이었다. 세계일보가 인터뷰한 지역을 '헤센'이라고 표기한 것도 눈에 띄었다. 헤센은 독일의 16개 주 가운데 하나다. 한국 지역명으로 바꿔 말하면, 최순실과 인터뷰한 지역을 성남이나 수원이 아니라 '경기도'라고 포괄적으로 쓴 것과 같다. 최순실의 요청이 있었는지 몰라도 그의 소재지가 압축되지 않도록 끝까지 가려준 셈이 됐다.

최찾사가 독일 취재를 시작하면서 중요한 목표로 삼았던

'최순실과 삼성의 유착 관계'는 2주 남짓의 현지 취재가 끝날 무렵이 되어서야 골격이 드러났다. 최순실의 독일 현지 회사의 전직 직원에게 직접 들었다는 한 교민은 송호진에게 삼성과 최순실의 관계를 이렇게 설명했다.

"최순실의 독일 법인 계좌로 삼성의 돈이 들어왔다고 한다. 매달 80만 유로(약 10억 원)에 가까운 돈이었다. 2015년 11월께 최순실의 독일 회사에 합류한 어떤 직원은 삼성에서 돈이 들어오는 것을 알고 '왜 삼성에서 이런 돈을 보내지?'라며 의아해했다고 한다. 매달 풍족한 돈이 들어와 최순실 회사에서 돈을 마구 썼다고 들었다."

송호진은 영수증 처리 등을 맡은 그 전직 직원을 어렵게 찾아 접촉했다. 그는 "내가 아는 건 제한적이다"라며 언급을 피하려 했지만 자신이 주변에 얘기한 삼성의 송금 사실을 크게 부인하지도 않았다. 한겨레는 11월 3일에 「삼성, 최순실 씨 독일 법인에 매달 80만 유로 보냈다」 기사를 실을 수 있었고, 이 기사는 검찰이 삼성에 대한 수사 방향을 잡는 자료가 되었다.

최순실 회사와 삼성의 관련성은 최순실이 독일 법인 설립을 준비하던 2015년 5~6월께부터 이미 극소수 교민들에게 알려진 상태였다. 한 교민은 "당시 최순실의 의뢰를 받은 사람으로부터 최순실의 독일 회사 법인장 면접에 응해보라는 연락을 받았다. 그때 그 회사가 '말과 관련된 사업을 하며 삼성이 후원한다'는 말을 들었다"고 밝혔다.

한겨레도 뒤늦게 안 사실이지만, 최순실 모녀는 한겨레를

"삼성, 최순실씨 독일 법인에 매달 80만유로 보냈다"

〈코레스포츠〉

최씨 현지법인 전 직원쪽 증언
280만유로와 별도인지 확인 안돼
삼성 "매달 송금 사실 아니다"
검찰 "직접 돈 준 기업은 삼성 하나"
딸 정유라씨 말값·훈련비 충당 추정

삼성이 최순실씨가 독일에 만든 법인에 매달 80만유로(약 10억원)를 송금했다는 증언이 나왔다.

코레스포츠 전 직원 ㄱ씨의 지인은 최근 "ㄱ씨가 최순실씨의 독일 회사에서 일했는데, '입사 전부터 매달 80만유로 정도를 삼성에서 송금해오고 있었다. 삼성이 보낸 돈을 써야 다음달에도 받을 수 있어서 회사에서 돈을 막 썼다'고 말했다"고 〈한겨레〉에 밝혔다. 또 "ㄱ씨가 '삼성 계열사 사장이 최씨의 현지 법인 사무실이 있는 독일 슈미텐의 호텔에도 들러 최씨를 만나는 걸 봤다'는 말을 했다"고 전했다.

ㄱ씨는 최씨가 독일에 세운 법인들 중 한 곳에서 지난해 말부터 올해 초까지 일하며 실무 전반을 맡았다고 한다. 그는 최씨의 독일 생활을 도와준 국내 은행 독일법인장 소개로 입사한 것으로 전해졌다. ㄱ씨는 〈한겨레〉의 확인 요청에 "나는 아는 게 제한적이다"라면서도 발언 사실을 부인하지는 않았다.

이와 관련해 서울중앙지검 특별수사본부는 삼성전자가 지난해 하반기 최씨가 독일에 만든 코레스포츠(현 비덱스포츠)에 컨설팅비 명목으로 280만유로(약 35억원)를 송금한 내역을 확보해 수사를 벌이는 것으로 알려졌다. ㄱ씨가 밝힌 월 80만유로 규모의 송금액이 280만유로에 포함되는지, 아니면 별도의 돈인지는 확인되지 않았다. 삼성그룹 관계자는 "매달 80만유로를 송금했다는 것은 사실이 아니다"라고 했다.

삼성그룹 계열사들이 미르재단이나 케이(K)스포츠재단에 204억원을 출연한 사실이 드러난 데 이어 최씨 쪽에 직접 돈을 제공한 혐의가 불거지면서 '지원' 동기와 규모에도 수사의 초점이 향할 것으로 보인다. 검찰 관계자는 2일 두 재단에 출연한 기업들 가운데 "최씨 쪽에 직접 돈을 건넨 기업은 지금까지 확인된 곳은 삼성 하나"라고 말했다.

삼성은 그동안 최씨 딸 정유라씨가 유럽에서 '삼성팀'이라고 밝히며 활동했고, 10억원대로 추정되는 말 '비타나V'나 승마연습장을 정씨를 위해 구입했다는 유럽 승마전문지 등의 보도에 대해 사실무근이라고 해명해왔다. 박상진 삼성전자 사장이 지난해 3월 대한승마협회장을 맡은 것도 그룹이 아니라 개인적 차원의 일이라고 설명했다.

그러나 검찰의 계좌추적 등을 통해 삼성이 그동안 사실과 다른 해명을 한 것이 드러나고 있다. 삼성은 2일에는 "수사에 협조하겠다"고 밝히며 "말 관리와 선수 육성 등의 컨설팅 비용"을 최씨 회사에 지급한 사실을 부인하지 않았다. 앞서 최씨 모녀가 머물렀던 독일 프랑크푸르트 주변 승마장 소유주가, 삼성이 2020년 도쿄올림픽 승마선수 육성에 2000만유로(약 254억원)를 지원하기로 했다는 정씨 쪽 말을 들었다고 국내 언론에 밝혔다.

또 삼성이 정씨의 승마훈련을 위해 샀다고 유럽 언론이 보도한 독일 엠스데텐의 승마장은 문구업체 모나미의 계열사가 지난 2월 230만유로에 산 것으로 확인됐다. 그런데 모나미는 승마장 인수 사흘 전에 삼성전자로부터 99억원대 일감을 받았다.

이에 따라 삼성이 '비선 실세'를 통해 청와대 등의 '협조'를 구하려 한 것 아니냐는 의혹은 점점 짙어지고 있다. 삼성 쪽이 승마협회장을 맡은 것을 전후해 삼성은 이재용 삼성전자 부회장으로의 그룹 경영권 승계가 '발등의 불'로 떨어진 상황이었다. 그룹 출자

검찰은 삼성이 대한승마협회 지원을 대해 수사중이다. 사진은 지난 8일 오

구조 정리 작업도 해왔고, 삼
모직의 합병 과정에서 보듯
요 주주인 국민연금의 지원도
재계 관계자는 "대기업들 돈을

독일 현지 취재를 통해 삼성의 돈이 최순실의 독일 법인 계좌로 흘러들어왔음을 확인했다. 2016년 11월 3일 8면.

포함한 언론의 추적 속도보다 더 빠르게, 먼 곳으로 이동해 있었다. 딸 정유라가 잠깐 거주한 독일 슈미텐 단독주택의 이웃 여성이 2016년 10월 23일 송호진에게 장문의 독일어 전자우편을 보내왔다. 최순실 모녀 기사를 쓰는 한국 언론의 기사를 찾다가 송호진의 이메일 주소를 발견했다고 이 주민은 얘기했다. 그는 정유라가 기르던 개들이 위생적으로 관리되지 못한다고 판단해 동물보호운동가와 함께 동물 학대 가능성을 염두에 두고 정유라의 집을 관찰했다고 한다. 그러던 중 2016년 9월 27일에 벌어진 일이 그들의 눈에 포착됐다. 그들은 송호진에게 이메일에서 "9월 27일 그 집에 가구와 서류 상자 등이 쌓였고 이사업체 트럭이 짐을 싣고 갔다. 트럭은 덴마크 이사업체였다"는 내용을 전했다. 최순실 모녀 일행이 독일을

떠나 거처를 덴마크로 옮긴 정황이 이웃집 사람의 메모를 통해 제기된 순간이었다.

송호진은 그 이웃집 여성과 동물보호운동가를 만났다. 이들은 자신들이 기록한 이사업체 이름과 차량번호를 송호진에게 건네줬다. 해당 덴마크 이사업체에 문의한 결과 그들의 기록은 사실이었다. 이사업체는 "9월 27일에 그 차량이 (정유라가 거주했던) 슈미텐 집에서 덴마크로 짐을 옮겼다"고 확인해줬다. 다만 덴마크로 새로 이사한 곳의 주소를 알려줄 순 없다고 밝혔다. 이 이사업체는 덴마크 올보르 인근에 있다. 나중에 정유라가 현지 경찰에 붙잡힌 지역도 올보르였다. 한겨레가 정유라의 덴마크 이사를 확인한 이후 정확한 소재지를 더 빠르게 좁혀가지 못한 것은 아쉬움으로 남는다.

2016년 10월 말 한겨레의 독일 취재가 끝날 무렵 최순실 일행이 사라진 집을 둘러보고 나오는 송호진에게 우체국 직원이 말을 걸어왔다. 그 집에 우편물을 전하던 직원이었다. 어디선가 최순실 모녀에 관한 이야기를 전해 들은 듯했다. 그는 기자에게 "여기 사람들(최순실 모녀)이 돈을 얼마나 탈취한 거냐? 좋은 성과가 있기를 바란다"고 말했다. 그러나 송호진은 그에게 "지금 이 일은 거액의 돈을 탈취한 것보다 더 심각한 사안"이라는 사실을 차마 말해주지 못하고 돌아섰다.

8

최순실 게이트

"더블루케이의 회장은 최순실입니다"

수상한 법인들

최순실, 차은택과 얽힌 수많은 법인을 찾아내고, 이를 바탕으로 사람과 장소를 잇는 작업. 그건 미로를 헤매는 것과 같았다. 그런 고단한 작업이 초기 최찾사 사무실에서는 매일같이 이어졌다. 최순실의 사람과 사무실이 차은택으로, 더 나아가 이들 주변의 공직자로 연결됐다.

이후 검찰 수사 과정에서 최순실의 회사로 확인된 플레이그라운드는 차은택의 최측근이자 오랜 지인인 김홍탁이 대표를, 미르재단 사무부총장인 김성현이 사내이사를 맡았다. 이들의 이름은 이에 앞서 설립된 '모스코스'라는 회사에도 공동대표로 등장한다. 송성각 한국콘텐츠진흥원장이 대표로 있던 머큐리포스트는 차은택의 페이퍼컴퍼니 엔박스에디트와 법인 등기상 주소를 공유했다. 최순실의 측근인 고영태가 대표인

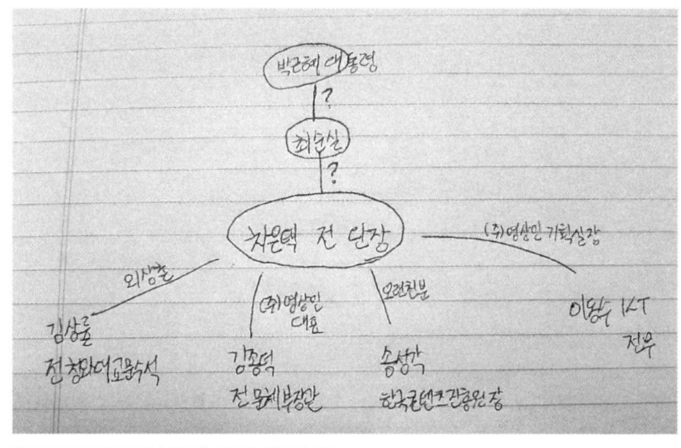

방준호가 손으로 그려본 차은택 주변의 인물 관계도.

코어플랜의 이사는 다시 모스코스의 이사로도 등장한다. 서로 얽히고 물린 게 재벌의 계열사 소유 구조보다 복잡하다.

법인의 위치는 강남구 신사동과 논현동 일대 반경 2킬로미터 안에 몰려 있다. 최찾사는 이곳을 '최순실 타운', 사실 그보다 더 자주 '우범지대'라고 불렀다. 부지런히 이 공간을 돌아다니며 모종의 '무언가'가 이뤄졌다. 무언가의 정체는 더블루케이가 등장하기 전까지 윤곽만 있는 상태였다. 더블루케이야말로 최순실과 차은택이 세운 수많은 법인들 가운데 핵심이었음이 나중에야 밝혀진다.

왜 이렇게 많은 법인이 필요했을까? "사업체를 만들어 정부나 민간영역의 사업에서 예산을 끌어오기 위한 목적으로 보인다"는 것이 취재 초기 최찾사를 도운 더불어민주당 손혜원 의원의 직감이었다. 청와대 홍보기획안인 '만인보'를 수주했던

송성각 한국콘텐츠진흥원장이 대표로 있던 머큐리포스트는 차은택의 페이퍼컴퍼니 엔박스에디트와 법인 등기상 주소를 공유했다. 머큐리포스트 건물.

플레이그라운드, 늘품체조 동영상을 만든 엔박스에디트, 포스코 계열 광고대행사 포레카 강탈을 위해 세운 모스코스 등을 통해 이런 직감은 하나하나 사실로 드러났다. 법인들은 최순실과 차은택이 만난 2014년 중순 이후 급증했다.

최찻사에서 이들 법인에 대한 전문가는 방준호였다. 수상한 법인이 등장할 때마다 방준호는 법인 등기부등본을 뗐다. 100개 가까운 법인 등기부등본이 방준호의 하드디스크에 쌓였다. 물망에 오른 인물들의 이름, 일치하는 장소가 등장하는 것들은 엑셀파일로 따로 저장했다.

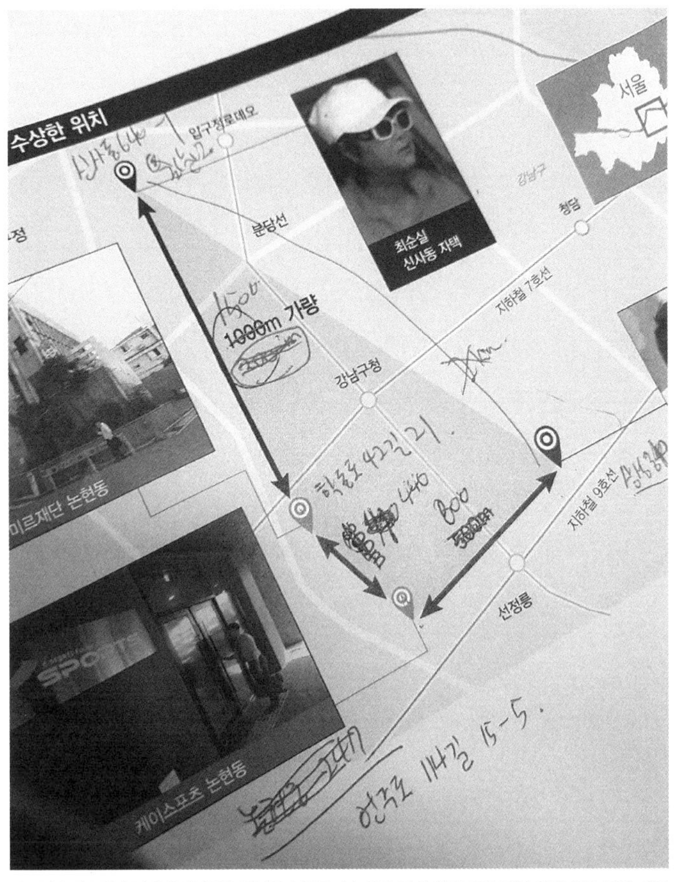

최순실과 차은택이 관계된 법인들은 강남구 신사동과 논현동 일대 반경 2킬로미터 안에 몰려 있다. 최찻사는 이곳을 '최순실 타운', 사실 그보다 더 자주 '우범지대'라고 불렀다. 방준호가 '최순실 타운' 그림을 수정 중이다.

어느 날 방준호는 자신의 컴퓨터와 머릿속에 들어 있던 법인들의 관계망을 사무실 벽면에 그려놓기 시작했다. 얽히고설킨 관계가 한결 이해하기 쉬워졌다. 하어영의 충고 덕이다. "누가 사무실에 찾아왔을 때도 말이야 이렇게 그려놓으면 일 열심히 한다는 느낌을 줄 수 있거든." 하어영이 특유의 장난기 어린 미소를 지으며 말했다.

당장 취재가 막힐 때마다 방준호는 물끄러미 벽면의 그림을 바라봤다. 복잡하고 답답한 실타래가 묘하게 정리되는 기분이 들었고 짧은 응시로 심신 안정의 효과도 얻을 수 있었다.

비덱스포츠와 더블루케이는 그럼에도 최찾사가 눈치채지 못했던 기업이다. 상상력이 부족한 탓이었다. 독일에까지 거미줄 같은 법인들의 관계망이 이어질 줄은 꿈에도 몰랐다. 정치부 이세영 기자를 통해 10월 16일 짤막한 제보가 최찾사에 들어오기 전까지 그랬다. "비덱스포츠와 더블루케이라는 독일 법인이 있다. 최순실 모녀의 소유다."

독일 법인 비덱스포츠와 더블루케이

이 제보의 해결사로는 류이근과 방준호가 선정됐다. 류이근은 10월 16일 아침부터 'WIDEC', 'THE BLUE K'란 이름을 들고서 신문사 6층으로 올라갔다. 거기엔 토요판 에디터를 맡고 있는 최우성 기자가 앉아 있었다. 류이근이 바쁜 그를 찾은 이유는 간단했다. 그는 독일 유학파다. 그에게 독일어 지원을 요청하려던 참이었다. 비덱스포츠와 더블루케이를 혼자 힘으로 알아보려던 류이근은 구글에서 온갖 검색을 해보았으나 결국 독일어의 벽을 넘지 못했다.

하지만 최우성도 도움이 되지 못했다. 한국 기업이라면 수수료 700원을 내고 대법원 인터넷등기소에서 법인 등기부등본을 떼어보면 간단하다. 독일 기업은 독일 쪽 사설 기업정보업체들이 만든 기업보고서를 봐야 했다. 의외의 어려움이 기다리고 있었다. 해외 결제가 쉽사리 이뤄지지 않았다. 이유는 간단했다. 거주지 주소 때문이었다. 최우성이 독일 유학 시절 머물렀던 집의 주소도 넣어봤으나 소용이 없었다. 영국으로 연수를 다녀온 김보협 기자의 주소와 신용카드도 무용지물이었다. 국장단이 쓰는 법인카드와 해외 결제용 신용카드 2~3개를 책상에 놓아두고 이리저리 궁리를 해보았으나 허사였다.

류이근은 보물함을 눈앞에 두고도 열지 못하는 답답함이란 게 이런 것이겠구나 하는 생각이 들었다. 류이근은 최우성에게 미안했다. 더 이상 시간을 뺏고 싶지 않았다. 그래서 독일에 머물고 있는 송호진 기자한테 부탁했다. 하지만 시차와 송호진의 개인적인 사정이 있어서 이마저도 쉽지 않았다.

역시 특급 소방수는 방준호였다. 류이근은 자신이 서툰 일을 주로 방준호에게 맡겼다. 그럴 때마다 방준호는 척척 해냈다. 매번 법원에서 등기부를 떼는 일도, 그걸 엑셀로 총정리하는 일도 그에게 시켰다. 방준호의 해결 능력을 놓고 선배들은 "준호가 젊어서일까 아니면 유능해서일까"라는 시답잖은 논쟁도 벌였다. 류이근은 다시 방준호에게 손을 벌렸다. 어디서 어떻게 하면 더블루케이와 비덱스포츠의 기업정보를 얻을 수 있는지 방법론을 가르쳐주고선 방준호에게 희망을 걸었다.

류이근에게는 그렇게 어렵던 일이 방준호에게 맡겨지자 신기하게도 풀려갔다. 방준호는 아마존에서 해외직구를 했던 기억을 떠올리며 하나하나 결제정보를 입력해봤다. 독일 쪽 사설 기업정보업체인 페이팔 계정에 등록한 뒤, 페이팔 결제를 클릭했고 주소란에는 독일 배송대행지의 주소를 넣었다. 결제에 성공했다.

"이게 뭐 때문에 된 건지는 모르겠는데 결제가 됐습니다." 방준호는 별거 아니라는 듯이 최찾사 선배들을 둘러보며 말했다. "이야 대단해, 잘했어!" "해냈구나." "역시 방준호!" 김의겸과 류이근 그리고 하어영, 골머리를 앓던 최찾사 기자들 모두 환호성을 터뜨렸다. 방준호는 멋쩍게 웃었다. "그냥 결제가 됐을 뿐인데요." 이렇게 막혔던 게 한 번씩 뚫릴 때마다 최찾사 사무실 분위기는 한결 가벼워진다.

비덱스포츠의 등기부에는 최서원(최순실의 개명)과 정유라의 이름이, 더블루케이의 회사 보고서에는 최서원의 이름이 소유자로 적혀 있었다. 보고서 한 부당 43유로(약 6만 원), 그보다 '시간'이라는 값비싼 대가를 치러 얻은 이름이었다. "하지만 그래서 뭐?" 단지 독일에 최순실 모녀 회사가 있다는 것만으로 기사를 쓰기는 부족했다. 최찾사는 최순실의 이름을 밝혔던 한 달 전에 비해 너무 먼 곳으로 와버렸다. 더욱 구체적인 정황이 필요했다.

방준호는 얼마 전 혹시나 하는 마음에 연락했던 독일의 한인 부동산 중개업체 주인에게, 떼어놓은 보고서에 나오는 또 다른 낯선 이름을 물었다. 박승관. 비덱스포츠와 더블루케이 두 회사 모두 설립 초기에 박승관이 매니저로 등장했다. 마침 한국에 들어와서 전주를 돌아보고 있다는 이 부동산 중개업체 주인은 "박승관 씨는 한국계 2세다. 변호사이고 법인 설립과 관련해서 한국 사람들이 자문을 구할 때 많이 찾는다. 나름 유명한 사람"이라며 그의 사무실 위치까지 설명했다.

방준호는 독일의 박승관 변호사 사무실에 전화를 걸었다. "고객과 관련한 사항이라 대답하기 곤란하다"는 답변만 돌아왔다. '고객'이라는 단어로 박승관이 최순실 모녀의 법률 대리인임은 인정한 셈이었다. 실제로 이후에 드러난 사진 등을 보면 박승관 변호사는 최순실 모녀의 회사 비덱스포츠(당시 코레스포츠)과 삼성의 용역계약 체결에 서명자로 나서는 등 적극적인 역할을 했다.

그래도 여전히 뭔가 부족하다는 느낌이었다. "일단 기사를 미룰까요?" 류이근은 김의겸에게 물었다. 김의겸도 고개를 끄덕였다.

한겨레 최찾사는 이 문제를 최대한 빨리 해결하려고 했지만 쫓기는 기분은 아니었다. 최찾사 기자들은 9월 20일 첫 보도 이후 약간의 자만심 같은 걸 느끼고 있었다. 최찾사 기자들마다 조금씩 온도 차가 있었으나, 자신들이 가장 앞서서 없는 길을 뚫고 여기까지 왔다는 자신감을 느끼는 건 분명했다. 그래서 다른 언론사의 보도를 10월 17일까지만 해도 거의 의식하지 않고 있었다. 거의 한 달 동안 독주해온 셈이다.

하지만 10월 18일 아침 경향신문의 보도는 최찾사를 긴장시켰다. 아마도 처음 느껴보는 기분이었다. 경향신문이 이날 비덱스포츠의 실체를 보도했다. K스포츠재단에서 한 대기업

(한겨레가 나중에 SK라고 못박아 쓰게 된다)을 찾아가 80억 원을 요구했다는 내용의 전날 기사 후속타였다. 한겨레 최찾사가 이틀 동안 추적하던 바로 그 비덱스포츠를 경향신문이 먼저 보도한 것이다.

하어영이 이날 새벽에 일어나 기사를 발견하고는 단체 카톡방에 띄웠다. 새벽 5시 7분이었다. 10분 뒤 류이근이 첫 반응을 보였다. "젠장, 스텝 꼬이네. 경향이 우리보다 그리고 우리 생각보다 발걸음이 훨씬 빨라졌어." 김의겸이 답했다. "속상해하지들 마. 그래도 우리가 준비할 시간을 벌었으니 다행^^. 경향이 내일치로 더블루케이를 쓰겠지. 우리도 준비합시다."

한겨레 최찾사는 그날치 경향신문 기사를 보기 전까지만 해도 'WIDEC'을 '와이덱'으로 부르고 있었다. 제보자도, 최찾사 구성원 누구도 제대로 독일어를 읽지 못해 벌어진 일이었다. "경향에는 독일어 할 줄 아는 기자가 있다는 것 같아요." "우리도 지원을 받아야 하지 않을까." "우리 회사에 누구 독일어 잘하는 사람 없나?" 쓸모없는 대화가 이어졌다. 이들의 보도를 따라잡아야 했다. 비덱스포츠에 관한 보도는 했지만 아직 더블루케이에 관한 기사는 없었다. 더블루케이의 정체를 밝히면 소위 '반까이'(낙종을 만회하는 것)가 될 일이었다. 속도를 내기로 했다.

한국에도 더블루케이가 있었다!

10월 18일 새벽잠을 설친 최찾사 기자들은 다들 아침 일찍 나와 서류 더미에 코를 박고 있었다. 그러다 류이근은 낯선 여성에게서 걸려온 전화 한 통을 받는다.

"어디신지요?"

"제가 누군지 알려고 하지 마세요. 비밀 지켜주시면 고맙겠습니다. 늘 기사 잘 보고 있습니다. 세상이 시끄러우니 빨리 일단락이 됐으면 좋겠습니다. 혹시 도움이 될까 해서 제보 드립니다. 지금 더블루케이 건과 관련해서……."

"K스포츠재단 말씀하시는지요?"

"더 말할 거 없고요. 류 기자님이 그냥 검색하면 안 나와요. '네이버'나 '다음'에서 하면 안 나와요. '구글'에서 검색하면 더블루케이란 게 있어요. 거기 들어가면, 그 이후론 본인이 충분히 많은 정보를 얻을 수 있을 겁니다. 최근엔 더블루케이가 폐쇄됐다는 말이 있는데, 일단 그 정도만 알려드립니다. 기자님은 주소 찾고, 등기부등본 찾고, 다 캘 수 있잖아요. 그것만 말씀드립니다."

"네, 저희도 주주 현황이란 걸 확인했어요."

"확인했다고요?"

"네, 최근에요."

"사실 나는 모르고 계신가 해서……."

"사실 몰랐었죠. 최근에야 확인했습니다. 주주는 알고 계신 그 이름이 나왔습니다. 저희가 그런데 등기는……."

류이근은 이 여성과 더블루케이를 놓고서 선문답을 주고받고 있었다. 류이근은 독일의 법인 더블루케이를 말하는 것이었고, 제보자는 서울의 더블루케이를 이야기하고 있었다. 둘 다 최순실 회사지만 다른 곳이다. 잘못하면 통화가 그대로 끝날 참이었다. 다행히 제보자의 입에서 낯선 이름이 튀어나왔다.

"저도 오래전에 한번 파봤는데, 회장님이란 사람은 가려져 있어서 그냥 짐작만 했어요. 조성민 씨까지는 찾았나요?"

"조성민요?"

"예."

"그 사람은 안 나오던데요."

"그럼 잘못 알고 계시네. 더블루케이와 K스포츠는 별개예요. 더블루케이를 아십니까?"

"네, 사실 저희도 어제 확인했습니다. 조성민이란 이름은 안 나오던데요." 그럴 수밖에 없었다. 류이근이 말하는 독일의 더블루케이 대표는 박재희이고, 제보자가 말하는 한국의 더블루케이 대표는 조성민이다.

"홈페이지에 들어가서 대표이사를 보면 조성민이란 사람이 아직 그냥 있어요. 제보받았다는 말은 절대 하지 마세요. 그냥 우연히 검색하다가 찾았다고 하세요. 거기 보면, 독일 현지 법인을 최순실이 만들어놓은 게 보입니다. 현지 법인만 있는 게 아니라, 제가 말하고 싶은 건 여기 한국에도 최순실의 회사가 있다는 겁니다."

류이근은 대화가 어긋나고 있다는 느낌이 확 들었다.

"조성민이란 이름을 잘 몰라서 그러는데 혹시 어떤 이름을 말씀하시는지?"

"제가 찾아보라고 하잖아요. 그래서 더블루케이 검색해보라고 하잖아요!" 수화기 너머 목소리에서도 짜증이 묻어났다.

"현재 대표가 박재희 씨던데요?"

"조성민 씨를 찾으면 최순실에 대해 많이 캘 수 있습니다. 부천에 살아요. 무슨 관계가 있어서 일한 사람이 아니에요. 일자리를 찾는 사람과 사람 찾는 곳이 맞으면 일하는 거지. 일자리 찾는 사람이 무슨 잘못이 있겠어요. 도둑질을 한 것도 아닌데. 누가 나쁜 짓을 한 건지는 다 판가름이 나고 있잖아요."

"아니, 조성민 씨가 독일 회사에도 이름을 빌려주셨군요?" 류이근은 혹시 더블루케이 독일 법인에 박재희란 이름 외에도 조성민이란 이름이 한때 주주 혹은 대표 등으로 이름을 올렸을지 모른다는 생각에 그렇게 반문했다.

"아니, 독일 회사에 왜 이름을…… 내 얘기를 잘 들어봐요. 독일에만 최순실 회사 비덱이 있는 게 아니라고요. 한국에도 있다는 걸 제가 알려주려고 하는 거예요."

류이근은 그제야 알아챘다. 제보자는 독일이 아닌 한국에 있는 더블루케이를 말하고 있었던 것이다. 류이근은 한국에도 같은 이름의 회사가 있을 거라곤 상상도 못했다. 그가 알고 있는 더블루케이는 독일의 법인뿐이었다.

"아, 그 뜻이었군요. 큰일날 뻔했네요. 그 회사가 독일에도 있거든요."

"더블루케이가 독일에도 있나요?" 전화를 건 제보자 또한 한국에 있는 더블루케이만 알고 있었다. 같은 이름의 회사를 기자는 독일에, 제보자는 한국에 있는 회사만을 알았다가 거의 동시에 두 나라에 같은 이름의 회사가 있다는 걸 알게 된 순간이었다.

"나라가 이렇게 시끄러운데도 아무도 모르더라고요. 제말 잘 들어요. 네이버나 다음에서는 검색해도 안 나와요. 구글에서만 나와요. 한국어로 더블루케이를 넣어봐요. 이제 알겠죠?" 엄청난 수수께끼를 푼 순간이었다. 류이근은 짜릿한 느낌이 들었다. 그는 이미 살짝 들떠 있었다. 수화기 너머 목소리가 이어졌다. "그런데 제 목소리 초면이 아니죠?" "……."

류이근은 그 주인공이 누군지 상상조차 할 수 없었다. 그가 머뭇거리자 상대는 기다리지 않고 말을 이었다. "그러면 모르셔도 돼요." 자신의 신분을 드러내지 않은 이 여성의 신분은 머지않아 밝혀진다. 정현식 전 K스포츠재단 사무총장의 부인이었다. 그러나 우선은 제보자가 알려준 더블루케이를 취재하는 게 급선무였다.

전화를 끊고 보니 점심시간이었다. 최찾사는 서둘렀다. 회사 바로 앞 남선반점이란 중국집으로 갔다. 최찾사는 거의 두 달째 주로 회사 앞에서 백반이나 중국 요리로 끼니를 때울 때가 태반이었다. 기사 쓸 게 많은 기자는 그마저도 먹지 못하고 굶거나 혼자서 빵조각으로 때울 때가 허다했다. 류이근이 젓가락으로 막 짬뽕 몇 가닥을 집으려고 할 때 다시 전화기가 울렸다. 좀 전에 통화한 그 제보자였다. 취재수첩을 놓고 온 류이근은 식당 여주인한테서 주문받을 때 쓰는 메모지를 빌려

받아 적기 시작했다. "K스포츠재단의 직원들이 더블루케이에 와서 일하다시피 했어요. 더블루케이의 회장은 최순실입니다."

그림의 얼개가 그려졌다. 독일의 더블루케이와 똑같은 이름의 회사가 한국에도 있다. 두 회사 다 최순실이 만든 거고, K스포츠재단의 직원들이 와서 일했다. 박근혜 대통령이 '나라를 위한 재단'이라고 표현했던 K스포츠재단과 최순실의 사적 기업이 뒤엉켰다. 사익과 공익의 구분이 무너졌다.

"검색창에 더블루케이를 한글로 쳐보세요." 제보자가 건넨 이 한 문장이 가진 힘은 엄청났다. 더블루케이라는 이름의 한국 회사 누리집이 나왔다. 누리집이 폐쇄될 우려가 있어, 방준호는 우선 모든 화면을 캡처해 저장했다. 그리고 여느 때와 같은 방법으로 이 회사의 법인 등기부등본을 떼었다. 고영태, 독일 더블루케이에도 매니저로 등장했던 그 이름이 있었다. 한겨레 최찾사가 그저 '고 대표'로 알고 있던 인물이 실체를 드러내는 순간이었다.

따로 약속이 있던 김의겸 기자는 점심이 늦어졌다. 류이근은 급한 마음에 문자를 보냈다. "서둘러 들어오세요." 오후에 새로 발제를 하고 기사를 보고한 뒤 지면을 잡아 기사를 쓰는데 시간이 넉넉하지 않았다. 김의겸이 허겁지겁 들어오자 류이근은 그동안의 취재 내용을 칠판에 그림을 그려가며 설명했다. "이거 바로 써야겠네"라고 말하는 김의겸의 목소리에도 흥분이 묻어 있었다.

더블루케이가 중요한 이유는 무엇보다도 최순실 쪽으로 '돈'이 흘러가는 통로라는 점에 있다. 박근혜 대통령이 나서서 모은 K스포츠재단의 돈이 한국의 더블루케이와 독일의 더블루케이를 통해 최순실의 주머니로 들어가는 구조였다. 최찾사는 이미 송호진을 프랑크푸르트로 보내 K스포츠재단의 직원들이 최순실 모녀를 위해 집을 구하고 뒷바라지를 한다는 걸 알고 있었다. 그 기사는 10월 17일에 실렸다. 그리고 정유라가 독일에서 훈련하며 엄청난 비용을 쓰고 있다는 것도 확인했다. 그 돈의 출처 가운데 하나가 K스포츠재단이었다.

최찾사는 그런 의미를 앞세워서 10월 18일 저녁 5시 무렵 「최순실이 세운 '블루K', K재단 돈 빼돌린 창구」라는 제목으로 기사를 출고했다. 이건 어디까지나 다음 날 10월 19일 아침에 배포되는 신문용 기사로 쓴 것이었다.

그런데 기막힌 우연의 일치가 일어났다. 이날 저녁 8시 JTBC 뉴스룸이 더블루케이의 존재를 보도한 것이다. 이후 보도들을 보면 JTBC는 "이전에 국회에서 더블루케이가 한 차례 언급된 바 있고, 비덱스포츠가 보도된 뒤 관련 법인을 찾던 중 우연히 더블루케이의 존재를 알게 됐다"고 한다. JTBC는 이성한 전 미르재단 사무총장을 통해 고영태의 존재를 알고 있었다. 그리고 더블루케이 법인 등기에는 고영태의 이름이 이사로 등재돼 있었다. 한겨레보다 한 발 앞서 더블루케이에 관심을 가지고 있었던 셈이다.

최찾사는 다음 날 아침에 배포하려던 기사를 서둘러 이날 저녁에 온라인으로 먼저 내보냈다. 8시 20분 무렵이었다. 같은 시각 비덱스포츠를 한 발 앞서 보도한 경향신문도 더블루케이의 존재를 온라인으로 먼저 보도했다. 최순실을 추적하던 세

최순실이 세운 '블루K', K재단 돈 빼돌린 창구

실체 드러나는 'K스포츠 재단 사유화'

한국·독일에 두 법인 세워…독 법인 주주 '최서원' 유일
최씨 딸 독일숙소 구해줬던 K재단 직원들 '블루K' 겸직
"K스포츠 사업, 한국법인 넘긴 뒤 돈세탁 독일법인으로"

케이(K)스포츠재단이 최순실씨의 딸 정유라씨의 승마 훈련을 지원하기 위해 설립된 것 아니냐는 의문이 제기되고 있는 가운데, 케이스포츠재단과 정유라씨를 연결하는 '유령회사'의 실체가 드러났다. 독일 프랑크푸르트에서는 '더 블루 케이'(The Blue K)라는 이름으로, 서울에서는 ㈜더블루케이라는 이름으로 세워진 두 회사의 주요 구성원은 케이스포츠재단의 직원으로 등록돼 있으며, 이들은 정유라씨가 머물 호텔을 구입하려고 나섰던 사람들인 것으로 확인됐다.

▶관련기사 3·4·5면

최순실씨가 올해 1월 설립한 ㈜더블루케이의 서울 강남구 청담동 사무실 내부가 18일 오후 텅 비어 있다. 이 사무실은 9월 말께 이사를 간 것으로 확인됐다. 박종식 기자 anaki@hani.co.kr

18일 <한겨레>가 최순실씨 주변의 관계자들을 취재한 결과, 최씨는 올해 1월12일 서울 강남구 신사동에 ㈜더블루케이를 설립했다. 케이스포츠재단 설립 하루 전이다. 더블루케이는 "스포츠는 문화다"라는 비전을 앞세우며 '스포츠 인재 육성 및 지도자 양성'을 핵심사업으로 내걸었다. 케이스포츠재단이 내세웠던 설립 취지와 겹친다.

이 회사를 잘 아는 한 관계자는 이날 <한겨레>와 한 통화에서 "더블루케이의 법인등기부에는 최순실씨의 이름이 나오지 않지만 최순실씨가 진짜 소유주이고 회장으로 불렸다"며 "노숭일 부장과 박헌영 과장은 아침에 케이스포츠재단에 나와 출근도장을 찍고는 블루케이로 옮겨가 일을 보는 식으로 재단과 회사를 오갔다"고 설명했다. 노 부장과 박 과장은 독일 현지에서 정유라씨가 머물 호텔 구입에 나서고, 정씨의 훈련서 증명 서류에 이름을 기록했던 실무진이다. 이들은 프랑크푸르트 현지에서 자신을 '케이스포츠재단 직원'으로 소개한 것으로 확인됐다.

케이스포츠재단이 설립된 직후인 지난 2월 말 독일에서는 '더 블루 케이'라는 유한회사가 설립됐다. 이 회사의 사업보고서는 유일한 주주로 '최서원'(최순실씨의 개명 후 이름)을 기록했다. 한국과 독일에 동일한 이름으로 설립된 더블루케이는 본사와 해외 법인 관계일 가능성이 크다. 한국 더블루케이는 '해외협력지원본부'라는 이름으로 독일법인팀을 운영했다. 독일 법인의 경영자인 고영태(40)씨는 한국 더블루케이의 이사이기도 하다. 한국 법인의 수장인 '회장'과 독일 법인 보고서에 기록된 '소유자'가 모두 최순실씨인 점으로 미뤄 사업 목적이 동일한 것으로 보인다. 이름 밝히길 거부한 한 관계자는 한국과 독일의 '블루케이'에 대해 "두 회사 모두 케이스포츠재단의 돈을 합법적으로 독일로 보내기 위해 만들어진 페이퍼컴퍼니로 최순실씨의 오랜 식객들이 일을 보고 있다"고 말했다. 그는 "한국의 블루케이는 케이스포츠재단의 돈 되는 사업들을 모두 가져가고, 이 돈을 세탁해 독일의 블루케이로 보내는 것"이라고 말했다. <한겨레>는 케이스포츠재단 쪽의 해명을 듣기 위해 전화를 걸었으나 '개인정보' 인터뷰에는 응하지 않는다는 답변을 들었다.

방준호 류이근 하어영 이재만 기자 whorun@hani.co.kr

새마을지도자대회에 간 대통령 박근혜 대통령이 18일 강원도 평창 알펜시아 컨벤션센터에서 열린 2016 지구촌 새마을지도자대회 개막식 도중 생각에 잠겨 있다. 평창/청와대사진기자단

정부, 부동산 투기 뒷짐지다 우왕좌왕 말잔치

국토부 건설경기 부양 기대
금융위는 가계빚 연계 난색
정책 조율해야할 기재부는
DTI 규제 등 오락가락 혼선

최근 과열된 부동산시장을 진정시키고 서민·중산층 주거안정을 위해 팔을 걷어붙여야 할 정부가 부동산 정책의 컨트롤타워가 없는 듯 우왕좌왕하고 있다. 정부가 내놓은 '8·25 가계부채 관리방안'이 '주택 공급 축소'라는 의도하지 않은 신호를 시장에 보내면서 부동산시장이 더 과열로 치달았는데도 이에 대한 후속대책이 두달 가까이 논의조차 이뤄지지 않은 것이 단적인 예다. 최근에야 국정감사를 계기로 관련부처 장관들이 대책의 필요성을 언급하기 시작했으나 아마지도 뚜렷한 방향을 제시하지 못하고 오락가락하면서 되레 시장의 혼란을 부채질하고 있다는 지적이 나온다. ▶관련기사 6면

유일호 부총리 겸 기획재정부 장관은 지난 13일 국회 기획재정위원회 국정감사에서 서울 강남 재건축 시장 과열 등을 막기 위해 총부채상환비율(DTI) 하향 조정 등 대책 마련이 필요하다는 지적이 나오자, "8·25 대책이 9월이나 10월에 어떤 효과가 있는지 살펴봐야 한다"며 "대책 효과를 살펴본 뒤 문제가 있다면 (총부채상환비율 등) 모든 것을 포함해서 검토하도록 하겠다"고 밝혔다. 정부는 지난 7월 주택경기 활성화를 명분으로 총부채상환비율 완화 유예기간을 1년 더 연장했는데, 경제정책 사령탑이 갑자기 태도 변화를 보인 셈이다. 유 부총리는 17일엔 강남 재건축 시장 등에 대해 투기과열지구 지정을 포함한 대책을 검토하겠다고 밝히기도 했다.

정부는 앞서 '8·25 대책'에서 공공택지 공급 축소 등 분양 물량을 줄여 집단대출 증가세를 꺾겠다는 내용을 담았다. 시장에서는 분양권 전매제한 등 직접적인 수요 규제가 없어 정부가 부동산 투자를 사실상 방관하는 것으로 해석했다. 최근 부동산 경기 과열 양상은 이런 안도감이 반영된 탓이다.

가계부채 주무부처인 금융위원회와 주택시장 주무인 국토교통부가 정책 처방을 놓고 이견을 보인 점도 시장을 혼란스럽게 한다. 금융위 쪽은 부동산 수요 규제책도 마련해야 한다고 주장해왔으나, 국토부는 이에 반대해온 것으로 알려졌다. 강호인 국토교통부 장관은 지난 14일 국정감사에서 과열 지역에 대한 수요억제 대책을 검토하겠다고 답변했으나 정책 대응이 늦었다는 지적이 나온다. 임종룡 금융위원장은 "가계부채 대책은 부동산 대책이 아니다"라고 선을 그어, 정책 조율 기능을 무시하는 듯한 태도를 보였다.

그런데도 기획재정부의 컨트롤타워 구실은 찾아보기 어렵다. 기재부는 올해 경제성장률 목표치를 달성하고자 건설투자에 기대고 있는 형국이다.

최인섭 서울벤처대학원대학교 교수(부동산학)는 "단적으로 서민·중산층용 정책대출인 보금자리론이 사실상 중단됐다는 것은 당국의 정책 조율 기능이 마비됐다는 뜻"이라며 "오케스트라의 지휘자 구실을 해야 하는 컨트롤타워가 가계부채 관리와 부동산가격 안정이라는 '두마리 토끼'를 잡기 위한 경제운용 철학이 없는 탓"이라고 말했다.

최종훈 노현웅 기자 cjhoon@hani.co.kr

연 3일 난임휴가 임신중 육아휴직

이르면 내년 7월부터

이르면 내년 7월부터 여성 노동자가 임신 중에도 육아휴직을 사용할 수 있고 난임치료를 위해 휴가를 낼 수 있게 된다. [illegible]

북한 붕괴론, 아주 오래된 농담

1994년 김일성 주석 사망 때부터 시작한 북한 붕괴론이 22년 동안 한반도를 떠돌고 있습니다. 최근 박근혜 대통령은 연일 북한 주민들을 향해 '자유의 땅으로 오라'고 합니다. 역대 붕괴론 중 가장 공격적이고 정태적이라는 평가가 나옵니다. 과연 북한이 붕괴될까요? >9

오피니언 >25·26

조효제의 인권 오디세이 · 권인숙 칼럼

'최순실 심복' 노숭일·박헌영, K재단 출근 뒤 블루K서 일해

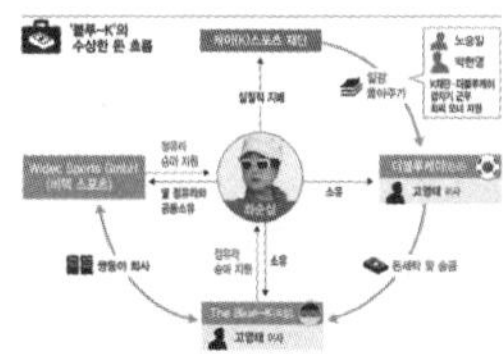

18일 오후 서울 강남구 청담동 ㈜더블루케이가 입주했던 사무실 현관 앞에서 이 건물 관리인이 "지난 9월말께 사무실이 이사를 갔다"고 이야기하고 있다. 박종식 기자 anaki@hani.co.kr

박근혜 정부 비선실세로 꼽히는 최순실(60)씨가 설립 및 인사에 관여한 케이(K)스포츠재단을 활용해 자신이 세운 한국 회사를 거쳐 독일에 있는 페이퍼컴퍼니로 돈을 빼돌리려 한 정황이 점차 드러나고 있다. 청와대를 등에 업고서 기업으로부터 돈을 뜯어내 설립한 공익법인을 자신의 딸을 위한 사적인 목적에 이용한 것이다. 자금 세탁 및 해외 송금 등의 과정에서 범죄 혐의가 짙어 이에 대한 수사가 불가피할 것으로 보인다.

최씨가 지난 1월과 2월에 한국과 독일에 각각 세운 '더 블루 케이'(The Bule K)는 이름을 비롯해 거의 모든 게 똑같은 일란성 쌍둥이다. 16일 <한겨레>가 독일 기업정보 사이트 [illegible]

'한·독 블루K' 정체는

최순실이 회장…이사도 동일인물
K재단 돈, 딸 지원 자금통로 역할
자금세탁·불법 송금 수사 불가피

K재단, 사실상 개인법인 이용

블루K에 수익성 사업 몰아주고
재단직원 2명은 '집사' 노릇
최씨 딸 독일현지 적응 등 지원

[illegible] 관계자는 "두 사람 다 최 회장의 심복이다. 이 사람들은 케이스포츠에 출근한 뒤 더블루케이에 가서 일을 하곤 했다"고 말했다.

최씨는 케이스포츠재단을 단순한 '지원 업무'에만 활용하지는 않았다. 케이스포츠재단에 모인 돈을 블루케이를 통해 독일로 보내려 했다는 증언들이 나오고 있는 것이다. 최순실씨를 잘 아는 한 관계자는 "케이스포츠의 돈 되는 수익성 사업을 더블루케이에 싹싹 몰아줘, 유럽으로 돈을 보내려 했던 것으로 안다"며 "케이스포츠가 독일에 전지훈련장을 만들려고 했던 것도 그쪽으로 돈을 보내기 위한 방법"이라고 말했다. 공익법인으로 설립된 케이스포츠가 최씨 개인 회사에 일감과 돈을 몰아주는 '사인법인' 노릇을 한 것이다. 이 과정에서 최씨의 '심복'인 노숭일, 박헌영씨가 중요한 역할을 한 것으로 알려졌다.

한국 쪽 더블루케이를 거치지 않은 채 직접 최씨의 페이퍼컴퍼니로 돈을 보내려 했던 정황도 드러났다. 최씨가 그의 딸과 함께 공동 소유한 '비덱 스포츠'(Widec Sports GmbH)는 독일에 세운 더블루케이와 주소도 똑같다. <경향신문>은 18일 한 대기업 관계자의 말을 빌려, 케이스포츠가 이 대기업을 찾아와 비덱 스포츠에 사업 목적으로 80억원을 투자하라고 요구했다는 내용을 보도했다. 케이스포츠가 총대를 메고서 곧바로 최씨 개인 회사에 돈이 흘러가도록 발벗고 나선 것이다.

이를 종합해 볼 때, 케이스포츠는 한국에 있는 더블루케이를 매개로 때론 직접 나서 독일에 있는 최씨의 페이퍼컴퍼니로 돈이 모일 수 있도록 '배관' 역할을 한 모양새다. 실제 이런 돈들이 정유라씨의 호텔 구입이나 한달에 1억원 이상 들어가는 훈련 비용에 쓰였을 것이라는 게 최씨 주변 사람들의 시각이다. 독일 블루케이의 관리자로 등재된 프랑크푸르트의 박승관 변호사는 <한겨레>의 해명 요청에 대해 "고객 정보를 보호하기 위해 아무것도 말할 수 없다"고 밝혔다.

류이근 방준호 기자 ryuyigeun@hani.co.kr

더블루케이가 중요한 이유는 무엇보다도 최순실 쪽으로 '돈'이 흘러가는 통로라는 점에 있다. 박근혜 대통령이 나서서 모은 K스포츠재단의 돈이 한국의 더블루케이와 독일의 더블루케이를 통해 최순실의 주머니로 들어가는 구조였다. 2016년 10월 19일 1면과 3면.

2016년 10월 20일 대통령 주재 수석비서관 회의에서 박근혜 대통령은 한겨레 보도 이후 한 달 만에 처음으로 미르재단과 K스포츠재단을 언급한다.

언론사가 각기 다른 경로를 통해 비덱스포츠와 더블루케이에 대해 알게 됐고, 공교롭게도 한날 한시에 더블루케이 기사를 보도한 것이다.

온라인 기사 배포에 대한 판단은 많은 언론사에게 새로운 고민거리를 던졌다. 특히 하루에도 수십 건의 특종이 터져 나왔던 이번 최순실 사태 국면에서는 더 그랬다. 한겨레에서도 저녁 배포와 다음 날 아침 배포를 두고 각 기사마다 나름의 치열한 판단이 필요했다. 각기 다른 장단점이 있었다. 기사를 신문 지면보다 빨리 인터넷에 풀어놓으면 퇴근길 시민들에게 읽히고 이슈를 선점하게 되는 장점이 있다. 하지만 달리 생각하면 돈을 주고 신문을 사서 읽는 한겨레 독자들에게는 억울한 측면이 있을 수 있다. 아침 신문을 펼칠 때쯤이면 뉴스는 이미 소비된 뒤다. 그러나 무엇보다도 속도를 중시하는 인터넷 시대에 이런 흐름은 대세로 굳어져가고 있었다.

이 기사는 대통령을 자극했다. 최순실에 대한 언급 자체를 회피하던 박근혜 대통령과 청와대가 적극적인 반박에 나선 것이다. 10월 20일 대통령 주재 수석비서관 회의에서 박근혜 대통령은 한겨레 보도 이후 한 달 만에 처음으로 미르재단과 K스포츠재단을 언급한다. "만약 어느 누구라도 재단과 관련해서 자금 유용 등 불법행위를 저질렀다면 엄정히 처벌받을 것"이라고 말했다.

조성민 전 더블루케이 대표이사

최찾사는 이제 여유를 부릴 틈이 없었다. 최순실 게이트 취재에서 한겨레의 독주 시대는 10월 18일로 끝났다. 이날 새벽 5시부터 깨어서 일을 시작한 류이근은 하루 종일 더블루케이를 취재하고 기사를 썼다. 저녁 마감 뒤에는 진이 빠진 상태였다. 그래도 류이근은 한번 더 기운을 냈다. "부천에 가서 조성민 씨를 만나봐야 할 것 같습니다." 낮에 제보자가 알려준 더블루케이 대표였다. 방준호는 이미 법인 등기부등본을 떼어 조성민의 주소를 확보한 상태였다. 김의겸은 미안한 마음이 앞섰다. 부천까지는 멀다. 혹시나 하고 회사 차량을 알아봤다. 다행히 회사 차를 이용할 수 있었다. 류이근에 대한 김의겸의 미안한 마음이 조금은 가벼워졌다.

류이근은 그 차를 타고 조성민이 사는 부천의 한 아파트에 도착했다. 엘리베이터에서 내려 아무것도 관찰할 게 없는 집 앞에서 한참 뜸을 들인 뒤 초인종을 눌렀다. 이런 경험은 아무리 취재를 많이 해도 결코 익숙해질 수 없는 상황이다. 그 짧은 순간 오만 가지 생각이 밀려들었다. 문을 안 열어주면 어떻게 하지? 안 만나주면 어쩌지? 다 얘기해줄까? 보관하던 자료를 통째로 건네줄까? 걱정과 기대가 교차하는 순간 문이 열렸다. 젊은 느낌의 이름과 달리 중년 남성이 문을 열었다. 신분을 드러내고 간단히 용건을 밝히자마자 그는 자라목을 쏙 집어넣듯 문을 닫아버렸다. 그 짧은 순간 그의 말이 흘러나왔다. “거기 그만둔 사람입니다. 지금 제가 하는 일이 있어서…….”

류이근은 바로 발걸음을 돌리지 않았다. 두세 시간을 아파트 계단에 쭈그리고 앉아 기다렸다. 계단엔 불이 없어 캄캄했다. 엘리베이터가 선 뒤 문이 열릴 때만 잠시 환해졌다. 낮에 걸려온 익명의 제보 전화를 떠올리면서 부천으로 올 때만 해도, 모든 걸 털어놓을 준비가 된 조성민을 상상했던 게 빗나갔다. 어두컴컴한 아파트 계단에서 시간은 더디 흘렀다. 옆집 주민은 엘리베이터에서 내려 계단에 앉은 낯선 남자를 보고서 깜짝 놀랐다. 류이근은 그런 사람마저 반가웠다. 혹시 이상하게 생각할까 봐, 무슨 말로 안심시켜야 할까 잠시 고민하는 사이 놀란 사람도 금세 현관문을 열고 집으로 쏙 들어가버렸다. 류이근은 이웃 주민이 경찰이나 아파트 경비에게 신고하지 않은 것만도 고마운 일이라는 생각이 들었다. 더 버텨봤자 소득이 없다고 판단한 류이근은 취재수첩을 한 장 찢었다. "일이 끝나시면 연락 부탁드립니다. 한겨레신문 류이근 기자 드림. 010-××××-××××." 그날 조성민과의 만남은 그게 다였다.

조성민이 류이근에게 전화를 한 건 그다음 날 밤이었다. 최찻사는 모처럼 회사 앞 맥줏집 스핑크스에서 술을 마시고 있었다. 류이근은 당장 다음 날이라도 시간을 내주면 찾아가겠다고 다시 한번 만남을 청했다.

"내일은 어렵습니다."

"그러시면 제가 내일 다시 전화 드리겠습니다."

류이근이 전화했을 때 그는 받지 않았다. '이대로 끝난 건가. 조 씨한테서 더 얘기 듣긴 어려운 건가'라는 생각이 밀려들었다. 그는 대신 문자를 보내왔다.

"조성민입니다. 더블루케이에는 1월 15일부터 3월 17일까지 대표이사로 등재되었고 실제 근무한 날은 한 달 정도 되나 봅니다. 3월 17일에 사직서 내고 등기 변경과 사업자등록 변경이 지연될 것을 우려해서 18일에 내용증명을 보냈고, 대표이사 등기 변경과 지분 정리는 3월 중으로 완료했습니다. 제가 했던 일은 사무실, 집기, 그리고 회계, 총무, 인사 업무 매뉴얼 만드는 일이었습니다. 퇴직 이후에 더블루케이의 업무 진행에 대해서는 모릅니다. 만나도 별로 도움이 안 될 것 같은데요. 제 후임 대표이사는 최철 씨일 겁니다."

해줄 얘기도 없고 알고 있는 내용도 없으니, 만나봤자 소용이 없을 거라는 말이었다. 그 뒤 류이근은 몇 차례 더 통화를 시도했으나 연결이 되지 않았다. 그렇게 끊긴 연락은 10월

27일에 다시 이어진다. 그 며칠 전부터 동아일보에선 조성민의 지인 입을 빌려 보도를 내보내고 있었다. 류이근도 잊혀가던 조성민을 다시 떠올리고 있던 때였다. 그는 류이근에게 긴 문자를 보냈다.

"(……) 공정하게 팩트만 전달하기를 원합니다. 지금까지 기사화된 내용에서 팩트와 다른 내용을 정정해서 보도를 내실 수 있는지요? 또 최근 기사들을 보면 참고인 조사를 받는 이들을 흡사 피의자처럼 보이게 호기심 위주의 기사들이 넘쳐나고 있습니다. 피의자가 아닌 진실을 밝히는 팩트를 가진 피해자라는 점, 이 점 또한 분명히 기사에 내실 건가요? 만약 그렇다면 26일 참고인으로 조사받은 내용에 기초가 된 60일간의 전자다이어리 기록과 그 증빙자료들을 공개하는 인터뷰를 특정 장소에서 하려고 합니다. 저도 한 명의 피해자입니다."

조성민은 2분 뒤 다시 문자를 보냈다. "2시까지 제가 요청한 사실을 수락하신다면, 그리고 인터뷰에 오시겠다면 시간과 장소를 알려드리겠습니다." 문자를 보낸 시각은 낮 1시 20분이었다. 류이근은 곧바로 전화를 걸었다. 하지만 그는 문자로 답신했다. "죄송합니다. 전화를 받을 수 없으니, 용건을 문자로 주시면 연락하겠습니다." 류이근은 인터뷰를 하자고 해놓고서 전화를 받지 않는 그가 답답했다. 방법이 없었다. 우선 문자로 회신했다. "네, 요청한 사항을 수락합니다." 그러자 바로 문자가 왔다. "지금 어디에 계시나요? 다른 기자들 데리고 오지 말고 조용히 오시면 좋겠습니다." 류이근은 방준호와 함께 가겠다는 문자를 날리고, 급히 이동했다.

늦은 오후 서울 마포구 한겨레신문사에서 도봉구 도봉동에 위치한 조성민의 변호사 사무실로 가는 길은 곳곳이 정체였다. 가는 중간에 류이근은 기사 가치를 판단하기 위해 다시 연락을 취했다. "대표님, 오늘 여러 언론사와 인터뷰를 하시는 건지요?" 기사가 될 건 틀림없는데, 한겨레만의 단독 인터뷰라면 굳이 이날 바로 기사를 쓰지 않아도 될 거라는 생각 때문이었다. 하지만 그는 답하지 않았다.

조성민이 찍어준 주소에 도착한 류이근의 입에선 헛웃음부터 흘러나왔다. 어이없다는 표정이었다. 방준호도 실망하긴 마찬가지였다. 1호선 도봉역 바로 옆에 위치한 작은 변호사 사무실 앞엔 채널A, JTBC 취재 차량이 진을 치고 있었다. 채널A 기자들은 취재를 마치고 자리를 뜰 준비를 하고 있었다. 사무실 안에 들어가자, 직원은 방에서 JTBC 기자와 인터뷰 중이라고 귀띔했다. KBS 기자는 이미 다녀간 터였다. 한겨레를 포함해 네 곳의 언론사를 부른 것이다. 조성민의 변호사는 두 기자를 놀렸다. "방송사 세 곳만 부르려고 했는데, 조성민 씨가 한겨레도 부르라고 해서 부른 겁니다." 단독 인터뷰는커녕 하마터면 물을 먹을 뻔했다. 류이근은 씁쓸했다. 자신이 단독으로 인터뷰할 기회를 몇 번 놓친 게 아쉽기도 했고, 조성민이 검찰에 나가 조사를 받은 사실조차 파악하지 못한 게 부끄럽기도 했다.

사무실 직원이 건넨 자료를 읽는 순간 감상에 빠질 틈도, 조성민한테 서운한 감정을 느낄 틈도 없다는 걸 깨달았다. 조성민이 검찰에 나가 조사받을 때 제출한 자료는 그가 열흘 전

조성민 전 더블루케이 대표이사의 뒷모습. 그는 한사코 사진 촬영을 거부했다.

쯤 류이근에게 인터뷰를 거절하면서 했던 "만나도 별로 도움이 안 될 것 같다"는 말과 전혀 달랐다. JTBC 기자의 인터뷰가 끝나길 기다리면서 류이근, 방준호 기자는 급히 인터넷 기사를 만들어 배포했다. 언론사 중 가장 먼저 띄운 인터넷 기사였지만 얼기설기 쓴 것이라 두 사람은 기사 완성도에 만족하지는 못했다.

한겨레 차례가 됐다. 변호사가 끼어들어 파장 분위기를 조성했다. 변호사는 5분, 10분 내로 끝내달라고 요청했다. 사무실 직원들도 슬슬 퇴근 준비를 하면서 눈치를 줬다. 두 기자는 조성민과 살갑게 인사를 나눌 틈도 없었다. 류이근은 그에게 양해를 구하고, 사실관계 위주의 단답식 질문을 속사포로 쏘아댔다. 그렇게 30분가량 그를 붙잡고 억지 인터뷰를 마쳤다.

차은택 소유 알려진 플레이그라운드, 실제 주인은 최순실

대통령 해외순방 행사와
대기업 광고 싹쓸이 광고회사
최씨가 임원채용·급여 결정해
재무이사 지낸 장순호씨 증언
"최 회장이 일감 다 물어다 줘"
검, 최씨 부당영향력 여부 조사

대통령 해외순방 사업과 대기업 광고를 싹쓸이한 플레이그라운드의 실소유주가 최순실씨인 것으로 확인됐다. 최씨는 이 광고기획사의 일감을 직접 따왔을 뿐만 아니라 임직원 채용과 급여 수준 또한 결정했다. 이는 지금껏 차은택 감독이 '주인'이라고 알려진 것과는 다른 새로운 사실이다.

플레이그라운드의 재무이사를 지낸 장순호(64)씨는 9일 <한겨레>와 한 통화에서 "최순실씨가 '1주일에 3번만 나와서 봐달라. 300만원이면 되겠느냐'고 부탁해서 (플레이그라운드에서) 지난 7월까지 일하게 됐다"고 말했다. 최씨가 임원의 채용과 급여 수준을 직접 결정한 것이다. 그는 이어 "재무 경력이 없어서 처음에는 거절했다"며 "일은 경리를 봤던 엄아무개씨가 다 했고, 나는 결재만 했다"고 말했다. 엄씨는 사실상 최씨의 개인 비서로 알려진 인물이다. 실제 탐사 전문 매체 <뉴스타파>가 입수한 플레이그라운드 직제표를 보면 장씨는 재무이사로, 엄씨는 재무팀장으로 표시돼 있다.

지난해 10월12일 설립된 플레이그라운드의 대표는 차 감독과 가까운 제일기획 출신의 김홍탁씨다. 이 때문에 한동안 이 회사의 실소유주가 차씨라는 의혹이 불거졌다. 하지만 최씨가 실제 소유주로서 재무이사와 재무팀장을 앉혀 자금관리까지 해왔던 것이다. 또 최씨는 김 대표와 이 회사 이사로 등재된 김상현씨를 통해서도 수시로 회사 상황을 보고받고 지시를 내렸다.

재무이사를 맡았던 장씨는 최씨와 30년 동안 알고 지내온 사이다. 서울 종로구에 위치한 ㅂ여행사에 이사로 등재된 그는 여행사를 운영하면서 주로 최씨 모녀 등의 항공권을 구매해줬다. 최씨는 케이스포츠재단 직원들에게도 장씨를 통해 항공권을 구입하도록 지시하기도 했다.

최씨는 인사뿐만 아니라 플레이그라운드의 일감도 직접 따왔던 것으로 드러났다. 장 전 이사는 지난 1월 최씨 소유 더블루케이의 대표 ㅈ씨에게 "최 회장이 일감을 다 물어다 주는데, 일도 별로 안 하는 사람들이 사장, 임원이라고 하면서 1억원 이상씩 연봉을 가져간다. 사장은 자기들끼리 세워놨다"고 말했다. 이는 ㅈ씨가 최근 <한겨레>와 한 통화에서 밝힌 내용이다. 더블루케이는 최씨가 차명으로 소유한 회사다. ㅈ씨는 장 전 이사의 소개로 최씨를 처음 만나, 지난 1~3월 이 회사의 대표를 지냈다.

장씨는 최씨와 특수한 관계다. 그의 아들은 최씨가 소유한 테스타로사 커피숍에서 잠시 일한 뒤 독일로 건너가 최씨 딸 정유라씨를 도왔다. 또 최씨 소유 독일 페이퍼컴퍼니인 비덱의 한국사무소 명함을 파고, 케이스포츠재단 직원 명의로 된 대포폰을 사용해왔다.

장씨는 케이스포츠재단 직원들이 2월29일 에스케이를 찾아가 80억원을 요구할 때 동행하기도 했다. 그는 이에 대해 "최씨의 지시로 한 일이다. 나도 또한 피해자"라고 말했다.

신생 광고기획사인 플레이그라운드는 비선실세인 최씨의 후광을 등에 업고서 일감을 쓸어담았다. 이 회사는 설립된 지 불과 6개월여 만에 박근혜 대통령의 멕시코·이란·아프리카 3개국 해외순방 문화사업을 싹쓸이했다. 대기업 광고도 대거 수주했다. 플레이그라운드는 지난 5~9월 불과 다섯달 동안에만 기아차로부터 63억3434만원어치, 케이티(KT)로부터 11억7049만원어치의 광고를 따냈다. 이는 에이씨닐슨사의 티브이·라디오·신문·잡지 등 4대 매체가 집행한 광고를 기준으로 해, 플레이그라운드가 현대차로부터 수주한 인터넷 광고 등은 빠져 있다. 광고대행사인 플레이그라운드는 광고비의 10~15%를 수수료 명목으로 챙겼다.

검찰은 비선실세인 최씨가 직접 일감을 따왔다는 장씨의 증언을 토대로, 최씨가 현대차그룹과 케이티 등 대기업과 청와대에서 추진했던 사업에 부당하게 영향력을 행사했는지 집중 조사하고 있다.

플레이그라운드는 미르재단과도 한 몸처럼 움직였다. 이 회사의 이사로 있는 김성현씨는 재단의 사무부총장이다. 또 재단이 추진한 '케이 프로젝트'를 수주했다고 밝혀왔다. 이는 최씨가 케이스포츠재단과 더블루케이, 미르재단과 플레이그라운드를 각각 짝지어 체육과 문화 사업 전반에 관여해왔다는 것을 보여준다.

류이근 방준호 기자 ryuyigeun@hani.co.kr

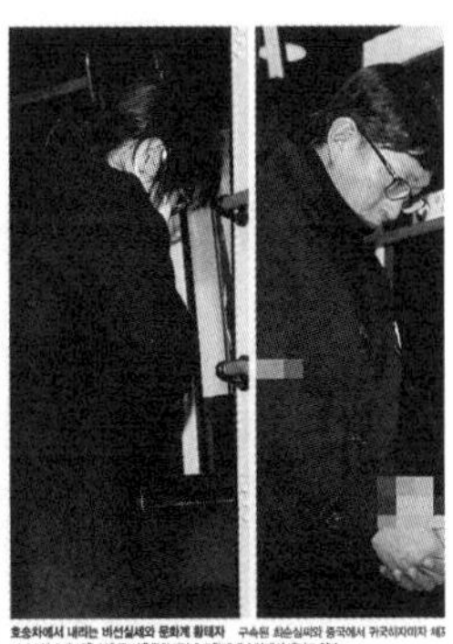

호송차에서 내리는 비선실세와 문화계 황태자 구속된 최순실씨와 중국에서 귀국한 차은택씨가 9일 오전 서울 서초구 서울중앙지검에 도착해 호송차에서 내리고 있다.

조성민 전 더블루케이 대표이사의 변호사로부터 들은 답변이 이 기사를 쓰는 데 단서가 되었다. 2016년 11월 10일 12면.

조성민은 한사코 사진 촬영을 거부했다. 뒷모습만 겨우 담을 수 있었다.

도움이 아니라 방해가 된 변호사한테서도 류이근은 나중에 써먹을 팩트 하나를 챙겼다. "처음에 조성민 씨를 최순실한테 소개해준 사람이 누구인가요?" 류이근의 질문에 변호사는 경계심 없이 답변해줬고, 보름 뒤쯤 「차은택 소유 알려진 플레이그라운드, 실제 주인은 최순실」이란 제목의 기사를 쓰는 데 단서가 된다.

한겨레 인터뷰를 마친 조성민은 사무실 앞에 세워진 변호사의 차를 타고는 어딘가로 이동했다. 그들 일행은 기습 인터뷰를 하고, 적이 전열을 정비해 다시 쳐들어오기 전에 서둘러 싸움터를 피하는 모습이었다. 무엇인가에 쫓기는 듯한 그의 뒷모습은 이후 그가 떨치지 못한 '두려움' 탓이었다.

"1월말 김종 차관 찾아와 30분동안 체육계현황 브리핑 해줘"

조성민의 인터뷰를 실은 기사. 2016년 10월 28일 4면.

류이근과 방준호는 사무실 근처 커피숍으로 이동했다. 회사에 전화를 걸어 스트레이트 기사와 상자 기사를 쪼개 쓰겠다고 알렸다. 상자엔 인터뷰를, 스트레이트엔 조성민의 인터뷰 및 검찰 제출 자료를 바탕으로 썼다. 조성민이 인터뷰에서 밝힌 일부 내용은 최찾사가 다른 경로로 이미 취재를 마친 내용도 포함돼 있었다. 두 기자는 사실상 크로스(교차) 취재를 한 셈이었다.

「안종범·김종, 최순실 회사 '더블루K' 회의 참석」. 다음 날 10월 28일 한겨레 1면 기사의 제목이었다. 4면엔 「1월 말 김종 차관 찾아와 30분 동안 체육계 현황 브리핑 해줘」란 제목으로 조성민의 인터뷰를 실었다.

두 기자는 이미 저녁을 놓쳤다. 방준호는 야근을 하러 다시 회사로 들어가고, 류이근은 집으로 향했다. 두 사람의 발걸음은 경쾌하지 못했다. 다음 날 아침에 조성민한테서 날아온 문자가 그나마 위안이 됐다.

"아침에 기사 봤습니다. 다른 방송과 신문 기사들과 비교해보면 한겨레신문이 가장 팩트만으로 기사화된 것으로 보입니다. 감사합니다."

조성민에 대한 서운함과 고마움

그날 이후 조성민은 전화기를 바꾸었다. 그리고 며칠 동안 두 사람은 주로 카톡으로 대화를 나눴다. 11월 1일 오전 11시께, 그는 류이근에게 카톡을 날렸다. "삭제된 문자를 복구해서 그 증거자료를 모두 검찰에 제출하였습니다. 제보는 JTBC에만 했습니다. 여러 매스컴에 알리면 제가 힘들어져서 그랬습니다. 이해 바랍니다." 류이근은 다시 한번 그에게 서운한 감정이 들었다. "차라리 알리지나 말지……." JTBC는 조성민이 건넨 자료를 바탕으로 단독 보도를 내보냈다.

류이근이 서운하게 생각하는 이유가 나름 있었다. 조성민에게 삭제된 휴대전화 문자 등을 복구해보라고 먼저 조언한 사람이 바로 그였기 때문이다. 조성민은 최순실과 잠시 같이 일했던 불편했던 기억을 지우고 싶어, 문자와 카톡 메시지 등을 다 삭제했다. 그 얘기를 듣고서 류이근은 데이터 복구는 어려운 일이 아니라면서, 그에게 데이터 복구를 권했던 것이다.

조성민의 카톡에 류이근은 인내심을 갖고서 회신했다. "네, 일러주셔서 고맙습니다. 저도 받을 수 있을지요? 대표님한테 복구 필요성 등을 말씀드리기까지 하고, 이제껏 최대한 신의를 지켰는데요…….” 류이근은 JTBC가 이미 보도한 내용인지라 기사 가치가 거의 없는 자료란 걸 알았지만, 상처받은 자존심 때문에라도 받아두고 싶었다. 그는 류이근에게 자신이 복구한 안종범, 김상률, 김종 등의 주요 인물들과 나누었던 문자와 통화 기록을 보내줬다. 류이근은 고맙다는 말을 건넸지만, 사실 마음은 편치 않았다.

그 뒤 그는 간혹 류이근에게 문자나 전화를 했다. ○○○ 기자라고 하는 사람한테서 연락을 받았는데 정말 기자가 맞는지 확인해달라는 요청 같은 거였다. 바쁜 기자에게는 귀찮은 부탁이었다. 그래도 류이근은 그때마다 전화번호와 소속 언론사, 기자가 일치하는지를 확인해서 알려줬다. 한 언론사 기자에겐 조성민 씨가 인터뷰에 응할 수 없다고 전한다는 심부름까지 했다. 괜히 오해를 받을 수도 있었지만 군소리 없이 했다. 류이근은 어느 순간 자신이 그에게 기자가 아니라 잠시 의지할 사람이 되어줄 수도 있겠구나 하는 생각이 들었다. 조성민은 기자를 사칭한 누군가 자신에게 접근해올지도 모른다는 생각으로 불안해하고 있었다. 그리고 집으로 찾아오는 기자들을 감당하지 못해, 지방에 있는 친구 별장으로 몸을 숨겼다.

돌이켜보면 류이근은 그에게 많은 빚을 졌다. 몇몇 언론사를 콕 집어 인터뷰할 때, 그의 배려로 한겨레는 물먹지 않았다. 그리고 그의 도움이 없었다면 최순실의 증거 인멸 시도와 최순실이 플레이그라운드의 실소유주라는 사실을 단독으로 내보낼 수 없었을 것이다. 그때마다 그는 류이근에게 신신당부했다. "취재원이 저라는 건 절대 언급하지 말아주세요."

이후에도 그는 잊을 만하면 류이근에게 카톡을 보냈다. "유언비어가 돌아다니는 것 아시는지요? '최순실 태블릿 피시가 조작되었다. 한겨레 기자가 양심선언했다.' 이런 말도 안 되는 소리요." 그러면서 류이근에게 먼저 주문했다. "허구성을 집어내서 반박하는 기사 등이 필요하지 않을까 하는 생각이 들어서 첨부해서 보냅니다." 자신이 해코지를 당할지 모른다는 개인적인 두려움은 어느 순간 진실을 덮고 역사의 수레바퀴를 거꾸로 돌리려는 음모와 조작에 대한 두려움으로 커졌다. 12월 초 언론을 피하던 그는 류이근에게 이런 카톡을 날리기도 했다. "진실을 밝히느라 노고가 많습니다." 그가 특종을 준 취재원은 아니지만, 취재원으로부터 신뢰를 받고 있다는 느낌에 류이근의 입가엔 미소가 번졌다.

9

최순실 게이트

'오프 더 레코드'를 깨다

"TV조선에 보도된 건 사과 껍질 정도"

이성한 전 미르재단 사무총장은 최찾사가 반드시 만나야 할 사람이었다. TV조선의 초기 보도를 꼼꼼히 살펴보면 그가 주요한 취재원임을 누구나 짐작할 수 있었다. 취재원의 이름이 비록 익명으로 처리됐지만 TV조선 보도에 나오는 멘트의 상당 부분을 보면 이성한으로 추정됐다.

김의겸은 9월 2일 최찾사 첫 회의에서 류이근에게 "이성한부터 만나봐"라고 말했다. 방준호에게 주어진 첫 임무가 정동춘 K스포츠재단 이사장이라면 류이근의 첫 과제는 이성한인 셈이다.

그러나 이성한은 전화번호조차 따기 어려웠다. 주소도 확보하지 못했다. 미르재단·K스포츠재단 자료 제공에 도움을 준 국회 쪽에서도 그의 휴대전화 번호를 갖고 있지 않았다. 확보된 문서 어디에도 그의 집주소나 사업체명, 연락처가 기재돼 있지 않았다.

그렇게 며칠이 흘렀다. 결국 누가 연락처를 갖고 있는지 아는 김의겸이 나섰다. 9월 6일 김의겸은 류이근에게 전화번호 하나를 건네주었다. 어렵게 얻은 이성한의 번호였다.

류이근은 곧바로 이성한에게 전화를 걸었다. 질문을 준비했지만 다짜고짜 만나자고 부탁했다. 그는 간단한 인물이 아니었다. "당신이 진짜 기자인지 아닌지 내가 어떻게 믿나?" 드문 경우이긴 하나, 류이근은 이런 취재원을 몇 번 만난 적이 있다. 대개 취재원은 소속을 밝히면 굳이 신분 확인을 하겠다고 나서지 않는다. 하지만 극도로 예민한 상황에 처한 사람이거나 조심스러운 성격의 취재원은 아주 드물지만 명함을 사진 찍어서 메시지로 보내달라고 요구하는 경우도 있다. 전화로는 곤란하다면서, 직접 얼굴을 봐야 입을 여는 사람도 흔하다.

류이근은 자신의 명함 사진을 찍어 이성한에게 보내면서 그가 아주 까다로운 사람이란 느낌을 강하게 받았다. 명함을 전달한 류이근은 당장 다음 날에라도 그가 시간을 낼 수 있는지 물었다. "내일 오후에 뵐 수 있도록 시간 내주시면 고맙겠습니다." "내일 오후 2시, 4시 약속 있습니다……. 네, 연락드리겠습니다." 류이근은 며칠 허비한 시간이 아까워서 하루가 아쉬웠다. "오전은 어떠신지요? 아니면 4시 약속 뒤에 보는 건 어떨지요? 편한 시간을 정해주시면 제가 맞추겠습니다." 이성한은 회신은 해줬지만 시간과 장소를 특정해달라는 류이근의 재촉엔 응하지 않았다. 어쨌든 다음 날 만날 수 있다는 뉘앙

스를 남겼다.

다음 날 9월 7일 아침 류이근은 그에게 다시 연락했다. 그가 만남을 수락했다. 이동 시간을 계산하니 빠듯했다. 류이근은 후배 방준호에게 같이 가자고 제안했다. 중요한 취재원이니 방준호도 선뜻 일어섰다. 그가 만나자고 한 장소는 서울 강남구 학동로에 위치한 가구점을 겸한 커피숍이었다. 그가 사무총장을 맡았던 미르재단이 지척이었다. 이성한은 깔끔한 차림새였다. 충청도 출신이지만 쓰는 말은 완벽한 표준어였다. 말투는 인상만큼이나 차분했다.

몇 마디 인사를 주고받자마자 이성한은 두 기자에게 요청했다. "녹취는 하지 마라." 이후에도 그는 만날 때마다 녹취를 금지했다. 정작 자신은 수많은 녹취를 했지만 상대가 자신과 나누는 대화를 녹취하는 것은 극도로 꺼렸다. 이날은 취재수첩에 적는 것도 허락하지 않았다. 그는 녹취나 기록을 하지 못하게 하는 것보다 더 까다로운 조건을 내걸었다.

"보도를 전제로 한 만남은 원치 않는다." 1시간가량 이어진 첫 대면에서 두 기자가 부닥친 가장 큰 난관이었다. 비보도를 전제로, 보도를 사명으로 하는 기자들을 만나겠다는 것이었다. 이른바 '오프 더 레코드'(비보도)다. 비보도의 조건과 상황은 제각각이다. 맥락과 상황을 이해하는 데 참고만 할 뿐 오프 더 레코드를 조건으로 들은 팩트는 아주 예외적인 경우를 제외하면 쓰지 않는다. 오프 더 레코드는 발언이 그대로 공개됐을 때 국가 이익이 훼손되는 외교가 취재에서 제한적으로 쓰였으나, 최근엔 취재 현장에서 아주 흔하게 쓰인다. 사실 일상 대화에서 쓰는 '이건 비밀로 해줘', '이건 너만 알고 있어'와 같은 개념이다.

진실을 알고 싶다면서 이성한의 입과 마음을 열려고 했던 두 기자는 이날 그를 설득하지 못했다. 이성한이 한겨레에 앞서 만난 언론매체는 TV조선 딱 하나였다. 그는 TV조선이 자신의 말을 맥락 없이 따다가 내보냈다면서, 언론에 피해의식을 드러냈다. 그의 말은 두 기자가 궁금해하는 핵심으로 들어가지 않은 채 주변을 맴돌았다.

어렵게 잡은 첫 약속은 그렇게 소득 없이 마무리됐다. 그는 서둘러 자리를 떴다. 누군가 자신을 감시한다는 냄새를 강하게 풍긴 채, 검은색 카니발 차량을 타고서 그야말로 쌩하니 사라졌다. 그 자리에서 다음 약속도 기약하지 못했다. 하지만 여운은 컸다. 자신이 얼마나 많은 걸 아는지 살짝 운을 뗀 것만으로도 두 기자는 커다란 소득을 얻었다. "TV조선에 보도된 건 사과 껍질 정도입니다."

류이근으로부터 보고를 받은 김의겸은 이성한을 계속 만나며 공을 들이라고 말했다. 당장 팩트를 건진 건 없지만, '사과 껍질'이란 말은 김의겸이 예상했던 큰 그림 그대로였다. '사과의 과육'이 뭘지는 누구도 말하지 않았지만 세 기자 다 짐작했다. '그가 보고 들은 걸 얘기만 해준다면…….' 최찻사 기자들의 가슴은 부풀어올랐다.

류이근은 바로 다음 날 다시 이성한에게 전화했다. 그가 받지 않자 "다시 만나자"고 문자를 보냈다. 그는 보안을 이유로 아이폰이 아닌 휴대전화로는 통화하길 원치 않았다. 이후 류이근은 회사 전화, 심지어 커피숍 전화로도 그와 연락했다. 자신이 끊임없이 미행당하고 있다는 불안에 시달리던 그는 보안에 극도로 예민했다. 실제 그는 류이근과 두 번째로 만나기 전날 통화하면서 “불안하다”, “많이 걱정된다”, ”타이밍이 안 좋다”, “좀 심각하다”는 말을 늘어놨다. 불안의 근저엔 신변뿐만 아니라 생계에 대한 걱정도 컸다. 방송사 엔지니어로 일하던 그는 부동산 디벨로퍼로 전업해 나름 입지를 구축했다. 그가 하는 일은 거칠게 말해 아이디어 하나로 자본을 끌어모아 부동산을 개발하는 것이다. 상대를 설득할 수 있는 역량과 꼼꼼한 기획력이 없이는 살아남을 수 없는 비즈니스 세계다. 그는 자신이 어렵게 구축한 비즈니스 영토가 허물어질까 봐 걱정했다.

보도를 못해도 진실은 기록해야 한다

류이근은 첫 만남 이틀 뒤인 9월 9일 혼자서 이성한을 다시 만났다. 첫 만남 때와 같은 장소였다. 역시 비보도 조건이었다. 당연히 녹취는 허락하지 않았다. 다만 이번에는 1차 때와 달리 취재수첩 기록은 허락했다. 하지만 대화는 별다른 진척이 없었다. 그는 1차 미팅 때 했던 말을 되풀이했다. 내용을 좀 더 구체화한 게 작은 차이였다.

그는 자신의 목적을 명예회복과 미르재단의 정상화라고 말했다. 자신의 명예가 훼손됐다고 말하면서도 왜 어떻게 누구에 의해 훼손됐는지 그 맥락을 충분히 전달하지 않았다. 첫 만남에 이어 두 번째 만남에서도 변죽을 울리는 듯한 그의 말에 류이근도 점점 인내심이 떨어졌다. 첫 만남 때부터 그에게 최순실, 안종범 등의 이름을 계속 던지면서 질문했던 류이근은 그의 복잡한 심리 상태와 속마음에 쉽게 공감하지 못했다. 그는 이날 껍질 안쪽 사과의 맛을 살짝 보여주는 데 그쳤다. 그의 말은 겉돌았지만, 맥락은 분명했다.

"최순실은 '디렉션'(지시 및 지휘)을 하려 했지만 사실 디렉션을 할 만한 능력이 있는 사람은 아니다. 그와 관련한 내용들을 나중에 인터넷 등에서 찾아봤다. 그런데 (인터넷에 나온 것) 그 이상이다. 이 사람이 실제 더 큰 영향력을 행사하고 개입했다."

그의 입에서 처음으로 최순실이라는 이름이 나왔다. 희미하지만 비선실세로서 실체를 귀띔하는 말이었다.

류이근이 이성한을 다시 만난 건 그로부터 10여 일이 지나서였다. 재촉해서 그를 또 만나봤자 새로운 얘기를 듣기 쉽지 않다는 생각에 류이근은 서두르지 않았다. 더군다나 그는 계속해서 비보도를 전제로 만나길 원했다. 그는 두 번째 만났을 때, 류이근에게 이렇게 말했다. "보도가 아니라 진실이 궁금하면 만날 수 있다." 기자는 누구나 진실을 궁금해한다. 하지만 진실에 대한 궁금증도 개인적 호기심이 아니라 결국 보도를 위한 것이다. 그래서 보도를 하지 않는 조건의 진실에 대한 호기심 충족은 언뜻 모순돼 보이기도 한다.

류이근은 김의겸에게 이런 고민을 털어놨다. 김의겸은 보도와 상관없이 진실을 찾겠다는 후배의 뜻을 존중해줬다. 고민 끝에 류이근은 이성한을 계속 만나기로 결심했다. 중간에 그가 마음을 바꿔 보도를 허락하길 내심 바라기도 했지만, 보도를 기약할 수 없더라도 자칫 덮일지 모를 진실을 기록해두는 게 기자의 직분이라고 생각했다. 당장 보도할 욕심을 비우자 의외로 마음이 편했다. 며칠 고민 끝에 이성한에게 이런 뜻을 전했다. 조급함도 사라졌다. 김의겸도 후배를 재촉하지 않았다. 그는 후배가 충분한 시간을 갖고서 취재원을 만날 수 있는 여유를 허락했다.

세 번째 만남, 상식과 개념이 무너져내리다

추석 연휴 끝인 2016년 9월 18일 류이근은 이성한을 세 번째로 만났다. 이번엔 서울이 아니었다. 김의겸이 이끄는 최찾사는 추석 연휴가 끝나고 새롭게 한 주가 시작되는 9월 19일 월요일에 최순실의 실체를 드러내는 첫 기사를 내보낼 계획이었다. 하지만 계획은 변경됐다. 일정이 하루 미뤄졌다. 류이근에게도 하루 숨 돌릴 틈이 생겼다. 그는 이날 이성한이 머물고 있는 춘천으로 향했다. 청량리에서 탄 급행전철은 채 1시간도 안 돼 남춘천역에 도착했다. 마음을 비운 탓인지 발걸음이 가벼웠다. 잠시 바람 쐰다는 생각으로 떠난 취재였다.

이성한은 기차역까지 마중을 나왔다. 그의 집이 지척이긴 했으나, 가족과 보낼 시간을 쪼개 마중까지 나온다는 건 번거로운 일이었다. 류이근을 태운 카니발은 춘천시가 내려다보이는 산 중턱 커피숍에 도착했다. 그가 타고 나온 카니발은 미르재단 소유 차량이었다. 춘천에서 서울까지 출퇴근하는 그에게 재단이 내준 차량이었다. 커피숍 테라스에 자리를 잡았지만, 오래 앉아 있지 못했다. 가을이 깊어지는 춘천의 산자락 저녁 날씨는 금세 쌀쌀해졌다. 류이근은 질문을 하다가 이내 한기가 들어서인지 말이 떨리기 시작했다. 그의 목소리가 살짝 떨린 건 긴장한 탓도 있었다. 아무 기대 없이 왔던 그에게 이성한은 이내 보따리를 풀어놓기 시작했다. 세 번째 만나면서 친숙해지기도 했거니와 춘천까지 와준 데 대한 답례의 성격도 있어 보였다. 보따리에선 류이근이 예상치 못한 내용물이 쏟아져 나왔다. 처음부터 류이근은 그의 양해를 받아 기록하기 시작했다. 이번에도 녹취를 허락하지 않았기에 류이근은 수첩을 꺼내 그의 말을 그대로 옮겨 적었다.

최순실에 멈춰 있던 기자 류이근의 상상력은 이내 허물어졌다. 최순실의 실체를 묻는 기자의 질문에 이성한은 박근혜 대통령을 끄집어내 답했다. 사실 두 번째 만났을 때도 그는 어렴풋하게나마 대통령을 언급하긴 했다. 당시 그의 말은 이랬다. "나는 예전에 정부나 이런 데 있는 사람들은 대단하다고 생각했다. 그런데 이제 보니 전혀 그렇지 않다. 문체부나 청와대 그리고 박근혜 대통령을 이제 존경할 수 없게 됐다." 박근혜 대통령의 어떤 모습 때문인지는 말하지 않았지만 더는 대통령과 그 주변의 높은 사람들을 존경할 수 없게 됐다는 말이었다. 류이근은 이성한이 왜 그렇게 말했는지 세 번째 만났을 때 비로소 이해할 수 있게 됐다.

추위에 떨면서도 류이근은 실내로 자리를 옮기자는 제안을 머뭇거렸다. 깊어지는 대화가 혹시 끊어지진 않을까 걱정되었다. 류이근은 가벼운 옷차림이었다. 이성한은 춘천의 쌀쌀한 날씨에 익숙해서인지 아니면 따뜻한 외투 덕이었는지 추위를 타지 않았다. 류이근의 걱정과 달리 이성한은 실내로 자리를 옮겨서도 이야기 보따리를 계속 풀어냈다. "대통령과 밀접한 사람", "그의 밑에 차은택이 있다", "대통령 판단에 영향을 미치는 사람". 사실 어느 정도 예상했던 수준의 말이었다.

하지만 그의 계속되는 얘기가 이번엔 류이근의 인내심이 아니라, 상식을 시험했다. "대통령이 단독으로 결정할 수 있는 사안은 없다. 최순실한테 다 물어보고 승인이 나야 가능하다고 보면 된다." "최순실이 유일하게 움직일 수 있는 사람은 한 명이다. 그게 바로 대통령이다." 이성한은 상대가 자신의 얘기를 곧이곧대로 믿지 못할까 봐 대화 중에 몇 번씩이나 이렇게 말했다. "개념이 무너지죠?" 실제 류이근도 그의 말을 듣다가 자주 이렇게 반문했다. "믿어지지 않는데요?" 나중에는 국민적 상식이 된 내용이지만 그때는 정말 그랬다.

류이근은 박근혜를 잘 모른다. 그가 2004년 정치부 말진으로 있으면서 당시 야당인 한나라당을 출입하면서 거의 반년 동안 매일같이 봤지만 박근혜는 좀체 알 수 없는 인물이었다. '수첩공주'로 불리고 있으니 콘텐츠가 빈약하겠거니, 자신만의 언어가 없겠거니 생각했을 뿐 그 이상은 생각조차 못했다. 누

이성한 전 미르재단 사무총장이 들려주는 말은 17년차 기자 류이근이 듣기에도 기존의 상식과 개념을 무너뜨리는 것이었다. 사진은 2017년 2월 6일 최순실 재판에 증인으로 참석한 뒤 서울중앙지방법원을 나서는 모습. 연합뉴스 한종찬 기자.

군가는 당 대표였던 그가 보이지 않는 의견 그룹으로부터 조언을 듣는다는 말로 그의 불투명한 의사결정 과정을 설명하려 들었다. 하지만 기자 누구도 그 뒤에 최순실이 있을 거라곤 상상하지 못했다.

이날 보도에 대한 부담 없이 느긋하게 이성한을 다시 만난 류이근은 점점 그의 얘기 속으로 빨려 들어갔다. 어느 순간 류이근은 그가 뱉어내는 토씨 하나 놓치지 않으려 잔뜩 긴장했다. 그가 앞에서 말한 은유적·추상적 표현을 좀 더 구체화하는 질문을 류이근은 계속 던져댔다.

그의 말은 "대통령보다 더 높은 사람", "난 최순실이 대한민국 권력 서열 1위라는 박관천 전 경정의 말에 90퍼센트 동의 한다. 수렴청정이라고 해야 되나? 불순한 말인 줄 알지만……" 에서 그의 말은 정점을 찍었다. 권력의 장막 뒤에서 '회장님'으로 불리는 최순실과 박근혜 대통령의 관계는 상상 그 이상이었다. 그는 이런 자신의 표현을 뒷받침할 근거도 제시했다. 그는 아이폰을 꺼내 청와대 문건 또는 자신이 미르재단에서 작성한 문건 등을 불러내 설명하기도 했다. 자신이 기억하는 구체적 인물과 상황을 곁들였다. 무엇보다 그는 대화 시작부터 자신의 말에 단서를 달았다. "난 명확하지 않은 건 잘 언급하지 않아요……. 나는 거짓말을 싫어해요." 개념이 무너진다는 그의 말을 부정할 수도 부정할 필요도 없었다. 류이근은 그의 말을 신뢰하게 됐다. 눈앞에 보여주는 증거자료는 그의 말을 진실이라고 믿을 수밖에 없는 정황이었다. 다만 그는 기자에게 자신이 지닌 패를 결코 다 보여주지 않았다. 일종의 맛보기였던 것이다.

커피숍을 나와 이동했다. 늦은 저녁이었다. 그와 간단히 식사를 하기로 했다. 이동하는 잠깐 동안 그는 자신이 갖고 있는 녹취 테이프를 들려줬다. 거의 80개가 된다는 그의 파일 중 일부였다. 목소리의 주인공은 최순실, 차은택 등이었다. 고영태도 잠시 등장했지만 당시 류이근은 그를 알아챌 수는 없었다. 다만 최순실이 지칭한 '고 대표'는 머릿속에 깊이 각인됐다. 이성한과 차은택을 최순실에게 연결해준 인물이었다. 그리고 미르재단의 이한선 이사가 등장했다. 최순실이 직접 등장하는 대목은 단연 압권이었다. 최순실은 박근혜 대통령을 스스럼없이 언니라고 불렀다.

"사람은 의리가 필요해. 그런데 차은택은 지금 저만 살려고 하잖아. 그러면 안 되지. 내가 지금까지 언니 옆에서 의리를 지키고 있으니까, 내가 이만큼 받고 있잖아."

류이근은 그때까지 최순실의 목소리를 한 번도 듣지 못했다. 그전까지 최순실이 어떤 사람인지 감을 잡지 못하던 류이근은 그제야 그의 이미지를 그려낼 수 있었다. 이성한이 8월 19일 최순실을 만나 나눈 대화를 녹취해놓은 거였다. 최순실이 독일로 도피하기 직전의 상황이었다. 이미 6월 29일 직위해제된 이성한을 회유해 상황을 덮으려 애쓰는 최순실의 모습이 드러난 녹취였다. 최순실의 말은 논리적이지도 명쾌하지도 않았다. 하지만 산만한 듯하면서도 자연스럽게 자신이 원하는 뜻과 방향으로 상대를 몰아가는 솜씨가 느껴졌다.

어느새 이성한의 차는 한 막국수 집 앞에 멈췄다. 문을 닫을 시간이었지만 주인장한테 사정을 했더니, 만둣국 두 그릇을 내놨다. 저녁시간이 훌쩍 지났지만 류이근은 허기를 느끼지 못했다. 갑자기 들어온 수많은 정보를 처리하느라 위마저 긴장한 탓이다. 그는 그릇을 다 비우지 못했다. 식사하는 동안에도 이성한의 말은 계속됐다. '미르의 실제 주인은 누구인가'라는 기자의 질문에, 그는 "최순실이라고 본다"고 답했다. 두 사람은 식당에서 가장 늦게 빠져나왔다. 이미 컴컴한 밤이었다. 이성한은 급행전철을 타고 온 류이근을 다시 남춘천역까지 데려다줬다. 식당에서 역사까지 차로 이동하면서 그리고 역사 건너편에 차를 세우고서도 이성한은 깜짝 놀랄 만한 이야기를 더 들려줬다. 이날 오후 4시부터 밤 10시까지 두 사람이 나눈 대화는 양도 많았지만, 내용은 더 충격적이었다. 류이근의 머릿속엔 비로소 큰 그림이 그려졌다. 이성한은 이날 또 한 번 자신이 위협받고 있다고 걱정했다. 류이근은 몇 번이나 이 말을 들은 뒤로는, 이성한의 뒤를 누가 미행하지는 않는지 주위를 살펴보곤 했다. 그는 기자에게도 주의를 줬다. "소탐대실하지 마세요." 자신한테서 들은 얘기를 어설프게 보도했다간, 더 큰 걸 놓치고 관계마저 끊길 수 있다는 얘기였다.

역사에 도착했을 때 서울행 기차가 끊기진 않았다. 듬성듬성 빈자리가 있는 객차 안은 잠을 청하려는 사람들로 조용했다. 류이근은 잠시 객차에서 나와 김의겸에게 전화를 걸어 보고했다. "선배, 디프 스로트(내부 제보자)입니다. 보호해야 할 것 같습니다. 전화로 말하긴 그러니 내일 구두로 말씀드리겠습니다."

'워터게이트'를 세상에 알린 미국 워싱턴포스트의 밥 우드워드와 칼 번스타인이 마크 펠트 미국 연방수사국FBI 부국장한테 처음 얘기를 듣고 난 뒤 신문사에 이렇게 보고했을까. 류이근은 의도하지 않게 그들을 흉내 내고 있었다. 류이근은 이성한을 만나고부터 보안에 더욱 신경 썼다. 누가 전화를 도청이라도 할 수 있다는 듯, 이날 이성한과 나눈 대화를 전화로 보고하길 꺼려했다. 사실 당장 쓸 기사도 아닌 바에야 전화로 추려 보고할 필요도 없었고, 내용 또한 방대했다. 게다가 이성한은 "지금까지 얘기한 건 아무것도 아니다"라고 말했다.

도대체 얼마나 많은 이야기들이 숨어 있는 걸까? 덜컹이는 기차에 몸을 실은 류이근은 피곤하다는 생각을 잊었다. 그는 이성한의 차를 타고 이동하면서 나눈 대화와, 그가 들려준 녹취 파일 내용을 취재수첩에 정리했다. 그러곤 깊은 생각에 잠겼다.

류이근은 기자 17년차다. 취재 경력도 제법 쌓였다. 대개 기자들이 그렇듯 그도 음모론과 '설'을 싫어한다. 이면에 숨겨진 진실을 추구한다면서도 직접 보고 듣고 확인된 팩트가 아니면 믿지 않는 기질이 강하다. 기자 연차가 쌓일수록 기질은 더욱 단단해졌다. 당연히 자신이 보지 않고 듣지 않고 확인하지 않은 팩트가 구성하는 세상에 대한 상상력이 궁핍했다. 그는 전동차 좌석 손 받침대에 턱을 괸 채 "보이는 것보다 진실은 훨씬 크다"라고 중얼거렸다. 너무 당연한 말이지만, 이전엔 그 의미를 제대로 알지 못했다. 그는 자신이 아주 좁은 팩트의 세계에 갇혀 살아왔다는 걸 자각했다. '빙산의 일각'이란 상투적 표현을 즐겨 써온 기자가, 빙산의 크기를 가늠하고서 처음 놀랐다. 그를 만나 긴장했던 순간들은 어느덧 어둠에 덮여 차분하게 가라앉았다.

이성한의 증언은 한동안 보도되지 않았다. 그와 나눈 대화의 조건이기도 했다. 당연히 그의 말이 인용되거나 그가 건넨 팩트가 기사에 활용되지 않았다. 류이근은 몸을 두 개로 분리해서 이성한에게서 들은 팩트와 내용은 철저히 몸의 다른 반쪽으로 흘러들어가지 않도록 스스로를 단속했다. 실제 불가능한 일이었지만 그는 노력했다. 다른 최찾사 동료들도 류이근의 뜻을 존중했다. 이성한으로부터 나온 얘기는 취재 단

서로 활용하지 않으려고 했다. 기사에 조금이라도 그의 말이 활용되는 걸 경계했다.

하지만 그의 말은 최찾사에게 상당히 큰 힘이 돼주었다. 김의겸은 그의 말을 꼼꼼히 적은 메모를 항상 옆에 놔두고 하루에도 몇 번씩 읽고 또 읽었다. 최찾사가 취재를 하다 곳곳에서 길을 잃거나 머뭇거릴 때 그가 한 말은 나아갈 방향을 인도해주었다. 또 김의겸은 계속해서 다른 언론사의 보도가 나오거나 새로운 얘기를 들을 때마다 이성한의 말과 맞춰보았다. 그러다 보니 김의겸은 이성한을 한 번도 만나지 않았지만 그를 제법 잘 이해하게 되었다. 그가 한 말 가운데 새겨들어야 할 부분과 건너뛰어야 부분을 가릴 줄 알게 되었다.

어떤 생각을 품고 있는지 확신하지 못하다

2016년 9월 25일, 강원도 춘천에서 류이근은 이성한을 다시 만났다. 네 번째 만남이었다. 그는 이날 약속에 30여 분이나 늦었다. 나오는 중에 어디선가 전화가 왔다는 것이다. 일이 이상하게 꼬인 날의 시작이었다. 남춘천역에서 만나 한때 그가 다녔던 춘천 MBC로 장소를 옮겼다. 누군가 그를 기다리고 있었다. 미르재단에 파견 나온 전경련 직원이었다. 그는 이성한에게서 카니발 차량과 데스크톱 컴퓨터를 넘겨받으러 춘천까지 온 것이다. 차량은 MBC 주차장에 세워져 있었다.

문제는 컴퓨터였다. 이성한은 미르재단에서 자신이 쓰던

컴퓨터를 가지고 나온 모양이었다. 전경련 파견 재단 직원은 하드디스크가 빠져 있는 걸 문제 삼았다. 이성한은 무슨 이유에서인지 하드디스크를 빼놓은 채 컴퓨터를 건넸다. 한바탕 실랑이가 벌어졌다. 류이근은 컴퓨터를 회수하러 온 직원에게 굳이 신분을 드러낼 필요가 없었다. 그는 구경꾼이 되었다. 이성한은 전경련 파견 직원의 신분을 믿지 못하겠다면서, 컴퓨터를 넘기지 않았다. 두 사람은 춘천경찰서로 이동해 서로의 신분을 확인했다. 그러고는 MBC로 이동해 차량과 컴퓨터를 인수인계했다. 류이근은 그 싸움에 관여하지 않았다. 그는 이성한이 아주 중요한 데이터를 보관하고 있다는 사실을 직접 목격하게 된 걸 큰 수확으로 여겼다. 류이근이 보기엔 하드디스크는 미르재단에서 일어났던 모든 일을 빠뜨림 없이 복원할 수 있는 마술램프처럼 보였다.

한겨레가 9월 20일 첫 보도를 낸 이후 전경련과 미르재단 및 K스포츠재단은 컴퓨터 하드를 교체하는 등 증거란 증거는 거의 몽땅 지우고 없앨 때였다. 그중에 살아남은 결정적 증거 하나가 이성한의 컴퓨터 하드디스크가 될지 모른다는 생각에 안심하기도 했다. 하지만 류이근은 이성한이 당시 어떤 생각으로 하드디스크를 남겼는지, 어떻게 쓸 생각인지 알지 못했으며 굳이 묻지도 않았다.

전경련 직원이 떠난 뒤 두 사람은 호숫가에 자리 잡은 춘천 MBC 커피숍으로 들어갔다. 이성한이 자주 들르는 곳처럼 보였다. 예전 다녔던 직장이어서 그런지 그에게 짧게 인사를 나누는 사람과 마주치기도 했다. 그는 늘 그렇듯 카페라테를 주문했다. 호수가 내려다보이는 창가에 앉아 류이근은 수첩을 꺼냈다. 그는 이성한이 일주일 전 그려준 밑그림에 이날 색칠까지 할 수 있을 것으로 기대했다. 그가 마음을 완전히 열었을 걸로 짐작했다. 하지만 이날 대화는 별 진전이 없었다. 그는 안종범 수석과의 만남, 자신에 대한 민정수석실의 조사, 자신과 '고 대표'(당시까지만 해도 그는 류이근한테 고영태의 실체를 말하지 않았다)를 둘러싼 루머, 그해 8월 19일 최순실과의 마지막 만남 등을 길지 않게 얘기했다.

하지만 류이근은 세 번째 만났을 때 일었던 긴장을 더는 느낄 수 없었다. 그의 말의 대부분은 이제 메모가 필요 없는 내용이었다. 다만 이날 흥미로웠던 건 그가 먼저 자신의 입으로 "내가 최순실한테 5억 원을 요구했다는 얘기가 퍼졌다"고 한 말이었다. 류이근은 이성한과 관련한 이런저런 이야기를 김의겸으로부터 이미 듣고 있었다. 김의겸이 류이근에게 "이성한을 만나더라도 우리가 알지 못하는 이해관계가 걸려 있을 수 있으니 주의하라"며 귀띔해준 내용이었다.

식당으로 옮겨서도 깊이 있는 대화를 이어가지 못했다. 류이근은 물꼬가 터진 최순실 게이트 보도와 취재에 호흡이 빨라져 있었지만, 이성한은 머리를 다시 몸속으로 쏙 집어넣은 자라처럼 몸을 사렸다. 류이근은 이날 이성한의 오래된 BMW SUV를 타고서 서울로 돌아왔다. 강남에 도착했을 때 그는 서울중앙지검으로부터 연락을 받았다. 누군가 그를 고소한 것이었다. 그는 너무 억울해했다. 류이근이 지켜본 이성한의 하루는 종잡을 수 없이 고단했다. 두 사람은 다시 커피숍에 들어갔다. 이성한은 고소 건으로 신경이 극도로 예민해졌다. 자리를 털고 일어설 무렵 그는 자신의 변호사를 만나야 할 것 같다고 말했다. 류이근의 머릿속도 복잡했다. 이성한이 마음속에 어떤 생각을 품고 있는지 확신할 수 없어서였다.

10월 24일, 마침내 둑이 무너지다
– JTBC 태블릿 피시 보도

그런 복잡하면서도 불편한 감정은 결국 폭발하고야 말았다. 10월 24일 저녁, 한겨레 최찾사는 사회부 24시팀과 회식을 하고 있었다. 최찾사의 김의겸이 그동안 여러모로 도움을 준 사회부 후배들에게 한턱 내는 자리였다. 류이근은 자리를 따로 했다. 그는 캐나다에서 건너온 친구 등과 회사 근처 공덕시장에서 저녁 겸 술을 한잔 하고 있었다. 그는 이날 친구들 앞에서 '물'을 먹었다. JTBC가 태블릿 피시를 보도한 날이었다. TV를 실시간으로 보지 않았지만 핵심 내용은 빠르게 텔레그램으로 전달됐다. 류이근은 순간 이성한이 JTBC에 건넨 거라고 생각했다. 그는 화가 잔뜩 났다.

류이근은 9월 25일 이성한과 네 번째 만난 이후로 연락이 닿지 않았다. 간혹 텔레그램 등으로 연락을 했지만 회신이 오지 않았다. 류이근도 조급해하지 않았다. 언제 쓸지 기약 없는 이성한과의 인터뷰는 후순위로 미뤄뒀다. 그러던 중 10월 17일 류이근은 이성한이라면 알 만한, 급히 확인하고 싶은 내용이 생겼다. 그가 류이근에게 한 말도 떠올랐다. 이성한은 인터뷰를 비보도로 전제하면서도, 확인하고 싶은 내용이 있으면 도와줄 테니 물어보라고 얘기했다. 이날 모처럼 이성한과 연락이 닿은 류이근은 그에게 최순실이 만든 더블루케이란 회사와 고영태 등을 아는지 물었다. 요청에 대한 답은 끝내 오지 않았다. 대신 그는 그날 밤 JTBC에 고영태와 함께 실명으로 등장했다. 그는 JTBC 기자가 비보도를 전제로 한 약속을 깼다고 말했다. 류이근은 먼저 취재했으면서도 물먹었다는 생각 때문에 기분이 상한 것만은 아니었다. 이날 JTBC 보도만 보면 류이근이 이성한을 만나 들은 것에 비해 상대적으로 아주 '작은' 내용들이었다. 류이근이 기분이 상한 건 배신감 비슷한 것이었다. 언론사 중엔 한겨레 기자만을 만난다고 했던 그가 다른 기자를 만나고 있었기 때문이다. 사실 신뢰의 배반으로 포장한 류이근의 상심도 특종을 하려는 기자의 원초적인 욕심에서 벗어나 있지 않다.

그럴 만도 한 게 류이근이 이성한을 처음 만난 건 9월 7일이었고, JTBC 기자가 이성한을 만난 건 10월 5일이다. 한 달 가까이 먼저 만나고도 비보도 약속을 지키느라 물을 먹은 것이다. 10월 17일 밤 이성한이 보낸 문자는 류이근의 속을 더욱 긁었다. "두 명(한겨레와 JTBC 기자) 중 한 명이 문제가 생겼네요. 믿은 이가 잘못이죠." 류이근은 다음 날 그에게 짧게 회신했다. "제가 보기 좋게 바보가 됐네요. 대표님을 신뢰했는데……." 이성한은 곧바로 답장을 보내왔다. "이런…… 제가 바보가 됐네요. 스트레스 때문에 몸부터 챙겨야겠네요."

10월 17일의 기억에 얹혀서 10월 24일 일이 터졌다. 태블릿 피시를 건넨 게 이성한일 거라고 류이근은 의심했다. 최찻사는 며칠 지나지 않아 그 출처를 알게 되지만 그날은 그렇게 오해를 했다. 공덕시장에서 친구들과 일찍 자리를 파한 류이근은 최찻사와 사회부 24시팀 회식 장소로 늦게 이동하면서 이성한에게 전화를 걸었다. 그가 전화를 받았다. 류이근은 한마디 내지르곤 전화를 끊어버렸다. "지금 장난하시는 겁니까?"

회식 장소에 도착하니 가게 앞에 김의겸이 나와 담배를 물고 있었다. 몇 년 동안 끊었던 담배를 김의겸은 이 무렵부터 다시 한 모금 두 모금씩 입에 대고 있었다. 최순실을 쫓는 작업이 그만큼 정신적으로 압박이 컸던 것이다. JTBC 보도는 김의겸에게도 충격이었다. 9월 20일 이후 한 달 넘게 최순실 게이트 정국을 주도해온 자부심은 뒤쫓아오던 경쟁사의 대특종으로 크게 상처를 입었다. 회식자리에서는 후배들 앞이라 웃고 있었지만 상심한 마음은 흡연 욕구를 강하게 불러일으켰다.

류이근이 먼저 김의겸에게 말을 꺼냈다. "선배, 이성한 씨 인터뷰 내일이라도 써야 할 것 같습니다." 이성한이 거듭 신뢰를 깼다고 여긴 류이근은 더 이상 그와 한 비보도 약속을 지킬 의미가 없다고 판단했다.

김의겸도 그렇게 생각했다. 하지만 보도를 내보내기로 한 데는 단순히 이성한의 신뢰 파기 때문만은 아니었다. 10월 24일 아침 박근혜 대통령은 '개헌론'이라는 핵폭탄급 승부수를 던졌다. 민감한 정치적 이해관계가 중첩된 거라 모든 이슈를 빨아들일 '블랙홀'이었다. 최순실 게이트에서 빠져나오기 위한 전술인데 이를 막을 필요가 있었다. 그러기 위해서는 최순실이 대통령의 연설문을 고쳤다는 JTBC의 보도 내용에 힘을 보탤 필요가 있다고 판단했다. 최순실이 단순히 연설문을 고친 정도가 아니라 국정 전반에 걸쳐 대통령을 조종했다는 증언이 꼭 필요한 시점이었다.

김의겸은 이제는 둑이 무너지기 시작했다는 느낌이 왔다. 그동안 계속 물이 차올라왔으나 임계치는 넘지 않았다. 그런데 JTBC 보도는 그 수압을 한꺼번에 끌어올렸다. '대홍수의 시대'가 도래한 것이다. 어느 누구도 이 도도한 물결을 막을 수 없었다.

이성한 인터뷰 내용을 기사로 쓰다

10월 25일 이른 아침 김의겸은 이성한의 발언록 가운데 JTBC 보도와 그동안의 검증을 통해 내보내도 되겠다 싶은 부분을 뽑아내 빨간 색연필로 표시해서 하어영과 방준호에게 넘겨주며 기사로 쓸 것을 지시했다. 김의겸은 왜 이성한과의 비보도 약속을 깰 수밖에 없었는지를 따로 한 꼭지 썼다. 이성한과의 네 차례 총 16시간에 걸친 인터뷰에 대한 기사는 당연히 류이근의 몫이었다. 1면 머리기사로는 「최순실, 정호성이 매일 가져온 대통령 자료로 비선 모임」(인터넷판 기사 제목은 「최순실이 박 대통령에 이래라저래라 시키는 구조」)이 잡혔고, 4면은 「최

"최순실, 정호성이 매일 가져온 대통령 자료로 비선모임"

(청와대 제1부속실장)

이성한 미르재단 전 사무총장, 한겨레와 4차례 인터뷰

"인사도 논의했는데, 장관 만들고 안만들고 결정 최씨가 대통령한테 이래라저래라 시키는 구조" 개성공단 폐쇄도 논의…정호성 "전혀 사실 아니다"

'비선실세' 최순실씨가 거의 매일 청와대로부터 30㎝ 두께의 '대통령 보고자료'를 건네받아 검토했다는 증언이 나왔다. 최씨는 이 자료를 가지고 국정 전반을 논의하는 '비선 모임'을 운영했다고 한다. 이런 진술은 최씨와 가까웠던 이성한 전 미르재단 사무총장이 9월7일부터 9월25일까지 모두 4차례에 걸쳐 16시간 동안 진행한 〈한겨레〉와의 인터뷰에서 일관되게 말한 내용이다. ▶관련기사 2·3·4·5·6면

이 전 사무총장은 인터뷰에서 "최씨는 주로 자신의 논현동 사무실에서 각계의 다양한 전문가를 만나 대통령의 향후 스케줄이나 국가적 정책 사안을 논의했다"며 "최씨는 이런 모임을 주제별로 여러개 운영했는데, 일종의 대통령을 위한 자문회의 성격이었다"고 말했다.

이 전 총장은 비선 모임의 참석자와 관련해 "적을 때는 2명, 많을 때는 5명까지 모였다. 나도 몇번 참여한 적이 있다"며 "모임에 오는 사람은 회의 성격에 따라 조금씩 바뀌었지만 차은택씨는 거의 항상 있었고 고영태씨도 자주 참석했다"고 말했다. 차씨는 광고감독 출신으로 박근혜 정부 들어 '문화계의 황태자'로 불리고 있는 인물이다. 고씨는 최씨와 막역한 사이로 그가 만든 가방을 박근혜 대통령이 들고 다녀 화제가 된 적이 있다.

그는 이어 최씨의 사무실 책상 위에는 항상 30㎝가량 두께의 '대통령 보고자료'가 놓여 있었다고 증언했다. 그는 "자료는 주로 청와대 수석들이 대통령한테 보고한 것들로 거의 매일 밤 청와대의 정호성 제1부속실장이 사무실로 들고 왔다"고 이름을 분명히 밝혔다. 정호성 제1부속실장은 이른바 '문고리 3인방'으로 불리는 비서관 가운데 한 명이다. 이에 대해 정호성 비서관은 "전혀 사실이 아니다"라고 부인했다. 이 전 총장은 "최순실씨는 모임에서 별다른 설명 없이 이 자료를 던져주고 읽어보게 하고는 '이건 이렇게, 저건 저렇게 하라'고 지시를 내렸다"며 "최씨의 말을 듣고 우리가 사업 계획서를 작성해 올리면 그게 나중에 토씨 하나 바뀌지 않고 그대로 청와대 문건이 돼 거꾸로 우리한테 전달됐다"고 말했다.

이 전 총장은 이런 말을 하면서 〈한겨레〉 기자에게 자신의 아이폰에 사진파일로 저장된, 자신이 작성한 뒤 다시 청와대 문건 형식으로 내려온 문건들을 비교해 보여줬다. 그는 또 자신의 핸드폰에 저장된 청와대 수석비서관 및 비서관 20여명의 전화번호를 보여줬는데 〈한겨레〉가 나중에 파악해보니 실제 전화번호와 일치했다.

그는 비선 모임의 논의 주제와 관련해서는 "한 10%는 미르, 케이스포츠 재단과 관련한 일이지만 나머지 90%는 개성공단 폐쇄 등 정부 정책과 관련된 게 대부분으로 최순실씨는 이를 '박근혜 대통령의 관심사항'이라고 표현했다"고 말했다. 그는 "이 모임에서는 인사 문제도 논의됐는데 장관을 만들고 안 만들고가 결정됐다"고 밝혔다.

이 전 총장은 "이런 얘기는 통념을 무너뜨리는 건데, 사실 최씨가 대통령한테 '이렇게 하라 저렇게 하라'고 시키는 구조다. 대통령이 단독으로 결정할 수 있는 사안이 없다. 최씨한테 다 물어보고 승인이 나야 가능한 거라고 보면 된다. 청와대의 문고리 3인방도 사실 다들 최씨의 심부름꾼에 지나지 않는다"고 말했다.

이씨의 증언은 상식을 뛰어넘는 것이나 〈한겨레〉가 지난 두 달가량 취재한 내용과 상당 부분 일치하는데다, 〈제이티비시〉(JTBC)가 24일 방영한 '최순실씨가 연설문을 미리 열람하고 수정까지 했다'는 내용과도 부합하는 것이어서 보도를 하기로 결정했다.

김의겸 류이근 기자 kyummy@hani.co.kr

박근혜 대통령이 25일 오후 청와대 춘추관에서 최순실씨에게 연설문과 발언자료 등이 사전에 유출된 점을 인정하고 대국민 사과를 한 뒤 고개 숙여 인사하고 있다. 김경호 선임기자 jijae@hani.co.kr

박 대통령 '연설문 유출' 사과…거짓해명 논란

최순실 이름 첫 언급 유출 시인
"청와대 보좌체계 완비뒤 그만둬"

대해 개인적인 의견이나 소감을 전달해주는 역할을 했다. 또한 일부 연설문이나 홍보물 …

와준 부분을 "일부 자료들"이라고 했으나, 최씨가 정부 인사와 국가 정책에 관여했 …

최순실 "언니 옆에서 의리 지키니까 내가 이만큼 받잖아"

(박 대통령)

이성한 미르 전 사무총장 인터뷰

이성한 "청와대, 지시가 아니라 재단에 이게 어떠냐며 의견 물어 대통령보다 높은 사람이 최순실

최씨 등 비선 모임 참석자들 장관 만들고 안 만들고 하는 사람 김종 차관은 낄 급이 아냐

사무총장때 청와대와 계속 상의 여러가지 사업 진행해"

"언니"라는 말이 또렷하게 들렸다. 지난 9월18일 이성한(사진) 전 미르재단 사무총장이 춘천에 있는 집과 서울 논현동 미르재단 사무실을 오가면서 이용했던 카니발 차량 안에서였다. 이 전 총장은 녹취에 등장하는 인물이 최순실씨라고 했다. 최씨는 스스럼없이 박근혜 대통령을 언니라고 불렀다.

"사람은 의리가 필요해. 그런데 차은택은 지금 저만 살려고 하잖아. 그러면 안 되지. 내가 지금까지 언니 옆에서 의리를 지키고 있으니까, 내가 이만큼 받고 있잖아."

최순실씨가 박근혜 대통령과 의리를 지키, 비선실세로서 이런 권력을 쥐게 됐다는 취지를 계속 강조했다. 최씨는 이어 "차은택은 아직 갈 길이 먼데, 얘가 벌써 그러면 안 되는 거야. 얘가 이상해. 우파 좌파 왔다갔다 하고 이상해. 고 대표 안 그래?"라고도 말했다. 최씨는 교묘하게 차씨를 등장시켰다. 충성을 하면 보상이 뒤따른다는 훈계와 동시에 자신의 뜻과 어긋나서는 안 된다는 협박도 섞였다. 이 녹취본엔 최씨와 이 전 사무총장, 그리고 최씨 측근 고 대표(고영태씨)가 등장한다. 미르재단의 문제가 최초로 불거진 뒤인 지난 8월 최씨가 그를 회유하려는 내용 중 일부다.

—최순실씨와 대통령과의 관계는 어떻게 보였나?

"대통령보다 더 높은 사람이 있다. 최순실이다. 이름을 바꿨으니 최서원이다."

—박관천 경정이 말했다는 것과 같은 느낌을 받았다는 것인가?

"나는 거기에 90% 동의한다. 수렴청정이라고 해야 하나. 불순한 말인지 알지만 그렇게 표현할 수밖에 없는 것 같다." 권력서열 수위에 최순실씨를 놓은 것은 이 전 총장만이 아니다. 청와대 문건 유출 사건으로 구속된 박관천 전 청와대 공직기강비서관실 행정관 또한 지난해 12월 "우리나라의 권력서열이 어떻게 되는 줄 아느냐. 최순실씨가 1위, 정윤회씨가 2위, 박근혜 대통령은 3위에 불과하다"고 말한 바 있다.

—최씨와 차은택씨와의 관계는 어떻게 봐야 할까?

"최순실은 대통령과 밀접한 사람이다. 그 밑에 차은택이 있다. 최순실, 차은택 두 사람의 관계가 수평적인 구조는 절대 아니다. 오히려 수직적인 관계라고 보면 된다. 차은택이 재단의 이사장과 이사들을 추천했지만, 힘에서 최순실과의 격차는 아주 크다. 그리고 한가지 더 얘기하자면 최순실과 차은택은 서로 적이 되려야 될 수 없는 관계다. 서로 얽혀 있다. 두 사람은 서로의 약점을 너무나 잘 알고 있다."

—차씨와 당신과의 관계는?

"나와 차은택과는 수직적인 구조도 아니다. 내가 차은택을 노량진 현대화시장 프로젝트 자문위원으로 위촉했고, 차은택이 나한테 국가에서 중요한 일을 하는데 내 역량이 필요하다고 해서 (미르재단으로) 간 것이다."

—당신은 어떤 역할을 한 것인가?

"내가 사무총장 하면서 청와대와 계속 상의해서 사업을 진행했다. 여러가지를 했다. 재단 일의 경우 정부 부처에서 키를 쥐고 있는데, 모든 재단이 정부와 함께 일하기를 희망한다. 사실 그게 어마어마한 기회다. 민간재단이라는 게 정부와 일할 기회가 주어지는 것 자체가 호재인데, 청와대랑 일했으니…."

최씨와 차씨를 중심에 둔 얘기는 자연스럽게 비선 모임으로 흘러갔다.

—최씨는 비선 모임에서 어떤 역할을 했나?

"최순실은 (청와대 등의 주요 현안을 논의하는) 자리에서 회장님으로 불렸다. 차씨가 그렇게 불렀고 나도 그렇게 따라 불렀다. 사실 최씨는 대화 상대로는 잘 모르겠다. 하지만 대통령에 대한 충성심은 큰 사람이다."

—모임 분위기는 어땠나?

"(지금 생각해보니) 최순실이 얼마나 영향력이 대단했는지 실감이 난다. 사실 나는 (청와대 관계자들을 만날 때) 깍듯할 수밖에 없었다. 그런데 그분들이 바쁠 때, 뭔가 논의를 하거나 보고할 게 있을 때는 늘 (청와대에서 재단에 지시하는 게 아니라) 이것은 어떠냐는 식으로 우리(미르) 쪽 의견을 물었다."

—비선 모임의 참석자는 어떻게 구성됐나?

"세 명을 기준으로 조금 늘어나는 수준이었다. 최순실 쪽 사람도, 차은택 쪽 사람도 있었다. 장관을 만들고 안 만들고 하는 사람들이었다." 지위나 명망보다는 최씨나 차씨와의 친소관계가 모임의 성격을 좌우하는 듯했다. 문화체육관광부의 실세로 불리며 케이스포츠재단 설립에 역할을 한 것으로 알려진 김종 제2차관의 참석 여부를 묻자 "김종 차관은 낄 급이 아니다"라고 말했다.

—그 비선 모임에는 언제까지 참석했나?

"나는 사실 4월4일 이전부터 어떤 이유를 대고서라도 가지 않으려고 했다. 대화 수준을 보면, 어떤 때에는 내가 왜 이런 데에 있는지 싶은 모멸감이 들 정도였다. 함께 있는 것 자체가 싫었다. 나의 태도가 이러니 당연히 거리가 벌어졌다. 그때부터인가, 주변에선 내가 컨트롤되지 않는다는 얘기들이 나오기 시작한 것 같다."

—최씨를 따로 만난 적은 있나?

"주로 차은택과 세 명이 만났다."

—어떻게 만났나?

"최순실이든 나든 일이 있을 때 만나자고 연락을 하면 최순실이 직접 찾아왔다. 논현동에서 오는 것으로 알고 있다. 전화를 하고 나서 만나기로 하면 얼마 지나지 않아 미르재단 사무실까지 바로 왔다. 걸린 시간을 따져보면 가까이 있는 것 같았다."

—6월29일 그만둔 뒤 최씨를 만난 적은 있나?

"개인적으로 만났다. 그때는 이미 차은택에게 여러가지를 녹취해왔다고 얘기한 상태였다. 아마 최순실 입장에서는 열심히 해서 재단을 만들어 놨는데 잘못하면 큰일이 나겠다 싶었던 것 같다. 나를 만날 때 녹음을 하는지 늘 검사했다. 차은택이 검사하든 누가 하든 만나면 검사부터 했다. 약속 장소도 변경해가면서 만났다." ▶5면으로 이어짐

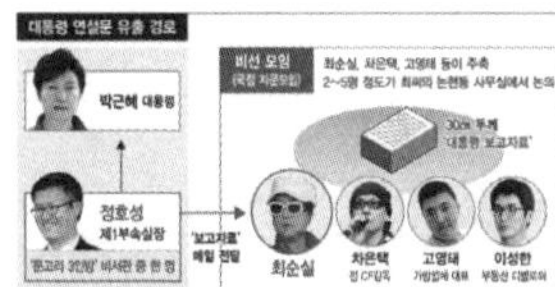

이성한과의 인터뷰를 바탕으로 쓴 한겨레 기사는 박근혜 대통령에 대한 최순실의 역할과 영향력을 명확히 보여주었다. 2016년 10월 26일 1면과 4면.

이성한 '비보도' 전제 인터뷰…독자 알권리 위해 기사화

〈한겨레〉가 지난달 이성한 전 미르재단 사무총장을 만나 들은 얘기는 모두 비보도(오프 더 레코드)를 전제로 한 것이었다. 〈한겨레〉는 약속대로 그와 한 인터뷰를 한달 넘게 보도하지 않았다. '보도가 나갈 경우 오히려 진실을 드러내는 데 방해만 된다'는 그의 의견을 존중했다.

하지만 이 전 총장이 〈한겨레〉와 인터뷰 이후 〈제이티비시〉(JTBC) 등 다른 언론사나 국회 관련자를 만났고, 그 내용이 이미 실명으로 보도되거나 국회에서 공개됐다. 더는 비보도로 인한 취재원 보호의 목적이 상실됐다고 〈한겨레〉는 판단했다. 또 다른 언론사의 보도나 의원들의 발언에 담기지 않은 내용을 〈한겨레〉는 독자적으로 확보하고 있다. 그 발언을 공개하는 것이 최순실씨 국정농단 사건의 전모를 밝히는 데 일조할 것이라는 결론에 다다랐다. 그의 발언 가운데 신뢰할 만하고 보도 가치가 있다고 여겨지는 내용들을 추려 기사화했다.

김의겸은 이성한과의 비보도 약속을 깰 수밖에 없었던 이유에 대해 따로 한 꼭지를 썼다. 2016년 10월 26일 4면.

순실 "언니 옆에서 의리 지키니까 내가 이만큼 받잖아"」, 5면은 「대통령, 청와대 수석들에 미르 총장 얘기 들어보라고 말해」 기사가 배정됐다.

10월 25일 아침만 해도 이정현 새누리당 대표가 "나도 연설문 쓸 때 친구 얘기도 듣는다"며 의미를 축소하려다가 얼마 못 가 분위기가 바뀌었다. 오후에는 박근혜 대통령이 대국민담화를 한다는 소식이 들려왔다. 김의겸은 자신이 맡은 1면 스트레이트 기사 쓰기에 속도를 내면서 후배들을 독려했다. "빨리빨리 서둘러. 박근혜가 사과하는 시간에 맞춰서 기사를 먼저 내보내야 해."

박근혜 대통령은 10월 25일 오후 3시 43분 춘추관을 찾아 2분 동안 사과문을 읽은 뒤 질문을 받지 않고 곧바로 퇴장했다.

"최순실 씨는 과거 제가 어려움을 겪을 때 도와준 인연으

로 지난 대선 때 주로 연설이나 홍보 등의 분야에서 저의 선거 운동이 국민들에게 어떻게 전달됐는지에 대해 개인적인 의견이나 소감을 전달해주는 역할을 했다. (……) 일부 연설문이나 홍보물도 같은 맥락에서 표현 등에서 도움을 받은 적이 있다. (……) 취임 후에도 일정 기간 동안 일부 자료들에 대해 의견을 물은 적은 있으나, 청와대 보좌체계가 완비된 이후에는 그만뒀다."

김의겸과 류이근이 쓴 기사는 10월 25일 오후 3시 38분에 「최순실이 박 대통령에 이래라저래라 시키는 구조」라는 제목을 달고 인터넷으로 단독 보도되기 시작했다. 대통령의 사과보다 5분 빨랐다. 한겨레의 발빠른 보도와 이날 저녁 JTBC의 태블릿 피시 후속 보도 때문에 대통령의 변명은 더 이상 통하지 않게 됐다.

한겨레 기사를 읽은 독자들은 "이 나라의 대통령은 최순실이었나"라는 탄식을 댓글에 쏟아부었다. JTBC의 태블릿 피시 보도가 없었다면 믿기 힘든 이야기였지만, 거꾸로 생각하면 한겨레의 기사는 자칫 단조로울 수 있는 JTBC 보도를 훨씬 풍부하게 만들었다. 김어준은 10월 26일 자신이 진행하는 팟캐스트 파파이스에서 "방송(JTBC)에서 '최 씨의 대통령 연설문 수정'이 있다면, 활자에선 '최순실이 대통령한테 이래라저래라 시키는 구조'라는 한겨레 기사가 작금의 사건을 가장 잘 드러낸 보도였다"라고 평했다.

기사의 반향이 컸지만 류이근은 개운치 않았다. 10월 25일 밤 기사를 털고 나서 류이근은 이성한에게 짧게 문자를 보냈다. "말씀해주신 걸 더는 붙잡고 있을 수 없었습니다." 두 사람은 그날 밤 통화도 했지만, 이성한은 전날 자신에게 기자가 쏟아낸 격정만을 문제 삼았다. 보도를 문제 삼지는 않았다.

디프 스로트가 될 뻔한 이성한은 익명으로 TV조선에 나왔고, JTBC에 실명으로, 한겨레에 본격 등장하면서 세상에 널리 알려졌다. 사실 그는 류이근이 처음 만났을 때부터 디프 스로트가 될 수 있는 조건이 아니었다. 그 자신이 거대한 진실을 드러내는 무대 뒤 언론의 조력자라 정의할 만한 '마크 펠트'가 되길 원치 않았다. 이성한과의 인터뷰를 보도한 후 류이근은 한동안 마음이 불편했다. '오프 더 레코드' 약속을 깨고 취재원한테 외마디 고함까지 내지른 그는 더 이상 이성한한테 연락할 처지가 아니었다. 또한 그의 연락을 받고 싶지도 않았다.

류이근은 이후 12월께 되어서야 이성한과 몇 차례 통화를 했다. 이성한은 자신이 하지 않은 말이 기사화됐다고 항의했다. 그는 10월 28일 KBS와 한 인터뷰에서도 "사실관계 조금도 확인을 안 하고 무슨 취재 경쟁이 붙어가지고 이런 거에, 언론에 넌덜머리가 났어요"라고 말한다. 그가 실제로 한겨레 기사를 부인했는지 알 수 없으나, KBS 기사는 그가 한겨레와 인터뷰하면서 했던 말을 부정하는 취지였다.

이성한이 지적한 내용 가운데 실제 커다란 오보가 포함돼 있다. 그와 한 인터뷰 기사 중 "그는 비선 모임의 논의 주제와 관련해서는 '한 10퍼센트는 미르·K스포츠재단과 관련한 일이지만 나머지 90퍼센트는 개성공단 폐쇄 등 정부 정책과 관련된 게 대부분으로……'라고 말했다"라는 부분이다. 기사 작성 과정 중 정부 정책의 예를 들다가 류이근과 김의겸이 서로 확인 하는 과정에서 저지른 실수였다. 사실 개성공단 얘기는 그 무렵 김의겸과 류이근이 K스포츠재단의 한 취재원으로부터 함께 들은 얘기였는데, 이성한이 한 말로 혼동한 것이다. 그렇게 예상치 못하게 이성한이 실제 말하지 않은 '개성공단 폐쇄'란 단어가 기사에 들어갔다. 이 기사의 파급력이 얼마나 컸던지, 개성공단 폐쇄는 이후 최순실의 국정농단을 드러내는 하나의 사건으로 회자된다. 이후 이성한의 항의를 받고서야 류이근은 기사에서 그 표현을 바로 삭제했지만, 오보를 제대로 시정하지 못한 채 시간을 흘려보냈다.

해가 바뀌어 2017년 1월 2일, 두 사람은 남춘천역 근처의 커피숍에서 다시 만났다. 커피숍 위층은 그가 언론을 피해 숨어 지내던 곳이다. 머리 스타일을 바꿔 한결 젊은 느낌이었다. 완전히 다른 사람처럼 보였다. 사람들의 불편한 시선을 피하고 싶은 듯 보였다. 다행히 얼굴은 밝았다. 그는 다시 일상으로 돌아가고 싶어했지만, 쉽지 않았다. 망가진 건강과 명예, 비즈니스를 회복하려고 발버둥치고 있었다. 그는 도움을 요청했다. 류이근도 돕고 싶다고 했지만, 기자인 그가 딱히 해줄 수 있는 건 없었다. 류이근은 이성한에게 이제 공개적인 방식으로 인터뷰를 해보자는 뜻도 전했다. 그도 동의했다.

류이근은 그동안 꾹 참아왔던 질문 하나를 그에게 던졌다. 그가 미르재단 사무총장 시절에 썼던 컴퓨터의 하드디스크와 80여 개 녹취 파일의 행방이었다. 그는 의암댐에 버렸다고 말했다. 믿겨지지 않았지만 류이근은 더 묻지 않았다.

10

최순실 게이트

K스포츠재단 전 사무총장 정현식 가족의 용기

K스포츠재단의 가장 내밀한 사정을 아는 인물

한겨레 최찾사가 최순실을 추적하며 만난 취재원이 족히 100명은 넘을 것이다. 그 가운데서 가장 중요한 취재원을 꼽으라면 단연 정현식 전 K스포츠재단 사무총장이다. 그를 통해서 K스포츠재단을 이용한 최순실의 '농단'은 전모를 드러냈다. 그의 말은 빈틈이 없었으며, 진실을 밝히려는 태도는 당당했다. 한겨레 기자들을 전폭적으로 믿어줬고, 최찾사 기자들은 그에게 전적으로 의지했다. 하지만 처음부터 그랬던 것은 아니다.

2016년 9월 6일 류이근은 경춘고속도로를 달리고 있었다. 정현식이 사는 경기도 남양주시 마석으로 가는 길이다. 그에게 특별한 걸 바란 것은 아니다. 그저 취재 초기 'K스포츠재단에 집중하자'는 김의겸의 취재 구도에 맞춰, 재단 관련자를 두루 접촉하려는 것이었다. 주소 하나만 달랑 들고 무작정 차를 몰았다. 그의 집으로 가는 길은 류이근이 자주 다녔던 경춘가도와 겹쳤지만 낯설었다. 길이 새로 뚫리고, 여기저기 듬성듬성 들어선 아파트 단지는 류이근에게 한때 친숙했던 풍경이 아니었다.

그는 오랫동안 춘천에 살았던 이모 덕에 마석을 지나서 춘천으로 가는 경춘가도를 자주 탔다. 이제 그 도로는 경춘고속도로와 급행전철에 영광을 내줬다. 마석도 옛 마석이 아니다. 산자락 사이에 높게 솟은 아파트 단지에서는 과거 흔적을 더듬기 어려웠다.

내비게이션은 류이근을 목적지인 아파트 앞까지 오차 없이 매끄럽게 안내했다. 차는 잠시 멈칫하더니, 아파트 단지 안으로 빨려 들어가지 못한 채 방향을 오른쪽으로 틀었다. 류이근은 차를 입구에서 조금 떨어진 공터에 세웠다. 그의 습관이 도졌다. 낯선 곳을 취재할 때 정면으로 부딪치지 않는다. 우회 전략을 쓰거나 한 박자 쉬었다가 맞닥뜨리곤 한다. 섣불리 덤벼들었다가 일을 그르치는 실수를 범하지 않으려는 고민의 산물인 동시에, 저돌적으로 달라붙는 것과는 거리가 먼 그의 스타일이 혼합돼 만들어낸 취재 습관이다.

주차 구역이 표시된 공터는 관리하는 사람도 따로 없었다. 이날따라 차가 한 대도 없어 황량한 느낌마저 들었다. 주위를 둘러보니 인적조차 드물었다. 20층이 넘는 듯한 아파트는 한적한 느낌을 주었다. 단지가 작아서 그가 사는 아파트 동수를 찾기는 어렵지 않았다. 류이근은 아파트 입구에서 차의 방향을 틀기 전 잠시 머뭇거렸던 것처럼, 현관 앞에서도 잠시 머뭇했다. 현관문이 닫혀 있어서가 아니라, 아무리 기자 연차가 쌓여도 익숙해지지 않는 상황 탓이었다. 초대받지 않은 집을 찾아가는 심정은 아마 외판원과 비슷할 것이다. 외판원이 처음 본 상대를 설득해 물건을 팔아야 하듯, 기자는 처음 보는 사람에게도 말을 동냥해야 한다.

현관문 앞으로 다가서는 류이근의 머릿속엔 온갖 상념이 떠올랐다. 전자키가 있어야 들어갈 수 있는 구조였다. '호수를 누르고 문을 열어달라고 하면 얼굴조차 보지 못한 채 발길을 돌릴 가능성이 크겠지. 그럼 어떻게 들어가지? 굳이 이렇게 집까지 찾아와야 하나…….' 의미조차 두기 어려운 잡생각이 꼬리에 꼬리를 물었다. 순간 안쪽에서 아파트 청소를 하는 아주머니가 걸어 나오는 게 아닌가. 굳게 닫혔던 현관문이 스르르 열렸다. 류이근은 태연하게 현관으로 발걸음을 옮겼다. 머릿속에서 일었던 상념도 파도에 쓸려가듯 사라진다. 첫 관문을 쉽게 넘은 덕에 갑자기 여유가 생긴 류이근은 아파트 우편함 쪽으로 향한다. 작은 단서라도 얻을 수 있을지 모른다는 기대감에서다. 우편함은 텅 비어 있었다.

미련 없이 엘리베이터 쪽으로 걸음을 돌렸다. 12층에 도착하는 데는 몇 초 걸리지 않았다. 그의 집 앞에 멈춰 선 류이근은 호흡을 가다듬었다. 집 앞 현관엔 교회 스티커가 붙어 있었다. 혹시 안 만나주면 이 교회라도 찾아가야 할지 모른다는 생각이 들어 메모해뒀다. 작은 것 하나라도 놓치지 않으려는 기자의 습성이다. 정현식을 만나 뭘 물어봐야 할지 정리해 머릿속에 담아뒀지만, 류이근은 초인종을 누르기 전까지 '첫 마디를 뭐라고 할까' 다시 고민했다. 고민은 금세 쓸모가 없게 됐다. 초인종을 누르자 기대했던 그가 아닌 그의 부인이 나왔다.

"혹시 정현식 선생님 댁 아닌가요?"

"예, 맞아요. 그런데 남편은 부산에 내려갔어요."

부인은 남편을 찾아온 기자의 방문에 불안한 낯빛을 숨기지 못했다. 처음 보는 기자에게 잠시 남편을 변론한 것도 그 때문이었다. "제 남편은 소녀처럼 마음이 여리신 분입니다. 나쁜 일을 할 만한 사람이 못 됩니다……." 류이근은 대꾸할 마땅한 말을 찾지 못했다. 그는 갑자기 찾아와 결례를 범했다는 말과 함께 부인에게 명함을 건넸다. 다시 엘리베이터를 타고 내려오는 류이근의 발걸음은 한결 가벼웠다. 성과는 없었지만 어쨌든 숙제 하나는 한 셈이다.

사흘 뒤인 9월 9일 류이근은 정현식과 전화 연락이 닿았다. 전날부터 몇 차례 보낸 문자와 전화 폭탄에 그가 반응한 것이다. 그는 부인을 통해 명함을 전달받았는지, 류이근의 이름을 기억하고 있었다. 어렵게 이뤄진 통화였다. 하지만 대화는 짧고 싱겁게 끝났다.

류이근은 김의겸에게 간단히 보고했다. "정현식 전 사무총장과 통화가 됐습니다. 문체부 및 청와대와 업무 접촉은 있었다는 정도로 말합니다." 짧은 보고는 기사로 쓸 만한 내용이 없다는 뜻이다. 김의겸은 "애썼다"는 의례적인 말을 건넸다. 애초 김의겸이나 류이근 둘 다 정현식한테 큰 기대를 갖고서 달라붙은 건 아니었다.

이틀 뒤 류이근은 정현식에게 다시 전화를 걸었다. 첫 통화 뒤 그의 말에 의구심만 커진 터였다. 재단의 살림을 총괄하는 K스포츠재단의 사무총장이 재단 운영을 잘 모른다는 투로 말했던 게 개운치 않았다. 석연치 않은 구석들을 확인하고 싶어 다시 전화했지만, 그는 더욱 경계심을 내비쳤다.

류이근은 김의겸에게 두 번째 통화 사실을 알렸다. "정현식 전 사무총장과 한 번 더 통화가 됐는데 첫 통화보다 말을 더 아끼네요." 김의겸의 반응도 부정적이었다. "또 전화하기는 힘들겠군……." 류이근은 기대를 접었다. "뭔가 증거를 내밀면서 추궁하지 않으면 아예 입을 닫고 살 것 같습니다."

기자는 대개 성질이 급하다. 바탕 성격이야 사람마다 차이가 있겠지만 일이 주는 관성 탓에 판단과 결정을 빨리 하는 습성이 길러진 탓이다. 매일매일 전투를 치르면서 산다. 주로 하루살이처럼 아침 발제 이후 취재, 오후 발제, 기사 출고, 저녁 판갈이란 작업공정에서 가장 요구되는 자질 중 하나는 빠른 판단과 빠른 취재, 빠른 기사 쓰기다. 진득하게 뭘 붙잡고 파볼 틈을 내기가 쉽지 않은 작업 환경이다. 류이근도 한 번 찾아가서 허탕을 치고, 두 번의 통화에 소득이 없자 정현식을 포기했다.

정현식은 2016년 1월에 설립된 K스포츠재단 이사로 등재돼 있었다. 그의 주소는 방준호가 국회 오영훈 의원실에서 받은 임원 명단에 나와 있었다. 그는 그해 6월 K스포츠재단을 그만두고 나오기 전 사무총장으로 재직했다. 사무총장은 재단의 핵심 보직이다. 따라서 K스포츠재단의 가장 내밀한 사정을 알 만한 인물이었지만, 류이근은 초기에 그의 마음을 열지 못했다.

모자母子 제보자의 정체

어느덧 한 달이 훌쩍 지나갔다. 최찻사는 연일 후속 보도를 이어가느라 정신없이 하루하루를 보내고 있었다. 류이근도 다른 취재 현안에 매달렸다. 정현식이라는 이름은 이미 잊혀가고 있었다. 10월 18일 류이근에게 걸려온 한 중년 여성의 전화가 아니었다면, 아마 그렇게 끝났을 게 틀림없다. 구글에 들어가서 한글로 '더블루케이'를 쳐보라고 했던 익명의 여성. 10월 18일 류이근은 그 여성, 그의 아들과 세 차례 통화하는 행운을 얻게 된다. 류이근은 취재수첩에 그 어머니를 제보자1, 아들을 제보자2라고 기록해뒀다. 그의 휴대전화엔 아직도 두 사람의 전화번호가 '익명 제보', '익명 제보2'로 저장돼 있다. 혹시 두 사람의 신분이 드러나 불이익을 받지 않을까 걱정해서 두 사람의 이름을 묻지도 기록해두지도 않았다. 나중에 이름을 알게 됐지만 처음 그대로 뒀다.

어머니 전화로 연결된 아들은 류이근에게 이렇게 말한다. "더블루케이의 등본을 5개월 전에 떼어봤어요. 최순실이 K스포츠재단의 자금을 빼내려고 만든 회사입니다." 5개월 전이라면 5월이다. 어느 언론사도 K스포츠재단에 대해 보도를 하지 않을 때다. 최순실과 그가 회장으로 있는 더블루케이의 실체를 알다니? 이 모자는 도대체 누구일까?

제보자1은 이날 류이근에게 먼저 전화를 걸어 '더블루케이'를 알아보라면서 혹시 자신의 목소리를 알아들을 수 있겠냐고 물었다. 류이근이 알 리가 없었다. 짐작조차 못했다. 전화를 끊을 무렵, 이 여성은 자신의 남편 얘기를 꺼냈다. "정현식 씨는 나쁜 일을 할 사람이 아닙니다. 소녀처럼 마음이 여린 사람입니다." 이 말을 듣는 순간 류이근은 짜릿한 뭔가를 느꼈다. 비교적 차분한 성격인 류이근의 목소리도 살짝 떨렸다. 정현식의 부인이 제보해주리라고는 상상조차 할 수 없는 일이었다. 젊은 아들은 더 많은 걸 알고 있었다. 그는 아버지란 단어를 써가며, 마치 아버지가 겪은 이 모든 일을 자신도 직접 겪은 것처럼 들려줬다. 모자와의 첫 통화는 10월 19일 한겨레 1면에 실린 「최순실이 세운 '블루K', K재단 돈 빼돌린 창구」라는 기사에 녹아들어갔다.

그 뒤로 류이근은 제보자1을 '어머니'라고 불렀다. 그는 남편이 미국에 잠시 나가 있어서, 전화를 할 수 있는 상황이 되었다고 말했다. 10월 19일 류이근은 그의 아들에게 다시 전화했다. 그는 아는 게 많았다. 어머니의 말투에서 투박하게 느껴지는 정의감이 아들에게서는 더욱 직접적이고 격정적인 방식으로 드러났다. 그는 숨김없이 말하는 스타일이었다.

정현식의 아들은 기자에게 K스포츠재단이 SK를 찾아가 80억 원을 요구하고, 롯데로부터는 땅을 현물로 기부받으려 한 사실을 들려줬다. 그는 롯데가 K스포츠재단에 70억 원을 추가 출연했다가 돌려받은 내용도 알고 있었다. 대학에서 경찰행정학과를 나온 그는 법리에 밝았을 뿐만 아니라 웬만한 형사 못지않은 수사력도 지니고 있었다.

류이근은 그를 직접 만나고 싶었다. 약속은 10월 20일로 잡혔고, 장소는 다시 남양주 마석이었다. 그의 부모님 댁 근처였다. 두 사람은 처음 만났는데도 서먹서먹하지 않았다. 며칠 동안 수차례 전화를 주고받아 서로의 목소리에 친숙했다. 류이근은 통성명을 하면서 깜짝 놀랐다. 그의 이름도 '의겸'이었다. 한겨레 최찾사를 이끄는 김의겸 선임기자와 똑같았다. 드문 이름인데, 장난 같은 우연이었다. 나중에 두 '의겸'도 만나게 되는데, 한겨레 기자 김의겸은 자신과 이름이 같은 사람을 직접 보는 게 처음이었다. 아들 의겸 씨는 김의겸 기자의 기사를 빼놓지 않고 읽고 있다고 인사했다. 두 사람은 3시간가량 대화를 이어갔다. 류이근이 궁금한 걸 물어보면, 의겸 씨가 답해주는 식이었다. 앞서 사흘 동안 전화로 들은 내용을 좀 더 구체적이면서도 반복적으로 확인하는 방식이었다.

그도 아버지한테서 들은 얘기인지라, 확실치 않은 부분이 적지 않았다. 이를 뒷받침할 만한 문서나 기록이 있으면 좋으련만, 자신의 아버지가 K스포츠재단을 떠나면서 재단에 서류를 몽땅 놔두고 나왔다고 한다. 휴대전화에 저장된 문자와 일정도 지웠다고 한다. 정현식에게 K스포츠재단은 한시라도 빨리 떠나야 할 음습한 곳이었다. 의겸 씨는 아버지가 쓰던 업무일지가 있다고 말해줬다. 류이근은 욕심을 부리지 않았다. 그는 복사해줄 수도 있을 것처럼 얘기했지만, 류이근은 당사자의 동의를 받은 뒤 보는 게 좋겠다고 생각했다.

류이근은 의겸 씨와 대화를 마치고 헤어지기 전에 몇 가지 고민을 털어놨다. 화자가 아들이 아닌 아버지였으면 좋겠다는 뜻을 먼저 전했다. 그리고 그 증언을 뒷받침할 만한 문건이나 자료를 최대한 확보해달라고 부탁했다. 둘 다 쉽지 않은 과제였다. 정현식은 이미 류이근과 두 차례 통화를 했지만 마음의 빗장을 열 기미가 전혀 보이지 않았다. 류이근은 의겸 씨에게 "아버지를 설득해 인터뷰를 하는 게 쉽지 않을 겁니다"라고 말했다. 류이근 스스로 기대치를 낮추려는 화법이기도 했지만, 솔직한 심정이기도 했다.

서울로 돌아오는 류이근의 마음은 한결 가벼웠다. 당장 기사로 쓸 게 있는 건 아니었지만, 정현식에게 다가갈 수 있는 통로가 확보됐기 때문이다. 서울로 돌아온 류이근은 집에 차를 놔두고 다시 나설 준비를 했다. 그때 의겸 씨한테서 연락이 왔다. 건네줄 문건을 하나 찾았다는 거였다. 사실 류이근이 문건과 자료를 특별히 부탁한 것은, 전날 김의겸의 주문이 있었기 때문이다. 김의겸은 자신과 동명이인인 의겸 씨를 만나러 가는 류이근에게 "최대한 문건을 확보해봐. 이제부터는 문건 싸움이야"라고 당부했던 것이다. 내부 문건이 갖는 힘은 크다. 말은 이해 당사자들이 온갖 핑계로 반박하거나 부정할 수 있지만, 이미지와 함께 보도되는 문건은 쉽게 기각되지 않는다. 류이근이 다시 마석으로 가겠다고 하자, 그는 자신이 갖다주겠다고 고집했다. 결국 제3의 장소에서 보기로 했다. 이번엔 진접읍이었다.

약속 장소에 도착하자 땅거미가 지기 시작했다. 의겸 씨는 어머니와 함께 나와서 류이근을 기다리고 있었다. 류이근은 의겸 씨의 어머니를 보자 무척 반가웠다. 두 모자는 문이 닫힌 어둑한 선술집 문을 열고서 안으로 기자를 안내했다. 어머니는 기자가 앉을 자리를 행주로 훔쳤다. 가게는 휑했다. 의겸 씨는 장사가 안 돼 가게를 정리하는 중이었다. 한때 사람들로 북적댔다던 가게 안은 과거 흔적을 전혀 느낄 수 없었다. 식탁과 의자엔 먼지가 수북이 쌓여 있었다. 돈이 될 만한 집기는 어디에 넘길 참이었다.

모자는 기자에게 두 쪽짜리 문건을 건넸다. 기삿거리가 될지 모른다면서, 감식을 부탁했다. 의겸 씨는 그 문건이 왜 기사가 되는지 정확히 알고 있었다. 문건은 더블루케이 사무실에서 회장으로 불리던 최순실의 주재로 K스포츠재단 임직원이 참석해, 재단의 운영 상황 등을 보고하고 지시받는 내용이 담겨 있었다. K스포츠재단의 실질적 주인이 최순실임을 보여주는 것이다. 이는 모자가 집에서 찾아낸 유일한 문건이었다.

의겸 씨 어머니는 걱정이 가득했다. 근심의 진원지는 남편이었다. 그녀는 속마음을 털어놨다. 남편이 K스포츠재단 사무총장으로 있으면서 SK에 가서 돈을 뜯어내려 한 '범인'으로 몰리는 상황을 걱정했다. 10월 17일 경향신문의 보도는 그렇게 해석될 여지가 다분했다. 자신의 남편이 올가미에 걸릴지 몰라 두려워했던 것이다. 정현식의 부인은 하루속히 진실이 드러나야 남편이 억울하게 누명을 쓰는 일이 없을 거라고 생각했다. 류이근에게 처음 전화한 10월 18일에도 어머니는 이런 마음을 표현했다. "세상이 너무 시끄러워요. 빨리 일단락됐으면 해요."

모자는 한겨레 기자를 돕는 게 그 길로 가는 징검다리라고 생각했다. 두 사람은 기자에게 거듭 약속했다. "도대체 어떻게 하면 도움이 되겠는가? 적극적으로 돕고 싶다." 류이근은 모든 일을 직접 겪은 정현식의 말이 힘이 될 수 있다고 두 사람에게 말했다. 의겸 씨의 어머니는 자신이 설득해보겠다고 말하면서도 확신하지는 못했다.

그녀는 한때 창조한국당 선거운동을 할 만큼 진보적 성향의 정치의식을 지녔다. 어쩌면 한겨레 기자를 골라 맨 먼저 전화를 한 것도 그런 정치적 성향의 귀결이었는지 모른다. 하지만 남편은 자신과 정치적 견해가 다르다고 했다. 경상북도 성주 출신으로 대단히 보수적이라고 평했다. 정치적 성향이 다른 게, 인터뷰에 나서길 주저하는 것과 어떤 인과관계가 있는지 명확하지 않았으나, 그녀가 하고자 하는 말을 류이근이 이해하는 데 어려움은 없었다. 미국에 머물면서도 정현식은 자신이 '범인'으로 몰리는 상황을 점검하면서 한국에 있는 가족에게 점점 더 의지하게 됐다. 이는 언론 접촉에 소극적이던 정현식의 마음을 가족이 돌리는 데 결정적이었다. 그는 이틀 뒤에 귀국할 예정이었다.

10월 21일 새벽 의겸 씨한테서 문자가 날아왔다. "류 기자님, 아버지를 80퍼센트는 설득했습니다. 검찰 조사가 있기 전까지 K스포츠재단 운영에 관한 전반적인 핵심 사항 인터뷰가 가능하도록 만들게요. 검찰 수사가 봐주기 수사가 되지 않도록 돕고 싶습니다. 수괴가 구속되면 소주 한잔 해요." 의겸 씨는 더 이상 취재원이 아니라, 어느 때부터인가 류이근 기자와 공동으로 취재하기 시작했다. 류이근이 회신했다. "네, 고맙습니다만, 쉽게 될는지 모르겠습니다. 모쪼록 가족 모두 심신의 건강을 챙기세요."

이날 경향신문은 1면에 정현식의 이름을 박아 보도했다. 「'대기업 80억' 요구했던 사람은 K스포츠재단 정현식 사무총장」이라고 대문짝만 한 글씨로 1면에 보도한 것이다. 이 기사는 의겸 씨와 그의 어머니에겐 큰 충격이었다. 재계 3위인 SK를 찾아가 팔목을 비틀어 돈을 뜯어낸 주범으로 정현식이 내몰릴 수 있다는 막연한 걱정이 눈앞에 닥친 위협으로 떠오른 것이다. 의겸 씨는 류 기자의 문자에 "어제 아버지와 통화해보니 SK에 투자를 제안한 적이 있다고 하셨는데, 그것인 거 같아요"라고 답했다. 하루빨리 아버지를 설득해 진실을 증언하는 게 살길이라고 가족들은 마음을 굳혔다.

의겸 씨와 그의 어머니는 한겨레 기자와 연락을 주고받은 사실을 정현식에겐 비밀로 부쳤다. 10월 22일 토요일 드디어 정현식이 입국했다. 의겸 씨는 아버지를 마중 나갔다. 그는 류이근에게 문자를 보냈다. "오늘 아버지가 입국해서 함께 있을 때는 전화를 못 받을 수도 있으니, 미리 양해 부탁합니다." 그날 밤 가족은 정현식을 설득했고, 그도 마음이 움직이기 시작했다. 아들 의겸 씨는 류이근에게 이를 알렸다.

정현식 인터뷰, 게이트의 새 국면을 열다

김의겸과 류이근은 일요일인 10월 23일 회사에 출근해 정현식을 만날 준비를 하고 있었다. 비 내리는 일요일 밤 김의겸은 16년이 넘은 자신의 낡은 승용차 운전대를 잡았다. 옆자리에는 류이근이 앉았다. 낡은 와이퍼가 겨울비를 닦아내며 끽끽 소리를 내 시끄러웠지만, 류이근은 계속해서 그동안의 상황을 설명했다. 수시로 보고를 받아온 김의겸도 익히 알고 있는 내용이었다. 하지만 묻고 또 물으며 어떻게 인터뷰를 진행할지 마음을 가다듬었다. 후배들이 접촉하는 취재원을 김의겸이 직접 나서서 만나는 경우는 거의 없었다. 하지만 그동안 보고를 받으면서 정현식은 꼭 나서서 만나는 게 좋겠다고 생각했다. 그만큼 그의 비중이 컸던 것이다.

정현식은 페이스북에서 봤던 것과 달리 키가 크고 생각보다 마른 체구였다. 그는 30년 넘게 은행원으로 일한 사람이다. 나중에 다른 경로를 통해 들은 얘기지만, 재직 시절 다니던 은행에서 영어를 가장 잘하는 실력자로 꼽히기도 했다고 한다. 그의 말이나 몸가짐은 대단히 가지런했다. 김의겸은 정현식과 인사를 나누고 책 한 권을 건넸다. 한겨레가 1988년 창간 이후 20년이 됐을 때 발간한 『희망으로 가는 길』이었다. 류이근이 전날 밤 미리 챙겨둔 것이었다. 정현식이 보수적 성향이어서 한겨레를 잘 모르거나 오해를 하고 있을지도 모른다는 걱정이 들었기 때문이다. 김의겸은 책을 주면서 이렇게 말했다.

“한겨레는 가난하고 작은 신문사입니다. 정치적 견해는 선생님과 다를 수도 있습니다. 그렇지만 불의를 보고서는 절대 타협하지 않는 신문입니다. 그리고 정직합니다. 저희들의 입맛에 맞게 사실을 왜곡하지 않습니다. 저희들을 믿고, 선생님이 보고 들으신 걸 말씀해주십시오."

정현식은 "꼭 읽어보겠다"고 말했다. 그래도 완전히 마음을 연 것은 아니었다. 아들 의겸 씨의 표현대로라면 마음의 20퍼센트는 아직 열리지 않았다. 대단히 조심스러운 성격이라 자신이 내뱉은 말이 미칠 파장을 우려했다. 앞으로 받게 될 검찰 수사에 어떤 영향을 줄지도 염두에 두는 듯했다. 김의겸은 과거 검찰청을 출입하며 보고 들은 경험을 얘기했다.

"지금 검찰이 어느 방향으로 갈지는 알 수 없습니다. 검찰의 칼날이 정 선생님 같은 분들을 향할 수도 있습니다. 대통령이나 최순실이 져야 할 책임을 덮어씌우는 거죠. 일종의 꼬리 자르기입니다. 저희들에게 사실을 말씀해주시면 검찰도 함부로 못합니다. 검찰에 가서 '이미 한겨레 기자에게 모든 걸 털어놓고 왔다'고 하시면 검찰도 장난을 치지 못합니다."

10월 23일 밤 당시 상황이 정말 그랬다. 다음 날인 24일 JTBC가 태블릿 피시를 보도하고 나서도 며칠 지나서야 검찰의 수사는 청와대를 향하기 시작했다. 정현식은 김의겸의 말에 고개를 끄덕였다. "기왕 이렇게 됐으니 알고 있는 건 다 이야기하죠." 인터뷰는 저녁 7시 무렵부터 시작해 3시간 넘게 진행됐다. 김의겸이 진행하고 류이근은 컴퓨터 자판을 두드렸다. 불가능할 것 같았던 인터뷰는 가족의 도움과 선의가 있었기에 가능했다. 가족의 걱정과 사랑이 정현식의 마음을 움직였다.

이날 정현식이 털어놓은 이야기는 최순실 게이트의 새 국면을 열었다. 1면 톱을 장식할 수 있는 단독 기사가 줄줄이 쏟아졌다. 몇 가지만 보면 「최순실 지시로 SK 찾아가 80억 요구/안종범 수석, 며칠 뒤 어찌됐냐 전화」(10월 27일 1면), 「최순실 비밀 아지트 확인… '차은택 김종 봤다'」(10월 27일 2면), 「최순실·안종범, 수사 앞둔 롯데에 70억 더 걷었다」(10월 28일 1면), 「박근혜 최순실 게이트, 안종범의 '딜레마'」(10월 29일 1면), 「최순실 면접 뒤 안종범이 일 맡아달라고 전화해」(10월 29일 3면), 「최순실 귀국 전후 조직적 증거 인멸·짜맞추기 흔적」(10월 31일 1면), 「안종범-부영 회장 '부적절 만남' 확인」(11월 18일 4면) 등 셀 수 없을 정도로 많은 기사가 정현식의 진술에 근거해서 작성됐다.

정현식의 인터뷰는 최순실에게 치명적인 타격이었다. 12월 15일 열린 국정조사 특별위원회 청문회에서는 더불어민주당 박영선 의원이 최순실의 녹음 파일을 들려줬다. 이 녹음에서 최순실은 '왜 사무총장의 폭로를 못 막았느냐'며 당황해하는 기색을 역력하게 드러낸다. "정현식 사무총장이 뭐라고 얘기했다는 거야, 그럼? 내가 SK를 들어가라고 했다고? (……) 그럼 어떻게 해요. 국가 그걸로 가겠네? (……) 그 사람이 무슨 감정으로 얘기를 했는지 안(안종범 수석)은 지금 뭐라 그런대요?"

김의겸은 10월 27일 「'안종범 선생'이라 불린 경제수석」이라는 제목의 칼럼을 실었다. 여기서 김의겸은 "안종범 수석은 국감에 나와서 회장님을 '전혀 모르는 사람'이라고 부인했다.

"최순실 지시로 SK 찾아가 80억 요구 안종범 수석, 며칠 뒤 어찌됐냐 전화"

정현식 K재단 전 사무총장, 추가모금 폭로

안수석 "전혀 모르는 얘기…통화 한 적 없다" 부인

[illegible]

새누리도 "최순실 특검" 당론 채택

민주당, 특검추진 공식화
여 "청·내각 대폭 개편을"
박대통령 "인사숙고하겠다"

[illegible]

국민 10명중 7명 "대통령 사과만으론 안돼"

한겨레·한국리서치 여론조사

[illegible]

강남·서초 청약률 최고 306대 1

[illegible]

이용관 유죄 선고에 영화계 반발

[illegible]

오피니언 >25·26

장석준 그래도 진보정치·정석구 칼럼

착한 결혼식

최순실·안종범, 수사앞둔 롯데에 70억 더 걷었다

한겨레, K스포츠 재단 문건 입수

K재단 '5대거점 육성' 명목
최순실 측근 노승일 등 담당
롯데 면담 전후 최순실 전화
안종범 수석 "VIP 관심사업"
잘 진행되는지 확인 전화
롯데 압수수색 전 전액 반환

[illegible]

[illegible]

2016 한겨레-부산 국제심포지엄 개막

[illegible]

"폐렴 사망 2만명 가습기살균제 탓"

[illegible]

오피니언 >25·26

CIA는 왜 괴물이 됐나

오늘 서울지역 배달합니다

서울생활길라잡이 서울&

"안종범·김종, 블루K 미팅 자리에 참석"

'최순실 소유' 블루K 전 대표 발언
"3월 스위스업체와 사업추진때
20~30분쯤 이들에 자기소개…
김상률 수석은 출범직후 찾아와"

[illegible]

이 와중에…정부, 한-일 군사정보협정 재추진

4년전 비밀리 강행했다 포기
"가급적 빨리" 연내 체결 강행

[illegible]

박근혜최순실게이트, 안종범의 '딜레마'

최순실 '모른다'면 대통령이, '안다'면 자신이 죽는 처지

최순실씨와의 관계를 전면 부인하는 안종범 청와대 정책조정수석의 말이 거짓일 가능성을 보여주는 물증들이 나왔다. <한겨레>가 28일 정현식 전 케이스포츠재단 사무총장의 스마트폰에 저장된 기록을 단독으로 입수해 분석한 결과, 안 수석은 지난해 12월27일부터 올해 7월27일까지 모두 55차례에 걸쳐 정 전 총장과 문자메시지를 주고받았다. 스마트폰의 일정표와 비교해보면 직접 만난 것도 7차례인 것으로 나온다.

정현식 전 K스포츠 사무총장 스마트폰 기록 입수

안종범 수석 7개월간 55차례 문자·7차례 직접 만나
"K재단에 전화 건 일 없다"는 안 수석 말 거짓으로

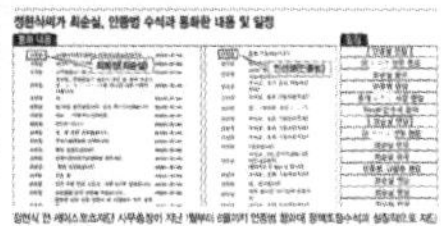

정현식씨가 최순실, 안종범 수석과 통화한 내용 및 일정

[illegible]

박 대통령 사과 직후 지지율 14%로 '뚝'

한국갤럽 26~27일 여론조사
"최순실 국정개입 사실" 80%

[illegible]

"최순실 면접 뒤 안종범이 일 맡아달라고 전화해"

정현식 전 케이스포츠재단 사무총장은 은퇴한 은행원이다. 이문 남기는 일을 허투루 다뤘다가는 사달이 난다는 것은 30년 경험으로 체득했다. 그는 이상하다 싶을수록 꼼꼼하게 일을 처리했다. 그 덕에 재단의 돈이 최순실씨 소유 더블루케이로 흘러들어가는 길 막을 수 있었다. 이사장이 공석이었을 때 이사이자 사무총장으로서 재단 자금과 사업을 총괄하는 지위에 있었지만, '회장'으로 불리는 최씨의 지시를 받는 허수아비 신세였다.

<한겨레>는 지난 9월초 그에게 처음 연락을 취했다. 인터뷰는 한 달이 넘게 흐른 10월 23일에 이뤄졌다. 그에게는 고뇌의 시간이었다. 그는 밤을 꼴딱 새고 인터뷰에 나서며 한 이유를 이렇게 말했다. "솔직히 고민을 많이 했다. 처음에는 조용히 있으려 했는데 그렇게 끝날 일이 아니라는 것을 깨닫게 됐다. 결국은 진실을 이야기하는 것이 최선의 방법이라고 생각했다." 그는 인터뷰 내내 사실과 추측을 구분해 말할 만큼 엄밀한 성격이었다.

재단의 주인은 최순실

—처음 최순실씨를 본 게 면접 때였나?

"한 여성이 초면에 아무 말 없이, 내 이력서를 들고서 '재무…, 감사를 맡으면 되겠네?' 이렇게 말했다. 누군지는 몰랐다. 어쨌든 (자리를) 결정하니 최씨가 재단 리더라는 느낌을 받았다. [illegible]

대기업 돈 끌어들일 때도
최순실 회장이 먼저 말하고
안종범 수석이 재차 확인
둘이 교감 있나보다 생각해

K재단 사무실 인테리어 작업
김성현 미르 사무부총장이 맡아
최순실 회장은 내게
미르에 대한 관심 끊으라 말해

[illegible]

10월 23일 일요일 밤에 진행된 정현식과의 첫 인터뷰는 최순실 게이트의 새 국면을 열었다. 1면 톱을 장식할 수 있는 단독 기사가 줄줄이 쏟아졌다. 2016년 10월 27일 1면·10월 28일 1면(왼쪽), 10월 29일 1면과 3면(오른쪽).

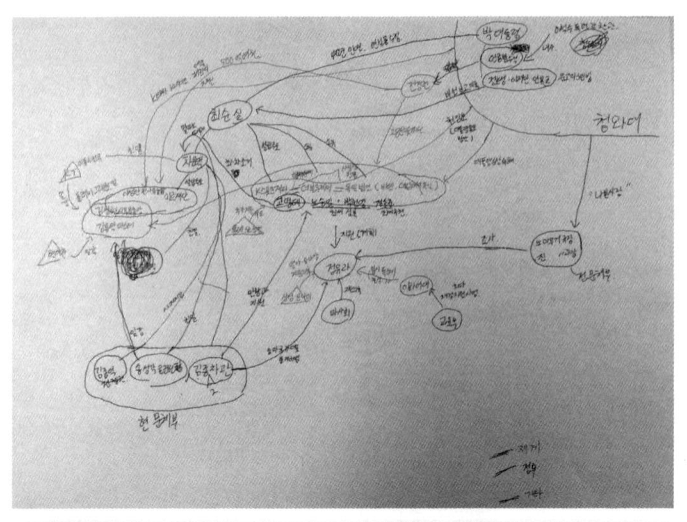

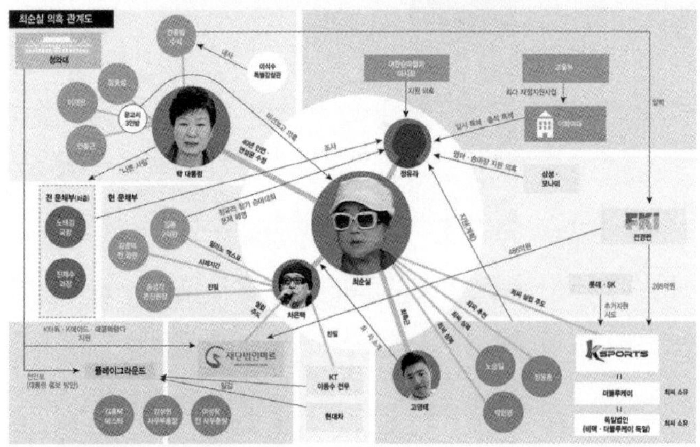

정현식 인터뷰를 바탕으로 만든, 10월 29일 커버스토리에 들어갈 이미지 초고(위). 이 초고를 바탕으로 아래의 관계도가 그려질 수 있었다.

하지만 이 지면의 1면을 보시라. 이제 시작일 뿐이다. 한겨레는 안 수석의 거짓말을 하나씩 하나씩 들춰낼 것이다. 안 수석도 조금은 긴장하고 있는 편이 좋을 것이다"라고 큰소리를 쳤다.

정현식의 진술이 있었기에 한번 마음 놓고 부려본 호기였다.

청와대와 재벌 기업 간의 연결 고리

이 기사들은 정현식의 '말'에만 의존한 건 아니었다. 정현식은 한겨레에 구체적인 증거도 제공했다. 인터뷰 다음 날 그의 아들 의겸 씨는 일부러 서울로 나왔다. 아버지 휴대전화에서 지워진 데이터를 복구하기 위해서였다. 하루이틀 시간이 걸릴 것 같다고 류이근에게 말했다. 류이근은 의겸 씨를 번거롭게 해서 미안하면서도 분명 뭔가 건질 것이란 기대감이 컸다. 그가 의겸 씨에게 데이터를 복구해보라고 요청했던 건, 류이근 자신의 몇 년 전 경험과 법조 기자를 잠시 하면서 들은 풍월 덕이었다. 법조 기자들은 검찰이 압수한 컴퓨터와 휴대전화의 데이터 복구를 수사의 ABC로 삼는다는 걸 지겹도록 듣는다. 무엇보다 류이근은 자신이 쓰던 회사 컴퓨터가 완전히 망가져, 용산에 있는 사설 업체를 찾아가 데이터를 직접 복구해본 경험이 있었다. 당시 25만 원가량의 비용이 들었다. 지워진 데이터라도 어렵지 않게 복구할 수 있다는 기억이 떠올라 의겸 씨한테 복구 시도를 제안했던 것이다. 정현식이 휴대전화를 망가뜨린 게 아니라, 삭제만 한 터여서 복구는 더욱 쉬워 보였다.

정현식이 K스포츠재단을 나온 뒤 휴대전화에 남아 있는 재단의 흔적을 몽땅 지운 건 순전히 잊고 싶어서였다. 아들이 아니었으면 어쩌면 아직도 재단에 몸을 담고 있을지 모를 그였다. 2016년 봄, 퇴근하고 집에 들어온 정현식의 안색이 좋지 않은 때가 늘어났다. 재단에서 일어나는 일들이 조금씩 이상하게 느껴질 때였다. 평소 말이 없는 그였지만, 가족에게 재단에서 있었던 일을 조금씩 털어놓기 시작했다. 수상하게 생각한 건 아들이었다. 그는 하나둘씩 아버지에게 물어보기 시작했다. 그리고 어느 날이었다. 컴퓨터에 사진을 한 장 불러내, 아버지한테 내밀었다. "아버지, 혹시 이 사람이 회장 아니에요?" 정현식은 너무 놀라 뒤로 나자빠질 뻔했다.

사진은 2013년 7월 19일 서울 승마경기장에서 선글라스를 끼고 관람석에 남편 정윤회와 멀찍이 떨어져 앉아 있던 최순실의 모습이었다. 세상에 최순실의 얼굴을 거의 처음으로 알린, 한겨레 사진부의 박종식 기자가 찍은 사진이었다. 이 사진의 가치는 3년 뒤인 2016년에 더욱 빛을 발했다. 최순실의 모습이 제대로 포착되기 전까지, 최순실 국정농단 게이트 초반 거의 모든 언론사가 인용한 사진이다. 최순실 주변에 있으면서도 그의 정체를 정확히 몰랐던 많은 사람들이, 이 사진을 보고서 '회장'이 바로 최순실이란 걸 알게 된 경우가 많았다. 류이근은 정현식과 그의 가족뿐 아니라 취재하면서 그런 경우를 여러 번 접했다. 아들의 뒷조사로 희미하게나마 최순실의 실체를 알아차린 그는 K스포츠재단을 나올 기회만을 엿봤다. 그가 6월 말에 미련 없이 재단을 떠난 건 오직 그 때문이었다. 그는 퇴사하면서 어떤 자료도 가지고 나오지 않았고, 휴대전화 등에 남아 있던 기록도 다 지웠다.

2013년 7월 19일 서울 승마경기장에서 정윤회와 함께 찍힌 최순실의 모습. 최순실의 얼굴을 세상에 거의 처음으로 알린 사진이다. 사진 박종식 기자.

의겸 씨는 데이터 복구 업체에 휴대전화를 맡긴 지 이틀 만에 류이근에게 연락했다. "데이터를 복구했습니다. 바로 이메일로 보내드리겠습니다." 10월 25일 밤 9시쯤 의겸 씨가 류이근에게 보낸 이메일은 아버지 정현식이 최순실, 안종범과 주고받은 문자였다. 주요 일정도 있었다. 의겸 씨는 이튿날 6개의 파일을 류이근에게 추가로 보낸다. 파일엔 K스포츠재단과 더블루케이, 문체부 내부 자료 등이 포함돼 있었다. 복구된 데이터의 힘은 막강했다. 사실 수사팀과 다를 바 없는 수준의 완벽한 증거물들이었다. 의겸 씨는 아버지가 재단에 다닐

때 받은 명함도 류이근에게 보내줬다. 명함 뭉치엔 대기업 임원들의 이름과 연락처도 포함돼 있었다.

그때부터 김의겸은 행복한 고민에 빠져들었다. 매일 허덕이며 기삿거리를 찾는 게 아니라 이 많은 기사를 어떤 순서로 요리하느냐는 고민이었다. 김의겸은 최찾사 후배들에게 점증적으로 강도를 높여나가는 방식으로 기사를 쓰자고 했다. 약한 기사에서 강한 기사로 긴장감을 높여간다, 여러 편의 단건 보도에서 종합판 보도로 넘어가는 식이었다. 어느 순간 무너지긴 했지만, 김의겸의 지면 전략은 한동안 지면에 그대로 투사됐다.

그 첫 보도가 바로 SK 관련 기사였다. 최찾사는 10월 26일 오후 「최순실 지시로 SK에 80억 요구… 안종범은 확인 전화」라는 제목의 기사를 인터넷에 먼저 띄웠다. 다음 날 신문 1면 머리기사였다(「최순실 지시로 SK 찾아가 80억 요구/안종범 수석, 며칠 뒤 어찌됐냐 전화」). SK를 첫 타석에 올린 더 중요한 이유는 따로 있었다. 정현식 가족과의 약속이었다. 정현식은 그때까지만 해도 대기업을 찾아가 돈을 뜯어내는 데 앞장선 인물로 보도됐다. 그와 그의 가족은 그 점을 가장 억울해했다. 최순실과 안종범의 심부름을 했을 뿐인 그에게, 화살이 날아온 것이다.

김의겸과 류이근은 K스포츠재단에서 SK를 찾아가 80억짜리 투자를 왜, 어떻게 제안했는지 전모를 밝히는 기사를 최우선적으로 쓰는 게 난처한 상황에 직면한 정현식을 위한 길이라고 생각했다.

다음 날은 롯데였다. 취재팀은 10월 27일 낮부터 「K재단, 궁지 몰린 롯데 팔 비틀어 70억 더 뜯어냈다」를 내보냈다(다음 날 신문 1면 기사 「최순실·안종범, 수사 앞둔 롯데에 70억 더 걷었다」). 사실 롯데가 K스포츠재단에 70억 원을 냈다가 돌려받은 얘기를 최찾사는 9월 말부터 이미 다른 경로를 통해 알고 있었다. 정현식 인터뷰 전에도 아들을 통해서 다시 들었지만, 정현식만큼 정확하게 그 배경과 맥락을 들려준 사람은 없었다. 그는 구체적인 증거도 가지고 있었다. 그와의 인터뷰와 아들이 보내준 자료를 대비시켜 빈틈없는 기사를 쓸 수 있었다.

한겨레는 SK 보도 이전부터 예외적인 경우가 아니고서는 기업들의 이름을 실명으로 기재했다. 이유는 간단했다. 기업들도 넓은 의미에서 공범이라고 봤기 때문이다. 익명으로 숨겨주거나 보호할 가치가 없다고 판단했다. SK, 롯데와 관련한 보도는 최순실 국정농단 사건에서 기업들에 대한 언론 및 검찰의 태도와 관점을 바꾸는 중요한 계기가 되었다. 이후 기업들은 검찰의 중요한 수사 대상에 올랐다. 기업들은 팔이 비틀려서 재단에 돈을 내기만 한 게 아니라, 그 대가로 경영권 승계, 사면, 숙원사업 등의 민원을 해결했거나 해결하는 수단으로 활용했다. 쉽게 말해 공범이었다.

롯데를 보도하고 나서 부영, 포스코 등을 차례로 보도하려던 김의겸의 머릿속은 급변하는 정국의 흐름으로 인해 다시 복잡해졌다. 촛불 민심은 어느덧 박근혜를 향해 있었다. 야권을 중심으로 한 정치권도 JTBC의 태블릿 피시 보도 이후 직접 박근혜를 향했다. 김의겸은 이제 점층법이 아니라 곧바로 박근혜로 비약해야 한다고 판단했다. 그는 고민 끝에 정현식과의 인터뷰 전문 보도 시점을 앞당겼다. 롯데 보도 바로 다음날인 10월 29일 토요판에 인터뷰 전문을 스트레이트 기사와 맞물려 모두 세 쪽에 걸쳐 보도했다. 「K 전 사무총장 "재단 주인은 최순실 씨입니다"」 등 여러 개 제목으로 나온 기사는 1면에 실린 대형 카툰(237쪽 상단)에 잘 압축돼 담겼다. 박근혜를 가운데 두고서 왼쪽엔 최순실, 오른쪽엔 안종범이 있다. 박근혜가 양손에 전화기를 들고, 최순실과 안종범한테서 동시에 걸려온 전화를 받고 있는 모습이다. 카툰에 나오는 문장은 단 하나였다. "언니… 나, 전화 안 끊고 기다린다."

정현식은 10월 23일 밤 최초 인터뷰 때만 해도 사진 찍기를 꺼려했다. 김의겸은 사진부에 요청해서 김명진 기자를 아파트 밑에 대기시켰으나 결국 발걸음을 돌려야 했다. 하지만 며칠 뒤에는 결심이 섰는지 사진도 찍겠다고 허락했다. 10월 26일 그렇게 사진을 찍었고, 한겨레 10월 29일 토요판에 정현식의 사진이 크게 실렸다. 이후 정현식은 검찰과 국정조사 청문회, 헌법재판소 등에 나오는 모습이 비치면서 대중적으로도

정현식이 검찰 소환을 앞둔 2016년 10월 26일 자택에서 한겨레와 인터뷰를 하고 있다.

친숙한 얼굴이 되었다.

인터뷰 전문 보도가 나간 토요일 오전부터 류이근은 정현식에게서 몇 차례 전화를 받았다. 자신의 의도가 잘못 전달된 부분 등을 바로잡아줬다. 그는 세세한 부분까지도 그냥 넘어가지 않았다. 류이근은 토요일 오전 인터뷰 기사를 손질하느라 바빴다. 다시 한번 정현식이 얼마나 꼼꼼한 성격인지 확인했다. 그로 인해 그의 말과 행동에 대한 신뢰는 더 커졌다.

정현식 인터뷰 기사가 갖는 의미는 당시 최찻사나 시사평론가들조차 제대로 짚고 넘어가지 못했다. 그전까지는 재단의 설립과 운영에 청와대가 개입했고 대통령인 박근혜가 그걸 모를 리가 없다는 정도였다. JTBC의 태블릿 피시 또한 공무상 비밀누설 정도와 관련하여 박근혜의 책임을 묻는 보도였다. 하지만 정현식의 인터뷰는 박근혜를 빼놓곤 두 재단을 통해서 일어난 범죄를 설명하기 어렵다는 걸 보여줬다. 카툰이 말하려는 것도 그 점이었다. 정현식과의 인터뷰와 그의 휴대전화에서 복구된 통화 기록과 일정표 등은 이를 구체적으로 뒷받침하는 증거였다. 기사는 박근혜가 공무상 직권남용과 뇌물 등의 범죄 정점에 있다는 검찰의 수사 결과로 이어지는 중요한 징검다리였다. 이후 최찻사의 보도도 박근혜를 정점으로 한 범죄를 재구성하는 쪽으로 방향을 설정했다.

정현식이 참고인 신분으로 처음 검찰 조사를 받은 것은 2016년 10월 27일이다. K스포츠재단이 SK를 찾아가 80억 원을 요구했다는 기사를 인터넷으로 먼저 보도한 다음 날이었다. 그는 이후 수차례 검찰 조사를 받는다. 몸이 불편한 그는 오랜 시간 조사받는 걸 육체적으로나 정신적으로 힘들어했다. 이후 아들 의겸 씨가 류이근에게 아버지가 조사받고 있다는 문자를 보낸 것만도 11월 2일, 17일, 24일, 26일이었다. 의겸 씨도 힘들어하긴 마찬가지였다. 그는 늘 아버지를 차로 모시고 가서 새벽녘 조사가 끝나면 모시고 집으로 가곤 했다. 그는 조사받는 아버지를 기다리며 류이근에게 새벽에 문자를 보내기도 했다. 아버지가 조사받고 난 다음 날인 11월 25일 의겸 씨는 류이근에게 이런 문자를 보내왔다. "더 이상 전 사무총장(아버지)에 대한 조사는 새로운 게 없어 보입니다. 저는 처음 류 기자님 뵙고 큰 변혁의 가능성을 느꼈습니다. 한 달 정도의 시간이 지났는데, '수괴 잡았으면 좋겠다'는 목표가 가까이 보입니다. 소주 한잔 해요." 의겸 씨는 류이근에게 이제는 취재원이 아니라, 취재를 함께 하는 동료였다. 실제 두 사람은 12월 초에 만나 새벽까지 술을 마셨다.

역사의 수레바퀴에서

정현식에게 몰아친 폭풍은 해가 넘어서야 지나갔다. 2017년 1월 5일 김의겸과 류이근은 다시 한번 남양주 마석에 있는 정현식의 아파트로 갔다. 이번에는 류이근의 차를 타고 갔다. 취재가 목적이 아니었다. 그의 가족이 그동안 취재에 도움을 주고 용기를 내서 진실을 밝혀준 데 대한 고마움을 표하고 싶어서였다. 아파트 입구에 들어서자 정현식이 부인, 아들과 함께 기다리고 있었다. 기자들이 다가가자 정현식은 김의겸을 와락 껴안았다. 지난 두세 달 동안 최찾사 기자들과 정현식의 가족은 함께 풍파를 헤쳐와 '한 식구'처럼 느끼게 된 것이다. 그렇게 다섯 명은 모처럼 편한 마음으로 점심을 함께 하고 차를 마셨다. 김의겸은 자신이 밥값을 계산할 요량이었는데 정현식이 틈을 주질 않았다.

검찰 수사와 청문회장에서의 이야기 등이 끊어지지 않고 이어졌다. 정현식은 한겨레 기자들뿐만 아니라 검찰에게도 가장 소중한 증인이었다. 담당 검사는 그에게 "제가 옷 벗을 각오로 수사를 하겠습니다"라고 결의를 보여줬다고 한다. 어느 부장검사는 일부러 조사받는 그를 찾아와서 "한번 뵙고 싶어서 왔습니다"라고 인사를 하기도 했다. 무엇보다도 K스포츠재단의 노승일, 박헌영이 태도 변화를 보인 데는 정현식의 영향력이 컸던 것으로 보인다. 검찰 조사실에서 두 사람과 마주쳤는데 이들이 그에게 깍듯이 인사를 하며 "총장님이 앞길을 열어주셔서 저희들이 그 길을 가고 있습니다"라고 말했다고 한다. 사실 두 사람은 한겨레 최찾사 기자들의 취재에 거의 응하지 않았다. 최찾사 기자들은 당사자들한테 속마음을 확인하지 않았다. 다만 한겨레 보도 초반에 두 사람을 최순실의 심복으로 실명을 써서 그런 건 아닌지 추측할 뿐이었다.

이야기는 대통령 선거로 이어졌다. 정현식의 가족 세 사람은 한 가족이라고 믿기 힘들 정도로 정치적 입장이 달랐다. 세 사람이 어떻게 뜻을 합쳐 게이트 한복판에서 언론에 공개적으로 인터뷰하기로 결정하게 됐는지 참으로 신기할 정도였다. 그래도 한겨레 기자들의 노고와 그의 가족의 용기가 헛되지 않으려면 정권 교체가 제대로 이뤄져야 한다는 데는 모두들 공감했다.

류이근이 처음으로 정현식의 부인을 만난 2016년 9월 6일 이후 그의 가족을 다 함께 만난 2017년 1월 5일까지 딱 넉 달의 시간이었다. 이 기간에 한국 현대사는 거대한 소용돌이에 휩싸였다. 정현식을 비롯한 그 가족이 두려움과 망설임으로 인해 물러섰다면 어땠을까? 그들은 자신의 이름을 걸고서 세상에 나섰다. 정현식이 인터뷰에 나서서 세상에 진실을 알리는 나팔을 불지 않았다면, 지금 우리 눈앞에 펼쳐지는 역사는 조금 다르게 진행되고 있을지도 모를 일이다.

그로부터 두 달 뒤인 2017년 3월 10일. 이정미 헌법재판관이 "피청구인 대통령 박근혜를 파면한다"고 선고했다. 정현식이 김의겸에게 전화를 걸어왔다. "저에게 여러 번 위기의 갈림길이 있었는데 우리 김의겸, 류이근 기자 덕에 잘 헤쳐나왔습니다. 고맙습니다. 제가 무슨 영웅심리가 발동한 건 아니지만 도도하게 나아가는 역사의 수레바퀴에서 그래도 아주 작은 톱니바퀴 하나의 역할은 하지 않았나 싶어서 기쁩니다."

김의겸은 전화기에 대고 "고맙습니다. 고맙습니다"를 연발했다.

11

최순실 게이트

고공 취재

최순실은 어떻게 청와대에 드나들었을까

2016년 10월 25일 밤 8시 김의겸은 텔레비전 음량을 최대한 키우고 TV조선 보도가 시작되기를 초조하게 기다렸다. 그토록 보고 싶었던 의상실 동영상을 TV조선이 내보낼 예정이라고 초저녁부터 미리 예고했기 때문이다. 의상실 동영상은 2014년 10월쯤 고영태가 의상실에 CCTV를 설치해 그해 11월 녹화된 것으로, 2014년 12월에 TV조선의 수중으로 들어간 것이다.

김의겸은 취재 초기인 9월 초에 강희철로부터 이 동영상의 존재를 알게 됐다. 강희철은 김의겸에게 이렇게 말했다. "전적으로 믿을 수 있는 사람한테 들은 얘기입니다. 대통령의 옷만 만들어주는 의상실이 있다는 겁니다. 당연히 일반인들을 상대로 판매는 하지 않고요. 서울에 있겠지만 정확히 어디에 있는지는 모르겠고, 겉으로 보기에는 전혀 의상실이 아닌

데 안으로 들어가서 2층으로 올라가면 옷 만드는 곳이라고 해요. 아무튼 거기서 최순실과 윤전추(피트니스클럽 트레이너 출신 청와대 행정관) 둘이 대통령 옷 가지러 드나들다 나란히 찍힌 동영상이 있다는 겁니다. TV조선이 이걸 가지고 있다고 해요. 이게 까지면 엄청난 파장이 예상됩니다."

사실 김의겸은 9월 29일 「조선일보 방상훈 사장님께」라는 칼럼을 실으면서 이 동영상을 간접적으로 언급한 적이 있다. "저희가 조선의 뒤를 좇다 보니 '잃어버린 고리'가 두세 개 존재한다는 걸 알게 됐습니다. 사건의 전체 모자이크를 끼워맞출 수 있는 '결정타'들이죠. 조선이 물증을 확보한 듯한데 보도는 실종됐습니다. 기사는 언제 햇빛을 보게 될까요." 여기서 말한 잃어버린 고리 가운데 하나가 의상실 동영상이었다.

하지만 막상 TV조선의 의상실 동영상 보도는 예상만큼 파괴력이 크지 않았다. 최순실이 대통령의 옷을 만들어 제공하는 장면이 생생하게 찍혀 있기는 하나 뉴스로서의 가치는 약했다. 무엇보다도 음성이 없었다. 설사 음성이 녹음됐다 하더라도 민감한 내용을 이야기할 분위기는 아니었다.

그래도 김의겸은 영상에 등장하는 청와대 제2부속실 소속 이영선 행정관의 모습이 강렬하게 인상에 남았다. 특히 최순실에게 휴대전화를 바꿔줄 때 자신의 셔츠로 전화기 액정을 닦아 건네는 모습은 텔레비전을 끄고도 오랫동안 잔상이 남았다. 윤전추 행정관이야 등장하는 걸 미리 알았고, 이미 기자들 사이에서는 익히 알려진 인물인 데 비해 이영선 행정관은 처음으로 등장하는 인물이었다. 김의겸은 의상실 동영상을 머릿속에서 여러 차례 돌려봤다. 몇 가지 의문이 연속해서 떠올랐다. '저렇게 많은 옷을 최순실은 어떻게 대통령에게 전달하지?' '아! 이영선과 윤전추가 청와대로 들고 가겠네!' '그런데 옷 장식 하나까지 신경 쓰는 최순실이 자신이 총감독한 저 옷을 대통령에게 직접 입혀보고 싶지 않았을까?' 그러다 문득 깨달았다. '아! 최순실이 이영선 행정관이 운전하는 차를 타고 청와대를 드나들었겠구나. 이영선은 완전히 최순실의 개인비서처럼 행동하는데, 당연히 모시고 들어가야지!'

이 깨달음은 한겨레 11월 1일 1면 머리기사 「최순실, 장관 출입 '11문'으로 청와대 드나들었다」를 풀어가는 데 실마리 역할을 했다. 사실 김의겸은 최찻사를 꾸린 직후부터 최순실이 청와대를 드나들었다는 여의도 정가의 '소문'을 확인하기 위해 이리저리 요로要路에 물었으나 진척이 없어 접어둔 상태였다. 하지만 그때는 최순실 게이트가 본격적으로 터지기 전이다. 이제 상황은 바뀌었다. 게다가 아주 유력한 취재 단서로 이영선 행정관이 새로 추가됐다.

김의겸은 당장 다음 날부터 예전에 청와대를 출입하며 알게 된 인연과 젊은 기자 시절 인연을 맺었던 경찰 인맥을 총동원해서 탐문에 나섰다. 하지만 기대만큼 소출은 없었다. 관련자들의 태도가 한 달 전에 비하면 눈에 띄게 달라졌으나 그렇다고 기자의 전화 취재에 다 털어놓기에는 여전히 상황이 불투명했던 것이다. 하지만 며칠 뒤 결정적인 이야기를 들으면서 이때 모아놓은 조각들은 다 쓰임새를 찾아가게 된다.

그렇게 한 사나흘이 흘러갔다. 김의겸은 전혀 예상치 못했던 곳에서 전화 한 통을 받는다. 여전히 이름을 밝힐 수 없는 취재원이다. 청와대 관련자라고밖에는 말할 수 없으나 김의겸과 오래전부터 알고 지냈고 서로 존중하는 사이다. 그는 다짜고짜 모든 걸 이야기하기 시작했다.

"최순실이 이영선 행정관의 차를 타고 드나들었습니다. 드나들었던 문은 11문이라 불리는 정문입니다. 동쪽에 있는 연풍문도 서쪽에 있는 시화문도 아닙니다. 김 기자님도 출입하셔서 아시겠지만 국무회의 때 장관들도 출입증을 보여주고 들어가는 문입니다. 그런데 최순실은 출입증도 없이 검문검색도 받지 않고 드나들었습니다." 그렇게 한참을 말한 뒤 그는 전화를 끊기 전 이렇게 덧붙였다. "틀림없는 사실입니다. 더 이상 취재하실 필요 없습니다." 이 취재원은 김의겸이 그동안 접촉하지 않았던 사람이다. 애초 탐문 대상에 넣지도 않았다. 하지만 그의 지위나 역할, 그가 묘사하는 구체적인 정황, 그리고 결정적으로 '더 취재할 필요가 없다'는 단정적 어투가 기자 김의겸에게 100퍼센트 믿음을 주었다.

김의겸은 그의 말을 토대로 보완 취재에 들어갔다. 최순실이 이영선의 차를 타고 드나들었다는 걸 확정된 사실로 전제하고 취재를 하니, 나머지 골격들이 훨씬 쉽게 맞아떨어졌다. 특히 안봉근 당시 제2부속비서관의 역할을 좀 더 선명하게 그릴 수 있었다. 그가 경찰 등 권력기관의 인사에 깊숙이 영향력을 행사했고, 그가 맡은 제2부속실은 사실상의 '퍼스트레이디' 최순실을 모시던 곳이라는 얘기를 덧붙였다.

최순실, 장관출입 '11문'으로 청와대 드나들었다

휴대폰 닦아 건넨 이영선 행정관이 청와대 차 운전
최씨 출입증도 없이 검문검색 받지않고 '프리패스'
"출입 셀 수 없어"…정권초 마찰빚던 경호원들 좌천

'비선 실세' 최순실씨가 이영선 청와대 부속실 행정관이 운전하는 차를 타고 청와대를 수시로 출입한 것으로 드러났다. 이 행정관은 최씨가 강남의 비밀 의상실에서 박근혜 대통령의 옷을 고를 때 휴대전화를 자신의 셔츠에 닦아 건넨 이다. ▶관련기사 2·3·4·5·6·8면

〈한겨레〉가 31일 복수의 청와대 관계자들을 취재한 결과, 최순실씨는 2013년 박근혜 정부 출범 초부터 최근까지 이 행정관이 운전하는 차량의 뒷좌석에 앉아 검문·검색을 받지 않은 채 청와대 정문을 통과해 경내에 드나들었던 것으로 확인됐다.

청와대 한 관계자는 "이 행정관은 청와대 소유의 차량을 몰고 최순실씨의 집이나 사무실 등으로 가서 최씨를 태우고 청와대로 들어왔다"며 "나갈 때도 이 행정관이 최씨의 행선지까지 운전을 해줬다"고 말했다. 〈티브이조선〉이 보도한 의상실 내부 영상은 2014년 11월3일 것으로, 이날도 최씨가 이 행정관의 차를 타고 대통령의 옷을 청와대로 반입했을 것으로 보인다. 그는 최씨의 방문 횟수와 관련해 "정문은 24시간 경비 체제이고 근무자가 교대로 바뀌기 때문에 정확한 출입 횟수를 알 수는 없으나, 최씨의 출입 빈도가 셀 수 없을 만큼 잦았던 것만은 분명하다"고 말했다.

다른 관계자도 "최씨가 드나들었던 문은 경호실 직원들 사이에서는 11문으로 불리는 곳으로, 청와대 일반 방문객이 드나드는 동쪽의 연풍문이나 서쪽의 시화문이 아닌 정문"이라며 "정문은 국무회의 때 장관급 이상이 출입하는 곳이다. 장관들도 출입증을 보이고 얼굴 대조를 거쳐 통과가 허용된다. 그런데 최씨는 이런 출입증도 없이 프리패스했다"고 말했다.

청와대 경호 규칙상 일반인이 출입증 없이 통과하고자 할 경우는 청와대 부속실에서 먼저 경호실로 연락을 하고, 경호실이 청와대 외곽경비를 서는 101경비단에 알려 들어오도록 돼 있는데 최순실씨의 경우 이런 절차가 모두 생략됐다는 것이다. 이 때문에 정부 출범 초기 청와대 정문을 지키는 101경비단 소속 경찰들이 "우리는 경호실로부터 아무런 연락을 못 받았다. 신원을 확인해봐야겠다"며 최씨의 신분을 알아보려고 하다가 몇차례 마찰이 일어났다. 청와대 관계자는 "이렇게 육신각신하는 과정에서 최순실씨가 노발대발했고, 그 결과 2014년 초 갑작스레 경호 책임자들이 좌천을 당했다"고 말했다.

실제로 당시 청와대 경호 책임자였던 원경환 경호실 경찰관리관(경무관)과 김석열 서울지방경찰청 101경비단장(총경)이 2014년 초 갑작스레 교체된 것으로 확인됐다. 이들 자리는 통상 후속 인사에서 승진을 보장받는 자리였으나, 이들은 한직으로 밀려나거나 수평 이동에 그쳤다.

이원종 청와대 비서실장은 지난 21일 국회 국정감사에 나와 최순실씨의 청와대 출입 여부에 대해 "본 일도, 들은 일도 없다. 내가 아는 한에는 없다"고 말했다. 그러나 청와대 관계자들은 "청와대는 정문뿐만 아니라 모든 출입구에 감시카메라가 설치돼 있어 24시간 작동한다. 검찰이 이를 압수해서 분석하면 쉽게 확인이 된다"고 말했다.

김의겸 선임기자 kyummy@hani.co.kr

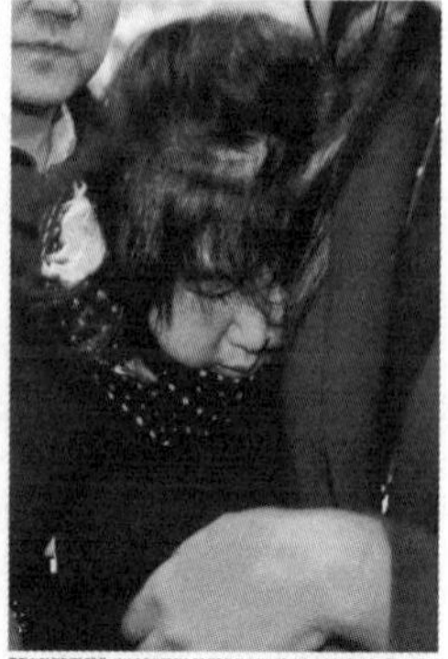

피의자 최순실 "죽을죄를 지었습니다"

귀국 하루 지나 검찰 출석
공무상기밀누설 등 영장 방침
안종범·정호성 출금, 곧 소환

[illegible] 빼돌린 횡령·배임 혐의와 공무상기밀누설 혐의 등으로 구속영장을 청구할 방침이다. 검찰은 이날 최씨를 상대로 미르·케이스포츠재단 [illegible]

변호인 이경재 변호사는 "최씨가 태블릿피시는 자기 것이 아니라고 부인한다"고 밝혔다. 하지만 이날 최씨에 앞서 검찰에 다시 소환된 [illegible]

정부, 조선업 지원 11조 선박 발주

구조조정 차기정권 떠넘기기
수주공백 나랏돈으로 메워
대우조선은 중장기적 민영화

[illegible]

결혼 뒤 아이 안 낳으려 정관수술

세상에서 가장 슬픈 파동

'검열각하' 고발한 144일 무대

최순실이 퍼스트레이디? 청와대 제2부속실서 전담 보좌

대통령 부인 담당하는 부서
안봉근·이영선·윤전추 모두 소속돼
안살장은 인사개입 등 최씨 실무를
행정관들은 개인비서처럼 수행

작년 심상치 파동뒤 부서 없앴지만
"업무는 계속 유지" 내부증언 나와

최순실씨가 박근혜 대통령의 옷을 점검했던 사무실 폐회로 텔레비전 화면에 보이는 윤전추 행정관 모습(왼쪽 사진의 맨 왼쪽) 이영선 행정관(오른쪽)은 최씨에게 핸드폰을 건네기 전 자신의 옷에 닦는 모습이 잡혔다.

[illegible]

자신의 셔츠에 정성스레 휴대전화를 닦아 건네던 이영선 행정관은 최순실씨와의 관계가 10년이 넘는 것으로 알려졌다. 최씨의 선거로 2007년부터 박근혜 대표의 경호를 맡았다. 청와대에 들어간 뒤에는 대통령 탑승 차량의 선탑자로 근무하는 등 대통령의 최근접 경호를 맡았다. 하지만 그의 직업은 바뀐다. 애초 청와대에 경호실 직원으로 들어갔는데 곧바로 제2부속실에 파견을 나간 것이다. 여권 관계자는 "이 행정관의 원래 주특기는 경호였지만 제2부속실로 옮기면서는 최순실씨를 전담하는 '개인비서가 된 셈'이라고 말했다.

윤전추 행정관은 헬스트레이너 출신으로 불과 34살의 나이에 제2부속실 3급 행정관으로 발탁돼 화제가 됐던 인물이다. 최근 〈한겨레〉 취재 과정에서 그가 강남 코엑스 인터컨티넨탈호텔의 헬스클럽에서 일하면서 최순실씨와 인연을 맺은 것으로 확인이 되고 있다. 최씨의 한 지인은 "최씨가 이 헬스클럽에 다닌 것은 자신이 운동을 하기 위해서라기보다는 딸 유라의 건강관리를 위해서였는데 윤전추 트레이너가 유라를 가르치면서 인연을 맺었다"고 말했다. 결국 윤 행정관도 최순실씨 사람이었던 것이다.

드러난 것만 이 정도이지 제2부속실을 중심으로 알려지지 않은 최순실 사람은 청와대에서 10여명에 이르는 것으로 추산된다. 하지만 제2부속실 인선은 철저히 베일에 가려져 있었다. 전직 청와대 관계자는 "다른 방의 인사는 그래도 짐작이라도 하는데 제2부속실은 미궁이었다"고 말했다.

박근혜 정부 초기 청와대 본관에 들어간 침대 3개에 대해서도 새삼스레 의혹이 제기되고 있다. 조달청의 물품목록을 보면 607만원 상당의 고급 침대 등 모두 3개가 대통령이 거주하는 관저도 아닌 본관 집무실에 들어갔다. 하나는 대통령이 휴식을 취하기 위한 것이라고 해도 나머지는 누구를 위한 것이냐는 논란이 있었는데 결국 최순실씨가 제2부속실에서 퍼스트레이디 노릇을 하면서 사용한 것 아니냐는 추측을 낳고 있다.

제2부속실은 2년 가까이 존속하다가 '십상시 문건' 파동의 여파로 2015년 1월 없어진다. 제1부속실에 흡수된 것이다. 그래도 최씨를 위한 제2부속실 업무는 계속 유지돼 왔다는 게 청와대 관계자들의 얘기다.

김의겸 선임기자 kyummy@hani.co.kr

"태블릿 명의자 김한수 행정관은 최순실 조카 절친"

'최순실의 사람' 쏟아지는 증언

"난 최순실 조카" 말하고 다닌 ㄱ씨
상문고 동창 김한수와 가깝게 지내
졸업생들 "최-김, 대선 전부터 인연"

청 관계자 "문구점하던 애가 3급돼
물어보니 김한수…뒌 놈으로 생각"

최순실(60)씨 '국정농단' 의혹의 핵심 증거물인 이른바 '최순실 태블릿피시'의 명의자인 김한수 청와대 홍보수석실 뉴미디어비서관실 선임행정관이 최씨 조카와 절친한 친구 사이라는 주장이 제기됐다. 이 주장이 사실일 경우 최씨가 조카 친구까지 청와대에 입성시켜 국정개입에 활용했다는 비판이 나올 것으로 보인다.

31일 〈한겨레〉가 김한수 행정관이 졸업한 상문고의 복수의 졸업생을 취재한 결과, 김 행정관은 최씨 조카로 알려진 상문고 동기 이아무개씨와 절친한 친구 사이인 것으로 확인됐다. 두 사람을 잘 아는 상문고 졸업생 ㄱ씨는 "이씨가 '나는 최순실 조카, 최태민 손자'라고 주변에 말하고 다녔다"며 "박근혜 정권이 출범하면서 이씨와 김씨가 인수위에 함께 들어갔는데, 인수위가 끝나고 김씨만 청와대에 들어갔다"고 말했다. 또다른 졸업생 ㄴ씨도 "김씨는 이씨의 이모 최순실씨 일을 예전부터 거들면서 가깝게 지냈다고 한다. 김씨와 최씨는 지난 대선을 앞두고 인연을 맺은 사이가 아니라 오랫동안 알고 지낸 사이"라고 말했다. 이씨는 최순실씨의 첫째 언니 순영씨의 아들로 추측된다.

실제로 김 행정관 청와대 입성을 두고 청와대 안팎에서는 뒷말이 돌았다고 한다. 한 청와대 관계자는 "박 대통령 취임 초기에 외부에서 '정치와 관련없던 일을 하던 이가 3급을 달았다'는 얘기를 듣고, 당시 연정수석실 쪽에 문의한 적도 있었다"며 "당시 민정수석실 쪽에서도 김 행정관에 대한 청와대 안팎의 구설 등을 파악하고 있던 걸로 안다"고 말했다. 또다른 청와대 관계자도 "당시 나이가 30대 중반 밖에 안된 김씨가 행정관 중에서도 높은 직급인 3급을 받아서 우리끼리 '뒷배가 누구일까'하고 의아해 했었다"고 전했다.

최씨의 친인척을 둘러싸고는 최근 잇달아 의혹이 제기되고 있다. 최씨의 둘째 언니 최순득씨의 딸 장시호(개명전 이름 장유진)씨는 한국동계스포츠영재센터의 실질적 사무총장 역할을 하며 1년새 정부로부터 6억7천만원을 지원받은 것으로 최근 확인(〈한겨레〉 10월28일치 4면)된 바 있다. 또 〈시사저널〉은 최씨가 정윤회씨에 앞서 결혼한 첫 남편과의 사이에서 아들 김아무개씨를 낳았는데, 이 아들이 청와대 총무비서관실 소속 행정관으로 근무했다는 의혹을 최근 보도하기도 했다. 청와대는 김씨의 근무 사실은 인정했지만, 김씨가 최씨의 아들인지 여부에 대해서는 밝히지 않았다. 이날 최씨를 소환조사한 검찰 관계자는 "최씨가 아들이 청와대 행정관으로 근무하고 있다는 의혹과 관련해 '절대 아들은 없다'고 했다"고 말했다.

박수진 기자 jjinpd@hani.co.kr

야당 "신속한 진상 규명에 총력 집중"

야당이 '최순실 국정농단' 사건에 대한 철저 수사를 촉구하며 당을 비상체제로 재편하는 등 청와대와 검찰에 대한 압박 강도를 높여가고 있다. 거국중립내각 구성을 둘러싼 내부 혼선을 정리하고 '진상규명'에 대여 화력을 집중하겠다는 뜻으로 풀이된다. 추미애 더불어민주당 대표는 31일 열린 최고위원회의 의원총회에서 "특검법을 통해서 납득할 만한 진상규명이 있을 때 거국내각도 논의가 가능하다. 신속한 진상 규명을 위해 별도의 특검법에 의한 특검을 할 수 있도록 대통령이 '먼저 나부터 조사해달라'는 소신을 보여야 한다"고 말했다.

박지원 국민의당 비상대책위원장도 "검찰이 '박근혜-최순실 게이트'를 철저히 수사하고 반드시 진상규명을 해서 국민 앞에 숨김없이 밝혀야 한다"며 "박 대통령은 진정성 있는 대국민 사과와 함께 책임을 져야 하고, 수사에 적극 협조해야 한다"고 가세했다. 박 위원장은 그러나 "(검찰 수사의 지휘선상에 있던) 우병우 전 청와대 민정수석이 물러난 만큼, 이제 검찰이 수사를 하도록 하자. 만약 검찰 수사가 미진하면 특검과 국정조사 카드를 사용할 것"이라며 별도 특검에 의한 수사를 요구하는 민주당의 요구와는 선을 그었다.

한편 민주당은 현 상황을 '국가비상시국'으로 규정하고 당 운영을 비상체제로 전환하는 한편, 매일 오전 비상의원총회를 열어 대책을 논의하기로 했다.

이세영 기자 monad@hani.co.kr

한겨레는 최순실이 청와대 11문으로 드나들었다는 사실을 최초로 보도했다. 이후 최순실도 헌법재판소 대심판정에서 청와대 출입 사실을 시인했다. 최순실은 사실상 박근혜의 사적 '퍼스트레이디' 역할을 수행했다. 2016년 11월 1일 1면과 4면.

김의겸이 2016년 11월 4일 박근혜 대통령의 2차 대국민담화를 지켜보고 있다.

11월 1일 보도가 나가자 어느 전직 장관으로부터 이런 문자 메시지가 들어왔다. "최순실 BH 출입, 안봉근 인사 개입, 모두 정확한 사실입니다!!! 안봉근은 경찰과 언론 분야 인사 담당으로 알려져 있지요. 가령 현재 △△신문 사장은 안봉근한테 청탁해서 되었다고 친구한테 밝혔다는 이야기를 들었습니다. 경찰 내에서도 유사한 이야기가 있었고요." 이후 각 언론사는 최순실이 청와대에 어떻게 얼마나 자주 드나들었는지를 집중적으로 보도하기 시작했다. 한겨레 최찾사가 또 하나의 봉인을 푼 셈이다.

나중에 최순실은 2017년 1월 16일 헌법재판소 대심판정에서 열린 탄핵심판 5차 변론에서 청와대에 출입한 적이 있느냐는 국회 쪽 대리인의 물음에 "출입한 적 있다"고 말했다. 출입한 횟수는 기억나지 않는다고 했다.

'높은 곳'으로부터 얻는 고급 정보

한겨레 최찾사의 취재에는 땀 냄새가 물씬 풍긴다. 취재할 대상이 정해지면 최찾사의 류이근, 하어영, 방준호 기자의 끈질긴 취재가 이어졌다. 물어 물어 취재원의 집을 찾아가서 문을 두드리고 만나줄 때까지 뻗치기를 하는 경우가 많았다. "기사는 손으로 쓰는 게 아니라 발로 쓰는 것"이라는 기자 사회의 오랜 격언을 충실히 따랐다.

그러나 그것만으로는 다 채워지지 않는다. 특히 최순실 게이트처럼 권력의 음습한 곳에서 이뤄진 일은 내부 정보가 필요했다. 기자들 사이에서는 그런 취재를 흔히 '고공 취재'라고 한다. 정치권과 정부, 재계의 고위직으로부터 은밀한 고급 정보를 듣는 것이다. 고공 취재의 몫은 최찾사의 최고참 김의겸에게 돌아가는 경우가 많았다. 김의겸은 그렇게 들은 얘기를 보통은 후배들과 함께 공유하고 취재 방향을 제시하는 것으로 자신의 역할을 마무리 지었다. 발품을 팔아가며 취재 대상을 만나 이야기를 듣고 기사를 쓰는 것은 대개 후배들 몫이었다. 그러나 가끔은 정보를 얻고 취재를 하고 기사를 쓰는 것까지 김의겸이 '일괄 공정'으로 처리해야 하는 경우도 있었다. 취재원이 자신의 신분을 절대 드러내고 싶어하지 않을 경우가 그랬다. 「최순실, 장관 출입 '11문'으로 청와대 드나들었다」의

결정적인 취재원이 그런 경우였다.

'고공 취재'에서 중요한 곳 가운데 하나가 국회다. 국회의원은 한 사람 한 사람이 정보의 저수지다. 골짜기의 물이 저수지로 모였다가 다시 낮은 곳으로 흘러가듯이, 수많은 정보가 여의도로 집결한다. 기자와 정치인은 서로의 필요에 따라 이런 정보를 주고받는다. 때론 넘지 말아야 할 선을 아슬아슬하게 밟아가면서 때론 거리두기를 하면서 서로를 돕거나 이용한다.

김의겸은 경제부를 한 번도 출입해본 적이 없다. 그래서 기업 쪽으로는 인맥이 아주 약했다. 하지만 미르재단, K스포츠재단 취재에는 기업 관계자의 증언이 꼭 필요했다. 이곳에 돈을 낸 기업들의 이야기를 들을 필요가 있기 때문이다. 많은 부분은 한겨레 경제부의 지원에 의존했지만 때로는 국회의원을 통한 '간접 취재'의 방법을 썼다.

국회 상임위원회 가운데 산업통상자원위원회, 정무위원회, 기획재정위원회 등 경제 분야에서 오랫동안 자기 전문성을 갈고닦은 국회의원들은 평소 기업의 사정을 잘 알고 있으면서도 필요할 경우 직접 취재에 나서기가 용이하다. 지연, 혈연, 학연으로 얽힌 대기업 임원들과는 속내를 터놓고 이야기할 수 있고, 국회를 상대로 대관업무를 담당하는 기업체 임원들은 일상적으로 국회의원에게 부탁을 하는 '을'의 처지이다 보니, 국회의원의 취재에 무작정 발을 뺄 수만은 없다. 기자가 직접 취재하는 것보다 열 배, 스무 배는 효과를 발휘할 때가 많다. 물론 국회의원과 기자 사이에 신뢰가 있어야만 가능한 일이다.

2016년 11월 5일 1면 머리기사로 나간 「박 대통령, 미르·K 모금 '1000억으로 늘려라' 지시」 기사도 이런 방식으로 작성된 것이다. 처음에 김의겸은 취재를 하다 막히는 곳이 있으면 몇몇 아는 국회의원에게 전화해서 "○○에 아시는 분 있죠? 이러저러한 내용 좀 알아봐주실 수 있을까요?" 하고 숙제를 내주고는 했다. SK, 롯데 취재와 관련해서 그런 부탁을 자주 했다. 하지만 별 성과가 없었다. 아마도 해당 기업들로서는 약점을 스스로 드러내는 꼴이기 때문에 말을 하기가 쉽지 않았을 것이다.

그런데 뜻하지 않게 그런 부탁을 하지 않았는데도 어느 중진 국회의원으로부터 연락이 왔다. "최순실 취재하느라 얼마나 수고가 많아요. 기사 잘 보고 있습니다. 나도 뭐 좀 해줄 이야기가 있는데 내일 시간이 되실지 모르지만 제 방에 한번 들르시죠." 김의겸은 평소 신중한 성격의 그가 이 정도 말을 꺼냈으면 제법 큰 물건이 나오겠구나 싶어 서둘렀다. "내일 아침 뵐 수 있는 가장 이른 시간에 들르겠습니다." "내일 아침은 일찍 의원총회가 열리니 내 잠깐 얼굴만 비추고 나올 테니, 10시 무렵 제 방에서 뵙죠." "네, 고맙습니다."

다음 날 그 중진 의원은 김의겸이 방에 들어서자 우선 방문부터 닫았다. 모두 자신의 비서진이지만 혹시라도 말이 새나가는 걸 원치 않은 것이다. 그는 "한겨레가 최순실 관련 기사를 내보내기 시작한 이후 기사를 꼼꼼히 읽어오고 있었어요. 내가 무엇을 도와줄 수 있을까를 고민했죠"라고 말을 꺼냈다.

그는 평소 잘 알고 지내던 어느 기업체 임원과 저녁을 먹으며 처음에는 자신의 관심사인 금융 분야에 대해 이것저것 이야기를 나눴다고 한다. 그러다 이야기가 최순실 게이트로 흘렀는데 이 임원이 심상치 않은 이야기를 들려줬다고 한다. 그래서 그 의원은 아예 메모지를 꺼내서 자세히 물어보며 들은 것을 모두 기록했다. 사무실에 돌아와서도 부족한 부분이 있다 싶으면 전화로 추가 취재를 하기도 했다. 그는 그렇게 작성된 A4 용지 7~8장 분량의 메모지를 꺼내서 김의겸에게 보여주며 하나하나 설명을 곁들였다.

중진 의원이 취재한 내용은 미르재단·K스포츠재단의 애초 모금액이 10개 그룹 600억 원이었는데 재단 설립 한 달 전에 갑자기 1000억 원으로 늘리라는 지시가 기업 쪽에 내려왔다는 것이다. 그러다 보니 애초 재단 설립에 참여하지 않았던 기업들이 새로 들어가게 됐다. 심각한 건 이런 내용이 모두 박근혜 대통령의 지시라는 점이다. 이는 기업들이 선의를 가지고 자발적으로 모금한 것이라는 대통령의 주장을 뒤엎을 수 있는 내용이었다. 김의겸은 그 의원실 방을 나서면서 몇 번이고 허리를 숙여 고마움을 표시했다.

김의겸은 확인 취재에 들어갔다. 관건은 새로 출연하게 된 금호아시아나, 아모레퍼시픽 등으로부터 당시 사정을 듣는 것이었다. 이 또한 직접 취재가 아니라 간접 취재였다. 이 기업들과 연이 닿을 법한 의원들에게 부탁을 했다. 금세 답이 왔다. "맞다는구먼. 원래 자기들은 아니었는데 갑자기 연락이 와서

"박대통령, 미르·K 모금 '1000억으로 늘려라' 지시"

애초 10개그룹 600억…재단설립 한달전 돌연 확대
재단취지 좋다며 "30대그룹까지 참여기회 더 줘라"
기업 관계자들 증언…"안수석, 대통령 지시라 통보"

미르·케이스포츠 재단은 애초 10대 그룹이 600억원을 출연하는 것으로 규모가 잡혔으나 박근혜 대통령이 이를 '30대 그룹이 1000억원을 내도록 하라'고 지시했다는 증언들이 잇따라 나오고 있다. 이는 박 대통령이 4일 대국민 담화를 통해 '선의의 도움을 주셨던 기업인 여러분'이라고 표현한 것과는 결이 다르다. 대통령이 돈 낼 기업과 액수까지 구체적으로 지정하는 등 적극적으로 재단 설립을 지휘했다는 것을 의미한다. ▶관련기사 8면

〈한겨레〉가 4일 복수의 대기업 관계자들을 취재한 결과를 종합하면, 박 대통령은 지난해 7월24~25일 이틀 동안 모두 세차례에 걸쳐 대기업 총수들을 만났다. 이때 두 재단의 출연금은 미르 300억원, 케이스포츠 300억원 등 모두 600억원으로 책정됐다. 출연할 기업도 재계 순위 10위로 한정됐다.

박 대통령은 7월24일 대기업 총수 17명을 불러 점심을 하면서 재단 설립의 취지를 설명했다. 이후 이날 오후와 다음날인 25일 이틀에 걸쳐 삼성 이재용, 현대자동차 정몽구, 에스케이 김창근, 엘지 구본무, 롯데 신동빈 등 대기업 총수 7명을 따로 청와대로 불러서 적극적인 지원을 당부했다. 그 뒤 안종범 수석이 주도하는 가운데 10대 그룹은 매출금액, 자산규모, 시가총액 등을 고려해 액수를 정했다. 이와 관련해 검찰 한 관계자는 "청와대 관계자의 집을 압수수색해 이런 면담 내용이 담긴 업무기록 자료를 확보했고, 이를 근거로 안종범 수석과 대기업 관계자를 소환해 당시의 구체적인 상황을 묻고 있다"고 말했다.

하지만 10월 들어 갑자기 액수가 두 배 가까이 늘어나고 대상 기업도 대폭 확충됐다. 당시 안종범 수석이 박 대통령에게 재단 출연금 진행상황을 보고한 결과 박 대통령은 "재단 설립은 좋은 취지로 하는 것이니 두 재단의 출연금 규모를 각각 300억원에서 500억원으로 늘려 모두 1000억원으로 하고, 출연하는 기업들도 10대 그룹에만 한정하지 말고 30대 그룹으로 넓혀 다들 참여할 기회를 주도록 하자"는 지시를 내렸다는 것이다. 안 수석은 갑자기 변경된 내용을 대기업 고위 임원들과 전국경제인연합회 관계자들에게 통보하면서 '대통령의 지시사항이니 양해를 해달라'며 이렇게 설명을 했다고 한다.

이에 따라 삼성의 경우 애초 100억원대 초반이었으나 결국 204억원을 출연하는 등 액수가 늘었다. 대상 기업도 늘어나면서 15위의 부영주택, 19위의 금호아시아나는 물론 45위의 아모레퍼시픽까지 들어가게 됐다. 그러나 제안을 받은 일부 대기업은 "우리는 문화, 스포츠와 무관하다"며 출연에 부정적인 반응을 보여 결국 최종 출연금액은 미르 486억원, 케이스포츠 288억원에 그쳤다.

이렇듯 박 대통령이 재단 설립에 깊숙이 관여한 정도가 드러남에 따라 고강도 검찰 수사가 불가피하다는 지적이 나오고 있다. 검찰 출신의 한 변호사는 "대통령의 대국민 담화 등을 보면 본인은 재단의 필요성을 원론적으로 얘기했을 뿐이라는 건데 검찰이 이를 깨기 위해서는 증거자료를 제시하거나 대질신문 등을 통해 구체적으로 조사를 해야 한다"며 "검찰이 검토하고 있는 서면조사나 방문조사 등으로는 한계가 너무나 분명하다"고 말했다.

김의겸 서영지 기자 kyummy@hani.co.kr

박근혜 대통령이 4일 오전 청와대 기자회견장에서 "최순실씨 관련 사건으로 이루 말할 수 없는 큰 실망과 염려를 끼쳐드린 점 다시 한번 진심으로 사과드린다"며 고개를 숙이고 있다. 청와대사진기자단

"특정 개인이 이권 챙겨" 최순실에 책임 떠넘기기

'최순실 국정농단' 대국민담화

박근혜 대통령은 4일 오전 대국민 담화를 발표하고 '최순실 국정농단' 파문과 관련해 검찰 수사를 받겠다고 밝혔다. 박 대통령이 미르·케이(K)스포츠재단 설립 및 모금 과정에 직접 개입했다는 의혹이 제기되고, 사회 각계에서 '하야'를 요구하는 목소리가 높아지자 수습책으로 내놓은 것이다. 하지만 의혹 전반에 대한 해명은 물론 정국 수습을 위한 '권한 내려놓기' 등에 대한 입장 표명 없이 책임 떠넘기기와 변명으로 일관했다는 비판이 나온다. 분노로 타오르는 민심을 추스르기엔 역부족이라는 평가다. ▶관련기사 3·4·5·6·8·9면

박 대통령은 이날 발표한 '국민 여러분께 드리는 말씀'에서 "이번 일의 진상과 책임을 규명하는 데 있어서 최대한 협조하겠다"며 "필요하다면 저 역시 검찰의 조사에 성실하게 임할 각오이며 특별검사에 의한 수사까지도 수용하겠다"고 밝혔다. 현직 대통령이 검찰 수사를 받는 것은 헌정사상 처음이다.

하지만 박 대통령은 미르·케이스포츠재단 설립 및 대기업 강제모금 의혹과 관련해 "국가 경제와 국민의 삶에 도움이 될 것이라는 바람…

"검찰조사·특검도 수용" 밝혔지만 분노한 민심 달래기엔 역부족

민주 "진정성 없는 개인 반성문" 박대통령 지지율 5% '역대 최저'

[illegible]

수만개의 촛불 다시 타오른다

오늘 광화문광장 등 대규모 집회…백남기 농민 노제·영결식도

[illegible]

이 기사는 어느 중진 의원으로부터 얻은 정보를 바탕으로 쓰여졌다. 2016년 11월 5일 1면 기사.

억지춘향으로 무슨 내용인지도 모른 채 추가로 들어갔다는 거야." 처음에 제보해준 중진 의원의 말에는 빈틈이 없었다. 그러나 그가 해준 말 가운데 끝내 확인되지 않은 내용은 쓸 수 없었다. 미르재단·K스포츠재단의 모금 과정에서 삼성 미래전략실 장충기 사장이 한 역할에 대해 생생한 이야기를 들

었으나 기사로 쓰지는 못했다.

이 중진 의원이 전해준 이야기가 정확한 취재였음이 나중에 확인됐다. 이승철 전경련 상근부회장이 재판에 나와서 "안종범 수석이 'VIP한테 보고했더니 (미르재단 출연금이) 300억 원은 적고 500억 원으로 올려야겠다'고 했다"며 "VIP는 대통령을 말한 것"이라고 증언한 것이다. 당시 안종범은 KT와 신세계, 아모레퍼시픽, 금호아시아나 등 네 개 그룹을 꼭 추가하라고 했다는 게 이승철의 증언이다.

유진룡 전 문체부 장관의 역할

한겨레 최찾사의 '고공 취재' 대상 가운데 가장 결정적인 인물은 유진룡 전 문체부 장관이었다. 김의겸은 10월 6일 김영희 사회부장의 소개로 유진룡을 처음 만나게 된다. 김영희는 유진룡과 오랜 시간 교분을 쌓아온 사이다.

김영희는 유진룡의 얘기를 여러 차례 들어서 익숙했지만 김의겸에게는 다 생소한 내용이었다. 점심 자리였는데 유진룡의 말을 받아 적느라 숟가락 젓가락 들 여유가 없었다. 마음 같아서는 전화기를 꺼내 녹음을 하고 싶었지만 초면에 그럴 수는 없었다.

유진룡의 얘기를 들으며 김의겸은 그에게서 '대장다운 풍모'를 느꼈다. 그의 주된 관심사는 남아 있는 부하직원들이었다. 가끔씩 옛 부하직원들이 찾아와서 망가져가는 문체부 조직에 대해 한탄하고 비통해한다고 했다. 그때마다 그는 옛 부하들과 대취하곤 하는 모양이다. 말하자면 그는 조국을 빼앗기고 바다 멀리 세운 '망명정부' 같은 존재였다. 실제로 취재하는 과정에서 만난 문체부 공무원들은 그에 대해 "장관님은 눈치 살피지 않고 정면으로 부딪치잖아요. 그래서 좋아들 하죠"라고 평했다.

그렇다고 유진룡은 자신을 쫓아낸 정부에 대해 한풀이를 하는 건 아니었다. 오히려 취재원으로서는 상당히 불친절한 편이었다. 자신이 직접 듣고 본 것만 간략하게 전달할 뿐 나머지는 문체부 전·현직 공무원들에게 직접 확인하라는 투였다.

그날 유진룡이 툭툭 던지는 이야기 가운데서 김의겸의 귀에 가장 꽂힌 말은 노태강 전 체육국장과 진재수 전 체육정책과장에 대한 것이었다. 두 사람은 최순실 딸 정유라의 승마 문제와 관련해 2013년 8월 박근혜 대통령이 "나쁜 사람"이라며 좌천시킨 사람들이었다. 그런데 이들이 몇 달 전에 완전히 옷을 벗었다는 것이다. 유진룡은 '내용을 알 만한 사람'이라며 몇몇 문체부 관계자들의 이름을 말해줬다.

김의겸은 그들을 접촉하는 과정에서 구체적인 내용을 들을 수 있었다. 한 문체부 공무원으로부터는 "박 대통령이 보고를 받으면서 '노태강'이라는 이름을 보고는 '이 사람이 아직도 있어요?'라고 문제를 삼았다"는 얘기를 들었다.

그래도 최종적으로는 노태강, 진재수 두 사람의 확인이 필요했다. 하지만 며칠에 걸쳐 여러 차례 전화를 했지만 받지 않았다. 김의겸은 노태강의 고등학교 동문으로 한겨레 출판국장

"이 사람이 아직도 있어요?"

박대통령 한마디에…문체부 국·과장 강제 퇴직
국장 "누구 뜻이냐" 묻자, 문체부 "장관 윗선"
3년전 최순실딸 문제로 "나쁜 사람" 콕 찍어 좌천

3년 전 최순실(60)씨 딸의 승마 문제와 관련해 박근혜 대통령이 "나쁜 사람"이라고 지칭해 좌천됐던 문화체육관광부(문체부) 국장과 과장이 최근 강제로 공직에서 물러난 것으로 확인됐다. 이들의 사퇴에는 박 대통령이 "이 사람들이 아직도 있어요?"라며 공직에 남아 있는 걸 문제 삼은 게 결정적인 작용을 한 것으로 알려졌다. ▶관련기사 4면

〈한겨레〉가 11일 복수의 문체부 관계자를 취재한 결과, 노태강 전 체육국장과 진재수 전 체육정책과장은 지난 7월 무렵 잇따라 명예퇴직해 공직에서 완전히 떠난 것으로 나타났다. 그러나 두 사람의 명예퇴직은 자의에 의한 것이 아니라 강압적으로 이뤄진 것이라고 문체부 관계자들이 전했다. 한 관계자는 "노 전 국장의 경우 올해 초 프랑스 장식미술전 문제로 청와대와 중앙박물관이 갈등을 겪고 있을 때, 박 대통령이 관련 보고를 받으면서 '노태강'이라는 이름을 보고는 '이 사람이 아직도 있어요?'라고 문제를 삼은 것으로 안다"며 "그 뒤 노 전 국장에게 '물러나 달라'는 압력이 본격적으로 가해졌다"고 말했다.

프랑스 장식미술전은 박 대통령이 '시간을 내서 가보고 싶다'고 각별한 관심을 표시했으나 김영나 국립중앙박물관장이 '상업적 전시여서 못 한다'고 반대해 무산된 전시 기획이다. 직후 김 관장에 대한 경질인사가 단행(〈한겨레〉 2016년 3월25일치)됐는데 당시 중앙박물관의 교육문화교류단 단장이 체육국장에서 밀려난 노태강이었다.

노 전 국장은 사퇴 요구를 받고 '누구의 뜻이냐'고 물었고 '장관의 윗선'이라는 답을 들은 것으로 알려졌다. 노 전 국장은 처음에는 "나는 국가공무원법상 신분이 보장된 사람"이라며 저항하다가 이내 "함께 일한 부하들은 더 이상 괴롭히지 말아 달라"는 조건을 내걸고 명예퇴직원을 냈다고 문체부 관계자들이 전했다. 3년 전 함께 한직으로 밀려났던 진재수 전 체육정책과장도 노 전 국장과 같은 시기에 자의 반, 타의 반으로 명예퇴직했다.

두 사람은 2013년 5월 청와대의 지시로 최순실씨 딸의 승마 대회를 둘러싼 시비를 조사한 바 있다. 둘은 "조사를 해봤더니 최순실씨나 반대쪽이나 다 문제가 많다"는 내용의 보고서를 올렸다. 그러나 보고를 받은 박 대통령은 그해 8월 유진룡 문체부 장관을 청와대 집무실로 부른 자리에서 수첩을 꺼내 두 사람의 이름을 직접 거명하고 "나쁜 사람이라고 하더라"며 사실상 좌천 인사를 지시했다.(〈한겨레〉 2014년 12월3일치) 〈한겨레〉 보도에 대해 유진룡 당시 문체부 장관은 다음날 〈조선일보〉와의 인터뷰에서 "한겨레가 어디서 들었는지 대충 정확한 정황 이야기"라고 사실임을 인정한 바 있다.

노 전 국장과 진 전 과장은 명예퇴직 뒤 각각 다른 민간 스포츠단체에서 일을 하고 있다. 〈한겨레〉는 두 사람으로부터 경위를 듣기 위해 여러차례 전화를 걸었으나 받지 않았다.

노 전 국장의 사퇴에 관여한 당시 문체부 운영지원과장은 11일 〈한겨레〉와의 통화에서 "노 전 국장의 경우 프랑스 장식미술전 문제로 관장이 나가고 관련해서 그렇게 된 것으로 안다"며 "어느 선에서 결정된 것인지 나는 모른다"고 말했다.

김의겸 선임기자, 노현웅 기자 kyummy@hani.co.kr

문체부의 공무원과 노태강 전 국장의 지인을 통해 노태강과 진재수가 강제 퇴직한 사실을 알아냈다. 2016년 10월 12일 1면.

인 김현대에게 도움을 요청했다. "안 그래도 조만간 보기로 약속했는데 한번 물어볼게." 며칠 뒤 김현대는 "맞단다. 억울하게 쫓겨난 게 맞네"라며 반가운 소식을 가지고 왔다. 그래서 나간 게 「이 사람이 아직도 있어요?」(2016년 10월 12일 1면)라는 기사였다.

「청, 영화 '변호인' 뜨자 직접 'CJ 손보기' 착수」(2016년 11월 18일 1면) 기사도 유진룡이 툭 던진 말에서 비롯됐다. "장관으로 있을 때 〈변호인〉 같은 영화 왜 만드느냐는 얘기까지 들었다." 김의겸은 한 달 전 노태강 강제 퇴직 취재 때의 인맥을 다시 접촉했다. 문체부 전·현직 관계자들이다. 거기에서 "당시 청와대가 문체부에 'CJ 쪽을 조사해서 손을 좀 보라'고 주문을 했으나 문체부가 이를 제대로 따르지 않자 그 숙제가 공정거래위원회로 넘어갔다"는 이야기를 듣게 된다.

기사가 나가자 문체부의 한 전직 고위 관계자로부터 연락이 왔다. "CJ에 대한 제재 요청은 2013년부터 김기춘이 요구했던 것인데, 노골적으로 강요하게 된 계기가 〈변호인〉입니다.

청, 영화 '변호인' 뜨자 직접 'CJ 손보기' 착수

김기춘 실장, 모철민 교문수석 통해 문체부에 지시
조원동 경제수석은 이미경 부회장 퇴진 종용 전화
조 "박 대통령 지시"…민정, 자체조사 나섰다 덮어

'그때 그사람들'로 미운털…'광해' '변호인' 흥행에 청 압박나서

CJ에 도대체 무슨일이

이미경 부회장 사퇴 압박
조원동 개인일탈로 착각
녹음파일 청와대 보내며 일러
되레 심기 더 건드려

문체부 미적대자 공정위 내세워
고강도 조사로 32억 과징금
검찰·국세청도 잇따라 손보기

안종범-부영 회장 '부적절 만남' 확인

K재단 관계자 검찰에 진술
"세무조사 무마 도와달라해"
재단 출연금 대가성 정황

유진룡 전 문체부 장관이 툭 던진 말에서 비롯하여, 청와대가 CJ를 제재하고 압박한 결정적 계기가 영화 〈변호인〉이었음을 알게 되었다. 2016년 11월 18일 1면과 4면.

최근 CJ 고위 간부를 만나서 다시 확인하며 함께 분통을 터뜨리기도 했습니다."

문체부에 드리운 김기춘과 최순실의 어두운 그림자를 밝혀내는 데 유진룡이 여러 가지 역할을 했지만 가장 중요한 것은 역시 '블랙리스트'였다. 이 문제에 집중적으로 달라붙은 기자는 문화부의 노형석 기자였다. 시작은 유진룡 전 장관이 아니었다. 김의겸은 유진룡과 관계없는 제3의 문체부 전직 공무원을 통해 블랙리스트의 작성 과정과 배경에 대해 이야기를 들었다. 그는 이 과제를 최찾사 자체 역량으로는 해결하기 어렵다고 보고, 문체부를 오랫동안 취재해온 노형석에게 맡겼다. 하지만 취재가 쉽지 않았고 번번이 길이 막히곤 했다. 그때마다 노형석은 유진룡의 도움을 받아가며 어렵게 취재를 이어갔다. 그 결과가 「조윤선 수석 당시 정무수석실, 예술인 블랙리스트 작성 주도」(2016년 11월 8일 1면) 기사였다. 처음에는 당사자인 문체부의 조윤선 장관과 정관주 제1차관이 강력히 반발했다. 한겨레에 대한 민형사 소송 운운했다.

하지만 이런 반발을 한 방에 잠재운 사람이 유진룡이었다. 그는 한겨레 보도 뒤 CBS 〈시사자키 정관용입니다〉에 공개적으로 나와서 "퇴임 직전 블랙리스트를 직접 봤다"고 말하며 작성·압력의 배후로 김기춘 전 비서실장과 조윤선 문체부 장관 등을 지목했다. 아마 그가 없었다면 특검이 김기춘, 조윤선 두 사람을 구속기소하지 못했을지도 모른다. 유진룡은 박근혜·최순실 게이트에서 내부 고발에 나선 최고위 공무원으로 기록될 것이다.

고참 기자들의 활약

한겨레의 고공 취재에는 여러 고참 기자들이 참여했다. 김의겸이 특별히 부탁하지 않았는데도 이들은 고위 공직자나 기업체 임원들을 만나는 자리에서 최순실과 관련한 화제를 이끌어냈고 기사가 될 만하다 싶은 이야기를 끄집어냈다. 그리고 그 내용을 꼼꼼하게 기록해 김의겸에게 전달해주곤 했다. 이렇게 모아진 정보는 크게는 독자적인 1면 머리로 올라가기도 하고, 작게는 큰 기사의 부품으로 쓰이기도 했다.

대표적인 게 10월 22일 1면 머리기사로 실린 「최순실 한마디에… 청와대, 대한항공 인사까지 개입」이었다. 이 기사는 최초의 제보부터 완성되기까지 꽤나 시간이 걸렸다. 처음으로 기삿거리를 물고 온 사람은 오태규 논설실장이었다.

최찾사가 꾸려진 직후인 9월 초, 그는 대한항공 내부자로부터 들은 얘기라며 "독일 프랑크푸르트에 근무하던 사람이 있었는데 최순실이 잘 봐서 대한항공에서 이례적으로 두 단계나 승진해서 이사가 됐다"고 전했다. 취재가 어려워 보이지는 않았는데 확인이 안 됐다. 최찾사의 류이근이 인사 담당 직원에게 은밀히 물어보기도 했지만 "그런 사람이 없다"는 답변만 돌아왔다. 출입 기자들에게도 부탁을 해봤으나 크게 다르지 않았다. 그렇게 잊히는 듯했다.

그러다 한 달이 훌쩍 지난 10월 21일 아침 정치부의 이정애 기자가 정보를 가져왔다. 오태규 논설실장과 비슷한 내용이었는데 더 구체적이었다. 승진한 사람의 이름 오창수가 있었고 제주지점장이라는 자리가 있었다. 인터넷으로 검색해보니 오창수가 아니라 고창수였다. 이제 특정이 됐다. 김의겸은 오태규 논설실장에게 바로 연락을 취했다. "선배, 지난번 그 사람 고창수입니다. 다시 한번 확인 부탁드립니다." 그러나 애초 정보 제공자가 답을 하지 않았다. 그럼 경제부였다. 경제부에서는 대한항공 출입기자뿐만이 아니라 선이 닿을 수 있는 부

최순실 한마디에…청와대, 대한항공 인사까지 개입

최순실 "프랑크푸르트공항 훌륭한 사람 있더라"
청 수석비서관 "ㄱ부장 특별 배려해달라" 청탁
요구 불발되자 재차 "윗분 뜻" 전화…결국 영전

청와대가 최순실씨의 부탁을 받고 민간 항공사인 대한항공의 승진 인사에까지 관여한 것으로 확인됐다. 대한항공은 처음에는 승진 청탁을 받아들이지 않았으나 요청이 거듭되자 어쩔 수 없이 이례적인 '영전 인사'를 실시했다. ▶관련기사 5·6면

〈한겨레〉가 21일 대한항공을 비롯한 복수의 관계자들을 취재한 결과, 대한항공은 올봄 청와대의 한 수석비서관으로부터 두 차례의 인사 청탁 전화를 받고 지난 6월30일자로 ㄱ 부장을 승진시켰다. 청와대 고위 관계자는 처음 전화에서 "독일 프랑크푸르트 공항에서 근무하는 ㄱ 부장이 있다. 곧 인사가 있는 것으로 알고 있는데 이 사람에 대해 특별 배려를 해달라"고 부탁했다고 대한항공 관계자들은 전했다. 대한항공 측은 청와대에서 민간 기업의 인사까지 챙기는 게 이례적인 일이라 개인적인 관심 표명으로 여기고 이 수석비서관의 요구를 수용하지 않았다. 요구가 이행이 되지 않자 이 수석비서관은 다시 전화를 걸어 "이 정도 부탁도 들어주지 못하는 이유가 뭐냐"며 "이건 내 개인적인 부탁이 아니라 윗분의 뜻"이라고까지 말했다고 한다.

대한항공은 '윗분의 뜻'이라는 말에 놀라서, 인사 청탁의 배경을 파악하기 위해 프랑크푸르트 현지 조사를 벌였다. 대한항공 한 관계자는 "청와대에서 승진을 요구한 사람은 프랑크푸르트 지점에 2~3년째 근무하던 사람으로서 최순실씨가 프랑크푸르트 공항을 이용할 때마다 편의를 봐주고 친절하게 대해왔다. 국내에서 장관급이 오면 인사하고 의전하는 건 관례이지만 민간인인 최순실씨에 대해서도 그런 대접을 했다. 최순실씨가 ㄱ 부장에 대해 대단히 고마워하며 박근혜 대통령에게 '매우 훌륭한 사람이 있더라'고 말한 것으로 파악이 됐다"며 "우리로서는 청와대의 요구를 받아들이지 않을 수 없었다"고 말했다. 박 대통령은 2013년 8월 문화체육관광부의 노태강 국장과 진재수 과장을 거명하며 "나쁜 사람이라고 하더라"고 말해 이들이 좌천 인사를 당한 바 있다. 최순실씨는 딸 정유라씨가 지난해 9월께 독일 프랑크푸르트의 예거호프 승마장에 머물며 훈련을 시작하면서부터 서울과 프랑크푸르트를 수시로 드나들었으며, 현재도 독일에 체류 중이다.

이후 대한항공은 ㄱ 부장을 프랑크푸르트 지점에서 국내 제주지점으로 인사 발령을 냈다. 대한항공 한 관계자는 "프랑크푸르트도 좋은 자리지만 ㄱ씨가 옮겨간 제주지점의 자리는 서울 다음으로 인기가 많은 곳으로 승진 코스"라고 말했다. 실제 ㄱ씨의 전임자는 6월 인사에서 부장에서 이사로 승진했다. 그러나 ㄱ씨는 최근 불미스러운 일로 회사에 사표를 냈고 수리가 된 것으로 확인이 됐다.

김의겸 이정애 고나무 기자 kyummy@hani.co.kr

#나와라최순실…서울 100여곳 '해시태그 펼침막' 21일 오전 서울 여의도 국회 앞 인도에 '#나와라_최순실'이라고 적힌 펼침막 앞으로 시민들이 걸어가고 있다. 이 펼침막은 진보정당 창당을 준비하는 모임 '민중의 꿈'이 이날 새벽 서울 시내 100여곳에 내걸었다. 김봉규 선임기자 bong9@hani.co.kr

국감 불출석 우병우 고발하기로

피감기관 증인 불출석은 처음
운영위, '미르·K 의혹' 여야 격돌

서는 국회법 절차에 따라 고발을 비롯한 여러가지 책임을 묻는 조치들이 뒤따를 것임을 분명히 한다"고 강조했다. '국회에서의 증언·감정 등에 관한 법률'은 증인·감정인 등

2016년 10월 22일 1면 머리에 실린 이 기사는 한겨레 고참 기자들의 도움과 제보로 완성되었다.

서원 전체를 동원했다. 역시 고참 기자가 '한 방'을 제공해주었다. 그날 오후 4시를 넘겨서 드디어 연락이 왔다. 윤영미 기자가 최종 확인을 한 것이다. 윤영미는 1988년 한겨레 창간 때부터 쭉 일해온 기자다. 오태규 논설실장으로부터 시작해서 윤영미 기자로 마무리 지은 이 기사는 한겨레 고참 기자들의 취재 공력이 빚어낸 작품이라고 할 수 있다.

나중에 청와대 쪽에서 흘러나온 얘기를 들어보니, 특히 이 기사는 박근혜 대통령과 청와대에 위기의식을 불러일으켰다고 한다. 가장 믿고 있던 재벌조차 돌아서고 있다는 신호로 받아들인 것이다. 미르재단·K스포츠재단에 돈을 낸 기업들이 입을 열기 시작하면 사태가 걷잡을 수 없이 번질 수 있다, 그전에 뭔가 강력한 대응책을 마련해야 한다는 게 청와대의 상황 인식이었다. 이 기사가 나온 10월 22일은 토요일이었고 이틀 뒤인 10월 24일 아침 박근혜 대통령은 국회에서 '개헌론'을 들고 나온다.

12

최순실 게이트

세월호 7시간의 진실을 캐다
—'올림머리' 폭로, 찰거머리 기자의 승리

박근혜 전속 미용사를 직접 취재하기로 하다

분노한 민심의 둑은 2016년 11월 5일 2차 촛불집회에서 터져나왔다. "대통령은 퇴진하라!" 시민들이 거리로 쏟아져나왔다. 전국을 통틀어 집회에 나온 인원이 약 30만 명으로 집계됐다. 그 수는 촛불집회가 3차, 4차, 5차로 거듭될수록 커져갔다. 그러나 박근혜 대통령은 전혀 물러날 뜻이 없었다.

대중의 관심은 세월호 참사가 발생한 2014년 4월 16일로 모아졌다. 그날 사라져버린 7시간은 비선에 의해 농락당해온 박근혜 대통령의 비정상적인 국정 운영을 상징하는 사건으로 받아들여지고 있었다. 한겨레 최찾사도 11월 들어 그 7시간에 서서히 힘을 집중하기 시작했다.

「세월호 가라앉을 때 올림머리 하느라 90분 날렸다」. 한겨레가 2016년 12월 7일 1면 머리로 올린 기사다. 12월 9일 국회가 탄핵소추안을 의결하기 이틀 전이다.

시작은 올림머리가 아니었다. 11월 초 박근혜 대통령의 개인 안마사를 사칭해 특혜를 누리고 있다는 박아무개 씨에 대한 제보가 들어왔다. 김의겸은 하어영에게 이 임무를 맡겼다. 하어영은 박 씨를 좇았다. 박 씨는 알파와 오메가라는 마사지 화장품을 판매하는 업체 대표이기도 했다. 사회부 법조팀 서영지 기자가 직접 박 씨의 회사에 찾아가 마사지를 받기도 했다. 하지만 50만 원이 넘는 화장품을 구입하면 본격적인 마사지를 받을 수 있다는 말만 할 뿐 실제로 자신이 어떤 이력을 갖고 있는지 등에 대해서는 말을 아꼈다.

국회의 도움을 받기로 했다. 국회의원은 부처 예산을 조율한다. 따라서 산하기관의 간부는 영향을 받을 수밖에 없다. 마침 박 씨는 중소기업경영자협회 부회장이라는 직책을 내걸고 있었다. 하어영은 정치부 송경화 기자의 소개로 산업통상자원위원회 간사인 더불어민주당 홍익표 의원실과 연결이 되었다. 하지만 협회 사람들은 박 씨에 대해 제대로 알지 못했다.

취재에 진척이 없던 11월 말께 박 씨의 존재를 추적하던 의원실에 다른 제보가 입수됐다. 강남 지역에서 마사지사를 수소문하던 의원실에 마사지사가 아닌 미용사에 대한 이야기가 전해졌다. 내용은 간단했지만 모든 걸 담고 있었다. "2014년 4월 16일 세월호 참사 당일 강남의 한 미용사가 정오쯤 연락을 받고 청와대에 들어가 헤어·메이크업을 했다"는 내용이었다.

당시 이 제보를 입수한 홍익표 의원실의 한 비서관이 송경화 기자에게 내용을 알렸다. 해당 비서관은 송경화와 각별한 사이였다. 취재원 보호 차원과 함께 보도 가치를 판단하기 위해 송경화에게 수시로 상의했다. 송경화는 하어영에게 사실을 알렸다. 하어영과 송경화는 한참 동안 얘기를 나눴다. 송경화는 의원실 쪽에 "제보를 기사화하자"고 알렸다. 하어영은 마음이 급해졌다. 이 정도 사안이라면 폭발력이 매우 크다고 판단했다. 그래서 "국회로 가겠다. 곧바로 보좌진을 만나 사실관계를 확인하겠다"고 말했다.

하어영은 2년 전에 세월호 참사 당일 대통령의 7시간을 추적한 적이 있다. 그러나 청와대의 공식 발표를 제외하면 어떤 내용도 알아내지 못한 실패를 겪은 바 있었다. 아이들이 죽어가던 그 시간 동안 박근혜 대통령이 무엇을 했는지는 청와대의 발표에서도 구체적으로 드러나 있지 않다. 당시까지 박 대통령에 대한 가장 구체적인 내용은 김기춘 비서실장이 2014년 7월 국회 운영위원회에 출석해 증언한 것이다. 그는 "(참사 당일) 대통령의 위치에 대해서는 제가 알지 못한다"고 답변했다. "대통령께서 경내에 계시면 어디든지 대통령 집무실"이라는 말을 반복했다. 그런데 이 제보는 대통령의 7시간이라는 거대한 벽에 균열을 낼 만했다. 취재는 다급하게 진행됐다.

홍익표 의원의 보좌진이 나섰다. 제보자의 구체적인 이야기가 이어졌다. 사실관계에 신뢰도를 더했다. 그 과정에서 미용실 원장의 이름을 알게 됐다. 정송주는 이미 강남에서 유명인사였다. 최순실의 단골로 원장의 이름이 이미 언론에 등장한 사실도 확인했다. 또 10년 넘게 박근혜 대통령의 머리 손질과 메이크업을 맡아온 사실도 알게 됐다.

박 대통령은 자신이 사용하는 휴지 하나를 새것으로 바꾸는 것도 꺼려할 정도로 강박적인 면모를 가진 것으로 알려져 있다. 단골 미용사를 취임 후에도 청와대로 불러들인다는 것은 거의 확실해 보였다.

간접 취재로는 더 이상의 방법이 없었다. 미용사가 운영하는 업소가 위치한 청담동 인근의 다른 동종업계 사람들의 말을 들어도 소용없는 일이었다. 중요한 것은 그날 정 원장이 박 대통령을 만나 헤어·메이크업을 했느냐이고, 그때 박 대통령은 무엇을 하고 있었느냐이다. 그리고 그것을 아는 사람은 당사자밖에 없었다.

제보자에게 최대한 사실관계를 확인했다. 직접 들은 것인지, 들을 당시의 상황은 어땠는지, 전해 들었다면 당사자는 누구인지, 그 당사자는 지금 어떤 위치에 있는지 등을 묻고 또 물었다. 전해진 내용은 이랬다.

"직접 겪은 일은 아니고요. 겪은 사람과 의논 없이 얘기하는 겁니다. 제보자를 보호해주셔야 해요. 그날 정 원장이 갑자기 급한 일이 생겼다면서 손님 예약을 다 취소했어요. 손님들은 청와대 들어간다는 걸 다 알고 있었죠. 그게 소문이 났고요. 처음 있는 일은 아니라고 하더라고요."

제보자와의 통화가 이어졌다. 한 발짝 나갔다 돌아오고 다시 나갔다 돌아오고를 반복했다. 전언의 한계를 감안해야 했다. 더 이상 제보자를 채근하기도 힘들었다. 이 정도도 홍익표 의원실의 보좌관, 그리고 송경화 기자와의 신뢰가 만들어낸 것이다.

'세월호 당일 전속 미용사를 불러 머리 손질을 했다.' 짐작이나 추정을 걷어내고 남은 골조였다.

현장 취재에 나섰다. 미용업계라는 점을 감안해 남성보다는 여성이 취재하기 수월할 것이라는 판단도 있었지만 취재 지원이 수월하지 않았다. 안마사 취재의 실패 경험 때문인지 서영지가 속한 사회부 법조팀에서도 난색을 표했다. 정당팀에 발이 묶인 송경화도 마찬가지였다. 돌이켜보면 서영지나 송경화가 투입됐다면 훨씬 수월했을지 모른다. 나중에 나간 보도보다 더 자세히 본질에 접근했을지 모른다. 그러나 당시는 다른 선택의 여지가 없었다.

하어영은 직접 나서기로 했다. 먼저 미용실에 연락해 정 원장에게 직접 커트를 하겠다고 예약을 했다. 당일에는 이미 예약이 차 있었고, 이틀날 저녁에만 시간이 허락됐다. 마음이 급했다. 퇴근길에 일단 들러보기로 했다. 강남구 청담동에 위치한 미용실은 두 층을 다 쓰는 규모였다. 대개의 청담동 미용실이 그러하듯 주말에는 신부 화장도 함께 했다. 주변의 평판을 들어보니, 최고급까지는 아니고 중간 정도라고 한다. 여기서 최순실의 취향을 느낄 수 있었다. 최순실은 미용시술을 받은 것으로 알려진 김영재 원장과의 관계에서도 드러나듯 최고급보다는 자신이 장악할 만한 수준의, 대신 매우 능숙한 수준의 업체들과 단골을 맺었다.

정 원장의 대답 "죄송합니다"에 담긴 의미

첫날인 12월 1일 원장에게 '커트'를 하러 청담동 미용실로 향했다. 정 씨가 머리를 만지는 40여 분 동안 하어영은 좌불안석이었다. 기자라는 사실을 밝히고 커트를 하는 동안 물어볼 것인가, 아니면 커트를 한 뒤에 말을 걸 것인가, 그것도 아니면 일단 얼굴만 익혀둔 뒤 퇴근길에 물어볼 것인가, 아니면 내일 다시 찾아올 것인가. 머릿속은 복잡하고 시간은 흘러갔다.

우선 머리를 만지는 순간만은 거기에 충실하기로 했다. 실제로 머리를 깎은 지 오래라 더벅머리였다. 관리가 너무 안 돼 있다, 요즘 불경기라서 그런지 사람들이 머리 깎는 비용까지 아낀다 등 이러저러한 얘기가 오갔다. 영국에서의 유학생활에 대한 얘기도 꺼냈다. 하어영은 두 번의 여행과 한 번의 출장이 영국에 대해 아는 전부였는데, 갈 때마다 날씨가 제각각인 데다 특히 겨울에는 금방 해가 지고 비가 많이 온 경험을 살려 얘기를 이끌어나갔다. 정 원장이 자주 웃었다.

커트를 끝내고 11만 원을 내고 돌아서다 다시 정 원장을 향해 걸어갔다. 그리고 기자 명함을 건넸다. 그의 환하던 얼굴빛이 그 자리에서 흙빛으로 바뀌었다.

"미리 말씀드리지 못해 죄송합니다. 믿음을 주고 싶은데 다른 방법을 찾지 못했습니다. 그런데 미리 말씀드릴 걸 그랬다는 생각이 듭니다. 하지만 다른 뜻은 없습니다. 물어보고 싶은 것이 있습니다."

단숨에 말을 쏟아냈다. 차가운 눈길은 어쩔 수 없었다. 그 자리에서 더 이상의 답변은 들을 수 없었다. 말을 건넨 뒤 계산대 앞에 가만히 서 있었다. 정 원장은 주저없이 돌아서서 다음 예약자의 머리를 만졌다. 한참을 기다렸다. 계산대에 있던 다른 미용사가 "나가달라"고 요구했다. 낭패였다. 여러 사람의 도움을 받아 시작한 취재였다. 더 이상 만나주지 않을 수도 있겠다는 생각이 들었다. 3층에서 엘리베이터를 타고 내려오는 길이 길었다.

하어영은 김의겸에게 이날의 상황을 보고했다. 김의겸은 "부담 갖지 마라. 잘 안 되면 바로 접자"고 했다. 김의겸은 정 원장이 진짜 박 대통령의 머리를 손질했다고 해도, 절대로 입을 열지 않을 것이라고 생각했다. 포기할 건 빨리 포기하자고 생각한 것이다. 하어영은 집으로 돌아오는 길에 어색한 머리를 자꾸 만졌다. 집에 들어서자마자 아내가 환하게 웃었다. 아이가 아빠에게 달려들었다.

이튿날인 12월 2일 문 여는 시간에 맞춰 미용실을 찾았다. 정 원장은 이미 예약 손님을 받아 일을 시작한 상태였다. 입구 계산대에서 "취재는 곤란하다"는 얘기를 들었다. 방법을 찾을 수 없었다. 앉아 있을 만한 공간도 없었다. 계산대 앞에 있는 정 원장의 대형 브로마이드 사진 앞에서 한참을 서 있었다. 엘리베이터에서 내리자마자 다른 공간 없이 바로 계산대와 그 사진이 있어 거기에 머무는 것도 쉽지 않았다. 머리 손질을 마친 사람이 불편한 기색을 비쳤다. "나가달라"고 했다. "원장님

정 원장에게 머리를 하고 온 날 직접 찍은 하어영의 모습.

에게 인사만 할 수 있게 해달라"는 말을 건넸지만, 단호했다. 문 밖으로 나서는 수밖에 없었다. 계속 버티다가는 경찰을 부를 수도 있는 일이었다. 그렇게 되면 취재는 돌이키기 힘든 상황이 돼버린다.

엘리베이터에서 내렸지만 마땅히 갈 곳도 없었다. 어쩔 수 없이 이번에는 건물 밖에서 기다리기로 했다. 오전에 한 차례 더 "인사만 하게 해달라"는 말을 건넸다. 최대한 영업에 방해를 주지 말아야겠다고 생각했다. 두 번째 올라갔을 때 계산대에 있던 한 미용사가 "점심을 드시지 않으니 더 오지 말라"고 말했다. 점심을 거른 채 예약 손님을 받는다는 것이었다. 거짓

말이 아니었다. 12시에 올라갔을 때 머리 손질을 마친 손님을 배웅하고 돌아서서 다음 예약자로 향했다. 그때 "30초만 시간을 주시면 안 되겠느냐"고 부탁했다. 속사포처럼 질문을 쏟아냈다.

"세월호 참사 당일 청와대에 들어가서 박 대통령의 헤어·메이크업을 하고 나왔다는 걸 알고 있습니다. 하지만 원장님에 대해 기사를 쓰지는 않을 겁니다. 이유는 간단합니다. 미용사가 청와대에 들어가서 자기 일을 했다는 게 문제 될 일은 아니니까요."

진심이었다. 그가 미용 실력이 있어서 박 대통령의 선택을 받았고, 청와대에 들어가서 헤어·메이크업을 하는 것 자체는 아무런 문제가 아니다. 정치적인 입장이 아닌 기능적인 측면에서는 명예로 여겨질 수도 있는 일이었다.

정 원장이 순간 빙긋 웃었다. 손님을 향한 웃음과는 조금 다르다는 느낌이 들었다. 응시하는 눈이 흔들리는 듯했다. 마음이 열렸을까.

"선생님이 보셨을 때, 박 대통령이 무엇을 하고 있었나요? 제가 궁금한 것은……." 정 원장이 말을 끊었다. "죄송합니다."

귀가 번쩍 뜨였다. 다리가 후들거렸다. '사실이 아니다'가 아닌 '죄송하다'였다. '말할 수 없다'는 뜻이다. 일단 한 고비는 넘긴 셈이다.

정 원장은 곧바로 돌아섰다. '죄송하다'는 말을 한 번 더 남겼다. 이제부터 다시 시작이었다.

정 원장이 돌아서자 곧바로 직원들이 다가왔다. 이제 그만

해달라고 했다. 매번 그러했던 것처럼 정중하게 사과했다. 경찰을 부르는 상황만 문제가 아니었다. 기자가 들어왔다는 이유로 직원들이 피해를 볼 수도 있는 일이었다.

이 상황을 김의겸에게 보고했다. 김의겸의 반응도 달라졌다. "어! 그래? 야! 잘하면 물건을 만들 수 있겠는데. 꼭 '예스'를 들어야만 기사를 쓸 수 있는 건 아니지. '노'를 하지 않았다는 건 소극적인 긍정으로 볼 수 있는 것 아니겠어. 질문을 되도록 많이 던져봐. 질문을 많이 던졌는데도 부정하지 않는다, 그 태도와 반응만으로도 기사를 쓸 수 있지." 김의겸도 흥분하기 시작했다.

"올림머리 스타일로 하는 데 1시간 반은 걸린다고 봐야죠"

사흘째 되던 12월 3일 토요일은 정 원장의 집으로 찾아갔다. 아침 6시 반 무렵이었다. 분당의 한 고급 주택가, 10대 그룹에 들어가는 기업의 실질적인 오너가 사는 동네였다. 집들은 크고 인적은 드물었다. 아무리 기다려도 집에서 나와 청담동으로 출근하는 정 원장을 만나지는 못했다. 나중에 알게 됐지만, 정 원장은 그날 청와대에 들어갔던 것으로 추정된다. 아침 출근 혼잡 시간을 피하느라 일찍 분당에서 청와대로 출발했기 때문에 하어영과 마주치지 않은 것이다. 기다리다 다시 미용실로 향했다.

사흘째 되다 보니 계산대를 맡고 있는 미용사와는 눈인사를 주고받는 정도의 사이는 됐다. 물론 틈을 주지는 않았다. 말을 잘못 건넸다가는 큰일이 날 수도 있다는 경계심이 역력했다. 그렇다고 하어영이 따로 할 수 있는 일은 없었다.

손님이 들어오면 자연스럽게 나갔다가 다시 올라와서 어색하게 웃으면서 계산대 옆에 서 있었다. 처음에는 불편해하던 직원들도 점점 신경 쓰지 않았다. 인간 하어영이 무슨 붙박이장이나 되는 것처럼 무심하게 대하며 자신들의 일을 했다. 하어영도 직원들을 관찰하게 됐다.

어떤 직원이 네일아트를 하고, 어떤 직원이 주로 머리를 감기고, 어떤 직원이 머리를 말리고 등 각자의 일이 무엇인지 보였다. 알고 보니 정 원장도 하어영이 와 있다는 걸 처음부터 알고 있었다. 그리고 어떤 태도로 미용실에 머무는지도 다 지켜보고 있었다. 물론 취재 마지막 날에야 알게 된 사실이지만.

그날은 유달리 손님이 많아서 단 한마디도 건넬 수가 없었다. 정 원장의 남편을 찾아가볼까 하는 고민도 있었다. 그의 남편인 김아무개 씨는 새누리당에서 공천을 받아 인천·강화 지역에서 예비후보로 나선 적이 있는 인물이었다. 대기업 출신으로 영국 유학 시절에 만난 것으로 알려졌다. 그리고 아내가 청와대에서 박 대통령의 머리를 만지는 사람이라는 사실도 적극적으로 알렸다는 제보도 있었다. 정 원장도 남편의 선거운동을 돕기 위해 발 벗고 나섰다는 얘기도 들었다. 당시 사람들은 남편보다 정 원장에게 더 관심을 가졌다고 한다. 심지어 해당 지역의 단체장 선거가 있을 때 정 원장이 방문하자 남편은 뒷전이고 그에게 사람들이 몰렸다는 얘기도 전해졌다.

하지만 남편은 접촉하지 않기로 했다. 불리할 수밖에 없는 얘기를 기자에게 들려줄 리 만무했다. 행여 기자에게 반감을 가져 정 원장의 입을 막을 수도 있는 일이다. 물론 남편을 설득해 정 원장의 얘기를 들을 수도 있다. 하지만 그러기에는 많은 시간과 노력이 들어간다. 주어진 시간이 얼마 없다. 당시 국회에는 탄핵소추안이 발의돼 있었다. 더불어민주당, 국민의당, 정의당 등 원내정당들은 새누리당을 압박하고 있었다. 2퍼센트의 명분이 더 필요한 시점이었다. 국민의당이 언제 어떻게 돌아설지도 모를 일이었다. 미용사 정 원장에게 집중하기로 했다.

사실 여기까지 오니 다른 매체에서 취재하지 않았다는 게 더 이상할 정도였다. 하지만 그렇다고 하더라도 할 수 있는 일은 별로 없었다. 하루가 그렇게 흘렀다. 저녁때가 다 돼 손편지를 썼다.

"저는 궁금합니다. 그해 4월 16일 세월호 참사 당일, 과연 청와대에서는 무슨 일이 벌어지고 있었는지, 왜 생때같은 목숨들이 구조받지 못하고 사라졌어야 하는지 궁금할 뿐입니다. 선생님이 하신 일 자체는 문제 되지 않습니다. 머리 손질과 관련한 기사는 차후의 문제입니다. 기회를 주시길 바랍니다. 선생님께는 최대한 피해가 가지 않도록 노력하겠습니다. 잠깐의 시간이라도 부탁드립니다."

편지지에 쓸까도 고민했지만 그보다는 취재수첩에 쓰는 게 나을 수도 있겠다는 생각이 들었다. 뭐가 뭔지 잘 판단이 서지 않았다. 그냥 감대로 가는 수밖에 없었다. 해가 졌다.

8시께 퇴근시간이 되자 고급 중형차 한 대가 미용실 앞에 섰다. 남편이 운전하는 차였다. 정 원장이 올라탔다. 하어영은 문을 닫기 직전 인사를 하며 쪽지를 건넸다. 정 원장은 뿌리치지 않았다. 쪽지를 받았다. 그것을 들고 차에 올라탔다. 차가 사라지는 모습을 봤다. 얼핏 쪽지를 읽고 있는 것처럼 느껴졌다. 이 정도면 됐다, 하어영은 그날의 일과를 마쳤다.

할 일이 없는 것은 아니었다. 직원들을 만나야 했다. 제보만으로는 정 원장만 들어갔는지 다른 누군가와 동행했는지 알 수 없었다. 다만 박 대통령의 평소 입성을 보면 절대 머리 손질만 간단히 끝낼 리는 없었다. 2007년 처음 대선 레이스에 들어간 즈음, 화장과 머리 스타일은 스스로 꾸미는 것이라고 밝힌 바 있다. 적게는 10여 개, 많게는 40여 개까지 핀을 꼽아 고정하는 머리 스타일을 혼자 한다는 것은 사실 불가능했다. 전여옥 전 한나라당 대변인의 말처럼 비 오는 날 우의도 혼자 손으로 쓰지 않는 성정에 스스로 머리를 만진다는 것은 쉽게 납득하기 어려웠다.

정 원장이 퇴근하고 난 뒤 20여 분이 지나자 한 사람씩 퇴근하기 시작했다. 퇴근길이라 다들 분주했지만 하어영을 외면하지는 않았다. 다만 세월호 참사가 발생한 2014년부터 지금까지 계속 근무한 미용사가 단 한 사람도 없다는 사실을 그때 알았다. 그래도 아는 만큼은 알려주려는 미용사들이 꽤 있었다. 물론 그 아는 만큼이라는 게 한계가 분명했다.

"청와대에 들어가실 때는 출근 전이에요. 우리와 마주칠 일이 없죠. 최근에도 들어가신 것 같아요. 짐작이죠. 들어갔다 오시면 그에 대해 별 말씀을 하지 않으시니까요. 우리가 물어볼 일도 아니고요. 원래 미용사라는 일이 그래요. 손님과 모든 얘기를 다 할 것 같지만 심기를 거스르지 않는 선에서 신변잡기와 관련된 얘기를 하니까, 또 우리끼리는 어떤 얘기를 듣더라도 서로 공유하지는 않죠. 특히 원장 선생님은 그러시죠. 제 기억으로는 단 한마디도 들은 적이 없어요." (미용사 ㄱ씨)

"남편분이랑 같이 들어가시는 걸로 알고는 있는데 확실치는 않아요. 아마 분당 댁에서 아침 일찍 곧바로 광화문 쪽으로 가시는 거 아닐까 짐작만 하죠. 혼자 들어가시는 건 아닌 것 같은데, 그것도 확실치는 않고요." (미용사 ㄴ씨)

"메이크업 하는 분이랑 같이 들어갈 거예요. 그 올림머리를 한다는 게 메이크업은 기본이거든요. 그분은 화장을 안 하신 것처럼 보이지만 그렇게 메이크업을 하는 게 시간이 더 걸리기도 하죠. 특히나 얼굴에 상처가 있으시니까요." (미용사 ㄷ씨)

"고객들 머리를 올림머리 스타일로 하는 데 1시간 반은 걸린다고 봐야죠. 그 시간 동안 대부분 고객들은 자기 일을 하고 있고요. 하지만 상대적이에요. 빨리 해달라는 날은 금방 끝나기도 하고요. 매일 하는 분의 경우니까 덜 걸릴 수도 있고요. 그것도 상대적이죠. 머리 감기부터 시작하는 날은 더 걸리기도 하고요." (미용사 ㄹ씨)

꽤 많은 소득이 있었다. 무엇보다 이날 '올림머리'라는 말을 들은 것이다. 나중에 이 보도의 제목을 결정짓는 키워드가 됐다. 그리고 '1시간 반'이라는 시간을 추정해낸 것도 미용사의 말을 통해서였다. 이 미용실에서 걸리는 시간이 그 정도라면 대통령의 머리를 만지는 데 그 시간이 기준이 될 수 있겠다라는 판단이 들었다.

물론 미용사들의 전언만으로 실체에 접근했다고 보기는 어려웠다. 2014년 4월 16일 상황을 아는 사람은 찾을 수 없었다. 따지고 보면 알아낸 게 없을 수도 있었다. 마음이 흔들렸다. 그러나 한 미용사는 하어영의 마음을 다잡아주었다.

> "포기하시면 안 돼요. 우리는 텔레비전도 없는 공간에서 하루 종일 일합니다. 스마트폰도 거의 볼 수가 없어요. 하지만 그날 생생하게 기억해요. 점심을 먹으려고 하는데, '제주도 가는 배가 물에 빠졌대', '응, 아이들이 타고 있었는데 다 구했대', '아니라던데?' 하고 한참 얘기가 오갔어요. 그러다가 퇴근길에 보니 300명이 넘는 아이들이 빠져나오지 못했다는 거예요. 다음 날 아예 일이 손에 잡히질 않았어요. 아이들이 바닷속에 있는데 나는 그것도 모르고 일을 하고 있었구나, 돈을 벌고 있었구나, 마음이 뻥 뚫린 것처럼 아팠어요. 아이들이 무슨 잘못이에요. 지금 미용실에서 일하는 많은 아이들이 그 또래 정도예요. 수학여행을 다녀온 기억들도 생생하고요. 저도 궁금합니다. 왜 그 아이들을 구하지 못했는지. 조금만 힘내주세요. 우리 원장님이 그 사실을 아는지 모르는지 저는 모릅니다. 하지만 저도 아이들이 왜 그렇게 죽어가야 했는지 너무 궁금해요. 아

이들의 원한을 아주 조금이라도 달래줄 수 있다면 원장님도 아마 용기를 내지 않으실까요. 원장 선생님은 좋으신 분입니다. 잘못이라면 머리를 잘한다는 것밖에……. 그게 잘못은 아니잖아요. 조금만 더 버텨주세요. 원장 선생님도 아마 기자님의 마음을 아실 거예요."

무뚝뚝하게만 보이던 미용사가 북적이는 강남의 번화한 길가에서 말을 쏟아냈다. 그냥 조금만 더 버텨달라고 했다. 그 미용사는 그 이전에도 그 이후에도 그 말 외에는 입을 열지 않았다. 하어영은 힘을 내기로 했다. 버티라는 말에 버텨보는 수밖에.

하어영은 집으로 돌아가는 길에 김의겸에게 전화를 걸었다. "내일은 정 원장 집으로 다시 가보겠습니다." 김의겸은 미안한 마음이 앞섰다. 일주일에 하루 쉬는 토요일도 일에 바쳤는데 일요일마저 나와야 하다니. 그러나 상황이 엄중했다. 애초 12월 2일에 예정됐던 국회의 탄핵소추안 의결이 9일로 미뤄졌다. 여당인 새누리당의 상황은 여전히 불투명했다. 9월 20일 최순실 보도 이후 100일 가까이 끌고 온 한겨레 최찾사의 보도가 박근혜 대통령에서 마침표를 찍는 데도 자기 역할을 해야 한다고 생각했다. "그래, 조금만 더 힘을 내자. 이제 며칠 안 남았어."

하어영의 전화를 받던 그 시각, 김의겸은 토요일 밤 광화문에서 열린 촛불집회에 참석하고 있었다. 이날 촛불집회에는 주최 측 집계로 232만 명을 기록했다. 전무후무한 기록이었다. 분노의 촛불 바다가 넘실댔다. 집회를 마치고 집으로 돌아가기 위해 광화문역에서 지하철을 탔는데, 객차 안은 촛불 시민들로 발 디딜 틈이 없었다. 흥분도 열기도 가라앉지 않았다. 누군가 "박근혜는~"이라고 외치면 객차 안의 승객들이 "하야하라~"고 응답했다. 그 지하철 안에서의 통화는 쉽지 않았다. 사람이 너무 많아 내리기도 어려웠다.

김의겸은 최대한 목소리를 낮추었으나 차량 안이 워낙 시끄러워서 차츰 목소리가 커졌다. 청와대, 박근혜, 7시간, 미용사, 탄핵, 끝까지 추적하자, 이런 말들이 김의겸의 입에서 나왔다. 전화기를 끄고 주위를 돌아보니 주변의 승객들이 모두 그를 바라보고 있는 게 아닌가. 호기심 가득한 눈으로. 김의겸은 무안해서 차창 밖으로 고개를 돌리고 있었는데 승객들이 지하철에서 내리면서 모두들 인사를 하는 것이다. 어떤 이는 조용히 목례로, 어떤 이는 "수고 많으십니다"로. 국회의 탄핵 결의가 어찌될지 알 수 없는 절체절명의 시점에, 박근혜를 추적하는 것으로 보이는 기자에게 시민들은 그렇게 경의를 표하고 있었다.

세월호 아이들만 생각해야 했다

취재 나흘째인 12월 4일 일요일 아침 경기도 분당의 고급주택가는 조용했다. 정 원장의 집 앞에 차를 세웠다. 하어영이 차

정 원장을 만나기 위해 12월 4일 일요일 아침 경기도 분당에 있는 정 원장의 집 앞에 차를 세우고 무작정 기다리기로 했다.

밖으로 나오기 무섭게 개들이 짖었다. 차 밖에 나가기가 조심스러웠다. 골목 초입에 있던 경비실이 마음에 걸렸다. 차를 돌려 잠시 바깥 공기를 마시고 싶었지만 참았다. 그 사이 정 원장이 외출이라도 하면 기다린 보람이 없었다. 점심은 주택가 근처 편의점에서 사온 도시락으로 때웠다. 용변을 보러 가기도 불안했다. 시간은 더디 흘렀다. 정 원장은 아무리 기다려도 집 밖으로 나오지 않았다.

'이렇게까지 할 필요가 있을까.' '대세에는 지장이 없는데…….' 이런 생각들이 스멀스멀 기어올라왔다. 그러나 이를 악물었다. 그렇게 오후가 됐다. 정 원장이 나타났다. 남편과 함께였다.

"왜 이러세요?" 그는 분명하게 불쾌감을 표시했다. "죄송합니다." 그 말 말고는 달리 할 말이 없었다. 정 원장이 얘기해줄 의무가 있는 것은 아니다. 남편과 함께 외출한 정 원장은 대여섯 시간 만에 돌아왔다. 이미 해가 진 뒤였다. 하루 종일 기다려 지쳐 있는 기자의 모습이 안쓰러웠는지, 정 원장의 표정은 달라져 있었다. 하어영은 급히 몇 마디를 던졌다.

"아이들 그렇게 되고 세월호 부모들은 그 시간에 대통령이 뭘 했는지만이라도 알고 싶어해요. 지난번에 말씀 나눈 바로는 대통령이 정상업무를 본 것이냐는 질문에 고개만 끄덕이셨거든요."

"아…… 하하." 정 원장은 묘한 웃음을 지었다. 웃으면서 고개를 끄덕였다.

"7시간 가운데 1시간 반은 정상업무를 본 건가요? 아니면……."

"제가 얘기해드릴 수 없어요. 제가 정확하게 말씀드릴 수 없어요. 죄송합니다."

취재 닷새째인 12월 5일 월요일 아침. 하어영은 김의겸에게 전화를 걸었다. "딱 하루만 더 주세요. 후회 없이 기사를 쓰고 싶습니다." 끝까지 최선을 다하고 싶었다. 김의겸도 "그럼 오늘로 끝을 보자"고 말했다. 12월 9일 국회 탄핵소추안 표결 일정을 감안하면 더 늦출 성격의 기사는 아니었다. 하어영은 다시 미용실로 향했다.

미용사 한 사람이 출근했다. 평소 경계심이 별로 없던 그 미용사는 다짜고짜 이렇게 말했다. "아니 청와대 들어간 게 무슨 잘못이죠? 박 대통령은 아무 말 안 했다고요. 최순실은 보지도 못했고, 1시간 반 정도 하고 온 게 무슨 잘못이냐고요? 왜 그렇게 사람들을 못살게 굴죠?"

주변인의 진술이 진실을 온전하게 드러내지는 못한다. 하지만 그들이 던지는 말들 사이에서 기자는 팩트를 건진다. 이 미용사의 말에도 중요한 내용이 있었다. '청와대 들어갔다. 1시간 반이다.'

그날따라 추웠다. 엘리베이터를 타고 미용실을 들락거렸다. 간식을 먹던 미용사들이 춥지 않느냐며 말을 건넸다. 어떤 사람은 고생하시네요, 라고 했다. 확실히 마음을 열기 시작했다. 이날도 다른 날과 마찬가지로 정 원장은 쉴 틈 없이 일했다. 그래도 집으로 찾아간 게 마음을 움직였는지 정 원장의 눈빛이 누그러졌다. 일을 하다가 손님을 배웅하러 계산대에 들르면 "이제 정말 돌아가세요"라고 하기도 했다. 물론 하어영은 앉을 자리를 배려받지는 못했다. 여전히 엘리베이터 앞, 계산대 앞, 그리고 건물 앞을 오갔다. 건물 앞 대리주차를 하는 아르바이트생도 낯이 익었는지 주차비를 내지 않고 주차를 해도 당장 차를 빼라고 채근하지 않았다.

김의겸은 하어영에게 자신의 의견을 말했다. "여기까지인 것 같다. 하어영 씨는 최선을 다한 거야. 세월호 당일, 참사가 벌어지고 있는 와중에도 박 대통령은 강남에서 전속 미용사를 불러 1시간 반 동안 머리를 했다. 그 정도면 충분해."

최찾사의 류이근과 방준호도 하어영을 격려했다. "세월호 당일 골든타임으로 촌각을 다투는 상황에서 머리를 만졌다는 것만으로도 공분을 살 것이고, 지금까지 외부인의 출입이 없었다는 청와대 경호실의 거짓말도 확인된 것이니 충분하다."
하지만 하어영은 만족스럽지 않았다. 막연하게나마 사흘 정도의 시간만 더 주어진다면 무언가를 건질 수 있을 것이라는 생각이 들었다. 집착일까. 그날 오후 카메라 한 대가 미용실에 들이닥쳤다. 취재 5일 만에 처음 보는 언론이었다. 취재 내용이 새어나갔나, 불안감이 들었다. 언론은 언론끼리 냄새를 맡는다.

더 이상 미룰 수가 없었다. 그들이 사라지고 나서 정 원장이 일을 마치고 다음 고객을 받으려고 하는 순간 하어영은 무작정 계산대를 지나 정 원장 쪽으로 걸어갔다. 5일 만에 자신이 머리를 한 그 공간으로 다시 들어간 셈이다. 영업을 직접적으로 방해한 유일한 순간이기도 했다. 정 원장은 어쩔 수 없다는 듯이 나왔다. "마지막 인사를 드리려는 겁니다." 그 순간 정 원장의 얼굴에 안도감이 돌았다. 계산대 앞까지 배웅하겠다고 했다. "1분만 시간을 주십시오." 1분은 길고도 짧은 시간이다.

"이제 진짜 가려고요. 가기 전에 몇 말씀만 나눴으면 합니다. 마지막으로 인사만 드리고 갈게요. 1분만 주세요."

"하하하, 오 마이 갓. 1분이 얼마나 긴데요. 억수로 길죠, 하하하. 수고 많으셨습니다. 왜 이렇게 고생하셨어요." 진심이 느껴졌다.

"아쉽습니다. 첫날 말씀드렸던 것처럼, 저는 다른 것을 여쭤보고 듣고 싶었습니다. 세월호 당일 박 대통령, 그리고 잘 아시겠지만 최순실 씨 얘기를 듣고 싶었습니다. 말씀을 해주실 수 없다고 하셔서요."

"네."

"당일 오후에 들어가셔서 1시간 반 동안 헤어·메이크업을 하고 나오신 것으로 파악했습니다. 그걸 쓸 수밖에 없습니다."

"네."

"사실이 아니라면 말해주세요."

"네, 수고 많으셨어요."

"검찰에서 대통령의 당일 행적, 특히 7시간과 관련한 수사를 할 겁니다. 오후에 들어가신 당시 상황이 중요하니까, 들어가신 분들 포함해서 여러 가지로 수사가 있을 겁니다. 사실 그 부분을 포함해, 말씀 드리고, 말씀 듣고 싶은 부분이 많았습니다."

"네."

"원장님이 주인공이 아닌, 다른 기사를 쓰고 싶었어요. 기다리는 건 아무것도 아닙니다."

"어떻게 아무것도 아닙니까?" 진심이 다시 한번 느껴졌다.

"댁으로 찾아뵌 건 큰 실례였습니다. 그때도 사과드렸지만, 다시 한번 사과드립니다."

"네, 의외였어요. 놀랐습니다."

마지막이었다. 기사를 쓸 내용과 관련해 내용을 확인할 마지막 기회였다.

"내용을 다시 한번 간단히 말하면, 점심 즈음 청와대 연락받고 들어가신 것, 평소대로 올림머리 하셨던 내용을 쓰려고 합니다."

정송주 원장님께
겨울이 더디게 오고 있습니다. 오늘은 늦가을처럼 따뜻합니다.
하늘 한번 보실 시간없이 일하시는 모습, 직원들도 탄복한다고, 존경한다고 입을 모읍니다.
저 또한 그러합니다. 5일동안 10여차례, 찾아뵐 때마다 하시는 일에 방해가 된다는
생각에 마음에 걸려 데스크 앞의 좌불안석이었습니다. 쫓아내지 않고 맞아주신 점만으로도
감사드립니다.
말씀드렸다시피 저는 4월 16일 세월호 참사 당일, 과연 청와대에서는 무슨 일이
있었는지, 왜 생때같은 304명의 목숨이 그렇게 구조받지 못하고 사라졌어야 하는지
궁금할 뿐입니다. 가끔은 울컥, 하기도 합니다. 커가는 아이를 볼때 특히 그러하지요.
그래서 원장님께 당일 오후에 청와대에 들어가 어떤일이 있었는 지를 여쭙고 또 여쭸던
것입니다. 박 대통령의 올림머리를 한 시간 반동안 스타일링 하시면서, 최순실은
과연 무엇을 하고 있었는지, 박대통령은 어떤 보고를 받고 답했는지를 물어봤던 것입니다.
머리를 스타일링한 것 자체보다 박 대통령이 그 참사를 눈앞에 두고 어떤 태도를
보였는지가 중요하다고 판단했습니다. 정말 그 목숨들을 구할 일말의 가능성은
없었는지 궁금했습니다. 최순실씨같은 참사 당일도 대통령의 눈과 귀를 가렸던,
그 상황을 듣고 싶었습니다. 정원장님 보도는 하지 않는다는 전제에서 말입니다.
하지만 기회는 주어지지 않았습니다. 안타깝습니다. 결국,
이제 저는 원래 말씀드린대로 정원장님이 참사 당일 오후 대통령의 올림머리를
한 사실을 보도할 수 밖에 없을 것 같습니다. 원래 외부일정이 없던 수요일,
정오가 다 되어서 정원장께 대통령의 헤어스타일링을 위해 들어오라고
연락을 하고, 원장님께서 청와대에 가셔서 한시간 반 정도 작업을 하신 부분입니다.
청와대 일정을 통해 확인해보니, 대통령은 오후 3시 대책본부 방문 준비를 시작한 것으로
돼 있습니다만, 헤어스타일링은 2시 전후로 시작한 것으로 파악하고 있습니다.

정 원장 앞으로 하어영이 쓴 편지. 전날 밤 써놓았지만, 건네지는 못했다.

"네."

"그때 혼자 들어가신 건가요?"

"……."

"박 대통령은 어땠나요?"

“…… 그만하시죠.”

“진심이 전달되지 않아 안타깝습니다. 보도가 나가고 나면, 기자들이 들이닥칠 겁니다. 많이 괴로우실 수도 있습니다.”

“…….”

“검찰에서는 어떻게든 말씀하셔야겠죠?”

“네, 그렇게 하겠습니다.”

편지를 전달하려고 전날 밤 써놓은 게 있었는데, 건네지는 못했다. 나오는 등 뒤로 “정 들었는데 어떡해요?”라며 농담하는 미용사가 있었다. 기사가 나가게 되면 얼마나 많은 원망을 들을지 아는 하어영으로서는 착잡했다.

이제 세월호 아이들만 생각해야 했다. 정 원장과 마지막 나눈 대화를 정리하는 손이 떨렸다.

올림머리 90분 폭로, 국회 탄핵소추안 의결에 결정타가 되다

12월 6일 화요일, 기사 작성이 시작됐다. 오후 2시께 하어영의 전화기가 울리기 시작했다. 하어영뿐만이 아니었다. 최찾사 기자 모두에게 문의 전화와 문자가 쏟아졌다.

“한겨레에서 뭔가 대단한 걸 준비하고 있다죠?”

서울만이 아니었다. 세종시에서 정부 부처를 출입하는 기자에게도 연락이 왔다. 급기야 ‘지라시’가 돌기 시작했다. ‘한겨레에서 내일자로 세월호 7시간 보도 준비 중’이라는 지라시는 한 단계 더 나아갔다.

세월호 7시간 중 1시간 반의 행적이 밝혀짐. 한겨레가 청와대 관계자, 미용업계 관계자 등 취재한 결과 박근혜는 참사 당일 오후에 '올림머리'(결혼식에서 신부나 신랑 신부 어머니가 머리에 실핀 여러 개 박는)를 하느라 대면 보고나 비서관 회의 등 전혀 못함. 당일 헤어디자이너 정아무개 씨가 청와대로 들어갔고, 최순실, 의사 김영재·김상만 등 청와대 출입한 의혹. 올림머리 하던 시각은 세월호가 선수만 남기고 급격히 침몰하던 분초를 다투는 시급한 상황이었음. 한겨레 내일자 보도 예정.

하어영이 회사에 올린 아침 보고 내용이 그대로 외부로 유출된 것이다. 특히 올림머리 표현이나 결혼식 예시는 원문 그대로였다. 회사의 보고 시스템을 들여다본 누군가가 재가공할 틈도 없이 돌린 듯했다. 그와 동시에 SBS에서 세월호 당일 미용사와 관련한 내용의 보도를 한다는 소식도 전해졌다. SBS의 저녁 8시 뉴스보다 앞서서 기사를 내보내기로 했다. 오후 6시 11분 인터넷으로 첫 보도가 나갔다.

청와대는 미용사의 존재를 곧바로 인정했다. 다만 미용사가 머리를 만진 시간은 20여 분에 불과하다는 해명을 내놓았다. 하지만 진실과는 거리가 멀었다. 화장을 한 시간은 빼고 변명을 한 것이다. 물론 그것이 20분인지 90분인지는 본질적인 내용이 아니었다. 300여 명의 목숨이 벼랑 끝에 몰려 있는 시각에 강남의 미용사를 청와대로 불러 올림머리를 하고 난 뒤에 비상대책본부로 가야겠다고 생각한 그 순간, 이미 대통령의 본분을 잊은 것이나 다름없다.

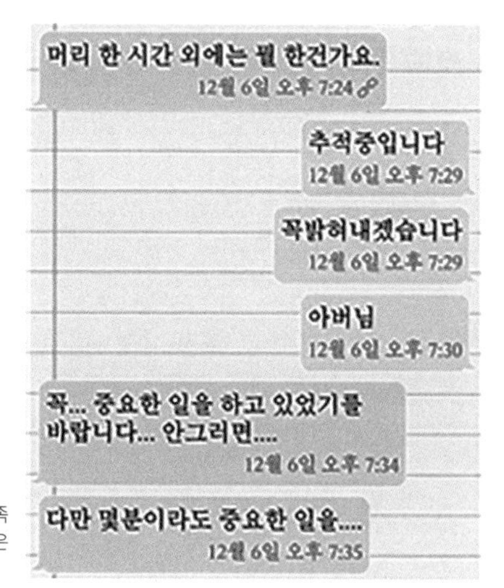

머리 한 시간 외에는 뭘 한건가요.
12월 6일 오후 7:24
추적중입니다
12월 6일 오후 7:29
꼭밝혀내겠습니다
12월 6일 오후 7:29
아버님
12월 6일 오후 7:30
꼭... 중요한 일을 하고 있었기를 바랍니다... 안그러면....
12월 6일 오후 7:34
다만 몇분이라도 중요한 일을....
12월 6일 오후 7:35

보도가 나가고 1시간 후, 세월호 유가족 유경근 씨에게 문자가 왔다. 하어영은 화장실 문을 걸어잠그고 울었다.

보도 뒤 1시간이 조금 지나, 세월호 유가족인 유경근(4·16 세월호참사가족협의회 집행위원장) 씨에게서 문자가 왔다.

판갈이에 정신이 없던 때였다. 하지만 문자를 받고 한참을 멍하니 앉아 있었다. 취재원과 객관적인 거리를 유지해야 하는 직업, 그러나 눈물이 터져나왔다. 화장실 문을 걸어잠그고 울었다.

보도 다음 날 "세월호 사고 당일 박 대통령의 올림머리 90분 폭로가 새누리당 의원들로 하여금 '탄핵 열차표'를 구입하지 않을 수 없게 만들었다"라는 국회의 반응이 나왔다. 최초 보도로부터 사흘이 지난 12월 9일 국회는 결국 대통령 탄핵소추안을 의결했다.

대통령 7시간의 행적은 지금까지도 명확하게 밝혀진 바가 없다. 의료진과 관련한 의혹이 제기됐지만 청와대는 인정하지 않고 있다. '올림머리'가 유일하게 드러난 사실이라는 점이 오

세월호 가라앉을 때  올림머리 하느라 90분 날렸다

드러나는 '세월호 7시간'

세월호가 가라앉던 2014년 4월16일 박근혜 대통령은 승객 구조 대책을 마련하는 대신 강남의 유명 미용사를 청와대로 불러 '올림머리'를 하는 데 90분 이상을 허비한 것으로 6일 확인됐다. 의문의 7시간 가운데 1시간30분은 밝혀진 셈이나, 나머지 5시간30분 동안은 무엇을 했는지 여전히 의문이다. ▶관련기사 4면

《한겨레》가 청와대와 미용업계의 관계자를 복수로 만나 들은 얘기를 종합하면, 서울 강남구 청담동에서 ㄱ미용실을 운영하는 정아무개(55) 원장은 세월호 참사가 벌어진 2014년 4월16일 낮 12시께 청와대로부터 "대통령의 머리를 손질해야 하니 급히 들어오라"는 연락을 받았다. 이날 오후에는 예약 손님이 많았으나

박 대통령, 정오께 강남 미용사 청와대 불러
해경 선체진입도 못한 시점에 머리손질 시작
골든타임 허비…남은 5시간30분 여전히 의문

예정에 없던 청와대 호출로 인해 미용실 직원들은 오후 예약을 모두 취소해야 했다. 정 원장은 승용차로 한 시간쯤 걸려 청와대 관저에 들어간 뒤 박 대통령 특유의 '올림머리'를 했다. 올림머리는 어머니 고 육영수씨를 연상시키는 머리 형태로 수십개의 머리핀이 들어가며 위쪽으로 올려붙여 둥근 모양을 만드는 것으로, 화장까지 포함해 한 시간 반 이상이 걸리는 것으로 알려졌다. 당시 상황을 아는 한 관계자는 "이날도 평소와 다름없이 머리를 손질하는 데 90분가량이 걸린 것으로 안다"고 말했다. 박 대통령이 올림머리를 한 시간은 오후 1시에서 3시 사이인 것으로 알려졌으나 정확한 시각은 확인되지 않고 있다.

당시 박 대통령은 이미 국가안보실로부터 오전 11시23분 '315명의 미구조 인원들이 실종 또는 선체 잔류 가능성이 높다'는 보고를 전화로 받았음에도 별다른 주문을 하지 않았고 정 원장은 평소와 다름없이 머리를 손질한 것으로 전해졌다. 이른바 '골든타임' 와중에 최소 90분을 허비한 것이다. 특히 정씨가 청와대에 들어가 올림머리를 만들기 위해 대기하기 시작한 오후 1시께는 해경이 세월호에 갇힌 315명을 구조하기 위해 수중수색 작업에 착수한 시각과 일치한다. 해경은 오후 내내 선체 진입조차 제대로 하지 못하고 있었다. 결국 박 대통령은 오후 3시가 돼서야 중앙재난안전대책본부(중대본) 방문 '준비'를 지시했고, 5시가 넘어서야 중대본에 모습을 드러냈다. 그리고 박 대통령은 이경옥 안전행정부 2차관에게 "다 그렇게 구명조끼를 학생들은 입었다고 하는데 그렇게 발견하기가 힘듭니까?"라고 물었다.

《한겨레》는 정 원장에게 좀더 자세한 정황을 듣기 위해 지난 5일 동안 10여차례 만났다. 《한겨레》가 파악하고 있는 4월16일 상황을 설명하며 확인을 요청하자 정 원장은 짧게 "네"라고 답했다. 정 원장은 특검에서 세월호 참사 당일 7시간을 수사하면 설명하겠느냐는 질문에는 "그렇다"고 말했다.

정 원장을 호출하기 전인 오전 시간에 박 대통령이 무엇을 하고 있었는지는 여전히 규명되지 않고 있다. 미용시술을 했다는 등의 온갖 추측이 있으나 정 원장은 "말할 수 없다"고만 답했다. 하지만 머리를 손질하지 않고는 공개적인 행사에 모습을 드러내지 않는 박 대통령의 관례에 비춰볼 때, 낮 12시에 정 원장을 청와대로 불러들였다는 건 최소한 오전에는 세월호 대책을 세우기 위한 청와대 내부 회의조차 할 뜻이 없거나 그럴 상황이 아니었던 것으로 풀이된다.

하어영 기자 haha@hani.co.kr

11:23 김장수 "315명 배에 갇혀" 12:00 박 대통령, 미용사 불러

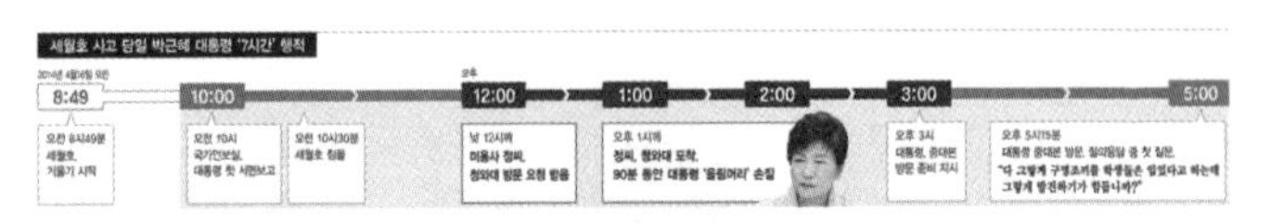

세월호 침몰 당일 '시간대별 재구성'

세월호 참사 당시 박근혜 대통령의 '7시간'은 국민적 관심사로 떠올랐지만 지금까지 행적이 드러난 바는 없었다. 김기춘 당시 청와대 비서실장조차 그날 박 대통령의 행적에 대해 '알 수 없다'로 일관했다. 문고리 3인방 중 핵심인 정호성 전 청와대 제1부속실장 또한 "박 대통령이 관저에 있었다"는 말을 제외하면 침묵했다.

강남 청담동 미용실 원장인 정아무개씨는 그 '7시간' 중 1시간30분 동안 박근혜 대통령을 만난 것이 확인된 '유일한' 사람이다. 5시간30분은 여전히 의혹으로 남아 있지만, '올림머리'는 그 시간으로 들어갈 수 있는 열쇠다. 90분의 머리 손질은 나머지 330분을 해석하고 추론할 가능성을 열었다.

■ 12시 이전

박 대통령의 4월16일 오전 시간은 여전히 장막에 가려 있다. 알려진 바로는 2014년 3월부터 2014년 6월까지 해외순방 일정을 제외하고 매주 수요일 공식 일정을 잡지 않았다. 당일 일정 또한 비운 상태였다. 문제는 세월호 참사에도 불구하고 관저를 벗어나 청와대 집무실로 가거나 청와대 밖으로 나가는 공식 일정을 오전 내내 잡지 않았다는 것이다. 오전 10시 세월호 침몰과 관련한 첫 보고를 김장수 국가안보실장으로부터 받은 것을 시작으로 수차례 보고가 있었다. 그런데도 박 대통령은 외부 접촉의 필요성을 느끼지 못하거나 심각한 상황으로 받아들이지 못했던 것으로 보인다. 오전 10시 반 김석균 해양경찰청장에게 "해경 특공대를 투입해서라도 인원 구조에 최선을 다할 것"이라고

낮 12시 이전

오전 10시 김장수 실장 세월호 첫 보고

10시30분 해경청장에 "구조 최선" 지시

11시23분 김장수 "315명 갇혀" 계보고

낮 12시 이후

12시 박 대통령 머리손질 미용사 호출

1~3시 올림머리 하느라 1시간여 걸려

오후 3~5시

3시 중대본 방문 준비 지시

5시15분 중대본 방문 엉뚱 질문

직접 지시를 내렸다지만, 이 또한 지시를 적절한 것인지조차 논란의 여지가 남아 있다.

박 대통령의 이런 상황인식은 올림머리를 할 생각을 하지 않았다는 것으로도 유추할 수 있다. 박 대통령에게 올림머리는 특별한 의미를 갖는다. 어머니 고 육영수씨를 떠올리는 것만 모양을 박 대통령은 늘 고집해왔다. 최근 10여년 동안 박 대통령이 올림머리를 하지 않고 공식석상에 등장한 것은 세월호 참사가 벌어진 다음날인 4월17일 하루뿐이라고 알려졌을 정도다. 그럼에도 미용사 정씨를 호출한 시간이 12시라는 건 오전 내내 박 대통령이 '무방비 상태'였을 가능성을 보여준다. 박 대통령이 그 시각 그렇게 경계를 풀고 있었던 것을 놓고는 미용시술부터 늦잠에 이르기까지 온갖 추측이 난무하고 있다. 박 대통령이 답해야 할 부분이다.

헤어디자이너 정아무개씨가 운영하는 서울 강남구의 한 미용실. 세월호 참사 당일 정씨가 청와대에 들어가 박근혜 대통령의 올림머리를 해줬다는 사실이 확인됐다. 김정효 기자 hyopd@hani.co.kr

■ 12시 이후

'올림머리'는 박근혜 대통령이 대통령으로서의 업무를 시작했다는 신호이다. 하지만 절박함이나 긴급성은 찾아보기 힘들다. 박 대통령의 머리 손질을 위해 청와대가 미용사 정씨에게 연락한 것은 정오가 다 돼서다. 박 대통령은 11시23분께 김장수 실장으로부터 "미구조된 인원들은 실종 또는 선체 잔류 가능성이 많다"는 유선보고를 받은 상황이었다. 보고에는 315명이 구조를 받지 못하고 배 안에 갇혀 있다는 내용이 포함돼 있었다.

그럼에도 굳이 강남구 청담동에 위치한 미용사 정씨를 청와대로 불러 올림머리 손질을 받으려고 했다는 것 자체가 박 대통령의 위기의식 수준을 보여준다. 정씨가 청와대로부터 연락을 받고 미용실을 통해 자신에게 예약된 업무를 취소한 뒤 필요한 물품을 챙겨 청와대로 향했다. 최소한 한 시간 이상이 소요됐다. 말하자면 박 대통령은 300여명의 구조가 촌각을 다투는 상황에서 한 시간 반짜리 올림머리를 위해 강남의 10년 단골 미용사가 필요했던 것이다. 올림머리를 만드는 데 들었던 90분 동안에도 박 대통령의 납득하기 어려운 태도는 계속됐다. 정씨는 별다른 지시가 없자 평소와 다름없이 올림머리를 완성해갔다. '서두르라'거나 '간단하게 하라'는 재촉이 없었던 것이다. 단지 박 대통령이 입을 민방위복에 맞춰 머리 형태를 조금 변형했을 뿐이다. 이와 관련해 청와대는 오전 11시께의 전원 구조를 알린 오보 때문에 혼란을 겪었다고 설명했지만, 이는 청와대 보고보다 언론보도를 믿었다는 어불성설에 다름아니다.

■ 90분, 골든타임

박 대통령이 올림머리를 한 오후, 이른바 골든타임이 흘러가고 있었다. 이는 해경이 선체에 남아 있는 생존자를 찾기 위해 수중수색 작업에 나선 때이기도 하다. 하지만 해경은 오후 내내 선체 진입도 하지 못해 구조 실패를 거듭했다. 재난·구조 전문가들은 국가재난의 상황에서 일상적인 초동대처를 할 수 있는 인원으로는 한계가 있기에 군·경의 합동작전이 반드시 필요하다고 입을 모았다. 결국 합동작전은 제대로 이뤄지지 않았다. 실제로 세월호 선체에 접근할 수 있는 가이드라인이 설치된 것은 해경이 아닌 해군(SSU) 대원에 의해서였다.

이 와중에 박 대통령이 중앙재난안전대책본부 방문 '준비'를 지시한 시각은 오후 3시였다. 방문이 아닌 방문 '준비'를 지시한 것으로 미루어 5시까지도 박 대통령은 사태의 심각성을 제대로 깨닫지 못한 것으로 보인다. 박 대통령은 올림머리를 완성한 상태로 5시15분이 돼서야 중앙재난안전대책본부를 방문했다. 중대본 방문 뒤 에어포켓 등 생존자 수색과 관련한 요구는 계속됐지만 대통령의 지시는 이뤄지지 않았다.

하어영 기자 haha@hani.co.kr

헤어디자이너 정씨 누구

최순실 소개로 2005년부터 머리 손질
박 대통령 취임뒤 청와대 수시 불려가

최순실·순득 자매 20여년 단골

전국 30여 지점 둔 유명 미용사

대통령으로서뿐만 아니라 자연인으로서도 박근혜 대통령의 삶은 전적으로 최순실씨한테 의지해왔다. 세월호 침몰 당시 대통령의 머리를 손질한 미용사 또한 최씨의 오랜 단골이었다. 지금까지 알려진 것만 해도 미국산 사리알에서부터 김치, 옷, 액세서리, 가방, 주사제, 병원 등 일상 전반에 걸쳐 최씨 일가의 도움을 받아왔다.

강남의 유명 미용사인 정아무개씨가 박 대통령의 머리를 맡기 시작한 건 2005년께다. 박 대통령이 새누리당(옛 한나라당) 대표를 지내던 때였다. 정씨는 당시 박 대통령의 서울 삼성동 사저를 드나들며 머리를 손봤다. 박근혜 대통령이 된 이후 정씨도 자연스럽게 청와대 관저를 드나들었다. 10년이 넘는 관계다.

정씨는 대통령의 외부 일정이 있을 때면 수시로 청와대에 들어갔다. 박 대통령의 올림머리는 손질하기 까다로운 것으로 알려졌다. 어머니인 고 육영수씨의 머리를 모방한 머리스타일은 수십 개의 실핀을 꽂아 모양을 내야 한다. 이 때문에 청와대 안팎에선 오래전부터 대통령이 머리하는 데만 '2시간'이 걸린다는 말이 나돌았다. 보통 때 정씨는 아침 회의 전 일찍 청와대에 들어가 대통령의 머리를 만지곤 했다. 청와대에서 긴급 호출이 오면 잡혀 있던 다른 손님의 예약은 취소된다. 사정을 잘 아는 한 관계자는 "박 대통령은 평소 머리를 할 때 책을 읽거나 서류를 본다"고 말했다.

박 대통령과 정씨를 잇는 고리는 최순실씨였다. 최순실씨와 언니인 최순득씨는 오래전부터 정 원장 가게의 단골손님이었다. 이 때문에 20여년 단골인 최씨 자매가 박 대통령에게 정씨를 소개해준 것으로 알려졌다. 정씨 밑에서 일했던 한 미용사는 "최씨 자매는 2000년 이전부터 우리 가게의 단골이었다. 원장님이 커트(머리 자르기)를 하면, 우리가 머리를 파마하거나 손질했다. 손님과 정치 및 종교 얘기는 하지 않는 걸 원칙으로 삼았기 때문에 특별히 주고받은 얘기는 기억나지 않는다"고 말했다.

정씨는 영국 유학파로 국내 최고 미용사 가운데 하나다. 전국에 30여개 지점을 두고, 청담동에서 직접 머리 손질을 한다. 정씨는 아카데미도 운영하고 있는데, 정씨의 남편이 그 대표로 있다. 정씨 남편인 김아무개씨는 지난 총선에서 새누리당 인천 지역의 예비후보로 이름을 올리기도 했다.

류이근 하어영 기자 ryuyigeun@hani.co.kr

12월 6일 '올림머리'에 대한 첫 보도가 나간 다음 날, 새누리당에서조차 탄핵을 의결하지 않을 수 없다는 반응이 나왔다. 12월 9일 국회는 결국 대통령 탄핵소추안을 의결했다. 12월 7일 1면과 4면.

히려 더 안타깝다. 밝혀진 것도 없지만, "정상적인 업무를 봤을 뿐"이라는 해명을 믿는 국민도 이제 거의 없다.

13

최순실 게이트

조선일보 방상훈 사장과 JTBC 손석희 사장

TV조선 이진동 부장을 만나다

2016년 9월 2일 금요일 오전은 한겨레 최찾사 기자들 세 명이 처음으로 얼굴을 마주 대하고 회의를 한 날이다. 김의겸은 류이근, 방준호 두 기자에게 역할을 나눠준 뒤 따로 점심 약속 장소로 이동했다. 이날 만나기로 한 사람은 TV조선의 이진동 부장이다. 젊은 시절 서초동 법조 동네와 여의도 국회에서 같은 출입처를 나가며 알고 지내는 사이다. 그러나 가까운 사이라고는 할 수 없다. 게다가 김의겸은 지금 이진동 부장에게 '아쉬운 소리'를 하러 가는 길이다. 김의겸은 본격 취재에 앞서 TV조선이 7~8월에 보도한 내용을 면밀히 검토해보고는 그에게 "한 수 가르쳐달라"는 요청을 하지 않을 수 없다고 판단했다. 기자가 기자를 상대로 취재를 한다는 건 창피한 일이기에 김의겸의 발길이 가볍지만은 않았다.

아직 늦여름의 더위가 맹위를 떨치던 날 두 사람은 종로의 어느 음식점에서 점심을 함께 하며 소주잔을 기울였다. 김의겸은 에두르지 않고 단도직입적으로 들어갔다.

"이 부장이 만든 TV조선 보도 잘 봤다. 자료를 많이 가지고 있는 것 같은데 우리한테 넘겨달라. 우리가 TV조선을 이어서 열심히 보도를 해나가겠다."

사실 억지를 부린 거였다. 기자 사회에서 자기가 열심히 취재한 걸 다른 기자에게, 그것도 다른 언론사의 기자에게 고스란히 넘겨주는 법은 없다. 하지만 김의겸은 이 사건이 구중궁궐 깊숙한 곳에서 이뤄진 일이기에 취재가 무척이나 어렵다는 걸 알고 있었다. 그래서 지푸라기라도 잡고 싶은 마음에 이진동에게 부탁한 거다.

당연히 대답은 부정적이었다. 이진동은 "내가 오늘 사실은 김 선배 안 만나려고 했다"고 말을 뗐다. 김의겸은 이진동에게 언론사 1년 정도 선배다. "김 선배도 고향이 호남 쪽 아니냐. 내가 지금 호남 출신이라서 공격받고 있다. 조선일보의 호남 출신 기자들이 청와대를 공격한다는 프레임이 짜여 있다. 말도 안 되는 이야기인데 이 말을 믿는 사람들이 일부 있다. 그런데 내가 어떻게 자료를 넘길 수 있겠는가?" 당연한 이야기였다.

그래도 김의겸은 한번 더 돌진했다. "최순실과는 인터뷰를 했나?" TV조선은 그때까지 최순실의 '최'자도 보도한 적이 없었다. 그러나 TV조선 보도가 최순실을 겨냥하고 있음을 김의겸은 사전 취재를 통해 알고 있었다. "사실 꼭지를 못 딴 것도 아니고……. 가지고 있다. 동영상으로 따놓았다. 2016년 7월에 최순실 붙잡고 영상을 확보했다. 상황을 살펴가면서 최순실을 보도할 거다." 이 영상은 최순실이 지하 주차장에서 방송 카메라를 보고 신경질적인 반응을 보이는 것으로 나중에 TV조선이 여러 차례 내보냈다.

김의겸은 마음이 무거워졌다. TV조선이 최순실 얼굴에 카메라까지 들이댔다면 최순실은 더 꼭꼭 숨었을 것이다. 주변 사람들에게는 더 철저한 경계령을 내렸을 테고, 증거란 증거는 다 없앴을 것이다. 그렇다고 이진동에게 더 매달리는 건 너무 구차하다. 제보자 하나 없이 어떻게 찾지? 막막했다. 김의겸의 소주잔 기울이는 속도가 점점 빨라졌다. 이진동도 연거푸 소주잔을 들이켰다. 김의겸은 '이진동 이 친구도 이번 취재 때문에 속 꽤나 끓였구나……' 하고 속으로 생각하면서 눈꺼풀이 참을 수 없이 무거워지는 걸 느꼈다.

눈을 떠보니 토요일 새벽 2시 광화문 사거리의 돌 벤치였다. 아마도 종로의 식당을 나와 회사로 돌아가려고 5호선 광화문역을 향해 휘청거리며 걸어가다 돌 벤치 위에 쓰러져 그냥 잠이 든 모양이다. 그 덕에 김의겸은 토요일 하루 종일 누워 있어야만 했다. '괜히 보자고 해서 얻은 건 하나 없이 몸만 축냈구나' 하는 생각도 들었다. 그러나 같이 술잔을 기울이며 동업자끼리의 애환을 나눈 탓일까? 김의겸은 며칠 뒤 이진동에게 문자를 보냈다. "미안하지만 미르재단 ○○○ 연락처 좀 알려줄 수 있을까요? 같은 기자로서 참 민망한 일이지만, 우리 후배들이 영 길을 못 찾고 끙끙거리네요."

이진동 부장으로부터 군더더기 없는 답이 왔다. "010-××××-××××." 이진동을 만나 취재에 실질적인 도움을 받은 게 있다면 이게 유일했다. 그런데도 각종 지라시에는 김의겸이 이진동으로부터 통째로 자료를 넘겨받아 기사를 쓰기 시작한 것처럼 표현하는 경우가 많았다. 거대한 음모가 작동했다는 것이다. 김의겸은 그저 쓴웃음을 지을 뿐이다.

방상훈 사장 젊을 적 이름을 부른 사연

김의겸과 이진동의 두 번째 만남은 9월 21일에 이뤄졌다. 한겨레 최찾사가 최순실의 이름을 처음으로 끄집어낸 9월 20일 보도를 보고 이진동이 먼저 연락을 해왔다. 이날도 두 사람은 종로의 한 음식점에서 탕 한 그릇씩과 소주를 시켰다. 지난번 둘 다 술에 덴 상처가 있어서인지 서로 조심하며 잔 기울이는 속도를 늦췄다. 첫 번째 만남이 김의겸의 일방적인 간청이었다면, 이번은 이진동도 궁금한 게 좀 있었다. 특별취재반은 몇 명으로 구성됐는지, 취재는 어느 정도나 진척됐는지를 물었다. 김의겸은 숨길 것이 없었다.

"사실 특별취재반이라고 해봐야 저를 포함해서 세 명밖에 안 되고요. 지금 비축해놓은 실탄도 몇 발 없어요. 한겨레만으로는 힘에 부칩니다. 이진동 부장이 취재해놓은 것을 보도해주면 우리는 무조건 받겠습니다."

"그 정도라면…… 한겨레도 출구 전략을 마련해야겠네요.

우선 청와대가 절대로 인정을 못해요. 인정하는 순간 무너지니까요. 한겨레가 최순실을 보도했다고 해도 다른 큰 신문사들이 따라가기는 힘들어요. 우리 사회 보수층이 박근혜 대통령을 공격하는 걸 좋아하지 않습니다. 아마 내년 봄이나 되어야 최순실 관련 기사를 쓸 수 있는 환경이 되지 않을까요. 그때까지는 한겨레도 좀……."

김의겸으로서는 힘이 쫙 빠지는 소리였다. 이제 겨우 첫발을 내딛었을 뿐인데, 벌써 출구 전략이라니. 그리고 '내년 봄이나 되어야'라니. 무슨 뜻일까? 2017년 3월에 TV조선의 종편 재승인 심사가 있다고 들었는데, 재승인을 받고 나서야 보도를 할 수 있다는 뜻인가, 아니면 새누리당의 대선 후보 경선이 봄에 시작되고, 그때쯤이면 대선 후보들이 청와대와 대립할 테니 그 공간을 활용해 보도를 내보낼 수 있다는 뜻일까. 김의겸은 이진동 부장을 만나 TV조선이나 조선일보의 내부 사정은 묻지 않았다. 하지만 이진동 부장 혼자서 결정할 수 있는 사안은 아닐 거라고 생각했다. 결국은 방상훈 사장의 결심에 달려 있을 거다, 그렇게 짐작했다.

마침 일주일 뒤면 김의겸이 칼럼을 쓸 차례가 돌아온다. 그는 그 칼럼을 통해 방상훈 사장에게 통사정이라도 해봐야겠다고 생각했다. 그래서 쓴 게 「조선일보 방상훈 사장님께」라는 글이었다. 9월 29일 지면에 실렸다. 전문은 아래와 같다.

저는 요즘 미르, K스포츠재단을 취재하고 있습니다. 선임기자라는 직함에서 짐작하시겠지만 제 '연식'이 제법 됐습니다. 현장기자로는 환갑 진갑 다 지난 나이입니다. 그런데도 20년 이상 차이 나는 후배들과 함께 취재 일선에 나선 건 TV조선이 안겨준 부끄러움 때문입니다.

한 달 전쯤입니다. 우병우 민정수석을 소재로 칼럼을 하나 쓰려고 몇 군데 전화를 돌렸습니다. 사정당국의 한 관계자가 그러더군요. "괜히 헛다리 긁지 말아요. 우병우가 아니라 미르재단이 본질입니다." 처음 듣는 얘기였습니다. "미르재단이 뭐죠?" "허허, 기자 맞아요?"

인터넷을 뒤져보니 조선이 이미 자세하게 보도를 했더군요. 얼굴이 화끈거렸습니다. 여당 성향의 조선도 이토록 치열한데 난 뭐하고 있었나, 선임기자랍시고 뒷짐 진 채 거들먹거리기나 했구나 싶었습니다. 그래서 편집국장에게 취재팀을 꾸리자고 요청한 겁니다. 천하의 게으름뱅이인 제가 말이죠.

취재를 하면 할수록 조선의 보도가 훌륭하다는 걸 깨닫게 됐습니다. 취재 그물은 호수를 다 덮도록 넓게 쳤는데도 그물코는 피라미 한 마리 빠져나갈 틈 없이 촘촘했습니다. 7월 27일이 첫 보도인데 이미 4월부터 취재에 들어갔더군요. 재단의 어느 관계자는 저희 기자를 보자마자 버럭 화를 내며 도망치기도 했습니다. 조선 기자들이 얼마나 집요하게 달라붙었으면 그랬겠습니까.

다행히도 조선의 손때가 덜 탄 곳이 있었습니다. K스포츠입니다. 미르는 조선이 싸그리 훑고 지나가 이삭 한 톨 남아 있지 않았는데 K스포츠에는 그나마 저희 몫이 조금은 남아 있었습니다. 최순실입니다. 저희가 K스포츠 현장에서 찾아낸 최순실의 발자국과 지문은 어쩌면 조선이 남겨놓은 '까치밥'인지도 모르겠습니다. 아이작 뉴턴이 이런 말을 했다죠. "내가 더 멀리 보았다면 그건 거인들의 어깨 위에 올라서 있었기 때문이다." 저희가 감히 뉴턴 행세를 하자는 게 아닙니다. 한겨레가 한 발짝 더 내디딜 수 있었던 건 조선의 선행 보도가 거대했기 때문이라는 점을 말씀드리고 싶은 겁니다.

그런데 언제부턴가 조선이 침묵하기 시작했습니다. 송희영 주필 사건 이후 처신하기가 어려워졌겠죠. 게다가 내년 3월에는 종편 재허가를 받아야 하니 청와대의 눈치를 볼 수밖에 없을 겁니다. 하지만 못내 아쉬운 건 조선이 취재해놓고 내보내지 못한 내용입니다. 저희가 조선의 뒤를 좇다 보니 '잃어버린 고리'가 두세 개 존재한다는 걸 알게 됐습니다. 사건의 전체 모자이크를 끼워맞출 수 있는 '결정타'들이죠. 조선이 물증을 확보한 듯한데 보도는 실종됐습니다. 기사는 언제 햇빛을 보게 될까요. 나중에 박근혜 대통령이 힘 빠졌을 때라면 가치가 있을까요? 사장님은 기자들 수백 명의 이름을 하나하나 기억하는 걸로 알고 있습니다. 바깥 사람들을 만나서 틈만 나면 기자들 자랑을 해대는 통에 "자식 자랑하면 팔불출"이라는 소리를 듣곤 한다죠. 그렇게 아끼는 기자들의 땀방울이 어느 캐비닛에 처박힌 채 증발돼가고 있습니다.

기자 개개인보다는 조선의 이름값이 더 중요하겠죠. 사장님은 몇 년 전 다른 언론사의 기자들에게 저녁을 사면서 이런 건배사를 한 적이 있습니다. "불행히도 우리 언론이 이념으로 나뉘었다. 하지만 이념 위에 언론이 있다." 폭탄주는 끊으셨기에 알잔은 맹물로 채웠지만 건배사 내용만큼은 100퍼센트 원액처럼 진했다고 하더군요. 사장님은 젊은 시절 방갑중이라는 이름의 성실한 외신부 기자였고 그 시절을 그리워한다고도 들었습니다. 사장님이 당당할 때 권력도 감히 조선을 함부로 대하지 못할 겁니다. 환절기에 건강 조심하십시오.

김의겸으로서는 최대한 정중하게 예우를 갖춰서 쓴 글이다. 그런데 이를 읽은 이들 가운데 일부는 '조롱'으로 받아들이기도 했다. 한참 시간이 흐른 뒤 검찰 고위직을 지낸 어느 변호사는 김의겸과 맥주를 한잔 하면서 이렇게 말했다. "거지난번 칼럼 잘 봤어요. 그래도 마지막에 쓴 문장 '환절기에 건강 조심하십시오'라는 문구는 별로 마음에 안 듭디다. 정치적 변화기에 몸 조심하라는 경고를 보낸 것 아니에요?"

김의겸의 대답은 이랬다. "아이고, 최순실 게이트가 다 끝나고 정치적으로 환경이 바뀌니 그렇게 읽을 수도 있지만 당시는 정말 지푸라기라도 잡는 심정으로, 간절한 마음으로 엎드려 부탁을 드린 겁니다." 실제로 그랬다. 민주언론시민연합(민언련)이 2016년 '올해의 좋은 보도상'을 한겨레 최찾사에게 주면서 선정 사유를 이렇게 밝혔다.

한겨레가 '자사가 단독을 내는 상황'에 매몰되지 않고 해당 사안 자체를 키우기 위해 분투한 흔적은 「조선일보 방상훈 사장님께」(9월 29일)에서 확인할 수 있다. 김의겸 선임기자는 이 기자 칼럼에서 선행 취재를 진행한 조선일보 취재팀과 방상훈 사장을 향해 '함께할 것'을 요청했다. 이념과 진영을 넘어 진실을 추구하는 저널리즘의 본령을 잊지 말자는 호소였다. 한겨레 보도의 또 다른 가치는 이 지점에서 빛을 발한다.

조선일보 방상훈 사장님께

편집국에서

김의겸
선임기자

저는 요즘 미르, 케이스포츠 재단을 취재하고 있습니다. 선임기자라는 직함에서 짐작하시겠지만 제 '연식'이 제법 됐습니다. 현장기자로는 환갑 진갑 다 지난 나이입니다. 그런데도 20년 이상 차이 나는 후배들과 함께 취재 일선에 나선 건 〈티브이(TV)조선〉이 안겨준 부끄러움 때문입니다.

한달 전쯤입니다. 우병우 민정수석을 소재로 칼럼을 하나 쓰려고 몇 군데 전화를 돌렸습니다. 사정당국의 한 관계자가 그러더군요. "괜히 헛다리 긁지 말아요. 우병우가 아니라 미르 재단이 본질입니다." 처음 듣는 얘기였습니다. "미르 재단이 뭐죠?" "허허, 기자 맞아요?"

인터넷을 뒤져보니 조선이 이미 자세하게 보도를 했더군요. 얼굴이 화끈거렸습니다. 여당 성향의 조선도 이토록 치열한데 난 뭐 하고 있었나, 선임기자랍시고 뒷짐 진 채 거들먹거리기나 했구나 싶었습니다. 그래서 편집국장에게 취재팀을 꾸리자고 요청한 겁니다. 천하의 게으름뱅이인 제가 말이죠.

취재를 하면 할수록 조선의 보도가 훌륭하다는 걸 깨닫게 됐습니다. 취재 그물은 호수를 다 덮도록 넓게 쳤는데도 그물코는 피라미 한 마리 빠져나갈 틈 없이 촘촘했습니다. 7월27일이 첫 보도인데 이미 4월부터 취재에 들어갔더군요. 재단의 어느 관계자는 저희 기자를 보자마자 버럭 화를 내며 도망치기도 했습니다. 조선 기자들이 얼마나 집요하게 달라붙었으면 그랬겠습니까.

다행히도 조선의 손때가 덜 탄 곳이 있었습니다. 케이스포츠입니다. 미르는 조선이 싸그리 훑고 지나가 이삭 한 톨 남아 있지 않았는데 케이스포츠에는 그나마 저희 몫이 조금은 남아 있었습니다. 최순실입니다. 저희가 케이스포츠 현장에서 찾아낸 최순실의 발자국과 지문은 어쩌면 조선이 남겨놓은 '까치밥'인지도 모르겠습니다. 아이작 뉴턴이 이런 말을 했다죠. "내가 더 멀리 보았다면 그건 거인들의 어깨 위에 올라서 있었기 때문이다." 저희가 감히 뉴턴 행세를 하자는 게 아닙니다. 한겨레가 한발짝 더 내디딜 수 있었던 건 조선의 선행 보도가 거대했기 때문이라는 점을 말씀드리고 싶은 겁니다.

그런데 언제부턴가 조선이 침묵하기 시작했습니다. 송희영 주필 사건 이후 처신하기가 어려워졌겠죠. 게다가 내년 3월에는 종편 재허가를 받아야 하니 청와대의 눈치를 볼 수밖에 없을 겁니다. 하지만 못내 아쉬운 건 조선이 취재해 놓고 내보내지 못한 내용입니다. 저희가 조선의 뒤를 쫓다보니 '잃어버린 고리'가 두세개 존재한다는 걸 알게 됐습니다. 사건의 전체 모자이크를 끼워 맞출 수 있는 '결정타'들이죠. 조선이 물증을 확보한 듯한데 보도는 실종됐습니다. 기사는 언제 햇빛을 보게 될까요. 나중에 박근혜 대통령이 힘 빠졌을 때라면 가치가 있을까요? 사장님은 기자들 수백명의 이름을 하나하나 기억하는 걸로 알고 있습니다. 바깥 사람들을 만나서 틈만 나면 기자들 자랑을 해대는 통에 "자식 자랑 하면 팔불출"이라는 소리를 듣곤 한다죠. 그렇게 아끼는 기자들의 땀방울이 어느 캐비닛에 처박힌 채 증발돼가고 있습니다.

기자 개개인보다는 조선의 이름값이 더 중요하겠죠. 사장님은 몇 년 전 다른 언론사의 기자들에게 저녁을 사면서 이런 건배사를 한 적이 있습니다. "불행히도 우리 언론이 이념으로 나뉘었다. 하지만 이념 위에 언론이 있다." 폭탄주는 끊으셨기에 알잔은 맹물로 채웠지만 건배사 내용만큼은 100% 원액처럼 진했다고 하더군요. 사장님은 젊은 시절 방갑중이라는 이름의 성실한 외신부 기자였고 그 시절을 그리워한다고도 들었습니다. 사장님이 당당할 때 권력도 감히 조선을 함부로 대하지 못할 겁니다. 환절기에 건강 조심하십시오.

kyummy@hani.co.kr

김의겸의 칼럼은 이후 "선행 취재를 진행한 조선일보 취재팀과 방상훈 사장을 향해 '함께할 것'을 요청"한 것으로, "이념과 진영을 넘어 진실을 추구하는 저널리즘의 본령을 잊지 말자는 호소"였다는 평을 받았다. 2016년 9월 29일 27면.

하지만 김의겸의 이런 청탁은 별 효과가 없었다. 결과적으로 TV조선이 그동안 취재해놓은 걸 대대적으로 보도하기까지는 JTBC의 태블릿 피시 보도까지 기다려야 했다. JTBC 보도가 나간 다음 날인 10월 25일에야 비로소 '문제의 동영상'을 대대적으로 공개했다. 2014년 11월 3일에 찍은 의상실 CCTV 영상과 2016년 7월에 담아낸 최순실의 지하 주차장 모습이었다.

김의겸의 칼럼을 방상훈 사장이 읽어봤는지는 확인할 방법이 없다. 사실 중요한 것도 아니다. 하지만 편지 형식의 칼럼을 쓴 뒤 5개월이 지난 시점에 아주 우연한 장소에서 '방 사장이 읽어봤구나' 하고 알 수 있게 된다. 2017년 2월 23일 한국기자협회가 주는 한국기자상 시상식에서였다. 한겨레와 더불어 TV조선, JTBC가 공동으로 한국기자상 대상을 받는 자리였다. 시상식이 끝나고 다들 자리를 뜨는 어수선한 상황이었는데, 김의겸은 방 사장과 딱 마주치게 됐다. 방 사장이 김의겸을 보며 가볍게 한마디 던졌다. "거 왜 남의 이름을 함부로 부르는 겁니까? 허허. 여튼 오늘 상 탄 것 축하합니다."

칼럼에서 방상훈 사장의 젊은 시절 이름 '방갑중'을 거론한 걸 말하는 거였다. 김의겸은 '축하한다'는 말에 "고맙습니다"라고 말하며 고개를 숙였다.

프랑크푸르트에 간 손석희 사장

독일 프랑크푸르트에서 한참 최순실·정유라 모녀의 뒤를 추적하던 송호진 기자로부터 우려 섞인 연락이 왔다. "선배, 프랑크푸르트에 손석희가 왔어요." "아니 그게 도대체 무슨 말이야? 손석희 사장이 왜 프랑크푸르트에 있다는 거야?" "여기 프랑크푸르트에서 손석희 사장을 목격했다는 교민이 있습니다."

김의겸은 송호진의 말을 듣는 순간 2014년 세월호 참사 때 손석희 사장이 팽목항에 내려가 직접 마이크를 잡고 현장을 누비던 모습이 떠올랐다. 방송사 메인 앵커로서 스튜디오만 지키는 게 아니라 현장을 중시하는 그라면 능히 그럴 법했다. 그렇다면 손석희 사장이 이미 최순실과 인터뷰를 하기로 약속하고 독일 현지에 갔다는 말인가? 그럴 가능성이 높다고 김의겸은 판단했다.

김의겸은 류이근, 하어영, 방준호를 급히 불러모았다. 당시는 송호진 기자가 언론사에서 유일하게 프랑크푸르트로 달려가서 최순실 모녀의 뒤를 쫓고 있었다. 송호진의 현지 취재를 기반으로 「K스포츠, 최순실 딸 독일 숙소 구해주러 동행했다」라는 기사를 출고할 준비가 돼 있었다. 독일 프랑크푸르트발 1보다. 하지만 최순실, 정유라는 아직 만나지 못했다. 송호진의 집요한 추적으로 두 모녀의 코앞까지는 갔다. 정유라가 타고 다니는 9인승 폴크스바겐도 발견했다. 차 안에 놓여 있는 유아용 작은 의자나 신발로 봐서 정유라의 차가 틀림없었다. 이제 이 차를 중심으로 며칠만 더 추적하면 곧 손에 잡힐 듯했다.

하지만 손석희 사장이 최순실 인터뷰를 내보내면 그동안의 취재가 모두 의미가 없어진다. 먹기 아까워 바라만 보다가 녹아 흘러내리는 아이스크림이 될지도 모른다. 류이근은 우선 독일발 1보를 내보내자고 주장했다. 최악은 피해야 한다고 말했다. 맞는 말이다. 하지만 김의겸은 미련이 남았다. 만일 손석희 사장이 다른 일로 프랑크푸르트에 간 거라면 최찻사는 지레 겁을 먹은 거다. 그리고 당시 JTBC의 보도 내용으로 보면 진도가 그렇게까지 나갔을 리가 없다. 이 기사를 내보내면 최순실, 정유라는 더 꽁꽁 숨을 것이다. 영영 최순실의 꼬리를 밟을 수 없을지도 모른다. 이런 게 김의겸의 걱정이었다.

판단이 서지 않자 김의겸은 손석희 사장에게 직접 확인해

보기로 했다. 김의겸은 과거 〈손석희의 시선집중〉에 나가 대담을 한 적이 있으나 손 사장이 기억하고 있을 리는 만무했다. 그래도 전화를 하고 문자를 보냈다. 진짜 손석희가 최순실을 만난 거라면 한겨레도 인터뷰를 할 수 있도록 주선해달라고 부탁도 해볼 생각이었다. 그러나 주말 동안 답이 없었다.

10월 16일 일요일 아침 더 이상 기다릴 수 없었다. 김의겸은 아침 편집회의에 독일발 1보를 보고하고 신문 제작에 들어갔다. 한참 정신없이 일하는데 손석희 사장으로부터 전화가 왔다. "제가 너무 늦게 전화하는 거죠?" 두 사람 사이에는 이런 대화가 오고 갔다.

"프랑크푸르트 다녀오셨다면서요?"

"어, 그걸 어떻게 아셨어요?"

"현지 교민들이 봤다고 해요."

"그래요? 아무도 못 알아보는 줄 알았는데."

"그런데 최순실은 만나신 겁니까?"

"네? 최순실이 프랑크푸르트에 있나요?"

"아니, 모르셨어요?"

"그런 줄 알았으면 최순실이나 찾아볼 걸 그랬네요."

"아니 그러면 도대체 왜 프랑크푸르트를 가신 거예요?"

"아, 휴가 받아서 와이프랑 여행 간 겁니다."

"아니, 지금 10월이면 독일 날씨가 좋지도 않은데 왜 하필이면 프랑크푸르트를……."

"프랑크푸르트가 비행기 값이 가장 싸서 간 거죠."

아니었다. 하지만 이미 늦었다. 지면은 잡혀 있었고, 지면을 채워야 했다. 최순실이 숨어버리더라도 이젠 어쩔 수 없었다. 기사는 10월 17일에 「K스포츠, 최순실 딸 독일 숙소 구해주러 동행했다」라는 제목과 '최순실, 재단 과장과 현지 직원 10명쯤 대동/재단 설립된 지난 1월 전지훈련용 숙소 물색'이라는 부제를 달고 나갔다. 이때만 해도 김의겸은 자신과 JTBC가 복잡한 일로 엮이게 될 줄은 꿈에도 생각하지 못했다.

태블릿 피시 입수를 둘러싼 오해와 음모론

11월 2일 김의겸은 오마이뉴스 장윤선 기자가 진행하는 팟캐스트 〈팟짱〉에 출연했다. 최순실 게이트 취재와 관련한 이야기를 나누던 중에 손석희 사장과의 통화 내용을 소개했다. 사실 가벼운 마음이었다. '손석희 브랜드'의 힘이 엄청나다는 것을 보여주는 에피소드라고 생각했다. 또 하나는 팟캐스트에 나가서 재미있는 이야기 한 꼭지 정도는 청취자에게 들려주고 싶어서였다. 오마이뉴스 스튜디오에 들어가기 전에 미리 마음먹은 거였다. 그러나 예상치 못한 질문이 있었다.

장윤선 기자가 "검찰은 태블릿 피시가 독일에서 왔다고 하는 등 여러 얘기가 있던데 뭐가 진실이냐"고 물은 것이다. 김의겸은 "저는 사실을 압니다만 다른 언론매체에서 일어난 일이기 때문에 제가 말하는 건 예의에 어긋나는 것 같고요"라고 말하며 답변을 회피하다가 뭔가 미흡한 것 같아서 한 발 더 나아갔다. "제가 알고 있는 바로는, 국내에서 받은 거다, 주운

게 아니고 받은 거다, 그것만은 제가 장담할 수 있습니다. 거기까지만 말씀드리죠."

김의겸이 이렇게 말한 것은 JTBC의 태블릿 피시 입수 경위를 어느 정도는 파악하고 있었기 때문이다. 당시 JTBC는 더블루케이 건물 관리인의 협조를 얻어 태블릿 피시를 입수했다고 보도했는데, 김의겸이 보기에는 단순한 협조 차원을 넘어서는 것이었다.

건물 관리인은 처음에는 소속 언론사를 밝히지 않던 JTBC 기자가 나중에 신분증을 보여주자 "그러면 진작 말하지, 왜 이제야 말 하느냐, 처음부터 JTBC 기자라고 했으면 내가 협조했을 텐데……"라고 말하며 적극적으로 도와주겠다는 뜻을 먼저 밝혔다. 그리고 육중하게 잠겨 있던 더블루케이 사무실의 문을 열어줬다. 비밀번호를 눌러야 열리는 문이고, 문에는 보안장치도 되어 있었다. 보안카드를 대지 않고 문을 열면 당장 보안업체 직원들이 출동하는 시스템이다. 그는 직장을 잃고 법적으로 문제가 될 수 있다는 걸 잘 알면서도 자발적으로 JTBC를 도왔다. 그의 적극적인 도움이 있었기에 JTBC 기자는 더블루케이 사무실에서 태블릿 피시를 입수할 수 있었다.

김의겸은 20년이 훨씬 넘게 기자생활을 했지만 그렇게 적극적으로 취재를 도와줬다는 경우는 한 번도 들어본 적이 없다. 이 정도면 협조 차원을 넘어 주도적이고 절대적인 지원이라고 볼 수 있다. 건물 관리인이 사실상 내준 것이나 진배없다

굳게 잠긴 더블루케이 사무실 문. 건물 관리인이 비밀번호를 누르고 보안장치를 해지해야 들어갈 수 있다.

고 김의겸은 판단했다. 그래서 '주운 게 아니라 받은 것'이라고 표현한 것이다.

김의겸은 당시 그런 상황을 누군가로부터 귀띔을 받아 대강 알고 있었다. 그리고 이 정보를 더 자세히 알아보기 위해 며칠 뒤 방준호에게 인터뷰를 하라고 지시했다. 이후 김의겸은 2017년 2월 초 그를 직접 만나 얘기를 듣고 상세한 정황을 파악했다. 그러나 건물 관리인은 자기 이야기가 지면에 실리기를 원치 않았다. 김의겸을 만난 직후 그는 다니던 직장을 그만두었다.

김의겸이 〈팟짱〉에 출연해 던진 한마디는 이런 배경을 깔고 있었다. 그랬기에 이 말이 나중에 일파만파를 일으키리라고는 전혀 예상하지 못했다. 하지만 어떻게든 탄핵을 막아보려는 사람들은 김의겸의 이 말에서 하나의 거대한 음모론을 만들어냈다. 박근혜 대통령을 흔들려는 세력이 태블릿 피시를 조작해 손석희에게 건넸고 이를 아는 김의겸이 양심선언을 했다는 내용의 지라시가 급속도로 유포됐다. 대개 이런 내용이었다. "이게 참말입니까? 이럴 수가? 태블릿 피시는 청와대 있던 놈들이 청와대를 그만두며 조작해서 JTBC에 넘겨준 것이라고, 전라도 출신의 현직 한겨레 김의겸 기자가 고백했습니다. 결국 언론 조작의 달인 손석희가 또 하나 만들어낸 대국민 사기극임이 밝혀진 것이지요."

김의겸은 'JTBC가 건물 관리인으로부터 받은 것'이라는 뜻으로 말한 건데, 그 의미를 'JTBC가 청와대 있던 놈들로부터 받은 것'으로 바꿔치기해버린 것이다. 게다가 손석희 사장이 프랑크푸르트로 휴가를 간 사실까지 거대한 음모론을 구성하는 한 조각으로 이용되었다. 파장이 만만치 않았다. 한겨레로 각종 문의 전화와 항의 전화가 쏟아졌다. "김의겸이 왜 함부로 입을 놀려서 사태를 위험하게 만드느냐"는 것이었다. 김의겸은 당황했다. 엄중한 상황에 너무 가볍게 말을 내뱉었구나, 후회도 많이 했다. 이걸 어떻게 해명해야 하나 고민이 깊어졌다.

11월 28일 손석희 사장이 가벼운 항의의 뜻을 문자로 보내왔다. 김의겸은 사과했다.

"악성 지라시가 돌고 있다는 걸 알고, 어떤 식으로든 해명을 할까 생각도 해보았습니다만 먹잇감만 던져주는 것 같아서 마음을 접었습니다. 혹시 필요하다고 판단되면 언제든지 말씀해주시기 바랍니다. 적절한 선에서 입장을 밝히겠습니다."

그 필요한 때는 곧바로 찾아왔다. 12월 7일 국회 국정조사 특별위원회 청문회에서 태블릿 피시를 둘러싼 논란이 정점을

더블루케이가 이사 가고 난 뒤 비어 있는 사무실. 태블릿 피시가 나온 책상이 남아 있다.

향해 치닫고 있었다. 새누리당 의원들은 "손석희 사장을 청문회 증인으로 채택하자"고까지 주장했다. 탄핵소추안 의결을 앞두고 있던 때라 극단적인 주장이 난무했다.

12월 8일 아침 손석희 사장으로부터 전화가 왔다. "방송에 한번 나와주세요. 해명을 해주시는 게 좋을 것 같습니다."

김의겸이 JTBC 취재에 응하는 걸 류이근은 반대했다. "JTBC가 애초 짜놓은 프레임이 있어요. 그 프레임에 들어가면 선배만 바보가 되고 말아요. 응하지 마세요." 하지만 김의겸은 그럴 수가 없었다. "내일이면 국회에서 탄핵 표결이 이뤄져. 이 중대한 국면에 내 체면 따위 생각해서 안 나갈 수는 없잖아. 조금이라도 도움이 된다면 나가야지."

JTBC의 손용석 기자로부터 전화가 왔다. 김의겸은 전화 인터뷰를 통해 나름 자신의 체면도 살리면서 태블릿 피시를 둘러싼 논란에 마침표를 찍는 말을 한다고 생각했다. 그러나

12월 8일 저녁 JTBC 보도를 보니 거두절미된 김의겸의 말은 스스로 듣기에도 궤변이었다. 앵커 손석희 사장은 "김의겸 기자는 그건 오해다, 그건 악의적인 것이다라고 얘기를 했는데 애초 발언을 그렇게 안 했으면 더 좋았겠다는 생각이 듭니다"라고 말했다. 방송이 나간 직후 김의겸이라는 이름은 네이버 실시간 검색어 1위에 올랐다. 영광스러운 이름이 아니라 오욕의 이름으로 올라간 1위였다. 힐난으로 가득한 댓글들을 보며 김의겸은 아예 눈을 감아버렸다.

14

최순실 게이트

탄핵소추안 가결, 그리고 그 뒤

취재 99일 만에 대통령 탄핵소추안 가결

2016년 12월 9일 오후 4시 10분. 드디어 국회에서 박근혜 대통령 탄핵소추안이 가결됐다. 서로 얼싸안고 환호성을 지르는 시민들의 모습이 텔레비전으로 중계됐다.

하지만 그 시각 정작 최찾사 기자들은 모두 뿔뿔이 흩어져 취재를 하고 있었다. 김의겸만이 홀로 신문사 4층 최찾사 사무실에서 자신의 노트북으로 인터넷 중계를 지켜봤다. 7층 편집국에 올라가서 우르르 단체관람을 할 수도 있지만 왠지 쑥스러운 기분이 들었다. 혼자서 보는 게 편했다. 찬성 234표, 반대 56표. 최종 결과를 다시 한번 확인하고 김의겸은 텔레그램 단체방에 문자를 보냈다.

"자랑스러운 우리 후배님들, 그동안 수고 많았습니다. 최찾사가 처음 모인 9월 2일부터 시작해서 99일 만입니다. 다들 오늘을 기억합시다. 오늘 저녁 우리끼리 탄핵주라도 한잔 했으면 좋겠는데 다들 약속이 있으니, 다음 주에 따로 자축의 날을 한번 잡아봅시다."

답장들이 왔다. "선배야말로 진짜진짜 몸고생 맘고생 하셨습니다^^" "다들 고생 많았어요." "쾌거입니다. 시국 걱정들 내려놓으시고 주말은 편히들 쉬셔요~"

김의겸은 일찌감치 노트북 전원을 끄고 주섬주섬 짐을 챙겨서 퇴근했다. 아직도 해가 다 지지 않았다. 이렇게 이른 퇴근은 최찾사가 꾸려진 이후 처음이다. 누구라도 불러내서 한잔 하고 싶은 마음도 들었지만 조용히 집으로 향하는 전철에 몸을 실었다.

마무리투수의 등장

바로 그날 문화부의 강희철 기자가 김의겸을 찾았다. "제가 검찰 문제와 관련해 몇 가지 쓸 게 좀 있는데, 최찾사에 합류했으면 합니다. 받아주실 거죠?" 김의겸은 강희철의 제안을 듣자마자 "좋지~" 하며 바로 수락했다. 강희철은 당시 최찾사 구성원은 아니었다. 하지만 이미 9월 22일 1면 머리기사 「이석수 특감, '재단 강제모금' 안종범 수석 내사했다」로 지대한 공헌을 한 바 있다. 그 뒤로도 그는 자신의 빨대(비밀 취재원을 일컫는 언론계 은어)로부터 이런저런 이야기를 듣고 김의겸에게 전달해왔다.

게다가 장기간 전력 질주해온 최찾사의 김의겸, 류이근, 하어영, 방준호 네 사람은 그 무렵 몸과 마음이 다 지쳐갔다. 탄핵소추안이 국회에서 가결되자 이제 자신들에게 주어진 몫은 어느 정도 해냈다는 생각에 신경줄이 느슨하게 풀어졌다. 기존의 최찾사 구성원들로서는 가뭄에 단비를 만난 격이었다. 야구로 따지면 이제 선발투수의 어깨가 고장 나던 무렵 새로운 마무리투수가 등장한 셈이다. 강희철이 말한 '검찰 문제'란 검찰의 갑작스러운 '태도 변화'를 말하는 것으로, 그에 대한 비판 의식은 오래전부터 가지고 있었다.

검찰의 태도 변화

"특별수사본부는 대통령에 대하여, 현재까지 확보된 제반 증거자료를 근거로 피고인 최순실, 안종범, 정호성의 범죄사실과 관련하여 상당 부분이 공모관계에 있는 것으로 판단하였습니다."

일요일인 11월 20일 오전 11시. 집에서 텔레비전으로 생중계되는 이영렬 서울중앙지검장의 발표를 보고 있던 강희철은 적잖이 놀랐다. 공모라니. 명시적인 표현만 쓰지 않았을 뿐 검찰은 대통령을 피의자로 입건했다고 공표하고 있었다.

이어진 문장도 놀라움 그 자체였다. "그러나 헌법 제84조에 규정된 현직 대통령의 불소추특권 때문에 기소할 수 없습니다." 현직 대통령 신분이 아니었다면, 박근혜를 진작 불러

조사하고 기소했을 것이라고 검찰은 '선언'하고 있었다. 실로 경이로운 대반전이었다. 한겨레가 1면 머리로 최순실 이름 석 자를 불러낸 게 9월 20일이었으니, 불과 두 달 만에 지각변동에 준하는 변화가 일어난 것이다.

그에 못지않게 놀라운 것은 검찰의 태도 변화였다. 최순실, 안종범에 대한 고발장이 9월 29일에 접수되자, 검찰 지휘부는 사건을 서울중앙지검 형사8부에 배당했다. 이런 사건을 다뤄본 경험이 전무한 부서에 보낸 것이다. 한마디로 수사하지 말라는 메시지나 다름없었다. 증거 확보를 위한 압수수색도 하지 않은 검찰이 무슨 조사를 할 수 있겠는가. 형사8부에선 이따금 참고인 조사나 하면서 시간을 보냈다.

강희철의 후배 김정필 기자가 잘 아는 검사를 취재해 넘겨준 메모를 보면, 당시 서울중앙지검의 내부 사정은 한마디로 처참한 지경이었다.

"원래 형사8부에서 미르재단과 K스포츠재단을 맡았는데, 그때는 눈치를 보는 상황이라 한심했잖아. 무슨 조사부도 아니고, 압수수색도 하기 전에 참고인부터 불러서 조사하고 앉아 있고, 그게 뭐하는 짓이야. 그러니까 욕을 먹을 수밖에 없는 거지."

이 무렵 강희철이 통화한 전·현직 검사들도 검찰의 '타락'을 깊이 개탄했다.

"수남이 형(검찰총장 김수남을 지칭), 그렇게 안 봤는데 지금 뭐하고 있는지 모르겠어. 총장 임기제가 가문의 영광을 위해 임기 무사히 마치라고 있는 건 아니잖아."

"이대로 가면 내년 대선국면에서 검찰은 속수무책으로 당할 거야. 수사권은 기본으로 내놔야 할 거고, (정치권에서) 더한 걸 공약으로 내걸 수도 있어. 이 사건 뭉갠 걸 만천하가 아는데 나중에 '우리는 어쩔 수 없었다'고 항변할 수 있을까."

상황이 일변한 것은 '최순실 태블릿 피시'가 보도된 후다. 다시 김정필의 메모다.

"태블릿 피시 보도가 나오고 다음 날(10월 25일)부터 분위기가 확 바뀌어서 수사에 피치를 올리라고 (위에서) 지시가 왔는데, 이미 미르·K스포츠는 증거물을 다 폐기한 상태였잖아."

검찰은 고발 28일 만인 10월 26일 미르재단과 K스포츠재단 사무실 등을 압수수색했다. 하지만 사실상 빈손으로 돌아서야 했다. 이 난감한 상황을 돌파한 것은 역시 특수부에서 증강 배치된 ㅊ검사, ㅇ검사, ㅈ검사 등이었다. 27일 수사팀이 특별수사본부로 확대 개편되고, 핵심 인물들에 대한 대대적인 압수수색과 소환 조사가 이뤄졌다.

그리고 10월 30일이 됐다. 이 날짜는 검찰의 표변을 이해하는 중요한 키워드일 수 있다. 그날 법무-검찰을 한 손에 틀어쥐고 있던 우병우가 청와대를 떠났다. 불과 며칠 전만 해도 이석수 특감이 수사의뢰한 사건과 관련해 검찰총장에게 전화를 걸어 "왜 내 처가 검찰 조사를 받아야 하느냐"며 강력히 항의했다던 그가 드디어 권좌에서 내려온 것이다. 그의 주술 아닌 주술에 사로잡혀 있던 검찰이 이제 정반대 방향으로 내달리기 시작했다.

"정상적인 사고를 가진 사람이라면, 10월 30일 이전과 이후의 검찰이 같은 조직이라는 걸 납득할 수 있을까. 검찰을 '하이에나'라고 한 조응천의 말은 항변의 여지가 없는 거 아닐까." 그 즈음 강희철과 만난 어느 전직 검사는 깊은 한숨을 내쉬었다.

검찰 내부 사정을 잘 아는 사람들은 검찰의 타락이 우병우 이전에 이미 시작됐다고 입을 모았다. 박근혜·최순실 게이트 훨씬 이전 채동욱 검찰총장이 혼외자 문제로 중도 하차한 뒤부터 '예고된 참화'나 다름없이 전개됐다는 설명이었다. 강희철이 이 무렵 만나거나 통화한 이들은 대부분 검찰의 '흑역사'가 되풀이되지 않도록 언론이, 특히 한겨레가 문제를 드러내 보여주어야 한다고 주문했다. 그러면서 추상적인 '제도'보다 제도를 운용하는 '사람'에 주목해보라고 조언했다. 때마침 '박근혜·청와대'의 검찰 통제에 관여했던 몇몇 주요 인물에 대한 '제보'가 구체적으로 들어오기 시작했다. 그동안 최찻사를 뒤에서 돕는 것으로 만족하던 강희철은 이제 검찰 문제를 본격적으로 다룰 때가 됐다고 생각했다.

황교안과 우병우의 '외압'

구체적인 내부 제보들을 바탕으로, 강희철은 법조 출입 경험이 있는 후배들에게 도움을 청했다. 어느덧 그들 자신이 베테랑의 반열에 들게 된 김태규와 김정필, 노현웅 그리고 현재 법조팀의 최현준과 막내 서영지 기자는 선배의 까다로운 주문에도 기꺼이 시간을 내어주었다. 팩트를 담은 생생한 증언들이 하나둘 메모로 쌓여갔다.

그래도 제보와 메모 사이에는 여전히 여기저기 간극과 '구멍'이 있었다. 그렇다고 김기춘 전 비서실장 같은 사람에게 '양심선언'을 기대하며 대놓고 물어볼 수도 없는 노릇이었다. 그런 고충을 훌륭히 해결해준 것은 김영한 전 민정수석의 '업무일지'였다. TV조선에서 이 업무일지를 단독 입수해 보도한 이진동 부장은 첫 기사를 쓴 2016년 11월 10일 저녁 약속에서 강희철을 만나 이런 말을 했었다. "업무일지를 한겨레가 먼저 입수했더라면 한 석 달 열흘은 썼을 거야."

결국 유족이 모든 언론에 공개한 김영한의 업무일지는 그 자체로 기사의 '보고'가 돼주었다. 대체로 음습하거나 전근대적이고, 이따금 우스꽝스럽기까지 한 박근혜·청와대의 내막을 그는 놀라울 정도의 꼼꼼함으로 세밀히 기록해놓았다. 이만한 '실록'이 또 있을까 싶었다.

첫 번째 아이템은 자연스럽게 황교안 총리로 잡혔다. 그가 알게 모르게 검찰 수사에 영향을 미친 것이 한두 가지일까마는, 제일 뚜렷하게 흔적이 드러나는 것은 세월호 참사 때의 '업무상 과실치사상'죄(이른바 '업과사', 형법 제268조) 적용 문제였다.

2014년 4월 16일, 오전 9시 30분께 세월호 사고 현장에 가장 먼저 도착한 해경 123정의 김경일 정장은 선박 내부 진입은 물론 선박 외부에서의 퇴선 명령이나 승객 퇴선 유도조차 하지 않은 채 바닷속으로 잠겨가는 아이들을 멀뚱히 지켜보기만 했다. 그런 김 정장이었기에 수사 실무를 맡은 광주지검 수사팀과 지휘부는 물론 대검찰청의 검찰 수뇌부도 수사 초기부터 '업과사'로 처벌해야 한다는 데 이견이 없었다. 재난 발생 시 인명 구조라는, 최소한의 국가 기능을 다하지 못한 책임을 물어야 한다는 것이었다.

그러나 당시 수사는 '이상한 조류'에 떠밀리며 장기간 표류했다. 해경 전담 수사팀이 구성된 시점(2014년 5월 28일)부터 김 정장의 기소(2014년 10월 6일)까지는 반년 가까운 시간이 걸렸다. 지방선거(2014년 6월 4일) 이전에는 검찰이 어떤 액션에도 나서지 못하도록 옭죄는 바람에 해경에 대한 압수수색도 2014년 6월 5일에야 이뤄졌다. 국가의 책임, 특히 사건 당시 오리무중이던 대통령의 '7시간 행적'이 문제였다. '업과사'를 방어하지 못하면 '7시간'도 뚫릴지 모른다는 '정무적 계산'에서 검찰 수사를 틀어막은 것이었다. 그리고 이듬해 1월 정기 인사에서 '업과사 관철'에 관여했던 검찰 간부들은 한 명의 예외도 없이 전원이 좌천되는 비운을 맞았다.

당시 상황을 재구성한다는 생각으로 강희철은 후배들과 역할을 나눠 관련자들을 한 사람씩 접촉해나갔다. 이 과정에서 누군가는 솔직히 털어놓았고, 또 다른 누군가는 여전히 주저했다. 하지만 퍼즐이 하나둘 모이면서 윤곽이 드러났다. 법무부의 여러 간부들이 '업과사' 적용을 배제하도록 요소요소에 집요하게 '압력'을 넣은 정황이 점차 분명해졌다.

남은 것은, 기자들 표현으로, '꼭지'를 따는 일이었다. '보이지 않던 손'의 주인은 황교안이라고 여러 정황과 증언이 지목

황교안, 세월호 수사 틀어막고 인사보복 했다

(당시 법무부 장관)

해경 정장 '과실치사' 적용 못하게 외압
"당시 수사팀 들고일어날 지경이었다"
수사라인 전원 좌천…황 "사실 아니다"

황교안 대통령 권한대행이 법무부 장관이던 2014년 4월 세월호 침몰 현장에 가장 먼저 출동했던 해경 123정장에게 승객 구조 실패의 책임을 물어 처벌(업무상 과실치사 적용)하려는 검찰에 사실상 수사를 할 수 없도록 장기간 외압을 행사한 것으로 드러났다. 이는 세월호 참사 당일 박근혜 대통령의 행적과 관련해 '7시간 의혹'이 제기되고 있던 상황에서 해경의 구조 실패까지 부각돼 정부 책임을 묻는 여론이 거세질 것을 우려했기 때문으로 풀이된다. 황 대행은 또 업무상 과실치사 적용을 강력히 주장했던 '수사 라인'의 검찰 간부들을 이듬해 정기인사에서 전원 좌천시켜 '인사 보복'을 했다는 의혹도 받고 있다. ▶관련기사 3면

당시 법무부와 검찰에 근무했던 복수의 관계자들은 15일 〈한겨레〉 기자와 만나 "인명 구조에 실패한 김경일 전 123정장에 대해 7월말 업무상 과실치사로 구속영장을 청구하려 했으나 법무부에서 한사코 안 된다, 빼라고 난리를 쳐서 결국 영장에 넣지 못했다. 법무부는 기소를 앞둔 10월초까지도 '업무상 과실치사만은 안 된다'는 입장을 완강하게 고수했다. 이는 황 대행의 방침이라는 말을 법무부 간부들한테서 들었다"고 말했다. 황 대행은 세월호 참사 직후인 4월28일 국회에 출석해 '신속·철저한 진상 규명'과 '적극적인 법률 적용'을 다짐했지만, 뒤에서는 검찰 수사를 틀어막고 있었던 셈이다.

당시 상황을 잘 아는 검찰 관계자는 황 대행의 이런 방침에 반발해 "광주지검 수사팀이 들고일어날 지경이었다"고 전했다. 변찬우 광주지검장은 법무부의 외압이 계속되자 "업무상 과실치사를 빼고 기소하려면 지검장을 바꾸고 하라"며 '사직 의사'를 법무부와 청와대에 전달하기도 했다. 검찰의 다른 관계자는 "법무부가 수사 초기부터 얼마나 심하게 태클을 걸었는지는 해경 압수수색(6월5일)에서 김 전 정장 기소(10월6일)까지 걸린 시간을 보면 알 수 있다"고 말했다.

수사팀은 세월호 사건에 대한 여론의 관심이 다소 낮아진 10월초에야 김 전 정장을 업무상 과실치사로 기소할 수 있었다. 김 전 정장은 지난해 11월 대법원에서 이 혐의로 유죄가 확정됐다. 그러나 변찬우 지검장 등 당시 광주지검 지휘부와 대검 지휘라인은 이듬해 1월 검찰 정기인사에서 일제히 좌천을 당했다. 이 때문에 검사들 사이에선 황 대행의 '보복 인사'라는 해석이 파다했다.

검찰에선 황 대행의 부당 외압도 특검 수사 대상에 포함시켜야 한다는 의견이 나오고 있다. 검찰의 한 관계자는 "정부 책임이 커질 것을 두려워한 나머지 업무상 과실치사 적용을 막은 황 대행의 행위는 직권남용에 해당한다"며 "특검이 세월호 부분도 수사하게 돼 있는 만큼 황 대행의 외압이 청와대의 지시였는지 여부도 밝혀야 할 것"이라고 말했다.

이에 대해 황 권한대행은 김광수 법무부 대변인을 통해 "당시 수사에 외압을 행사하였다는 주장은 사실이 아니며, 수사라인 간부들에 대한 인사 보복 주장 또한 사실이 아니다"라고 밝혔다.

강희철 김정필 기자 hckang@hani.co.kr

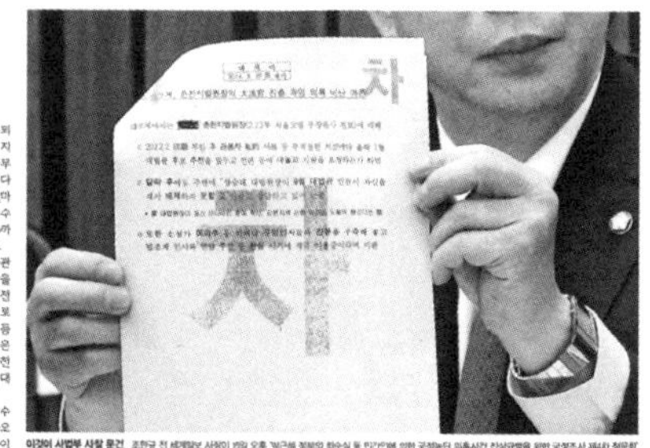

이것이 사법부 사찰 문건 조한규 전 세계일보 사장이 15일 오후 '박근혜 정부의 최순실 등 민간인에 의한 국정농단 의혹사건 진상규명을 위한 국정조사' 제4차 청문회에 출석해 제출한 2014년 당시 춘천지법원장 사찰 의혹 문건을 김성태 국정조사특별위원장이 이날 저녁 공개하고 있다. 위쪽에 '대외비'가 찍혀 있고 문서에 국정원 보안 마크를 뜻하는 '차'라는 글자가 선명하게 보인다. 강창광 기자 chang@hani.co.kr

청와대, 양승태 대법원장까지 사찰

조한규 전 세계일보 사장 폭로
대법 "사실이라면 반헌법 사태"

박근혜 정부가 국가정보원을 동원해 양승…

이날 조 전 사장이 김성태 국정조사특위 위원장에게 건넨 문건에는 국정원 보안마크를 뜻하는 '차'라는 글자가 선명하게 찍혀 있다. 국정원 상황을 잘 아는 관계자는 "국정원 각 국이나 부서에 용지가 배포될 때부터…

박숙이 할머니가 남긴 증언 › 14·15

세월호 참사에서 '업무상 과실치사상'죄 적용을 배제하도록 윗선의 압력과 지시가 있었다는 정황이 몇몇 제보와 증언을 통해 좀 더 분명하게 드러났다. 그리고 그 정점에는 당시 법무부 장관 황교안이 있었다. 2016년 12월 16일 1면.

하고 있었지만, 기사를 쓰려면 누군가의 결정적인 한마디가 절실히 필요했다.

그 말은 뜻밖의 인사에게서 나왔다. 강희철이 미리 꼽아봤던 '접촉 대상자'에 처음엔 들어 있지 않던 '그'는 어느 늦은 밤 통화에서 이런 말을 들려줬다.

"강 기자, 아까 법무부의 누구누구 얘기했잖소. 그 사람들 면면이나 당시 위치를 잘 봐요. 장관 지시 없이 그런 일을 할 것 같은가. 그때 제일 적극적으로 총대 멘 선수는 그 공로인지 뭔지 지금 서초동(검찰)의 아주 높은 자리에 가서는 시치미 뚝 떼고 있지. 장관 관련해선 내가 직접 들은 것도 있어요. 더구나 인사는 법무부 소관 아니요. 장관이 했다고 써도 아무 말 못할 거요. 물론 공식적으로는 부인하겠지만."

그렇게 해서 한겨레 12월 16일 1면에 「황교안, 세월호 수사 틀어막고 인사보복 했다」는 기사가 나갔다.

우병우 민정수석은 잘 드러나지 않는 표적이었다. 주변 사람을 의식하지 않는 그의 평소 언행에 비추어 '족적'의 확인이 별로 어렵지 않을 것이라 예상했지만, 아니었다. 검찰 수사와 인사에 개입하고 지시했다는 말은 많이 들리는데, 실체는 좀처럼 손에 잡히지 않았다.

그러던 어느 날 김정필이 강희철에게 대단한 취재 메모 하나를 보내왔다. 덤덤한 성격처럼 아무 일 아니라는 듯 적어 보낸 장문의 메모에는 놀라운 내용이 들어 있었다.

> (2014년) 6월 5일인가에 해경 본청을 압수수색하는데, 수사팀에 전화가 걸려왔다. BH(청와대) 쪽에서. 해경과 청와대 통화 내역도 있고 한데 거길 꼭 압수수색해야 되겠느냐고.

인천에 있는 해경 본청을 압수수색할 때 청와대의 누군가가 전화를 걸어 압수수색을 하지 말라고 '압력'을 넣었다는 내용이었다. 정확히는 해경 본청 부속 건물에 있던 '서버' 압수수색에 극도로 민감한 반응을 보였다는 것이다. 그곳엔 세월호 사건 당시 해경이 청와대와 주고받은 모든 통신 내역이 고스란히 기록·보관돼 있었다. 이 역시 정부의 초동 대응, 특히 '대통령의 7시간' 행적과 깊은 연관이 있었다.

전화는 할 수 없고 해서도 안 되는 일이었다. 압수수색은 검찰이 법관의 허가를 받아 진행하는 영장집행 절차라 설령 법무부 간부라 해도 수사팀에 하라 마라 할 수 없다. 검찰청법에 "법무부 장관은 구체적 사건에 대해서는 검찰총장만을 지휘·감독한다"(제8조)고 돼 있는 것은 그런 취지에서다. 수사팀에 의견 표시를 할 수 있는 것은 검찰 내부의 지휘 라인뿐이다. 그런데 청와대에서 직접 전화를 걸어 간섭했다면 직권남용 권리행사방해 혐의로 처벌받을 수 있었다.

메모에서 김정필이 물었다. "BH의 누구?" 취재원이 답했다. "요즘 아주 스포트라이트 받고 있는 사람 아닌가 싶다. 뭐 그 정도로 해두자."

황소가 뒷걸음질 치다 개구리를 잡는다고 했던가. 그러나 성실하지 않은 황소에게는 그런 일도 일어나지 않는다. 김정필은 세월호 참사 '업과사' 적용 문제를 끈질기게 취재하다가 예기치 않은 '개가'를 올렸다. 그러나 상대는 우병우. '교차 확인'이 필요했다. 강희철이 메모 내용을 재차 확인받는 데는 오랜 시간이 걸리지 않았다.

"그 얘기 어디서 들었어? 아는 사람이 많지 않은데……."

그 사이 김정필은 특검을 직접 취재해 두 가지 사실, 특검이 이미 우병우의 '전화 외압' 사실을 알고 있고, 그에 대해 수사할 의지가 있다는 점을 추가로 확인했다.

"민정비서관이 압수수색 현장에 전화를 걸어 '그만하고 오라'고 하는 건 직권남용이지. 그걸 (관할) 검사장이 아니라 청와대에서 말하면 직권남용이 돼요. 관행도 범죄야."

국회 국정조사 특별위원회 청문회를 피해 잠적해버린 우

우병우 "해경 상황실 서버 수색말라"…세월호 수사팀에 압력

2014년 6월 민정비서관때 직접 전화해 '서버 제외' 종용
"청와대·해경 통화내역 등 민감"…영장범위 문제삼기도
수사본부장에도 수차례 전화…특검, 직권남용 수사 방침

우병우 전 청와대 민정수석이 민정비서관이던 2014년 6월 검찰의 '세월호' 사건 수사와 관련해 광주지검 수사팀에 직접 전화를 걸어 '외압'을 행사한 것으로 확인됐다. '박근혜-최순실 게이트'를 수사 중인 박영수 특별검사팀도 이런 내용을 파악하고 우 전 수석을 '직권남용 권리행사방해' 혐의로 수사할 방침이라고 밝혔다. ▶관련기사 4면

검찰 및 특검의 여러 관계자들은 19일 〈한겨레〉에 우병우 전 수석이 민정비서관으로 있던 2014년 6월5일 오후 세월호 사건 수사를 위해 해경 본청을 압수수색하고 있던 광주지검 수사팀에 직접 전화를 걸어 "해경 상황실 전산 서버에 대한 압수수색은 하지 말라"는 취지로 압력을 행사했다고 밝혔다. 우 전 수석은 당시 "(본청과 별도 건물에 있는) 상황실 서버에는 청와대와 해경 사이의 통화내역 등 민감한 부분이 보관돼 있는데, 거길 꼭 압수수색하려는 이유가 뭐냐"며 압수수색 대상에서 제외할 것을 강력히 종용했다고 한다.

그럼에도 수사팀이 압수수색 의지를 굽히지 않자 우 전 수석은 다시 "서버가 별도 건물에 있으니 그걸 압수수색하려면 영장을 다시 끊으라"고 '영장 범위'까지 문제 삼으면서 지체를 시켰다고 한다. 이에 수사팀은 광주지법에서 새로 압수수색영장을 발부받아 그날 자정께에야 상황실을 압수수색했다.

검찰 관계자는 "당시 현장에 갔던 수사팀이 서버 압수수색 문제로 해경 측과 승강이를 벌이고 있을 때 우 전 수석의 전화가 걸려왔다고 한다. 우 전 수석이 실시간으로 해경의 보고를 받고 있었을 것"이라며 "그때 서버를 압수수색하지 못했으면 청와대와 해경 사이의 통신기록 등은 확보하지 못할 뻔했다"고 말했다. 우 전 수석은 세월호 검경합동수사본부장이던 안상돈 광주고검 차장(현 대전지검장)에게도 수사와 관련해 여러 차례 전화를 건 것으로 알려졌다.

박영수 특검팀도 우 전 수석의 '전화 외압' 사실을 파악하고, 수사할 방침이라고 밝혔다. 특검팀 핵심 관계자는 "민정비서관이 아니라 민정수석이라고 해도 수사기관에 직접 전화를 걸어 수사를 하라 마라고 할 법적 권한이 없다"며 "특히 압수수색 중인 수사팀에 전화해서 '그만하고 오라'는 것은 그 자체로 직권남용 권리행사방해죄에 해당한다. 우 전 수석의 다른 의혹과 함께 우리가 수사할 것"이라고 말했다.

우 전 수석은 세월호 사건 직후인 2014년 5월 민정비서관으로 청와대에 들어간 뒤 이듬해 2월 고 김영한 민정수석의 후임으로 영전했다. 〈한겨레〉는 우 전 수석의 설명을 듣기 위해 여러차례 연락을 취했으나 닿지 않았다.

형법의 직권남용 권리행사방해죄(제123조)는 "공무원이 직권을 남용하여 사람으로 하여금 의무 없는 일을 하게 하거나 사람의 권리행사를 방해한 때" 성립하며 5년 이하의 징역, 10년 이하의 자격정지 등에 처하도록 돼 있다. 과거 신승남 검찰총장이 직위를 이용해 울산지검의 내사 사건을 종결하도록 압력을 행사했다가 대법원에서 유죄가 확정된 바 있다. 김정필 강희철 기자 fermata@hani.co.kr

전두환·노태우 재판받던 그 법정 19일 오후 '비선실세' 최순실씨의 국정농단과 관련한 공판준비기일이 열린 서울중앙지법 417호 대법정에 최씨가 들어서고 있다. 안종범 전 청와대 정책조정수석, 정호성 전 청와대 부속비서관은 출석하지 않았다. 사진공동취재단

박대통령 당선 4주년, 법정에 선 '국정농단'

최순실, 법정 출석 "나는 무죄" 돌변
정호성 첫 공판 '대통령과 공모' 인정

기밀문건 등을 넘긴 혐의(공무상 비밀누설)로 기소된 정 전 비서관의 첫 공판이 열렸다.

국회 국정조사특위 청문회에 불출석한 최

섰다. 이듬해 3월11일에는 전두환·노태우 두 전직 대통령이 '성공한 쿠데타'라는 12·12 및 5·18 사건으로 나란히 피고인석에 섰던 곳

청문회를 피해 잠적해버린 우병우를 찾는다고 '현상수배'까지 내걸었던 시민들은 이 기사가 나가자 뜨거운 반응을 보냈다. 2016년 12월 20일 1면.

병우를 찾는다고 '현상수배'까지 내걸었던 시민들은 12월 20일 한겨레 1면에 「우병우 "해경 상황실 서버 수색 말라"… 세월호 수사팀에 압력」이라는 기사가 나가자 뜨거운 반응을 보내왔다.

아직도 쓰이지 못한 기사

감사원의 세월호 최종 감사 보고서가 청와대의 입맛대로 축소 수정됐다는 기사(2016년 12월 30일 1면)를 마지막으로 강희철의 3주짜리 '파견 근로'도 끝이 났다. 추악한 정권이 가면을 쓰고 콘크리트 지지율을 구가한 것은 어떤 동기에서건 그걸

떠받친 조직과 인물들이 있었기에 가능했다. 3주 동안 쓴 기사는 그중 얼마를 드러낸 것일까. 강희철은 취재 내용을 거칠게 적어놓은 노란색 노트를 가방에 넣으며 자신에게 물었다.

파견을 자청할 때 목록에는 들어 있었으나 끝내 확인하지 못해 보류한 몇 가지 기사 아이템이 머릿속에 남았다. ○○○의 변호사 시절 고액 수임료(알선수재) 혐의, 수사를 한다면 뇌물 혐의를 물을 수도 있는 △△△의 판공비 지출내역, 우병우의 '대변인'이길 자처했던 진짜 정치검사 ◇◇◇의 행태, 감사원 내부 깊숙이 어느 컴퓨터엔가 분명히 남아 있을 세월호 최종 감사 발표자료 등등. 스스로 관심의 끈을 놓지 않고, 적절한 행운이 따라준다면 언젠가는 기사로 쓸 수 있으리라, 강희철은 생각했다. 내일 일은 모르지 않는가. '이제는 말할 수 있다'며 진실을 알려줄 취재원이 갑자기 나타날지.

취재 상황의 변화

강희철이 '검찰 문제'를 파고드는 동안 기존의 최찾사 기자들의 관심은 여전히 최순실에 맞춰져 있었다. 「삼성, '정유라 승마 지원' 220억 계약했다」(2016년 12월 15일 1면) 기사가 대표적이다. 더불어민주당 도종환 의원을 통해 삼성전자와 코레스포츠 사이의 '컨설팅 계약서'Consulting Agreement를 입수해 쓴 기사였다. 도종환 의원이 청문회 도중 이재용 삼성전자 부회장에게 계약서를 제출해달라고 요구하자 삼성이 선선하게 보내

삼성, '정유라 승마지원' 220억 계약했다

한겨레, 도종환 의원 통해 계약서 입수

최순실씨 독일서 코레스포츠 설립한 날 삼성과 계약
승마훈련·말 구입비 200억+코레 컨설팅 비용 20억
'게이트' 안터졌다면 드러난 80억 외 140억도 챙길 판

삼성이 최순실씨 딸 정유라씨의 승마 훈련을 위해 2018년까지 지급하기로 약속한 금액은 모두 220억원에 이르는 것으로 밝혀졌다. 이 가운데 80억원은 실제로 지급이 됐다. '최순실 게이트'가 폭로되지 않았다면 나머지 140억원도 최씨 모녀에게 건네질 예정이었다. ▶관련기사 3면

〈한겨레〉는 14일 도종환 더불어민주당 의원을 통해 삼성전자와 코레스포츠 사이의 '컨설팅 계약서'(Consulting Agreement)를 입수했다. 코레스포츠는 최순실씨가 독일에 세운 현지법인으로 지난 2월 비덱스포츠로 이름을 바꿨다. 이 계약서의 내용을 보면 삼성전자는 2015년 8월26일부터 2018년 12월31일까지 41개월 동안 코레스포츠를 통해 승마선수를 지원하고 말을 구입하기로 약정하고, 지원규모(예산액)를 200억6239만원(2015년 8월26일 기준 환율 1유로=1362.48원)으로 정했다. 세부적으로 보면 승마선수의 해외 전지훈련에 들어가는 비용으로 94억754만원, 말 구입 비용 등으로 106억5485만원이 책정됐다. 삼성은 이와 별도로 코레스포츠의 컨설팅 명목 비용으로 19억4388만원을 지급하기로 계약했다.

이에 따라 최순실·정유라 모녀가 삼성으로부터 받기로 한 금액은 220억원이 넘는다. 그러나 삼성은 〈한겨레〉가 지난 9월20일 '최순실 게이트'를 처음으로 보도한 직후인 9월27일 계약 체결 1년1개월여 만에 이 계약을 해지했다고 밝혔다. 이 기간 동안 계약에 따라 실제 독일로 보내진 돈은 현재까지 검찰 수사와 삼성의 설명을 통해 드러난 것만 해도 용역비 37억여원, 마필 구입비 43억여원 등 80억여원에 달한다. 최순실씨의 정체가 드러나지 않았다면 최씨 모녀는 2018년까지 나머지 140억원도 자신들 몫으로 챙길 수 있는 상황이었다. 그동안 최씨 모녀에 대한 삼성의 지원규모는 관계자들의 증언을 통해 부분적으로 드러나기는 했으나, 이처럼 전체 지원액수를 포함한 거래의 실체가 드러난 것은 이번이 처음이다.

삼성전자와 코레스포츠 간 계약서

이 컨설팅 계약서는(모든 부속서와 함께 '계약서'를 일컫는다) 2015년 8월26일 삼성전자와 독일에 위치한 코레스포츠 간 계약에 관한 것이다.

본문과 4개의 부속서로 이뤄진 계약서에는 삼성이 지원할 돈의 예산 액수와 조건이 승마장 임대부터 안장 등 장비 구입, 말 관리 비용, 코치비용과 대회참가비 등에 이르기까지 항목별로 세세하게 구분돼 있다. 승마선수는 최씨 모녀가 지난해 9월부터 올해 5월까지 머물렀던 독일 헤센주의 '에거호프 승마장'을 이용하도록 했다. 계약서에는 이 돈이 6명의 승마선수를 지원하는 액수로 기재돼 있지만 실제로 혜택을 입은 승마선수는 정유라씨 한명뿐이다.

계약 시점을 보면 코레스포츠는 최씨 모녀가 삼성으로부터 지원을 받기 위해 급하게 설립된 '유령 회사'일 가능성이 높다. 계약은 2015년 8월26일 체결됐으며 코레스포츠가 이날 설립됐다. 최씨 모녀는 페이퍼컴퍼니인 마인제959를 사들인 뒤 계약 체결 날 코레스포츠로 사명을 바꿨다. 회사 설립과 동시에 삼성과 220억원짜리 거래의 계약을 맺은 것이다.

도종환 의원은 "이번에 공개된 계약서는 삼성의 최순실씨 지원의 실체를 여실히 보여주는 것으로, 이것이 국민연금의 삼성물산·제일모직 합병 찬성에 대한 대가인지 특검을 통해 철저히 밝혀져야 할 것"이라고 말했다. 방준호 류이근 하어영 기자 whorun@hani.co.kr

최순실, 수사 입맞추기 정황 14일 오전 국회에서 열린 '박근혜 정부의 최순실 등 민간인에 의한 국정농단 의혹 사건 진상규명을 위한 국정조사특별위원회' 3차 청문회에서 박영선 더불어민주당 의원(아래 오른쪽 셋째)이 최순실씨가 검찰에 출두하려고 귀국하기 직전 한국의 지인에게 전화해 자신의 태블릿피시에 있는 문건 등이 공개된 것에 대해 입맞추기를 시도하는 녹음파일을 공개하고 있다. 이정우 선임기자 woo@hani.co.kr

"완전 조작이라 몰아야…안 시키면 다 죽어"
최순실, 검찰수사 전 '거짓진술' 지시 드러나

3차 청문회, 통화녹취 2개 공개

록을 보면, 최씨는 "(고영태에게) 나랑 어떻게 알았느냐고 그러면 가방 관계 납품했다

이날 공개된 또다른 녹취록 역시 고씨에게 거짓 진술을 종용하는 내용이 담겨 있다. 최

도종환 의원을 통해 삼성전자와 코레스포츠 사이의 '컨설팅 계약서'를 입수해 쓴 기사. 2016년 12월 15일 1면.

준 것이다. 이 계약서는 나중에 박영수 특검이 이재용 부회장을 구속할 때 주요한 근거자료가 된다. 삼성이 최순실 쪽에 제공한 443억 원의 실체가 이 기사로 드러났다.

그러나 이 무렵 취재 상황이 많이 바뀌었다. 박영수 특별검사가 12월 21일 수사를 시작한 이후 기사가 쏟아지는 곳은 강남구 대치동 특검 사무실이 되었다. 그리고 그곳은 한겨레 사회부의 법조 기자들이 이미 밤낮으로 뛰고 있었다. 최찾사 기자들이 그곳에 얼쩡거려봐야 번거로움만 보탤 뿐이었다. 특검이 다루지 않는 영역을 찾아가야 했다. 그래서 최찾사가 역량을 투입하기 시작한 게 공군의 F-35 도입 과정에 최순실이 개입했는지를 비롯한 방위사업 비리 문제였다. 이 취재는 나

최찾사 사무실의 일상 풍경. 책상 위는 늘 지저분했다.

중에 새끼에 새끼를 쳐서 군 인사 문제로까지 번졌다. 「우병우 방사청 고위직 2명 찍어냈다」(2016년 12월 22일 1면)가 그 기사다. 그러나 발품을 팔고 땀 흘린 것에 비하면 소출이 너무 적었다. 9월, 10월, 11월 거의 매일 1면 톱을 쓰던 때에 비하면 갑자기 생산성이 뚝 떨어졌다. 2016년 한 해가 저물면서 최찾사 기자들은 이제 자신들의 소임이 다해가는 걸 느꼈다.

백기철 편집국장은 최찾사가 임무를 바꾸어 반기문 전 유엔 사무총장을 비롯한 대선 후보들을 검증해보는 게 어떻겠느냐고 제안했다. 하지만 최찾사 기자들은 정중하게 거절했다. "새 술은 새 부대에 담아주십시오."

최찻사 해단식

최찻사는 이제 해산하기로 결정했다. 해단식은 2017년 1월 6일로 정해졌다. 하어영이 "등산 한번 하는 게 어떨까요?"라고 제안했다. 북한산, 도봉산 얘기도 나왔지만 김의겸이 "이왕이면 청와대가 내려다보이는 곳으로 가자"고 해서 인왕산을 거쳐 북악산으로 넘어가기로 했다.

아침 9시 30분 경복궁역에서 만나 성곽을 따라 등산을 시작했다. 한겨울인데도 날씨는 더할 나위 없이 좋았다. 하지만 지난 넉 달 동안 모두들 밤낮없이 일만 해서일까. 10분도 채 되지 않아 다들 숨을 헉헉거리며 쉬어가자는 소리를 했다. 그럴 때마다 다들 걸음을 멈추고 허리를 펴면서 산 아래를 내려다보았다. 싸가지고 간 사과와 달걀을 나눠 먹었다. 이제 더는 서두를 필요가 없다. 따라잡아야 할 것도 없고 쫓아오는 사람도 없다.

쉬엄쉬엄 가다 보니 인왕산 정상이다. 저 멀리 청와대가 내려다보였다. 청와대를 출입해본 김의겸에게 다들 "대통령 관저는 어디죠?"라고 물었다. 산모롱이에 가려져 있는지 찾기가 쉽지 않았다. 다들 박근혜 대통령과 관저에 대해 한마디씩 던졌다. "탄핵된 뒤 어디 갈 데도 없고 꼼짝없이 저 관저에 머물고 있겠지?" "관저에서 우리가 보인다면 얼마나 미울까?" "야, 안 되겠다. 여기서 보니까, 정말 청와대가 구중궁궐이다. 저렇게 푹 파묻혀 있으니 음습한 기운이 돌 수밖에. 다음 대통령은 청와대를 공원으로 만들어 시민들 품으로 돌려줘야 할 것 같아."

그러다 김의겸이 물었다. "우리가 서 있는 이곳 바로 아래 바위를 치마바위라고 부르는데 그 유래를 알아?" 하어영과 방준호는 인왕산 자락에 살면서도 "그런 게 있어요?"라고 되물었다.

"조선시대 중종의 부인이 궁에서 쫓겨난 뒤에 이 산 밑에 살았는데 중종이 부인을 그리워해 자주 이쪽을 바라봤다는 거야. 부인이 그걸 알고 자신이 입던 붉은 치마를 여기 인왕산 바위에 펼쳐놓았다고 해. 자기를 잊지 말라는 이야기지. 그래서 치마바위야."

다시 다들 박근혜 대통령 이야기로 이어졌다. "그럼 우리도 박근혜가 볼 수 있게 뭘 하나 걸어놓을까요?" "세월호 걸개그림이나 노란 리본은 어떨까?" "에이, 그럴 필요까지는 없고. 청와대 들어가기 전 뭔가 초심을 되새길 만한 걸 걸어놓고 아침저녁으로 쳐다봤으면 이 지경까지는……."

인왕산을 내려오는 데는 두 시간도 넘게 걸렸다. 다시 창의문을 거쳐 북악산으로 올라가는 게 애초 목표였는데 아무도 그럴 마음이 없어 보였다. "그래, 이제 우리가 오를 봉우리가 뭐 더 남아 있겠어. 점심이나 먹지." 그 봉우리는 산 봉우리일 수도 있고, 취재 봉우리일 수도 있었다. 김의겸이 제안했고 다 좋아라들 했다. 근처 만두집에 가서 만두 반, 막걸리 반으로 배들을 채웠다.

서촌을 거쳐 다시 경복궁역까지 걸어 내려왔다. "자 그럼 여기에서 헤어집시다." 다들 악수를 나누고 각자의 길로 갔다.

2017년 1월 6일 최찾사 해단식을 겸해 인왕산에 올랐다. 인왕산을 오르기로 한 것은 청와대를 내려다볼 수 있기 때문이었다. 왼쪽부터 방준호, 김의겸, 류이근, 하어영 기자.

막내 방준호는 평소 "정말 큰일 해냈어"라는 말을 듣곤 했지만 실감나게 와 닿지는 않았다. 그러나 10년 뒤 20년 뒤 지금 최찾사 선배들의 나이가 돼 뒤를 돌아봤을 때도 오늘의 이 산행이 결코 잊히지 않을 거라는 느낌이 들었다. 그렇게 최찾사의 127일은 요란하지 않게 마무리를 지었다. 처음 시작이 그러했듯이.

취재 후기

강희철

대학 4학년이던 1987년 7월 9일, 최루탄에 쓰러진 연세대 1학년생 이한열의 장례식이 치러진 신촌~서울시청 앞 광장에서 말로만 듣던 '백만 인파'를 처음 보았다.

이른 아침 연세대 교정을 출발해 지금은 없어진 서대문 고가도로를 걸어 노제가 예정된 시청 앞 광장에 이르렀을 때 그 일대는 정말 사람들의 파도로 뒤덮여 있었다. 무수한 깃발 아래 삼삼오오 둘러앉아 즉석 토론을 벌이고, 각자가 바라는 민주주의를 말했다. 광장의 열기는 당장 어떤 것이라도 바꿀 수 있을 것만 같았다.

그러나 "가자 청와대로!"라는 구호가 터져나오기 무섭게 화살처럼 날아드는 '지랄탄'(다연발 최루탄) 연기 속에서 그 많던 군중은 속수무책 사방으로 흩어졌다. 골목길을 돌고 돌아 겨우 버스를 잡아타고 학교로 가는 데 몇 시간 전 장면들이 꿈처럼 아련했다. 그해 12월 청와대는 내란 주범에서 내란 공범으로 주인이 바뀌었다.

좌절에 익숙해진 탓일까. 작년 8월, '박근혜·최순실 게이트'의 단서들을 처음 얘기 들었을 때 솔직한 생각은 이랬다. '기사는 그렇다 쳐도, 이 정권 아래서 검찰 수사가 가능하기나 할까?' 의혹 제기 이상을 자신하기 어려웠다. 취재원들조차 기사는 내년에 쓰는 것이 정답이라고 했다. 대선 국면이나 돼야 겨우 수사를 기대할 수 있다는 뜻이었다. 그럼에도 기사를 써야 할 상황이 되어서는 일부 취재원의 문자와 SNS 대화를 꼼꼼히 찾아 삭제했다. 그래 봤댔자 별 효과가 없다는 걸 모르지 않았지만, 당시엔 '국기 문란' 운운하던 정권의 서슬을 의식하지 않을 수 없었다.

그리고 11월의 마지막 주말, 근 30년 만에 백만 인파를 다시 보았다. 탄핵 불발의 위기감이 광장으로 그들을 불러냈다. "언빌리버블!" 외국인 몇이 신기한 구경거리라도 만난 듯 탄성을 지르며 내 곁을 지나갔다. 나 역시 믿기지 않았다. 한열이를 보내던 날 감히 접근조차 할 수 없었던 그곳에서, 그날 불렀던 노래가 가수 양희은의 선창으로 울려퍼졌다.

"우리들 가진 것 비록 적어도/손에 손 맞잡고 눈물 흘리니/우리 나갈 길 멀고 험해도/깨치고 나아가 끝내 이기리라." 아버지 박정희 시대의 대표적 저항 노래를, 그 딸의 퇴진을 요구하는 현장에서 다시 듣게 될 줄 누가 상상이나 했을까.

그렇게 촛불과 촛불로 한겨울을 이겨낸 2017년 3월 10일,

완강해 보이던 비상식의 성채가 무너져내렸다. 이번엔 좌절 아닌 결말이 또박또박 들려왔다. "피청구인 대통령 박근혜를 파면한다." 주문보다 '재판관 전원 일치' 판결에 안도하는 사이, 옆방에선 환호성이 들렸다. 이내 '오늘 저녁 광화문에서 한잔하자'는 철없는 문자들이 연신 날아왔지만, 답을 미뤘다.

비로소 30년 된 부채감 일부를 내려놨다. 명색이 학생운동 지도부로 행세하면서도 우왕좌왕하다 무기력하게 주저앉았던 그날의 부채감을 조금 벗었다. 기자생활 24년 동안 무슨 기사를 썼느냐는 물음에 한마디 답이라도 할 수 있게 된 건 감사한 일이다. 좋은 취재원, 뛰어난 동료들이 이뤄낸 '팩트의 힘'이 결국 사람들의 마음을 움직이고, 역사를 새로 썼다.

'그분'이 그러지 않았던가. 간절히 바라면 온 우주가 도와준다고. 돌아보니, 그 말이 맞았다.

류이근

3월 10일 박근혜가 대한민국 대통령직에서 파면되던 그 시각, 나는 이 하나를 뽑았다. 10년 전쯤 썩어 금으로 때웠던 왼쪽 위 어금니였다.

그 이틀 전 서울 여의도 금융감독원에서 점심을 먹다가 단단한 금속 물질을 씹었다. 소리가 어찌나 컸던지 맞은편에 앉아 밥을 먹던 다른 신문사 기자도 깜짝 놀랐다. 지난 몇 개월 새 약해진 이는 힘없이 흔들거렸다. 통증이 너무 심해 사고가 난 바로 다음 날 치과에 가려 했지만 예약이 꽉 차 있었다. 그래서 이틀 뒤인 3월 10일 휴가를 내고 병원에 간 시각이 하필 10시 30분이었다. 의사는 재생 가능성이 '영'이라고 했다. 미련을 둬봤자 부질없는 일이란 생각이 들어, "그럼 뽑아주세요"라고 말했다.

병원에서 나올 때 말을 뱉을 수 없었다. 이가 빠진 자리엔 지혈을 위해 굵은 솜뭉치가 꽉 물려 있었다. 한쪽 뿌리가 부러진 금니는 주머니에 넣어뒀다. 버스를 기다리다 휴대전화를 주머니에서 꺼냈다. 시간을 보려고 꺼냈는데 휴대전화에 깔아놓은 앱에 속보가 하나 떠 있었다. "대통령 박근혜를 파면한다." 집에 와서는 헌법재판소 결정문을 읽을 여유도 없이 소파 위에 몸을 뉘었다.

2017년 1월 12일부터 경제부에 복귀한 나는 금융위원회와 금융감독원을 출입하고 있다. 특별취재반 최찻사에 있다가 다시 출입처에 나가 다람쥐 쳇바퀴 돌듯 틀에 박힌 '출입처 기자'로서 일상을 살아간다. 한동안 '모드'를 전환하지 못해 힘들었다. 이유 없이 모든 게 허무한 느낌이 들기 일쑤였다. 권력의 무상함을 봤기 때문이었을까? 정확한 이유를 알 수 없었지만, 나는 분명 무척 지쳐 있었다. 이를 뺀 뒤 주위에 농담처럼 "죗값을 치르는 건가 봐"라고 말했다. 박근혜 정권을 괴롭힌 나의 죗값은, 이 뽑기였다.

검찰이 2016년 11월 수사 결과를 발표할 때까지만 해도 누군가 내가 한 일을 알아봐주길 기대하고 바랐지만, 헌법재판소가 박근혜 파면을 결정한 날 정작 마음은 비어 있었다. 파면까지 끌고 온 힘은 광장의 '촛불'이지, 처음 불을 붙인 우리가 아니었다. 전화와 문자로 몇 사람한테 연락을 받았다. 그중 정부 부처에서 일하는 한 친구는 "누가 알겠냐? 아는 사람이나 알지. 정말 고생했다. 큰일을 했다"고 말했다.

출입처 공무원이나 직원이 "여기 오기 전엔 어느 부서에 있었나요?"라고 물을 때마다, '최찾사' 얘기를 자연스럽게 하게 된다. 내가 전에 어디 있었는지, 뭘 했는지 그들은 알 수도 알 필요도 없다. 나도 최찾사를 잊은 지 오래다. 경제부로 복귀한 뒤부터 금융 시장과 정책을 하나씩 배워가며 기사 쓰기에도 벅차다. 아쉬운 게 있다면 취재하다 만 최순실과 얽힌 방산 비리, 이성한 전 미르재단 사무총장과 하기로 했던 공식 인터뷰의 좌절이었다. 그렇다고 기회가 주어지면 다시 취재하고 싶은 건 아니다. 남은 과제이지만, 다시 달라붙을 엄두가 나지 않는다.

기자로서 지낸 시간 중에서도 길지 않은 겨우 넉 달의 최찾사에서의 시간. '운'과 '팀워크'가 만들어낸 믿기지 않을 성취였다. 김의겸 기자가 2016년 9월 2일 첫 회의 때 말했던 "기자로서 평생 한 번 해볼까 말까 한 엄청난 정국을 경험하게 될 기회"는 그렇게 몇 달 동안 실현됐다. 일상으로 돌아온 나는 이제 뽑아낸 어금니와 함께 모든 걸 과거에 던진다.

송호진

독일 베를린에서 한국식당을 하는 60대 초반의 그는 미리 우황청심환을 먹었다고 했다. 부디 떨지 않고 하고 싶은 얘기를 다 끝내기를 바랐던 것이다. 브란덴부르크 문 광장에 모인 교민들 앞에서 그가 자유 발언에 나섰다. 그는 박정희 시대에 독일에 온 파독 간호사의 아들이다. 박근혜 정부에서 희망을 잃어가는 한국 청춘들을 염려하는 말을 잇던 그의 목소리가 격정적으로 바뀌는가 싶더니 사전에 준비한 발언 내용 중에 없던 말이 불쑥 튀어나왔다. "염병할."

이 짧은 말에 누군가는 박수를 쳤고, 누군가는 갑자기 뜨거워진 눈가를 손으로 훔쳤다. 실은 그가 진짜 하고 싶었던 말이, 그리고 여기에 모인 사람들의 답답한 마음이 그 한마디에 들어차 있었다. 타국의 광장에서 자신이 태어난 나라의 '대통령 탄핵'을 외치는 일은 생각보다 더 서글픈 감정을 불러일으킨다. 이날 광장에 나온 파독 간호사 출신의 노년 여성은 "지금의 한국 정부는 내가 기대했던 조국의 모습이 아니다"라며 안타까워했다.

2016년 11월 13일 베를린 파리저 광장에 교민과 유학생 450여 명이 모였다. 베를린 집회에 이렇게 많은 교민이 모인 적이 없었다. 덴마크 국경 인근에 사는 독일 교민들도 긴 시간을 달려와서 합류했다. 브란덴부르크 문은 베를린 장벽 붕괴의 상징물이지만, 그 앞 파리저 광장 일대는 또 다른 역사를 하나 품고 있다. 이곳은 1953년 6월 17일 동베를린 시민들이 불

합리한 동독 체제에 맞서 봉기를 일으킨 주요 장소다. 이제 관광객으로 가득 찬 이곳에 '박근혜 아웃'이 적힌 피켓이 광장의 절반을 채웠다. 같은 날 프랑크푸르트, 뮌헨, 슈투트가르트 집회 등에 모인 독일 교민 전체의 수가 1100여 명에 이르렀다. 박근혜·최순실 게이트의 주요 무대가 된 독일에 사는 교민들의 '서글픈 분노'가 곳곳에서 일어난 것이다.

나는 광장에 서서 엉뚱하게도 "독일을 연수지로 택한 것이 다행이다"라는 생각을 하고 있었다. 취재 활동을 잠시 쉬고 1년간의 연수지로 독일을 택했을 때 "왜 독일이냐"는 반응이 많았다. 다른 많은 기자들이 영미권을 연수지로 선택해왔기 때문이다. 마침 최순실 모녀가 근거지로 삼은 독일에 오게 된 것은 나에게 뜻밖의 행운이었다. 최순실의 독일 행적을 드러내는 취재에 참여하지 못했다면, 그래서 교민들의 저 서글픈 분노가 일어나는 과정에 기자로서 아무런 일도 하지 못했다면 나는 한동안 자책감과 무력감에 시달렸을 것이다.

교민들은 얼마 후 2차 집회 장소로 베를린 베벨 광장을 선택했다. 독재자 아돌프 히틀러가 1933년 5월 10일 나치정권에 반하는 서적들을 불태운 곳이다. 이 광장은 독일인들에게 그런 비상식의 역사를 각인시키는 중요한 장소다. 교민들은 이 광장에서 출발해 알렉산더 광장을 옆에 낀 대로를 걸어 훔볼트 대학으로 돌아오는 거리 행진을 벌였다. 한국 사회가 지금과는 다른 방향으로 나아가기를 바라는 마음이 한국의 촛불에 가닿기를 염원하는 행진이었다. 행진이 끝난 뒤 훔볼트 대학 건물의 문을 열고 들어가니 이 학교를 다닌 카를 마르크스의 말이 새겨진 벽이 눈에 들어왔다. 그것은 기자인 나에게 건네는 충고이기도 했고, 사회 변화를 위해 행동에 나선 한국의 시민들에게 전하는 격려처럼 들리기도 했다.

"지금까지 철학자들은 세계를 해석해왔을 뿐이다. 이제 중요한 것은 세계를 바꾸는 일이다."

헌법재판소가 탄핵을 선고한 날, 나는 체코 프라하 외곽의 작은 숙소에 머물고 있었다. 다음 날 아침, 이곳의 주인장은 자신이 고른 세계 톱 뉴스 네 개를 A4 용지 절반 크기에 담아 식당 테이블마다 올려놓았다. 그중 하나가 '부패 스캔들, 최순실, 헌정 사상 첫 파면 대통령'의 내용이 담긴 한국의 탄핵 뉴스였다. '염병할 노릇'의 답답함을 느낀 시민들이 바꾼 세상에 관한 소식이 프라하 외곽 어느 작은 숙소 테이블 위에까지 놓여 있었다.

하어영

2017년 3월 14일 출근길에 전화기가 울렸다. SNS로 사진 한 장이 전송됐다. "정 원장 맞아?"

SNS 담당 팀장의 다급한 문자였다. 스카프로 얼굴을 가린 채 고개를 숙이고 걸어가는 여성의 모습이었다. 알아보지 못했다. 차를 세웠다. 사진을 자세히 들여다봤다. 흰색과 검은색으로 직조된 고급 스카프, 금속 치장이 살짝 들어간 검은색 바지, 뒤로 묶은 머리 등 영락없이 박근혜 전 대통령의 미용사 정송주 원장이었다. “100퍼센트”라고 답했다. 한참 동안 멍했다.

한겨레 보도 뒤 영업을 제대로 하지 못할 정도의 수모를 겪고도 박근혜 전 대통령의 삼성동 자택에 들어가는 그를 보면서 만감이 교차했다. 10년이 넘는 인연을 버리지 못한 것인가, 아니면 전 대통령의 여전한 힘을 느낀 것인가, 그의 심리를 가늠하기 어려웠다. 곧바로 전화를 걸어 현장에 나가 있는 김규남 기자에게 부탁 하나를 했다. 들어간 시각과 나온 시각을 따져달라고 했다. 1시간쯤 뒤 연락이 왔다. 들어간 시각은 어김없이 오전 7시 30분, 나간 시각은 8시 30분 전후였다. 2016년 12월 ‘올림머리’ 보도에 대해 청와대는 곧바로 해명 자료를 내고 올림머리를 하는 데 들어간 시간이 20분이라고 말했다. 1시간 반이라고 썼던 기자로서는 확인할 길 없이 속만 끓였다. 결국 그 고민을 정 원장이 어느 정도는 해결해준 셈이다. 또 대통령이 되기 전 자택에서 스스로 올림머리를 해왔다는 말도 거짓임이 확인된 것이다.

한참 뒤 삼성동 자택 앞을 지키던 김 기자가 나의 집착에 대해 ‘이해한다’는 문자를 보내왔다. 피식 웃었다. 여전히 입길에 오르는 올림머리 기사는 개인적으로 많이 힘든 보도였고, 지금도 남모르게 마음고생 중이다. 대통령이 파면당한 바로 그날, 이정미 헌법재판소장 권한대행의 헤어롤 두 개와 박 전 대통령의 올림머리가 비교되는 순간에도 짜릿함을 느끼기보다는 가슴 한구석이 묵직했다.

입사 13년차. 그 사이 정권 초 인사 청문회, 정권 말 게이트가 있으면 언제든 불려다녔다. 이명박 정부부터 박근혜 정부까지, 인사 청문회부터 시작해 군 사이버 사령부 대선 개입 사건, 세월호 7시간 등 최소 2년은 부서 밖에서 현장을 돌아다녔다. 취재를 잘해서라기보다 그 순간 가야 할 사람이 나였을 뿐이다. 다만 가급적 그때마다 그곳이 내가 있을 곳이라고 생각했다.

이번 최찾사도 마찬가지였다. 어떤 사명감보다는 일단 주어진 일을 하자는 마음이었다. 사실 많은 동료들이 그러한 것처럼, 잘하자는 생각보다 이미 잘해온 동료들에게 짐은 되지 말자는 게 먼저였다.

그렇게 4개월여의 최찾사 생활을 마쳤다. 정치부 정당팀으로 돌아왔고, 반기문 전 유엔 사무총장과 박원순 서울시장을 거쳐 안희정 후보의 이른바 '마크맨' 생활을 하고 있다. 가는 곳마다 후보들이 사퇴해 '마이너스의 손'이라는 우스갯소리도 들었다. 매일이 비슷하다. 그래도 행복하다. 여느 회사원처럼 지각을 걱정하며 헐레벌떡 출근하고 퇴근시간을 기다린다. 그러다 아주 가끔, 다시 박근혜·최순실 게이트와 같은 취재를 할 수 있을까, 이런 생각을 할 때가 있다. 아니, 그러지 않기를 바란다.

방준호

한겨레 기자란? 실패와 절망의 풍경을 기록하는 일을 업으로 삼는 사람. '왜 우리의 상식은 늘 패배할까' 따위 생각에 마음부대끼던 어느 날 몰래 혼자 이렇게 정의했다.

도저히, 뭘 해도 안 됐다. 노동조합 위원장이 사찰에서 끌려나오고 국정 역사 교과서가 강행됐다. 작은 마을들에 무기며 송전탑이며 들어서는데, 온갖 논리로도 그걸 못 막았다. 내가 지금 이곳에서 이 숱한 패배를 바라보며 무력하게 쓰고만 있는 이유를 '발명'해야 했다. '언젠가, 그건 어쩌면 100년 뒤 200년 뒤일 테지만 그때라도 기억하시라. 이런 패배들이 2010년 언저리 이 나라에 있었다.' "기자 되기 전까지 두어 번 울었나?" 그 무뚝뚝한 성격을 자랑 삼던 나는, 기자가 되고 길바닥에서 자주 울었다.

"대통령 박근혜를 파면한다."

2017년 3월 10일 오전 11시 21분 서울 종로구 율곡로에 있던 나는 '우리가 믿는 상식이 틀린 것이 아니었다'고 확인받았다. 성공의 풍경을 기록하는 일이 생경했다. 사람들, 웃고 포옹하고 노래 부른다. 발을 동동 구르고, 소리 지르며 어딘가 전화한다. 이른 봄볕이 따뜻하다.

울컥거리는 마음을 꼭꼭 눌러 담으며 노트북을 부여안고 행복한 사람들 사이를 비집었다. 무대 뒤편에 털썩 앉았다. "준호야!" 밝게 웃으며 부르는 '박근혜정권 퇴진 비상국민행동' 활동가와 숨가쁘게 기쁨을 나누고서 기사를 송고하려던 순간, "왜, 왜 대체, 왜 우리 애들만 안 됩니까?" 유경근 4·16 세월호참사가족협의회 집행위원장의 절규가 들려왔다. 이를 악물고 다급하게 자판을 눌러대다 또다시 눈물이 터져버렸다. 아직 끝나지 않았다. 박근혜 전 대통령의 세월호 참사 당시 직무유기는 탄핵 인용 사유에 포함되지 않았다.

스무 번의 촛불집회 동안 참여하러, 또 취재하러 거의 매주 광화문 광장에 나갔다. 우리가 이렇게 노래하고 고개를 흔들며 절망에 맞서는 것이 기쁘고 벅차 견디기 힘들 정도였다. 배우기도 많이 배웠다. 페미니스트 지망생이 됐고, 내 '나와바리'(취재 영역)가 아닌 탓에 놓치고 지나쳤던 누군가의 아픔을 전해 들었다. 그렇게 이겼는데 세월호 가족들에게, 성주 군민들에게 고통은 현재진행형이다. 아직 어떤 이름으로도 규정되지 못한 고통을 겪는 사람들이 오늘도 한겨레에 제보 전화를 건다. 이 고통이 무엇 때문인지 알려달라고 했는데, 나는 "우리 역시 어쩔 도리가 없다"고 말했다.

가수 윤영배가 쓰고 부른 노래 〈선언〉을 집회를 돌아다니며 이어폰을 꽂고 들었다. '달려. 알 수 없는 세계'라고 가수가 부를 때 묘한 기분이 됐다. 지난 4개월, 선배들과 알 수 없는 세계의 극히 일부를 드러내고 싶어 안달하고 마음 졸이던 시간이 생각나기도 했고, 끝내 밝히지 못한 더 많은 '알 수 없는 것'들이 떠올라 답답해지기도 했다. 다만, 다시 달릴 수 있는 힘은 얻었다. 여전히 승리보다 패배가 잦을 거고 나는 주로 절망의 풍경을 기사에 담겠지만, 그 순간 나 스스로와 누군가를 위로할 말 한마디를 찾았다.

"그래도 우리 같이 이겼던 적 있잖아요."

타임
라인

2014년	4월 16일	세월호 참사
	10월	고영태, TV조선 찾아가 최순실 관련 제보
	11월 28일	세계일보, 정윤회가 문고리 3인방을 거느리고 국정에 개입하고 있다고 보도
2015년	10월 26일	미르재단 설립
2016년	1월 13일	K스포츠재단 설립
	7월 18일	조선일보, 넥슨코리아가 우병우 수석을 의식해 처가 땅을 사줬다는 의혹 보도
	7월 26일	TV조선, 미르재단 모금에 청와대 안종범 수석이 개입했다고 보도
	8월 29일	새누리당 김진태 의원, "조선일보 송희영 주필, 대우조선해양 전세기로 호화 출장" 폭로
	9월 2일	한겨레 특별취재반 '최찾사' 취재 시작
	9월 20일	한겨레, 최순실이 K스포츠재단 배후임을 폭로
	9월 22일	한겨레, 이석수 특별감찰관이 미르재단·K스포츠재단 자금 조성에 청와대 안종범 수석이 개입한 의혹을 내사했다고 보도
	9월 23일	더불어민주당 우상호 원내대표 "당내 TF팀 꾸려 미르재단·K스포츠재단 의혹 다루겠다"고 발언
	9월 27일	한겨레, 최순실 딸 정유라의 이화여대 특혜 의혹 보도 시작
	9월 28일	새누리당 이정현 대표 단식, 최순실 게이트를 덮기 위한 의도라는 지적을 받음

9월 29일	시민단체 투기자본감시센터, 미르재단·K스포츠재단 모금 과정에 연루되었다고 판단한 관련자들을 검찰에 고발
9월 30일	한겨레, 미르재단 설립을 청와대가 주관했다는 대기업 문건 폭로
	전경련, 미르재단·K스포츠재단 해체 선언
10월 1일	한겨레, 미르재단·K스포츠재단의 증거 인멸 보도
10월 6일	한겨레, 미르재단 사무실을 계약한 사람이 차은택의 후배인 김성현임을 보도
10월 12일	한겨레, 박근혜 대통령이 "이 사람 아직도 있어요?"라고 말하며 노태강 문체부 체육국장 등을 좌천·퇴직하도록 했다고 보도
10월 13일	한겨레, 정유라의 부정 입학 의혹 최초 보도
10월 17일	한겨레, 최순실이 K스포츠재단 직원들을 거느리고 독일에서 호텔 구입을 알아봤다고 보도
10월 18일	한겨레·JTBC·경향신문, 최순실이 이권 개입을 위해 세운 '더블루케이'를 동시에 보도
10월 20일	박근혜 대통령, 처음으로 "재단과 관련해서 자금 유용 등 불법행위를 저질렀다면 엄정히 처벌받을 것"이라고 언급
10월 22일	한겨레, 청와대가 최순실의 부탁을 받고 대한항공 인사까지 개입했다고 보도
10월 24일	박근혜 대통령, 국회 연설을 통해 헌법 개정 추진 의사를 밝힘
	JTBC, 최순실의 태블릿 피시를 입수했다며 그 내용을 보도
10월 25일	박근혜 대통령, 1차 대국민담화
	한겨레, 이성한 전 미르재단 사무총장의 증언을 바탕으로 최순실이 정호성으로부터 대통령 보고 자료를 건네받아 국정 전반에 걸쳐 영향력을 행사해왔다고 보도
	TV조선, 최순실이 등장하는 의상실 영상 보도
10월 27일	한겨레, "최순실 지시로 SK 찾아가 80억 요구"했다고 한 정현식 전 K스포츠재단 이사장 증언 보도
10월 28일	한겨레, 최순실·안종범 합작으로 수사 앞둔 롯데에 70억 원 더 걷었다고 보도
10월 29일	서울 청계광장에서 1차 촛불집회
10월 30일	최순실 귀국

	11월 1일	한겨레, 최순실이 장관이 출입하는 11문으로 청와대를 검문 없이 드나들었다고 보도
	11월 2일	박근혜 대통령, 신임 국무총리 김병준·경제부총리 임종룡 내정
	11월 4일	박근혜 대통령, "내가 이러려고 대통령을 했나"라고 하며 2차 대국민담화 대통령 지지율 5퍼센트 기록
	11월 12일	3차 촛불집회에 100만 '촛불' 집결
	11월 18일	한겨레, 「청, 영화 '변호인' 뜨자 직접 'CJ 손보기' 착수」 보도
	11월 20일	검찰의 중간 수사 결과 발표, 박근혜 대통령을 최순실과 공동정범으로 입건
	11월 26일	5차 촛불집회에 190만 '촛불' 운집
	12월 3일	국회, 탄핵소추안 발의 6차 촛불집회 232만 '촛불' 집결
	12월 6일	한겨레, 박근혜 대통령 세월호 참사 당일 '올림머리' 하느라 90분을 흘려보냈음을 보도
	12월 9일	국회, 찬성 234표 반대 56표로 대통령 탄핵소추안 가결
	12월 20일	새누리당의 분당 사실상 확정
	12월 21일	박영수 특별검사 최순실 게이트 수사 개시
	12월 22일	국회 국정조사 특별위원회 우병우 청문회 실시
2017년	1월 2일	정유라 덴마크 올보르에서 체포
	1월 6일	한겨레 특별취재반 '최찾사' 해산
	1월 21일	문화계 블랙리스트 작성 관련으로 김기춘, 조윤선 동시 구속
	2월 17일	이재용 삼성 부회장 구속
	3월 6일	특검 수사 결과 발표
	3월 10일	헌법재판소의 8대0 전원 일치 판결로 대통령 박근혜 파면
	3월 27일	검찰, 박근혜 전 대통령 사전구속영장 청구
	3월 31일	법원, 박근혜 전 대통령 구속영장 발부 박근혜 서울구치소 수감

"피청구인

대통령 박근혜를

파면한다.”